Uni-Taschenbücher 2048

Eine Arbeitsgemeinschaft der Verlage

Wilhelm Fink Verlag München
A. Francke Verlag Tübingen und Basel
Paul Haupt Verlag Bern · Stuttgart · Wien
Hüthig Fachverlage Heidelberg
Verlag Leske + Budrich GmbH Opladen
Lucius & Lucius Verlagsgesellschaft Stuttgart
Mohr Siebeck Tübingen
Quelle & Meyer Verlag Wiesbaden
Ernst Reinhardt Verlag München und Basel
Schäffer-Poeschel Verlag Stuttgart
Ferdinand Schöningh Verlag Paderborn · München · Wien · Zürich
Eugen Ulmer Verlag Stuttgart
Vandenhoeck & Ruprecht in Göttingen und Zürich

Systematische Theologie der Gegenwart in Selbstdarstellungen

herausgegeben von

Christian Henning,
Karsten Lehmkühler

Mohr Siebeck

Die Deutsche Bibliothek – CIP-Einheitsaufnahme

Systematische Theologie der Gegenwart in Selbstdarstellungen :
hrsg. von Christian Henning ; Karsten Lehmkühler. – Tübingen :
Mohr Siebeck, 1998
    (UTB für Wissenschaft : Uni-Taschenbücher ; 2048)
    ISBN 3-8252-2048-6 (UTB)
    ISBN 3-16-146990-9 (Mohr Siebeck)

© 1998   J.C.B. Mohr (Paul Siebeck) Tübingen.

Druck: Presse-Druck, Augsburg.

ISBN 3-8252-2048-6 UTB Bestellnummer

Vorwort

Das vorliegende Buch entstand aus dem Entschluß, eine Lücke zu füllen, die wir in unseren Seminaren und Repetitorien immer wieder schmerzlich gespürt haben. Für unsere Arbeit wäre es eine große Erleichterung gewesen, wenn uns Publikationen zur Verfügung gestanden hätten, die den Studierenden die gegenwärtig lehrenden Professoren der Systematischen Theologie und ihre Hauptgedanken hätten nahebringen können. Doch solche Bücher fanden wir nicht.

Im Zuge unserer Überlegungen, wie wir den Studierenden und Lehrenden helfen könnten, stießen wir auf die in den 20er Jahren erfolgreiche Reihe »Die Wissenschaft der Gegenwart in Selbstdarstellungen«. Für sie hatte Erich Stange 1925 den Band »Die Religionswissenschaft der Gegenwart in Selbstdarstellungen« herausgegeben. Uns gefiel nicht nur die Konzeption, sondern auch die Aufmachung der Reihe mit ihren den Beiträgen vorangestellten Portraits. Wir nahmen uns Stanges Programm zum Vorbild und beschlossen, die zukünftigen Autoren um ein Bild und die Darstellung ihrer Lebensgeschichte zu bitten, in der sich Biographie und Werk zur Einheit verbinden sollten.

Nachdem unser Vorhaben die freundliche Aufnahme des Verlegers, Herrn Georg Siebecks, gefunden hatte, stellte sich die Frage nach der Auswahl der Autoren. Uns war von vornherein klar, daß wir uns auf die deutschsprachige Theologie zu beschränken hatten, wollten wir den gesetzten Zweck erreichen und den Umfang eines als Einführung gedachten Buches nicht sprengen. Als Leitgedanke, der dem Band auch theologiegeschichtlich sein Profil geben sollte, diente uns die Regel, amtierende akademische Lehrer um einen Beitrag zu bitten, die noch vor dem Ende des 2. Weltkrieges geboren sind. Als Kriegsgeneration verkörpern sie doch eine ganz bestimmte Gestalt der Theologie.

Die vorliegenden Beiträge haben wir nach dem Alter der Verfasser geordnet und sind dabei dem Anciennitätsprinzip gefolgt. Zu wünschen bleibt, daß es zu einer Fortsetzung des Unternehmens kommt, bei der wir dann auch weitere Beiträge vor allem jüngerer systematischer Theologen aufnehmen würden. Wir bedauern es, daß dieser Band nur eine Auswahl darstellen kann und hoffen auf das Verständnis unserer Leser.

Unser Dank gilt zunächst den Autoren, dann auch besonders unserem Verleger, Herrn Georg Siebeck. Wir wünschen uns, daß der vorliegende Band für Lernende und Lehrende eine Hilfe darstellen und ihnen zur Anregung dienen möge, die Vielfalt und Verschiedenheit, aber auch die Einheit der (Systematischen) Theologie zu entdecken.

Pfingsten 1998   Christian Henning / Karsten Lehmkühler

INHALT

Systematische Theologie der Gegenwart in Selbstdarstellungen

DIETRICH RITSCHL

Um zu zeigen, wie die Habsburger daran schuld waren, daß die Theologie in unsere Familie und ich zu meinen vielen Büchern kam, muß ich etwas ausholen. Die Familie Ritschl stammt aus Böhmen. Ihren feudalen Status mußte sie nach der Enteignung der evangelisch gebliebenen Landbesitzer zu Beginn des Dreißigjährigen Krieges gegen den militärischen eintauschen. Ich habe noch ein kleines Oelbild von 1592 vom letzten Besitzer. Sein Sohn, der Oberst Georg, starb 1639 grausam durch »Schwedentrunk« und dessen Sohn Christoph, in schwedischen Diensten, nahm neben »14 Haupt-Schlachten, ohngerechnet anderer Scharmützel, an der Schlacht von Lützen teil, ›allwo er seinen allergnädigsten Herren Gustavum Adolphum verlor‹«(1632). 63-jährig kam er als protestantischer Exulant nach Erfurt und heiratete die Erbin des prächtigen Hauses »Zum Krönbacken«, angelehnt an die Michaeliskirche. Es blieb mehrere Generationen im Besitz der Familie und ist kürzlich aufs schönste wiederhergerichtet worden. Vom Militärischen wechselte die Familie zum Akademischen über. Es gab Juristen, Stadträte, sehr bald Theologen. Georg Wilhelm, der Großvater des Philologen Friedrich Ritschl, Nietzsches Lehrer, sowie des Theologen Albrecht, meines Urgroßvaters, war 32 Jahre lang Pfarrer an St. Johannis vulgo Augustini und Professor am »evangelischen Rathsgymnasium«. Mit seinem Sohn Carl Benjamin jedoch begann wieder das Wanderleben der Familie; er war in Berlin Prediger an der Marienkirche, dann Bischof in Pommern, längere Zeit im Auftrag des Königs auch in St. Petersburg. Ein begeisterter Musiker, heiratete er eine Sängerin und Mitgründerin der Berliner Singakademie, die er, wenn Zelter abwesend war, dirigieren durfte. Schleiermacher und andere illustre Personen waren Paten seiner Kinder, unter ihnen Albrechts Patin Elisa Radziwill, die der spätere Kaiser Wilhelm I. nicht heiraten durfte, aber im Sterben noch ihr Bild geküßt

haben soll. Ich habe in Reigoldswil eine Locke der Prinzessin unter Glas
– so pietätvoll war man eben früher!

Albrecht Ritschl, den mein Lehrer Karl Barth wenig gelesen und
– trotz oder wegen einer theologischen Verwandtschaft – vernichtend
kritisiert hat, lehrte bekanntlich in Bonn und Göttingen. Ich lese seine
Bücher – aus sprachlich-ästhetischen Gründen – nur ungern, schätze
aber viele seiner Gedanken sehr. Bis heute ist mir schwer verständlich,
wie man diesen Offenbarungstheologen mit der »liberalen Theologie«
in Zusammenhang bringen konnte. Sein Sohn Otto wäre lieber Mathe-
matiker als Dogmatiker und Dogmengeschichtler geworden, aber er
meinte es dem Vater, der stark angegriffen wurde, zu schulden, Theologe zu werden. Ich besinne mich gut an ihn. Er war ein friedfertiger
Mann, aber als junger Professor hat er doch Paul de Lagarde auf Pistolen
gefordert, weil dieser schlimme Verleumdungen über den Grund des
fast einjährigen Aufenthalts von Carl Benjamin in St. Petersburg verstreut hatte: Der mit ihm befreundete König hätte ihn in Geheimmission
beauftragt, seine Schwester, die Zarin, davon abzuhalten, zur Orthodoxen Kirche überzutreten, während er doch dort war, um für die Protestanten im russischen Reich eine Kirchenordnung schreiben zu helfen.
Zum Glück verbot der Dekan seiner Fakultät das Duell.

Mit diesen Vorfahren kann ich freilich nicht Schritt halten. Und doch
hat mich ihre Reihe immer eher vergnügt gestimmt, weil ich die evangelische Standfestigkeit ein wenig bewundere und mich im Hinblick auf
die Akademiker als Glied in einer Kette sehe und kein Solosänger werden muß. Zudem habe ich die Bibliothek von Otto, Albrecht und seinem
Vater Carl Benjamin geerbt und unser Haus in Reigoldswil ist darum
herum gebaut. – So hat die Vertreibung durch die Habsburger dazu beigetragen, eine Theologenfamilie zu begründen.

I.

Ich wurde im berüchtigt kalten Januar des Jahres 1929 in Basel geboren.
Mein Vater war Professor für Nationalökonomie an der dortigen Uni-
versität. In der Familie wimmelte es nur so von Professoren. Als kleines
Kind dachte ich, außer dem Milchmann und unserm Nachbarn Gessler,
Rektor des großen Mädchengymnasiums und väterlichem Freund, seien
alle Männer auf der Welt Professoren: unser Kinderarzt, die Freunde des
Vaters, dann der Vater selber sowie sein Bruder, Großvater Otto in Bonn
und dessen Bruder im nahen Freiburg, unsere entfernteren Onkel, dann

der Vater meiner Mutter (Philosoph in Zürich, Strassburg und Bonn) und ihre Brüder ... und daß es später mit der Familie meiner Frau (Rosemarie Courvoisier) so weitergehen würde, konnte ich natürlich noch nicht ahnen. Aber ich beeile mich, zu bestätigen: unser Vater hat uns von früher Kindheit an wissen lassen, daß Professoren keineswegs gescheiter, geschweige denn etwas besseres als andere Leute sind. Später, als ich erwachsen war, hörte ich ihn sagen, daß alle Gelehrten mit Wasser gekocht haben, daß wir nicht von unserer Arbeit leichtfertig und gespreizt als »Forschung« sprechen sollten, denn die meisten von uns – außer in den Naturwissenschaften – schöben die Dinge nur neu hin und her, ordneten sie anders und hätten ab und zu originelle Einfälle. Wie recht hatte er! Von ihm, der das Wesen der Universität ausgezeichnet kannte, habe ich auch gelernt, daß im akademischen Betrieb Fairness und auch der Mut zu Ausnahmen – gerade im Interesse der Jungen – wichtiger sind als die Paragraphen der Ordnungen. Ich bin mit dieser Botschaft aber in den Fakultäten, in denen ich tätig war, nicht immer auf Verständnis gestoßen. – Mein Vater sprach kritisch über seine Kollegen, aber nie abschätzig. Über akademische Eitelkeiten sollte man sich amüsieren, lehrte er uns. Ich selber bin in meinem Leben vielleicht im Hinblick auf handwerkliche Fähigkeiten und blank polierte Autos eitel gewesen, aber akademische Eifersucht und Konkurrenzgefühle gegenüber Kollegen waren mir immer fremd.

Meine religiöse und kirchliche Erziehung war mehr indirekter Art. Der Vater bewahrte sich sein Leben lang eine kindliche Frömmigkeit, eigenartig verbunden mit Elementen der kritischen Theologie seines Vaters. Ab und zu gingen wir zur Kirche. Einmal betete er mit uns am Vorabend einer Operation der Mutter, die beim Skifahren schwer verunfallt war. Er hielt Gott im kausalen Sinn für allmächtig und grämte sich bis zu seinem Tod über die ungelöste Theodizeefrage. Später erzählte er mir auch, daß er eines Tages als Kind durch eine angelehnte Tür abends seine Eltern laut hatte Psalmen beten hören. – Die Mutter hatte eine emotionale Frömmigkeit, die sie mit der rationalistischen Kritik ihres philosophischen Vaters – eines Wundt-Schülers – an der »Vorstellung eines persönlichen Gottes« zu kombinieren wußte.

Ich erlebte eine wunderbare, wenn auch nicht ganz unbelastete Kindheit. Meine älteste Schwester starb an Scharlach, ein jüngerer Bruder wurde mit einem schweren Herzfehler geboren, er starb als Erwachsener in einer Operation. Ich glaube, daß meine therapeutische Grundeinstellung – und später meine Ausbildung zum analytischen Psychotherapeuten – mit der täglichen Mitverantwortung für den behinderten Bru-

der zu tun hat. – Während der ganzen Primarschulzeit war Heinrich Ott
mein Schulfreund. Seine Mutter fertigte uns Uniformen an, er – 8 Monate jünger als ich – war Hauptmann, ich Leutnant. Er trug eine Brille,
was mir sehr imponierte. Daß er einmal den Lehrstuhl Karl Barths übernehmen würde… Als meine Eltern das Haus auf dem Berg verkauften,
teilten sie einen kleinen Geldbetrag unter die Geschwister: Ich wünsch-
te mir eine Bibel, »weil ich Pfarrer werden wollte«. Aber ich habe jahrelang nicht mehr daran gedacht. Mir ging es eigentlich nur um die Geige,
die meine ständige Begleiterin wurde. Später kam die Physik als Kon-
kurrentin dazu; sie und das Griechische mit der daranhängenden Philosophie waren das einzige, was mich im Gymnasium wirklich interessierte. Noch nach dem Krieg besuchte ich zur Platon-Lektüre meine
verehrte Griechisch-Lehrerin Ruth Camerer.

Im letzten Kriegsjahr – es hatte uns nach Deutschland verschlagen –
verbarg ich mich im Schwarzwald und las wie ein Raubtier Unmengen
von philosophischen Büchern, Kant, Hegel, auch Naturphilosophen sowie Albert Schweitzer. Nach lebensgefährlichen Erfahrungen im Frühjahr 1945 konnte ich im kommenden Winter mit einem an der Universität Tübingen abgelegten Ersatzabitur das Studium der Physik aufnehmen. Mein erstes Ziel schien erreicht.

II.

Meine Lehrer waren der ehrenwerte Prof.Back sowie die späteren No-
belpreisträger A.Kossel und G.Wittig, der Chemiker. Bei ihm gefror eines Tages das Wasser auf der Tafel, als er das Geschriebene mit dem
Schwamm löschen wollte. Wir haben entsetzlich gehungert und gefro-
ren. Aber es waren herrliche Studienjahre. Die vorgeschriebenen Prak-
tika absolvierte ich ohne Mühe, auch eines in der Biologie. Aber in der
Mathematik war mir mein um mehrere Jahre älterer Freund Hans-Walter Schleicher überlegen. Mir fehlten die letzten Schuljahre. Wir musizierten viel und erzählten uns nächtelang. Er wurde später mein Schwa-
ger. Sein Vater war nach dem 20. Juli 1944 ermordet worden, Dietrich
Bonhoeffer war sein Onkel. Er wollte mir dessen theologische Gedanken nahe bringen, unterstützt durch Besuche von Eberhard Bethge, aber
ich dozierte, ich hielte es eher mit Schleiermacher als mit Barth-Bon-
hoeffer. Das waren freilich völlig unreife Urteile, aber eine gewisse
theologische Reserve gegenüber Bonhoeffer ist bei mir, trotz aller Be-
wunderung, immer wach geblieben, ich kann sie bis heute nicht gut

definieren. Sie ist auch durch die spätere Freundschaft mit Eberhard Bethge und durch die Tatsache, daß Bonhoeffers Schwester, Ursula Schleicher, mehr als zwei Jahrzehnte lang bei meinen Eltern lebte und wir viel über ihren Bruder Dietrich erfuhren, nicht gewichen.

Das unzerstörte Tübingen bot damals vielen großen Gelehrten Raum für ihre Arbeit. Wir hörten den Biochemiker Butenandt, den Philosophen Spranger, und wenige von uns ließen Romano Guardinis Vorlesungen – über Sokrates, über Dante, über Rilke – oder seine Abendpredigten aus. Auch den katholischen Theologen K. Adam, den alten Karl Heim, den dynamischen H. Thielicke wollte ich mir nicht entgehen lassen. Unser Hunger nach diesen geistigen Reichtümern war nahezu unstillbar. Er verdrängte vielleicht die Einsicht in die Notwendigkeit einer kritischen Aufarbeitung der jüngsten Geschichte sowie der bitter nötigen Universitätsreformen. Strukturen der Universität und Formen der Lehre waren uns gleichgültig. Die evangelische Studentengemeinde nahm mich mehr und mehr in ihren Sog. Immer deutlicher spürte ich, daß mein Platz nicht in einem Labor, sondern anderswo wäre, und allmählich merkte ich, daß ich mehr Theologie und Philosophie als Naturwissenschaft studierte. Aber ganz aufgegeben hatte ich mein Interesse noch nicht. Ich gab damals und auch später in Basel gerne Einpaukstunden in Physik für das Physikum von Medizinstudenten.- E. Würthwein, damals noch Dozent, gab mir in seiner Wohnung Privatstunden in Hebräisch, A. Weiser lehrte mich Einleitung ins AT, bei H. Rückert lernte ich die Dogmengeschichte respektieren, gerne hörte ich den gelehrten O. Michel. Schützend hielt seine Hand über mich A. Köberle, der mich schon als Kind in Basel gekannt hatte. Fabelhaft schien mir der Philosoph Gerhard Krüger zu sein, erst recht W. Weischedel, bei dem wir abends in seiner Wohnung im großen Kreis auf dem Boden sassen. Einmal schlief ich dort ein, worauf er mich freundlich ins Bett schickte. Ich habe von ihm viel gelernt, wohl auch von Spranger, vor dem ich jedoch eher etwas Angst hatte. In diesen Semestern las ich sehr viel, vor allem in Philosophie und Kirchengeschichte. Letztere lehrte G. Ebeling, der äußerst freundlich zu mir war, mir auch Bücher auslieh. Er konnte es aber nicht gut ertragen, daß viele von uns, wenn er nach 18 Uhr die Zeit überzog, aus dem Hörsaal eilten, um noch etwas von dem aus Schweden gestifteten Essen zu erhaschen. Wir mußten eine Delegation zu ihm schicken und um Entschuldigung bitten. Seine Art, Geschichte zu lehren, regte mich darum besonders an, weil sein Interesse theologischer, nicht einfach historischer Art war.

III.

Ich strebte wieder in die Schweiz. Im Frühjahr 1948 traf ich in Basel ein und ließ mich gleich in zwei sehr verschiedene Welten hineinfallen, in die K. Barths und die von K. Jaspers. Barth forderte mich immer wieder auf, doch bei seinem Bruder Heinrich Philosophie zu studieren, nicht bei Jaspers, über den er wenig schöne Bemerkungen machte. Aber ich verstand nicht, worauf Heinrich Barth hinaus wollte, obwohl ich brav seine Vorlesungen hörte. Ich fuhr also auf zwei ganz verschiedenen Schienen. Ich sah die Welt durch Karl Barths Augen, obwohl er mir in mancher Hinsicht persönlich unheimlich war. Aber ich idealisierte ihn. Seine Vorlesungen waren nicht allzu spannend, dagegen seine Seminare sehr. Ich fürchtete ihn etwas, nur später, als ich längst in Amerika lebte und mit der Familie die Sommer in Reigoldswil verbrachte, begann ich ihn zu lieben. In einem Freisemester nahm ich an seinen abendlichen Gesprächsrunden teil, zu denen auch Thurneysen kam. In späteren Jahren fuhr ich ihn im Auto ins Wallis, auch zu uns nach Hause, besuchte ihn im Krankenhaus. Meine innere und auch meine theologische Loslösung von ihm kam erst später.

Jaspers hingegen, unendlich distanziert und auf eine ganz andere Art als Barth hochmütig, betörte mich durch die Eleganz seiner nicht wenig eitlen Redekunst und auch durch die wirklich aufregenden Schneisen, die er in die Geschichte der Philosophie und der Kultur zu schneiden vermochte. Sein Kant-Seminar und so manches andere gefielen mir ausgezeichnet. Persönliche Kommunikation aber, über die er Tausende von Seiten schrieb, war nicht eben seine Stärke. Aber ich merkte das erst später. Ich arbeitete emsig an meiner Dissertation über »Kierkegaards Kritik an Hegels Logik« und erledigte daneben das Nötigste in der Theologie. Meine Lehrer waren mir lieb und recht, O. Cullmann und K. L. Schmidt, auch Hendrik van Oyen, der es hinnahm, daß ich ihn über drei Semester im Seminar mit meinen Kierkegaard-Referaten tyrannisierte. Aber didaktisch waren sie alle – außer F. Buri und vielleicht Thurneysen in seinem Homiletik-Seminar – überhaupt nicht gut. Auch Barth war so stark an das schriftliche Wort gebunden, daß er einmal, als sein Manuskript fehlte und er Lollo v. Kirschbaum in die Pilgerstraße schickte, um es zu suchen (in Wahrheit war es in seiner Tasche), eine halbe Stunde lang wortlos hinter dem Katheder hin- und herging, weil er unfähig war, mit den Studenten frei zu diskutieren. Und dennoch beeindruckte mich keiner annähernd so tief wie er. Für das AT-Hauptseminar floh ich vor den Basler Alttestamentlern nach Bern zu J. J. Stamm.

Die 5 Basler Semester kamen mir wie eine Ewigkeit vor. Ich hatte so viel erlebt, war aber letztlich von der akademischen Theologie etwas enttäuscht. Das sollte nun, als ich im Oktober 1950 mit dem Vikariat in Ziefen (dem Nachbardorf von Reigoldswil) begann, völlig anders werden. Mein Mentor Pfr. Ph. Alder – er war insgesamt über 40 Jahre lang in dieser Gemeinde – war ein begeisterter Latinist, ein scharfsinniger Theologe und ein hervorragender Praktiker. Manchmal sagte ich etwas übertrieben, ich hätte in den zwei Jahren bei ihm mehr als im ganzen Studium gelernt. Zu gerne machte ich Hausbesuche, gab Unterricht aller Art und predigte in den drei Dörfern, die zur Kirchgemeinde gehören. Oft erschien Philipp Alder überraschend mit einem Notizbüchlein, setzte sich hinten in den Klassenraum oder hinter die Türe beim Hausbesuch. Am Samstagabend gab es dann die große, reinigende Kritik; dann durfte ich mit ihm Schach spielen. Meiner Braut war es nur erlaubt alle zwei Wochen sonntags zu Besuch zu kommen. Im 2. Jahr des Vikariats hielt ich Religionsunterricht an einem Basler Gymnasium und an einer Hauptschule. Mein Ziel war klar: ich wollte nun wirklich Pfarrer werden. Hier konnte sich die Theologie bewähren – oder sie war eben nichts wert. Ich spürte zum ersten Mal, daß die Kirche der Ernstfall, die Theologie aber ein Spiel, ein wunderschönes und ernstes Spiel ist.

IV.

Im Herbst 1951, anläßlich einer Jugendkonferenz des Reformierten Weltbundes in Schottland, die ich als Delegierter des CSV in der Schweiz besuchte, predigte ich in Edinburgh zweimal vor einer kleinen Gruppe meist junger Leute aus Deutschland und der Schweiz, die die Austauschstudenten wie Dieter Georgi und Ferdinand Schlingensiepen zu Gottesdiensten versammelten. Sie wählten mich zu ihrem Pfarrer. Ich schrieb an Martin Niemöller, den damaligen Leiter des Außenamtes der EKD. Bald fand ich mich im Januar 1952 in einem kleinen Zimmer am Hafen in Leith wohnen mit dem Auftrag, ca. 2000 Deutschsprachige in Schottland – frühere Kriegsgefangene (aus den deutschen Ostgebieten), Frauen von britischen Soldaten, Austauschstudenten und -lehrer, Krankenschwestern und au pair-Mädchen – kirchlich zu betreuen. Im Frühjahr heiratete ich in Basel, und wir bezogen eine Wohnung in Edinburgh. Wir erhielten den kargen Lohn von 27 Pfund im Monat, aber es begannen mit die schönsten Jahre unseres Lebens. Dem VW-Werk bettelte ich einen nagelneuen Käfer ab, der uns ganz Schottland erschloss.

Wir gründeten Gemeinden in Glasgow, Dundee und Aberdeen. Über 6 Jahre hin hielt ich mehrere Gottesdienste pro Woche. Bald kauften wir – ohne Vermögen, doch garantiert durch die Church of Scotland – ein großes Haus mit parkähnlichem Garten, eine frühere Tanzschule, die wir selber renovierten. Die Halle verwandelten wir in eine Kirche, ich baute meine eigene Kanzel. Unterricht gab es kaum, das Gewicht der Arbeit lag ganz auf dem Predigen, den Hausbesuchen und persönlichen Beratungen – zur guten Hälfte in den Slums der großen Städte.

Die schottische Kirche bot uns alle nur denkbare Unterstützung in der kirchlichen Arbeit, inzwischen verstärkt durch eine Gemeindehelferin in Edinburgh und eine Vikarin in Glasgow. Die zahlreichen jüdischen Emigranten aus Deutschland und Österreich zeigten unsern Gemeindegliedern gegenüber nur Offenheit und Wohlwollen.

Die schottische – und im weiteren Sinn die britische – Theologie war mir von Anfang an ungemein sympathisch. Sie ist weltweit in ihrem Einfluß und ökumenisch offen. Ich konnte mich leicht mit den Grundpositionen und Zielen identifizieren und ich habe in späteren Jahrzehnten, wenn ich ihr in den USA und vor allem in Australien/Neuseeland wieder begegnete, immer wieder erfahren, daß hier für mich ein Stück neue theologische Heimat gefunden war. Die schottische Theologie: Die Gegenüberstellung der calvinischen Tradition zur anglikanischen Kirche und Theologie bleibt immer latent bewußt; die Religionsphilosophie darf ihrer kritischen, vielleicht auch hilfreichen Aufgabe ungehindert nachgehen; die biblischen Grundlagen bleiben immer im Blickfeld; Ideologisierungen werden kritisch ausgegrenzt; auf echte theologische Fragen werden keine historischen Antworten gegeben, – wie so oft in der deutschen Theologie – jedenfalls gilt dies als wenig sinnvoll. In diese Denkweise konnte ich mich gut einfädeln.

In den Edinburgher Jahren entdeckte ich die Kirchenväter der Alten Kirche und las sie unermüdlich, wann immer ich Zeit finden konnte. Bis heute meine ich, hier sei die eigentlich konstruktive und umfassende theologische Leistung des Christentums vollbracht worden, nicht in der Reformation, so wichtig und lieb sie uns auch ist. Für Vorlesungen am New College hatte ich kaum Zeit, aber ich schrieb während all dieser Jahre an meiner theologischen Dissertation über »The Union with Christ in the Early Catholic Church«, eine Analyse sowohl der Deifikationslehre wie der hypostatischen Union. T.F.Torrance, dem ich persönlich, aber nicht theologisch treu geblieben bin, war der Erst-, Henry Chadwick in Oxford der Zweitkorrektor. Am New College durfte ich während drei Semestern Seminare über Athanasius, Anselm und Kier-

kegaard halten, eine Art Ersatz für die Erfahrungen einer Assistentenzeit. In England besuchte ich gelegentlich theologische Tagungen und
knüpfte erste Kontakte mit der anglikanischen Theologie.

Neben einigen Aufsätzen in der systematischen und ökumenischen
Theologie schrieb ich ein Buch für meine Gemeindeglieder »Vom Leben in der Kirche« (1957, engl. »Christ Our Life«). Ich war noch stark
von Barth geprägt, wenn auch – durch den britischen Einfluß – vorsich-
tiger als früher im Aufstellen assertorischer Sätze. Das sollte bei mir
später noch stärker werden durch die Berührung mit Wittgenstein und
der analytischen Philosophie.

Wir haben in Schottland in- und außerhalb der Theologenwelt
Freundschaften für's Leben geschlossen. Einen ersten Abschied konnte
ich üben, als ich im Herbst 1957 für einige Wochen als Gastdozent nach
Montreal eingeladen wurde. James I. McCord, der damalige Dekan der
Fakultät in Austin/Texas und späterer Präsident des Princeton Seminary
und Gründer des dortigen Center of Theological Inquiry, ein großer
theologischer Manager, holte mich bald nach Austin auf eine Gastprofessur. (Später wurde ich Associate-, in Pittsburgh dann Full-Professor).
Nach einem Besuch zur Kirche und zu Freunden in das von der Nieder-
schlagung der Revolution gedemütigte Budapest reisten wir im Januar
1958 mit der ganzen Familie in die Ungewißheit nach USA.

V.

Europäer und Amerikaner in den Nordstaaten denken bei Texas an Cow-
boys und Ölmillionäre. Es stehen dort aber auch herrliche Bibliotheken,
Museen, Konzerthallen und – neben mediokren akademischen Institutionen – erstklassige Universitäten. In Austin gibt es zwei theologische
Fakultäten, die presbyterianische und die anglikanische (Episcopal Seminary), an der auch der spätere Freund Paul van Buren lehrte. Für mich
hieß es nun, den Schulsack neu auffüllen. Anfangs hielt ich exegetische
Vorlesungen (auch am Episcopal Seminary), dann fast ausschließlich
dogmengeschichtliche. Calvin war Pflichtlektüre. Ich balancierte die
Seminare über ihn mit Lehrveranstaltungen zu Themen aus Luthers
Theologie, der im presbyterianischen Kontext eher vernachläßigt wird.
Auch mein erster Versuch, eine Ethik-Vorlesung zu halten, gehört in
diese Zeit.

Der Fakultät gegenüber bestand ich darauf, eine kleine Gemeinde
außerhalb der Stadt versorgen zu können, wenigstens an den Sonntagen.

Ich wollte Amerika auch von der nicht-akademischen Seite kennen lernen. Wir bauten in Wimberley eine hübsche Kirche. Mich trieb die Frage um, was eigentlich theologisch passiert, wenn wir predigen. Ich hatte seit Beginn meiner kirchlichen Arbeit den Drang verspürt, das Geheimnis des Evangeliums nicht zu verbergen, sondern offen zu legen. Aber bringt nicht die Versprachlichung auch eine Verfremdung, eine Lüge in das Gesagte? Immer noch in Anlehnung an Karl Barth und seine Lehre von der dreifachen Gestalt des Wortes Gottes schrieb ich »A Theology of Proclamation«. Das Buch ist seither auf japanisch, koreanisch und indonesisch erschienen. Es wirbt für die exegetisch fundierte Predigt und kritisiert die in den USA übliche Themapredigt. Zu den Studenten – etliche älter als ich und Rückkehrer aus dem Koreakrieg – hatte ich sehr enge Verbindungen. Ich besuchte später manche in ihren Gemeinden zu Lehrstunden und Predigten. Noch heute, nach Jahrzehnten, treffe ich mich mit einigen bei meinen Besuchen. Nicht wenige benützen bei ihrer Predigtvorbereitung immer noch den griechischen Text, manche sogar den hebräischen. Wir hatten ihnen die Freude daran wohl nicht verdorben.

Mit Paul van Buren und James A. Wharton, meinem Kollegen im Alten Testament, arbeitete ich die ersten Formen des story-Konzeptes aus, das für mich – gerade in Abgrenzung zur später sog. narrativen Theologie – immer wichtiger werden sollte. Dahinter steht die Beobachtung, daß die Tradition in Israel und in der Kirche ein nicht nur Wirklichkeit abbildender, sondern auch hervorrufender Sprachstrom ist. Zu Anfang des Jahrhunderts war Josiah Royce schon auf ähnlichen Spuren, wenn auch noch stark dem Idealismus verhaftet. Uns dreien ging es um die Beziehung zwischen Wirklichkeit und Sprache, um Auslöser (»occasions«) für das Verstehen des Wortes. Es wurde uns auch klar, daß in der Beziehung zwischen biblischem Text und heutiger Situation nicht die erste Aufgabe die ist, die alten Texte für heute »relevant« zu machen, sondern umgekehrt die heutige Situation »in der Gottperspektive« zu interpretieren und für das neue Verstehen der alten Texte relevant zu machen, d.h. die Interpretation an ihnen zu überprüfen. Daß dies auf eine starke Betonung der Pneumatologie hinauslaufen würde, sahen wir damals noch nicht. Aber es war uns bereits deutlich, daß eines der größten Probleme in der Erstellung oder im Funktionieren einer »Biblischen Theologie« die Selektion von Einzeltexten bzw. -themen aus dem Gesamt der biblischen Schriften ist. Hier liegen auch die Wurzeln für mein späteres Verständnis von »ökumenischer Theologie«: Jede Konfession hat anders selektiert, wobei angenommen werden muß, daß jede ihre exegetischen Hausaufgaben sorgfältig gemacht hat. Was bedeutet diese Einsicht im Hinblick auf die sog. Wahrheitsfrage?

Die zu interpretierende Situation war für uns vor allem die Bürgerrechtsbewegung. Gemeinsam mit den Studenten und Studentinnen demonstrierten wir bis alle Restaurants der Stadt »integrated« waren. Mein kleines Buch »Nur Menschen«, (Berlin 1962) beschreibt die Lage der Schwarzen und den Kampf um Integration, wie man damals noch sagte. An einem Abend konnte ich Martin Luther King kennen lernen (vgl. mein Portrait in M. Greschat, Hg.«Gestalten der Kirchengeschichte« Bd. IV). M. L. King verknüpfte später in einer denkwürdigen Rede die Bürgerrechtsbewegung mit der Auflehnung gegen den Vietnam-Krieg. Das führte bei vielen von uns zu Verdächtigungen durch die Geheimpolizei. Meine Post wurde überprüft. Auch in Reigoldswil versuchten Beamte aus Bern in meiner Abwesenheit meine Studierstube zu durchsuchen. Ich verlangte eine Entschuldigung und erhielt sie auch. Die Verdächtigungen hatten in meinem Fall freilich auch mit der Tatsache zu tun, daß mich H. Gollwitzer und E. Wolf in die Theologische Kommission der Prager Friedenskonferenz hineinzogen. Bis zur Reokkupation der ČSSR im August 1968 konnte man guten Gewissens zur Prager Bewegung gehören, danach war es wegen der radikalen Ideologisierung unmöglich. In jedem Sommer war ich in Prag, 1961 auch zum ersten Mal in der damaligen UdSSR als Gast der Orthodoxen Kirche. Es entstanden bereichernde Freundschaften mit integren Persönlichkeiten, wie z.B. Jan Milič Lochman und anderen Kollegen an der Comenius-Fakultät. Aber auch diejenigen, die sich prostituierten oder gar andere denunzierten, haben wir kennengelernt, vor allem in Ungarn. Im Grunde wußten wir westlichen Ökumeniker immer recht genau, mit wem wir redeten.

Vortragswochen in Mexico-City und politisch-ethische Vorträge in ungezählten Universitäten, Kirchen und Colleges fielen in die Zeit in Austin. Eine exegetische Arbeit über Hosea 11, über neutestamentliche Texte sowie kleinere Publikationen über patristische Themen sowie zu Joh. Salomo Semler bildeten den Abschluß meiner Arbeiten dort. Ich nahm Abschied von der mir lieb gewordenen Fakultät und der kleinen Gemeinde in Wimberley. Seit unserm Weggang 1963 bin ich bis auf wenige Ausnahmen jährlich wieder in Austin und Umgebung gewesen, in den 70er und 80er Jahren auch am Medical Center in Houston, um medizinische Ethik zu lernen.

VI.

1963 begann ich in Pittsburgh zunächst mit Vorlesungen zur Geschichte der biblischen Interpretation und zur Theologie im 19. und 20. Jhd. Es folgte noch mehrfach die 2-semestrige Vorlesung zur Dogmengeschichte, Seminare zu Augustin, zu Wilhelm v. Ockham und Luther. Eine Schrift über »Athanasius« (Zürich 1964) sowie meine vielleicht zu radikale Augustin-Kritik in der Barth-FS »Parrhesia« markierten die Verlagerung der Arbeit in die systematische Theologie. In »Memory and Hope« (London/New York 1967) suchte ich nach der Verknüpfung einer Theologie der Hoffnung mit der kreativen Erinnerung an die Tradition. Der Schnittpunkt beider ist der Christus praesens: mit ihm, nicht mit dem historischen Jesus, beginnt denn auch der theologische Erkenntnisprozeß. Der Gottesdienst spielt dabei die entscheidende Rolle. Doxologie birgt in sich die Kraft zur Verifikation der Glaubensaussagen, die die Theologie analytisch reflektiert. Teil dieses Buches ist die erneut vorgetragene Augustin-Kritik, – denn er hebt mit der visio beatifica die Gläubigen gerade aus dem story- und Weltbezug heraus – sowie eine positive Nutzung der Lehren von der Vereinigung mit Christus bei den griechischen Vätern. Eine vorsichtige Kritik des Monopolanspruchs der Rechtfertigungslehre in den protestantischen Traditionen sowie eine Analyse der Bedingungen des Redens von Gott haben eine stützende Funktion im Hinblick auf die christologische Hauptthese des Buches: Der Christus praesens als rufender Gott und antwortender Mensch in stellvertretender Funktion. Erst später sollte ich sehen lernen, daß er stellvertretend vor allem am Schnittpunkt zwischen Juden und Heiden steht, eine Sicht, die inzwischen meine theologischen Bemühungen dominiert. Ich hatte sie in einer Exegese von Röm. 11 schon 1959 statuiert, war aber noch Jahre später nicht in der Lage, sie systematisch-theologisch voll zu nutzen. Insofern fällt also »Memory and Hope« noch in die Zeit vor meiner Einsicht in die Notwendigkeit einer neuen »Israel-Theologie«. Karl Barth hat es noch gelesen und Freundliches darüber gesagt.

Unter den Kollegen – Pittsburgh war damals eine der interessantesten Fakultäten – zog mich vor allem die Arbeit von Edward Farley an. Er betrieb intensive Husserl-Studien und gilt heute, in Vanderbilt University, als einer der bekannten konstruktiven Theologen Amerikas. Wichtig war für mich der Neutestamentler Markus Barth. Wir waren seit Jahren Freunde und hatten eine lebhafte Korrespondenz über exegetische Fragen geführt und besuchten uns gegenseitig, bis wir nun an derselben Fakultät wirken konnten. Ich erinnere mich an zahllose schöne, aber doch auch an schmerzvolle Stunden mit ihm, weil er mit seiner fachlichen Kritik immer zugleich persönlich wurde und dadurch nahezu alle Beziehungen zerstörte, mit Fachkollegen sowie mit Freunden. Ich muß gestehen, daß ich durch diese letztlich mißlungene Freundschaft mit Markus auch Karl Barth neu sehen gelernt habe. Auf einem unvergleichlich größeren Sockel von gigantischer theologischer Leistung war doch auch der Vater ein erschreckend destruktiver Kritiker anderer Theologen; er brachte seine eigenen Konzeptionen durch die Zerstörung anderer zum Leuchten. Erst spätere historische Einzelanalysen in der Barth-Gesamtausgabe (an der ich mich mit dem Schleiermacher-Band beteiligte) werden die Fülle von voreingenommenen Beurteilungen aufdecken.

In den Pittsburgher Jahren lehrte mein Mentor und Freund, der schottische Alttestamentler und Semitist James Barr (später in Oxford) auch in den USA. Wir verfolgten weiter den story-Charakter der biblischen Tradition. Seine Bücher haben mich stark beeinflußt, und wir halten bis heute Kontakt. – Wichtig für mich waren damals auch die ökumenischen Gesprächskreise mit George Tavard und anderen Katholiken. Auch jüdische Gelehrte nahmen an den Treffen teil.- In diesen Jahren begann ich mit meiner Ausbildung zum analytischen Therapeuten, eine Tätigkeit gänzlich außerhalb der Kirche in einem medizinischen Kontext. Zudem tauschte ich die Geige gegen die Flöte ein, weil für regelmäßiges Quartettspielen die Zeit fehlte.

VII.

Das Union Theological Seminary in New York, vielleicht eine der wichtigsten Fakultäten im Land mit einer wunderbaren Bibliothek, war damals ausgezeichnet besetzt. John Bennett war Präsident. Paul Lehmann, Bonhoeffers Freund, den ich schon lange kannte und verehrte, lehrte immer noch. Der alte Reinhold Niebuhr wohnte im Gebäudekomplex. Der Prozeßtheologe D. D. Willams, liebenswürdig und einflußreich, starb erst Anfang der 70er Jahre. Hervorragende Exegeten waren am Werk. James Cone, der schwarze Theologe, und ich wurden gleichzeitig in unser Amt eingeführt. Das war im Herbst 1969. Ich hielt neben einem Augustin-Seminar eine Vorlesung über Grenzfragen zwischen Jurisprudenz und Theologie, nachdem ich ein Freisemester lang unter Beratung von G. Stratenwerth in Basel juristische Bücher gelesen hatte. Im Union

Seminary waren damals – lehrend und lernend – Mitglieder der Jesuiti-
schen Woodstock-Community. Das war sehr bereichernd. Einen von
ihnen nahm ich als Assistent nach Mainz mit.

Amerika nach so vielen Jahren zu verlassen und einen Ruf nach
Mainz anzunehmen, war ein schwerer Entschluß. Wir hatten Wurzeln
geschlagen und uns darauf eingestellt, zu bleiben. Die Weite des Landes, die Großzügigkeit im akademischen Leben, die Offenheit der
Menschen, die schönen Gottesdienste, die Freundschaften, die Kirche, das gemeinsame politische Engagement über die Grenzen der
Kirche hinaus – all das sollten wir hinter uns lassen? Ich hatte an über
hundert Orten in mehr als 20 Staaten Vorträge und Predigten gehalten,
von winzigen Kirchen bis zur Kathedrale St. John the Divine in New
York, von kleinen ländlichen Colleges bis zu Berkeley und Harvard.
Und ich fühlte mich akzeptiert. Aber es gab Schattenseiten: der unso-
ziale Kapitalismus, die Kommerzialisierung so vieler Lebensbereiche, die törichte Außenpolitik, die Todesstrafe … und es ist nicht
schön, in Amerika alt zu werden, wie wir am Beispiel Paul Lehmanns
sehen konnten.

VIII.

Im Spätsommer 1970 reisten wir mit vier Kindern über die Fiji-Inseln –
dort eine Woche Vorlesungen – nach Neuseeland und Australien, jeweils zu kurzen Kursen oder Vorträgen. Hier begegnete ich wieder der
britischen Theologie. Meine Beziehung zu den dortigen Fakultäten, besonders zur United Faculty in Melbourne (prot., röm.-kath. und anglikanische Zusammenarbeit) konnte über die Jahre weitergepflegt werden.
Unser dreimonatiger Besuch im Jahr 1997 war schon der neunte. – Über
Calcutta und Bangalore kehrten wir nach vielen Wochen zum heimatli-
chen Haus in Reigoldswil zurück.

IX.

Es ging sehr lange, den Schock des Übergangs an eine zerstrittene und
in vielem auch provinzielle Fakultät zu verarbeiten. Zudem wurde damals alles und jedes naiv und gehässig ideologisiert. So konzentrierte
ich mich auf die Studierenden und Doktoranden und kehrte in den Semesterferien regelmäßig nach Amerika bzw. Australien zurück. 1976

publizierte ich »Konzepte«, einen Band mit patristischen Studien. Immer mehr Zeit widmete ich der medizinischen Ethik und baute zugleich meine Aktivitäten in der Ökumene aus.

Es zeigte sich bei mir ein Drang, die Komplexität der christlichen Lehrgebäude durch Reduktion auf das Wesentliche hin sozusagen fundamentaltheologisch zu straffen. Gleiches oder Ähnliches kann auf verschiedene Weisen ausgedrückt werden. Wenn es eine Unterscheidung zwischen »jetzt Dringlichem« und »bleibend Wichtigem« gibt, folgt daraus eine »Hierarchie der Wahrheiten«? Wenn es in Texten implizite Wahrheiten gibt, Christologie und Trinitätskonzepte zum Beispiel, berechtigt das zur Aussage, die Wahrheit läge hinter den Texten? Das wäre freilich keine nominalistische Position, die T. F. Torrance James Barr und auch mir vorgeworfen hatte. Aber es ist richtig: Seit ich mich Mitte der 60er Jahre in die analytische Philosophie eingearbeitet hatte, war mir eine theologische Ontologie, die in dogmatischer Sprache einfach abgebildet wird, ebenso fatal wie ein positivistisches Verharren an der Oberfläche der Sprache, auf das so viele Differenzen in der Ökumene zurückzuführen sind. Ich suchte also nach den Steuerungsmechanismen, die beim Wiedererzählen einer Geschichte mit anderen Worten, bei der Ausformulierung von Dogmen und Lehren und übrigens auch in der Psychoanalyse in Funktion treten. (Dort findet in der Lebens-story eines Patienten die Logik des story-Charakters der Identität Israels und der kirchlichen Gruppen eine strukturelle Entsprechung, die mich zunehmend fasziniert). »Implizite Axiome« nenne ich diese Regulatoren. So heißt auch die Festschrift zu meinem 60. Geburtstag später in Heidelberg, in der 25 Teilnehmer eines Symposiums aus den Fächern der Theologie, Philosophie und Medizin sich zu dieser Suche äußern (München 1990). – Anregend war für mich in Mainz die Präsenz meines Mitarbeiters Hugh O. Jones. Ich hatte ihn in Neuseeland für eine zweijährige Einstellung gewinnen können. Er blieb jedoch und habilitierte sich mit der sprachanalytischen Arbeit »Die Logik theologischer Perspektiven« (Göttingen 1985) und erhielt eine Professur. Bald danach starb er an den Folgen einer Gehirntumor-Operation.

Ich habe nie einen theologischen »Entwurf« liefern wollen; ich mag schon das Wort nicht recht leiden. Eher will ich beschreiben, wie ich Theologie betreibe. Ich halte ihr Herzstück für Weisheit, – besser: die Suche nach Gottes Weisheit für uns – nicht für eine Wissenschaft. So verbietet sich die Suche nach einem System. Freilich ist die Theologie im weiteren Sinn an die Wissenschaften der Philologie und Historie, der

Philosophie und auch der Sozialwissenschaften gebunden. Aber das ist
nicht ihr Innerstes. Meine Suche nach impliziten Steuerungen im Unterschied zu expliziten Lehren ist darum auch formal gesehen zunächst
philosophischer Art. Meine Konzepte der Verdichtung rsp. Koagulation
von Sprache in der Transformation von stories zu expliziten Lehren verlangen Strukturanalysen, nicht theologische Weisheit (vgl. meinen Art.
»Lehre« in TRE 20). Der Weg zum Gesuchten hin jedoch ist im genui-
nen Sinn des Wortes Theologie. Freilich gibt es Hierarchien von impliziten Steuerungen je nach dem Bereich, den sie betreffen. Und damit
gibt es auch vor- und nachgeordnete theologische Lehren in der Kirche;
eine Hierarchie der Wahrheiten in einem neuen Sinn, nicht genau dem
von Y. Congar vorgeschlagenen.

Wenn die Aufgabe der Theologie die Suche nach den hinter der Sprache (einschließlich der biblischen Texte) liegenden Steuerungen ist, so
hat sie damit auch eine therapeutische Funktion. Sie kann ungute Gerin-
nungen auflösen, Klarheit im Sprachengewirr der 2000 Jahre alten
christlichen Kirche schaffen und Wunden zwischen zerstrittenen Kirchen heilen. Darum ist sie prinzipiell und nicht nur in ihrer Zielsetzung
ökumenisch. Zudem hat sie die Aufgabe – die D. Tracy, E. Farley, G.
Kaufman und anderen in den USA so wichtig ist – konstruktiv Neues zu
denken und in der Kirche zum Test anzubieten. Doxologie und Ethik –
ora et labora – Gott zurufen, daß er unser Gott ist und mit Menschen so
umgehen, daß sie Menschen bleiben können, ist die denkbar einfachste
Summierung. Im Buch »Zur Logik der Theologie« (München 1984;
engl. u. japan. Übers.) ist dies in vorläufiger Form ausgeführt. Es kam
heraus, als ich bereits in Heidelberg war.

X.

Der Wechsel nach Heidelberg (1983) brachte völlig neue Aufgaben mit
sich, einmal mit der Leitung des Ökumenischen Instituts und seinem
Wohnheim und einer feinen Bibliothek, dann, ab 1986 mit der Gründung und Leitung des »Internationalen Wissenschaftsforums« der Universität, das mich 10 Jahre lang in Atem hielt. Hier konnte ich meine
breiten interdisziplinären Interessen sozusagen ausleben: Kaum eine
Disziplin fehlt in der Reihe von ungezählten Symposien und kleineren
Veranstaltungen, die während dieser 10 Jahre abgehalten wurden. Gelegentlich konnte die Theologie mit einbezogen werden, z.B. in den Be-
rührungsfeldern mit den Naturwissenschaften und der Medizin.

Jetzt, wenige Monate vor der Übernahme meines Lehrstuhls durch den Nachfolger, sehe ich in der Rückschau folgende Schwerpunkte meiner Heidelberger Zeit: Die Lehre, die ich nun 40 Jahre lang mit Begeisterung betrieben habe, stand auch dort im Mittelpunkt. Der »Grundkurs« in der systematischen Theologie – auf die jüngeren Semester gemünzt – war das Rückgrat. Ich hielt ihn in den verschiedensten Formen immer neu, in der Zeit der höchsten Studentenzahlen im großen Festsaal, zweimal mit Wolfgang Huber. (Mit Martin Hailer, der über »Theologie als Weisheit« [1997] promovierte, wird er bald veröffentlicht werden). Dazu kamen Vorlesungen und Seminare aus dem ganzen Feld der Theologie und Ethik sowie 10 Jahre regelmäßiger Vorlesungen im Klinikum im Gebiet der medizinischen Ethik. Sie nimmt seit Jahren etwa ein Drittel meiner Arbeitszeit in Anspruch. (Gegenwärtig bin ich mit der Erstellung einer Expertise für das Bundesministerium für Gesundheit befaßt, wofür Reisen im In- und Ausland notwendig sind).

Neues lerne ich ständig von meinen Doktoranden, von denen ich viele zur Promotion in Heidelberg führen konnte mit Arbeiten zur Dogmatik, Ökumenik, Religionsphilosophie und medizinischen Ethik. – Mehrere Stunden der Woche habe ich auf die akademische und persönliche Beratung von Studierenden verwendet. Davon grenzte ich scharf die psychotherapeutische Tätigkeit ab, denn man kann für niemand Lehrer und Therapeut zugleich sein. Mit je einer Ausnahme in Mainz und in Heidelberg habe ich nie einen unserer Studierenden in der Therapie gehabt.

Ökumenischer Arbeit konnte ich im Deutschen Ökumenischen Studienaußchuß (DÖSTA) nachgehen, dem ich (als Ernst Wolfs Nachfolger) 23 Jahre lang, davon 10 Jahre als Vorsitzender, angehörte, auch in der Kommission von Faith and Order sowie – bis heute – in der ÖRK-Kommission für die Zusammenarbeit der Kirchen mit dem jüdischen Volk (CCJP). Konferenzen sowie Vortragsreisen in eigener Regie führten mich nach Afrika, Indien, Sri Lanka und Ostasien. Ich vermerke aber nicht ohne Stolz, daß ich für solche Reisen nur einmal eine Woche Vorlesungen versäumt habe. Auch die Gastprofessur an der Gregoriana, der päpstlichen Universität in Rom, konnte in die Semesterferien geschoben werden. Dort versuchte ich, den Priesterstudenten reformatorische Theologie zu erklären. Der ständige Kontakt mit katholischen Theologen ist seit vielen Jahren ein integraler Teil meiner Arbeit.

Die am Institut beschäftigten jüngeren Mitarbeiter bilden bis heute einen eng befreundeten und mir ungemein wichtigen Kreis. Wir haben gemeinsam gelehrt und publiziert, beraten und diskutiert, viel gelacht und schöne Feste gefeiert. Am engsten verbunden bin ich mit Ulrike Link-Wieczorek, die kürzlich Ordinaria geworden ist. Wir hatten 14 Jahre lang zusammen gearbeitet; mit ihrem Mann, dem Archäologen A. Wieczorek, hatte ich 1986 das Internat. Wissenschaftsforum aufgebaut. Auch Reinhold Bernhardt und mehrere jüngere Frauen und Männer sind mir wichtige Freunde geworden. Ich beklage aber, daß im deutschen System Promovenden und erst recht Habilitanden viel zu alt sind, bis sie zum Abschluß kommen. Schon das Studium wird fast immer zu spät beendet. Das Studien- und Examenssystem ist nach meiner Ansicht völlig veraltet und bedarf radikaler Verbesserungen. Auch in den mündlichen Prüfungen – leider wissen nur wenige, wie man sie durchführt – sollten die Kandidaten nicht wie Schüler abgefragt, sondern in Argumente über das, was sie wissen, verwickelt werden, um eine echte Beurteilung zu ermöglichen.

Ich empfinde – es ist wie eine Glaubenshaltung – eine starke Solidarität mit theologischen Lehrern, in welchem Land und von welcher Konfession auch immer. Aber erst in Heidelberg gelang es, dieses Gefühl auch auf deutsche Kollegen anzuwenden; bislang hatte ich sie oft als zu positionell und abgekapselt erlebt. Ich meine von mir selber, Freude an sachlichen Auseinandersetzungen zu haben und auch kritikempfänglich zu sein, aber ich habe keinen Sinn für Polemik. Sachliche Differenzen stören meine Freundschaften nicht. Besonders wichtig sind mir die Beziehungen zu Wolfgang Huber (jetzt Bischof in Berlin), Michael Welker, Theo Sundermeier, Th. Strohm, A. M. Ritter und Gerd Theissen, aber auch zu anderen in- und außerhalb der Fakultät. Mit dem Internist und Psychoanalytiker Peter Hahn (auf dem traditionsreichen Weizsäckerschen Lehrstuhl für Psychosomatik) und anderen Medizinern habe ich jahrelang gemeinsame Lehrveranstaltungen gehalten. Im Hinblick auf Systematiker an anderen deutschen Fakultäten empfinde ich Berührungen der theologischen Programme mit G. Sauter, Chr. Link und H. G. Ulrich in Erlangen sowie Theodor Schneider von der katholischen Fakultät in Mainz. – Zentral bleiben für mich – fachlich und emotional – die englischsprachigen theologischen Freunde.

XI.

Heidelberg – mit der Leitung von zwei Instituten, vielen Studenten und Doktoranden – bot wenig Zeit für dicke Bücher. Eine Aufsatzsammlung, ein psychotherapeutisches Buch zur Familientherapie, ein kleines

Lehrbuch zur ökumenischen Theologie, das ist schon alles. Aber ich schrieb doch viele Artikel für das neue »Evang. Kirchenlexikon«, für das ich als Fachberater tätig war, zudem eine Zahl von Aufsätzen zur systematischen und ökumenischen Theologie sowie über 50 Beiträge zur medizinischen Ethik und Psychotherapie. Für die Zeit nach der Beendigung meiner aktiven Arbeit in Heidelberg habe ich Pläne – und auch schon Texte – für eine größere Arbeit zur Gesamtthematik der systematischen Theologie. Die drei Ebenen theologischen Fragens, »Feld«, »Theorie« und »Bewährung«, wie sie in »Zur Logik der Theologie« erklärt waren, bleiben als Grundraster. Die Suche nach impliziten Axiomen und ihre Steuerung der expliziten, regulativen Sätze sowie Handlungsrichtlinien wird vertieft werden. Kritische Einwände und Vorschläge zum genannten Buch, etwa von M. Welker, Ed. Arens (jetzt Luzern), Geoffrey Wainwright, Aleida Assmann, Stephen Sykes und anderen werden aufgenommen. Ich verbinde sie mit neuen Theorien über Metaphern, an denen ich in den letzten Jahren gearbeitet habe, waren doch die biblischen Autoren wie auch alle späteren auf die Ausleihe von Worten, Begriffen und Metaphern aus der sie umgebenden Sprache angewiesen. Es besteht aber in der letztlich von Barth beeinflußten Theologie heute, z.B. bei Colin Gunton und anderen, die ich sehr schätze, die Tendenz, das hierarchische Gewebe von biblischen und kirchensprachlichen Metaphern einerseits als metaphorisch und damit aequivok zu erkennen, andererseits mit ihm im faktischen Vollzug der Theologie so zu operieren, wie wenn dies nicht der Fall wäre. Das ermöglicht auch Deduktionen von Obersätzen, deren metaphorischer Charakter zwar erkannt, faktisch jedoch ignoriert wird. In dieser Weise funktioniert z.B. die Neubelebung der Trinitätslehre (an der ich meinerseits Anteil hatte) oft – etwa bei Jürgen Moltmann, J. Zizioulas und L. Boff, auch Bruno Forte – durch Ableitungen aus Sätzen der immanenten Trinitätslehre. Ich möchte noch deutlicher als bisher darlegen, weshalb mir dieser Weg als sehr gewagt erscheint, will man nicht ein separates »Stockwerk« spekulativer Theologie prinzipiell zulassen. Freilich interpretieren sich Metaphern gegenseitig, aber ihre Hierarchie, die wir in exegetischen und historischen Analysen feststellen, bildet trotzdem keine vernetzte Ontologie, die wir theologisch abbilden könnten. Diese system- und metaphernimmanenten Theologien haben gewiß ihre eigene Schönheit, aber ich kann sie nur im Bereich doxologischer Rede nachvollziehen. Die Frage nach der Wahrheit wird so nicht gelöst. Wenn Gottes Wahrheit letztlich in den Steuerungen impliziter Axiome ruht und auf Versprachlichung drängt, so kann jedoch die tradi-

tionelle Lehre vom Wort Gottes neu aufgenommen werden: Durch das
Wort der Propheten interpretiert und kritisiert Gott Israel, er »lenkt«
nicht die Geschichte, vielmehr präsentiert er einen Gegenentwurf zur
menschlichen Geschichte. Von hier aus ist eine Neuinterpretation der
Thematik »Gott und Geschichte« möglich. Ich greife hier auch zurück
auf jahrelangen Austausch mit meinem verstorbenen Freund Ervin
Vályi-Nagy in Budapest. Im »Theorie«-Teil des projektierten Buches
wird die Gotteslehre in ihrer Gestalt als Trinitätslehre stehen und die
Christologie in ihrer Gestalt als Geistchristologie – beides jedoch so
präsentiert »als blickte uns ein Jude über die Schulter«. Im »Bewäh-
rungs«-Teil folgen Doxologie und Ethik, also der Gottesdienst und das
verantwortliche Handeln.

XII.

Mir ist schmerzlich bewußt, wie begrenzt die Möglichkeiten sind, mit
unseren herkömmlichen Begriffen und im bisherigen Stil konstruktive
und ökumenisch verantwortete Theologie für die Kirche in einer Zeit
des Umbruchs bereitzustellen. Die Kirchen in Europa schmelzen dahin.
Fundamentalismus und krasser Konservatismus wird die klassisch-pro-
testantischen Kirchen immer mehr bedrängen und eingrenzen, besonders in Asien und den USA. Die geistigen und strukturellen Krisen in
der römisch-katholischen Kirche werden dort große Nöte und in der
Ökumene Rückschritte bringen. Die Orthodoxie wird sich weiterhin mit
den westlichen Kirchen schwertun.

Darüber hinaus sind die jüngst aufgebrochenen Fragen der Beziehung der christlichen Kirche zu den Weltreligionen doch noch völlig
ungelöst. Über einzelne, mehr oder minder radikale Vorschläge hinaus
stehen uns noch keine großen Antworten zur Verfügung. Das habe ich in
jahrelangem Kontakt mit Buddhisten zur Genüge selber erfahren. Ob es
Neues über Gott in den Religionen oder – ganz außerhalb ihrer – etwa
im Funktionieren der Natur zu hören gibt, ist noch nicht ausgemacht.
Unser herkömmliches theologisches Instrumentarium reicht hier nicht
mehr aus. Ich selber will aber weiterhin versuchen, nach dem Neuen
und Gottgewollten nicht dort, sondern in unserer jüdischen und christlichen Tradition inmitten verwirrender Traditionsströme zu suchen. Darin bleibe ich ein »altmodischer« Theologe. Weil diese Suche jedoch um
des Neuen und Zukünftigen willen geschieht, wird meine theologische
Arbeit weitgehend pneumatologisch gewichtet sein. Obwohl ich mir in

der Kirche meist wie ein Vogel im Käfig vorkomme, wird das projektierte Buch – wenn auch nicht außchließlich – für die Kirche geschrieben sein.

XIII.

Meine bisherigen Gedanken finde ich vorzüglich dargestellt von Ingrid Schoberth in ihrem Buch »Erinnerung als Praxis des Glaubens« (München 1992). Das genannte Buch »Implizite Axiome, Tiefenstrukturen des Denkens und Handelns«, hrsg. von W. Huber, E. Petzold, Theo Sundermeier (München 1990) bietet eine Fülle von interpretierenden und kritischen Gedanken zu einer meiner Grundthesen. Ferner finden sich in der FS zu meinem 65. Geburtstag »Theologische Samenkörner«, hrsg. R. Bernhardt u.a. (Münster/Hamburg 1994), etliche Stellen, in denen ich mich gut wiedererkenne sowie eine bis 1994 vollständige Bibliographie meiner Publikationen.

Friedrich Mildenberger

Zur Selbstdarstellung ist der Systematische Theologe aufgefordert. Aber es ist ja nicht die biographische Zufälligkeit, die dabei in erster Linie interessiert. Vielmehr soll sich aus den Selbstdarstellungen der Systematischen Theologen ein Bild der gegenwärtigen Systematischen Theologie zusammenfügen. Das setzt voraus, daß die Gemeinsamkeit der Aufgabe und jener Sache, durch die die Aufgabe der Systematischen Theologie bestimmt ist, bei aller Gebrochenheit durch die individuellen Perspektiven ein solches Bild ermöglicht. Um dieser Voraussetzung zu genügen, kann erst in einem zweiten Gang der Darstellung auch die »story« des Theologen selbst wenigstens in einigen mir wichtig erscheinenden Konstellationen angezeigt werden. Zuerst aber habe ich meine Sicht der Aufgabe unserer Disziplin anzudeuten und die Vorgaben zu benennen, die diese Sicht bestimmen und damit den Beitrag beschreiben, den ich zur Bearbeitung der gemeinsamen Aufgabe der Systematischen Theologie zu geben versuche. Erst danach hat es Sinn, auch zu erzählen, wie ich zu dieser Sicht gekommen bin.

Zunächst bemerke ich ganz allgemein: Christliche Theologie steht von ihren Anfängen an unter einem starken Anpassungsdruck. Nur wenn sie neuen Situationen und den in diesen Situationen liegenden Herausforderungen entgegenkommt, kann sie zugleich die Identität des Glaubens festhalten, seine Beziehung auf das ursprüngliche Heilsgeschehen: das öffentliche Auftreten Jesu, das wieder in den Zusammenhang der jüdischen Erwählungsgeschichte gehört, seine Passion und seine Auferweckung. Die Bestreitung eines solchen »zeitgemäßen« theologischen Denkens wird ins Abseits führen. Selbstverständlich genügt der Hinweis auf jenes unumgängliche Entgegenkommen, das die Nötigung der jeweiligen Situation aufnimmt, noch nicht, um die Aufgabe der Systematischen Theologie zureichend zu beschreiben. Sie hat ja

in dieser Situation die Sache, das Evangelium von Gottes Entgegenkommen in Jesus Christus, zu vertreten. Diese Sache soll weitergehen.
Dabei hielte ich es für einen Kurzschluß, diese Sache dann als die Sache
Jesu – des »historischen« Jesus, wie der Deutlichkeit halber dazuzuset-
zen ist – zu bestimmen. Wenn schon eine Näherbestimmung nötig ist,
ließe sich sagen, daß die Sache der Bibel weitergehen soll. Um der Tat
Gottes im Wort der Bibel willen ist also jene »zeitgemäße« Interpretation der Schrift unumgänglich, um die in der Theologie gestritten werden
muß. Denn allein in der Bibel und durch die Bibel ist jenes ursprüngliche Heilsgeschehen für uns gegenwärtig, durch das Gott jeder neuen
Situation – der jeweiligen »Zeit« – entgegenkommt. Darum ist die Forderung nach einer »zeitgemäßen« Theologie zu interpretieren durch die
Forderung nach einer »schriftgemäßen« Theologie, wie umgekehrt solche schriftgemäße Theologie ihrem Anspruch nur gerecht werden kann,
wenn sie bewußt das Kriterium der Zeitgemäßheit aufnimmt.

Diese allgemeine Kriteriologie ist selbst schon inhaltlich bestimmt,
sofern sie voraussetzt, daß derselbe Gott, der in Jesus Christus jeder Zeit
heilsam entgegenkommt, zugleich der Schöpfer und so der Herr dieser
Zeit ist; darum kommt dieses Wort Jesus Christus ja nicht in die Fremde,
sondern in sein Eigentum (Joh 1,11), wenn es den unterschiedlichen
Zeiten entgegenkommt. Sie ist nun aber durch drei inhaltliche Hinweise
zu ergänzen. Nur so kann ich meine Sicht dessen, was am Ausgang des
20. Jahrhunderts die angemessene Fragestellung und Gestalt einer Systematischen Theologie ist, zureichend verdeutlichen.

Zuerst geht es um die Freiheit und Autorität des Wortes Gottes, das
der Theologie ihre Aufgabe stellt. Dazu muß ich das Stichwort der »Natürlichen Theologie« nennen; um die Möglichkeit und die Notwendigkeit einer solchen natürlichen Theologie hat man gerade in diesem Jahrhundert so erbittert wie ergebnislos gestritten: Gibt es einen allgemeinen, jedem Menschen aufgrund seines Menschseins mindestens grundsätzlich offenen Zugang zu dem Gott, den die Bibel als den Vater Jesu
Christi bezeugt? Und läßt sich Welt im ganzen als durch diesen Gott
geschaffen und bestimmt aufweisen? Das bedeutete ja zugleich, daß
sich im Weltgeschehen etwas von diesem Gott wahrnehmen ließe, von
seinem sittlichen Anspruch, von seiner Führung, von Gericht und Gnade, in denen sein Wille mit den Menschen kenntlich wird.

Solche »Natürliche Theologie« gehörte in wechselnden Ausprägungen und mit einer wechselnden Gewichtung von Anfang an zur christlichen Theologie. Jedem Menschen sei von Natur aus eine Kenntnis Gottes und seines Willens mitgegeben. Indem der biblisch bezeugte Gott als

identisch mit diesem Gott der natürlichen Gotteserkenntnis behauptet wurde, war die partikulare Tradition des auf das ursprüngliche, biblisch bezeugte Heilsgeschehen zurückgehenden Christentums in ihrer universalen Geltung erwiesen: so gewiß jeder Mensch schon aufgrund seines Menschseins durch die ihm angeborene lex naturalis bestimmt ist, so gewiß geht ihn Gottes Heil in Jesus Christus an. Denn als dem natürlichen Gesetz nicht gerecht gewordener Sünder bedarf er der Annahme durch den ihm in Christus gnädig zugewandten Gott. Er ist darum, wie man hier auch sagen muß, angewiesen auf die Heilsvermittlung durch die Kirche. Dazu sollte auch der ebenso gewichtige Sachverhalt beachtet werden: Die Kirche hat jahrhundertelang und bis heute die authentische Interpretation des natürlichen Sittengesetzes beansprucht. Sie will dem Menschen im Namen Gottes sagen, wer er ist und wie er sich verhalten soll. Auch hier wird die Sündenlehre zur Begründung des kirchlichen und theologischen Anspruchs herangezogen: Das natürliche Wissen um Gut und Böse ist durch die Sünde getrübt; darum braucht die Erkenntnis des Guten die Erleuchtung durch Gottes Gnade, wie sie in der Kirche durch das Heilsgeschehen in Jesus Christus geschieht. Die umstrittene Regulierung des sexuellen Verhaltens durch das römische Lehramt, die ja nicht nur für die Katholiken, sondern für alle Menschen Geltung beansprucht, mag als Anschauung dienen. Doch mehr oder weniger freundlich wird dieser Anspruch ja nicht nur von Rom aus erhoben.

Die hier zunächst angedeutete Zuordnung von natürlicher Theologie und der biblisch-christlichen Offenbarung wurde in der Aufklärung aufgekündigt. Wollte man hier Religion und Sittlichkeit nicht einfach beiseite schieben, dann sollte doch eine allgemeine, »natürliche« Religion und Sittlichkeit gelten, wie sie jedem vernünftigen Menschen zuzumuten ist. Damit hat man die Autorität der biblisch bezeugten Offenbarung ebenso bestritten wie den in der Verbindung von natürlicher Theologie und Gottes Heilsoffenbarung in Christus begründeten Anspruch von Kirche und Theologie auf die sittliche und religiöse Wahrheit, wie sie der Mensch zur Verwirklichung seiner Bestimmung nötig hat. Bis in die unmittelbare Gegenwart hinein ist es von entscheidendem theologischem Gewicht, wie Systematische Theologie auf diese Situation antwortet.

Für mein eigenes theologisches Nachdenken ist die Einsicht in diese Zusammenhänge von entscheidendem Gewicht gewesen. Ich bleibe freilich noch bei der allgemeinen Darlegung, wenn ich zu diesem Problemkomplex einer theologisch schlüssigen Antwort auf die durch die

Aufklärung neu bestimmte Situation nicht nur auf Karl Barth verweise. Er steht ja selbst in einer längeren, von ihm freilich nicht immer deutlich wahrgenommenen und ausgewiesenen Tradition moderner Theologie. Mindestens Friedrich Schleiermacher ist hier zu nennen, der ausdrücklich darauf verzichtete, eine natürliche Theologie als theologischen Herrschaftsanspruch auszuarbeiten. Ich verweise dazu auf seine Ausführungen zur Philosophie im zweiten Sendschreiben an Lücke über die Glaubenslehre. Die Philosophen hätten lange darüber geklagt, daß in der scholastischen Periode die Philosophie teils im Dienst, teils unter dem Druck des Kirchenglaubens gewesen sei. Sie sei nun frei genug geworden, weil der zu seiner ursprünglichen Quelle – das ist für Schleiermacher das religiöse Selbstbewußtsein als schlechthinniges Abhängigkeitsgefühl – zurückgekehrte Glaube ihres Dienstes auch für die dogmatische Form der Kirchenlehre nicht mehr bedurfte und die über ihr wahres Interesse verständigte Kirche keinen Druck ausüben wollte. Diese über ihr wahres Interesse verständigte Kirche ist die aus der Verbindung mit dem Staat und damit auch mit staatlich vermittelter Machtausübung gelöste Kirche. Nur dort, wo das Wort der Kirche wie die dieses Wort begleitende Theologie auf die mit der »natürlichen Theologie« verbundenen Ansprüche bewußt und kenntlich verzichtet hat, kann darum wieder nach Freiheit und Autorität des Wortes Gottes gefragt werden.

Ich nenne eine zweite grundlegende Entscheidung, die von der Systematischen Theologie heute gefordert wird. Dabei will ich die geschichtliche Linie Schleiermacher – Ritschl bzw. Wilhelm Herrmann – Barth nicht über die Maßen strapazieren. Dazu müßte auch auf die Differenzen, es müßte vor allem auf das unterschiedliche und spannungsvolle Verhältnis der genannten Theologen zur Philosophie Kants ausführlicher eingegangen werden, als das hier möglich ist. Doch liegt in dieser Richtung der Anstoß, der mein eigenes Denken prägt. Das gilt nicht nur für jene Liberalität, die bewußt darauf verzichtet, theologischem Denken die Herrschaft anzusinnen, die Gott zusteht. Es gilt auch für die Durchführung dieser Entscheidung, die metaphysisches Denken zurückdrängt. Dabei verstehe ich unter Metaphysik die Möglichkeit oder den Versuch des Denkens, die Totalität der Wirklichkeit oder des Seins zu erfassen, Gott und Welt. Theologisches Denken hat sich traditionell der Metaphysik bedient, um mit ihrer Hilfe Welt und Gott zusammenzudenken, auf die dann wieder das Heilsgeschehen der biblisch-christlichen Tradition zu beziehen war. Der Verzicht auf eine natürliche Theologie nötigt dagegen dazu, von vornherein Schöpfung und Heil

zusammenzudenken. Ich habe, um unter diesem Vorzeichen einer Anpassung an die durch die Aufklärung bestimmte Situation mit den in der
Dogmatik tradierten Stoffmassen einfacher umgehen zu können, in einer leichten Modifikation die altkirchliche Unterscheidung von Theologie und Ökonomie aufgenommen: Theologie als die dogmatische Bearbeitung der Konstitution der Wirklichkeit in Gott umfaßt dabei Gotteslehre, Schöpfungslehre und Anthropologie samt der Eschatologie. Ökonomie als die Restitution der Wirklichkeit durch Gott bearbeitet das ursprüngliche Heilsgeschehen – also die Christologie – sowie dessen gegenwärtige Wirksamkeit – also Pneumatologie, Soteriologie und Ekklesiologie. Theologie und Ökonomie lassen sich dabei nicht mehr wie
in der Lehrtradition vor der Aufklärung je für sich behandeln, sondern
sind immer unmittelbar aufeinander bezogen. Zur Veranschaulichung
erinnere ich jetzt nur an die bekannte Formel aus der KD Karl Barths:
Die Schöpfung ist der äußere Grund des Bundes, der Bund ist der innere
Grund der Schöpfung.

Als dritte Grundfrage nenne ich eine unumgängliche Neubestim-
mung des Verhältnisses der Dogmatik zur Ethik. Diese wird nun in erster Linie auf die Konsistenz mit der Glaubenswahrheit hin beurteilt
werden. Das Kriterium einer allgemeinen, jedem Menschen zumutbaren Bestimmung von Normen, Werten und Zielen des Handelns kann
hier allenfalls in zweiter Linie angeführt werden. Freilich ist in diesem
Bereich der Prozeß der Neuorientierung noch schwerfälliger und lang-
wieriger als bei der Dogmatik bzw. der Glaubenslehre; denn gerade die
ethischen Reflexionen lassen die in diesem Zusammenhang unerläßliche Differenzierung von Kirche und Gesellschaft nur mühsam und in
kleinen Schritten wahrnehmen. Immerhin deutet sich diese Differenzierung offenkundig im Bereich der Rechtsordnung an. Dazu erinnere
ich an die Diskussion um den Schwangerschaftsabbruch und die hier
nicht nur von katholischer Seite vorgebrachten kirchlichen Forderungen rechtlicher Sanktionen, die vom Gesetzgeber zurückgewiesen
wurden.

Insgesamt nötigt der von mir skizzierte Weg einer Systematischen
Theologie, die sich den Forderungen der Zeit stellt, ohne doch die Bindung an den kirchlichen Ursprung preiszugeben, zu einer bewußt an die
Kirche gebundenen Theologie. Das bedeutet freilich auch, daß hier die
faktische Kirche theologisch-kritisch wahrgenommen wird im Blick
auf die Anforderungen, die von der theologischen Ausarbeitung der
Glaubenswahrheit her an sie gestellt werden müssen. Auch hier sind
dann freilich sowohl die Beharrungskraft kirchlicher Strukturen wie

andererseits die Kompromißfähigkeit und -bereitschaft der Theologen mit in Rechnung zu stellen: weil die Kirche der Theologie nicht ohne weiteres nachkommen kann – allenfalls kann das in bestimmten Situationen der Herausforderung wie im »Kirchenkampf« wenigstens ein Stück weit geschehen – , muß auch die Theologie kürzer treten, will sie den Kontakt mit der kirchlichen Realität nicht verlieren.

Die von mir hier in einigen Grundzügen skizzierte Ausrichtung einer zeit- und schriftgemäßen Systematischen Theologie, der ich mich selbst verpflichtet weiß, ist eine Möglichkeit unter anderen. Sie muß sich deshalb gegen andere Möglichkeiten abgrenzen. Bei solchen Orientierungsversuchen wie dem hier angezeigten ergeben sich ja in der Regel drei Möglichkeiten, zwei mit Gründen zu verwerfende und die eigene, der der Versuch der Realisierung gilt. Ich kann die zwei abgewiesenen Möglichkeiten nicht ausführlich in ihrem Für und Wider erörtern, will sie aber wenigstens nennen. Das ist einmal eine traditionsverhaftete Denkweise, die sich der durch die Aufklärung bestimmten Situation nur unzureichend stellt. Hier wird das tradierte Denkmodell einer Beziehung von natürlicher und biblischer oder Offenbarungstheologie weitergeführt, wobei man sich mehr oder weniger um ein modernes Gewand – Outfit müßte man also heute sagen – bemüht. Die andere Möglichkeit folgt wenigstens in der Grundstruktur der rationalistischen Lösung und sucht die vernünftige Allgemeinheit des Christlichen als der menschheitlichen Religion und Sittlichkeit zu erweisen. In beiden Fällen – das ist mein Haupteinwand – leidet die Glaubwürdigkeit dessen, was die Kirche und mit ihr die Systematische Theologie zu vertreten hat. Die Theologie muß, will sie diese Möglichkeiten verfolgen, den Zeitgenossen in der pluralistischen Gesellschaft klarmachen, daß sie sich selbst nicht zureichend verstehen und also durch die Interpretation der Theologie oder des Theologen besser getroffen werden; diese Interpretation sollen sie dann aber auch gefälligst anerkennen und sich zu eigen machen. Damit wird den Leuten eine Entscheidung als vernünftig angesonnen, die ihnen als solche offenbar nicht einsichtig ist, sondern die sich für sie selbst mit der Zugehörigkeit zur Kirche und zum christlichen Glauben verbindet. Es kommt mir so vor, wie wenn diese Zeitgenossen dazu aufgefordert würden, mit solch einer Theologie Hase und Igel zu spielen. Da reckt sich an jedem Ende der Furche ein Theologe auf und kräht sein: »Ich bin schon da!« hinaus. Bloß: Der Hase, der denkt nicht daran, zu laufen! Hier will ich ganz gewiß nicht mitspielen, kann darum nur den dritten Weg in der von Schleiermacher und Barth gewiesenen Richtung weitergehen.

Theologische Grundentscheidungen wie die von mir genannten lassen sich begründen und diskutieren. Das ist unumgänglich, wenn die Kommunikation innerhalb der Systematischen Theologie nicht abbrechen soll. Der Ort des einzelnen Theologen innerhalb dieser Diskussion ist aber nicht nur durch solche Begründungen bestimmt, sondern hat lebensgeschichtliche Ursachen, die der Begründung meistens vorhergehen. Daß ich evangelisch bin und nicht katholisch, das hat darin seine Ursache, daß ich als Sohn eines württembergischen Pfarrers 1929 auf der Schwäbischen Alb geboren wurde. Begründen könnte ich dann allenfalls, warum ich nicht konvertierte. Als die Berufsentscheidung anstand, gegen Ende des Krieges und in der ersten Nachkriegszeit, schien es mir so, wie wenn allein die Kirche den intensiv erlebten Zusammenbruch Deutschlands und der Institutionen und Werte, die für den Vierzehn- bis Siebzehnjährigen mit diesem »Deutschland« verbunden waren, überdauert hatte. Der Religionsunterricht bei Helmut Thielicke, seine aufsehenerregenden religiösen Vorträge in der Stuttgarter Stiftskirche, die ev. Gemeindejugend als eine gegenüber der Hitlerjugend alternative Gemeinschaftserfahrung, nicht zuletzt das elterliche Pfarrhaus ließen eine innere Geborgenheit ahnen, die in jener chaotischen Zeit Schutz versprach. Das war wohl der Anstoß, der Familientradition folgend das Theologiestudium und das Pfarramt als Berufsziel zu wählen. Im Stammbaum des Vaters finden sich Jakob und Johann Valentin Andreae, Gottfried Traub, der, wie ich erst neulich aus Matthias Kroegers Darstellung erfuhr, meinen Lehrer Friedrich Gogarten zum Theologiestudium ermutigte, war ein Vetter meines Großvaters mütterlicherseits, auch dieser Pfarrer in Württemberg. Diese Notizen, denen andere zuzufügen wären, mögen für den familiären Hintergrund stehen.

Als ich im Herbst 1947 im Tübinger Stift mein Theologiestudium aufnahm, mußte jeder, der sich nicht in die pietistische – heute sagt man »evangelikale« – Ecke stellen wollte, sich für Barth oder Bultmann entscheiden. Für mich kam damals nur Bultmann in Frage, dessen klare Intellektualität mir imponierte. Als nach dem dritten Semester ein Wechsel des Studienortes anstand, ging ich dann aber doch nicht nach Marburg, sondern nach Göttingen, um dort Gogarten kennenzulernen, dessen »Verkündigung Jesu Christi« (1948) mir aktuelle Perspektiven neutestamentlicher und reformatorischer Theologie eröffnet hatte. Die persönliche Begegnung mit Gogarten faszinierte. Sein homiletisch-exegetisches Seminar mit den Diskussionen über die Anwendung biblischer Texte ist mir in lebhafter Erinnerung geblieben. In der Schlußphase des Studiums in Tübingen war es dann neben dem Kirchengeschicht-

ler Hanns Rückert, durch den ich mit der Lutherdeutung Karl Holls vertraut wurde, Ernst Fuchs, der mich besonders beeindruckte. Wichtiger
noch als die Lehrer waren die Freunde, bei denen in vielen intensiven
Gesprächen theologisches Denken eingeübt wurde.

Nach dem Examen im Sommer 1951 folgten erste Erfahrungen in der
kirchlichen Praxis auf verschiedenen unständigen Stellen in der Evangelischen Landeskirche in Württemberg. Die im Studium erlernte existentiale Interpretation schien sich zu bewähren; das Predigen machte
mir Freude. Klar war mir damals freilich auch, daß sich alttestamentliche Texte nicht christlich predigen lassen. Denn sonst müßten sie gegen
ihren wörtlichen Sinn verstanden werden. Die historisch-kritische Methode war für mich eine genauso unumstößliche Norm wie Bultmanns
Aufsatz über »Weissagung und Erfüllung«. Doch ließ mich wahrscheinlich gerade deswegen die Frage nach der ganzen Bibel und damit nach
dem Alten Testament nicht los. Zwar war der Schwerpunkt meiner theologischen Arbeit immer die Systematische Theologie und hier insbesondere die Dogmatik. Als ich von 1954–1957 als Repetent im Tübinger
Stift zu lehren hatte, waren meine Themen Philosophie und Dogmatik.
Das moderne Geschichtsdenken wollte gründlich reflektiert werden,
gerade auch im Blick auf die historische Arbeit an der Bibel. Gerne erinnere ich mich an ein langes Gespräch mit Eduard Spranger, der dem fra-
genden jungen Theologen behutsam und zugleich profund seine Sicht
der Probleme erläuterte.

Im Herbst 1957 wurde mir die Pfarrei Wolfenhausen-Nellingsheim
im Dekanat Tübingen übertragen, und die Arbeit in dieser Gemeinde hat
mir viel Freude gemacht. Zugleich aber war es nun gerade das Alte Testament, das mich immer mehr beschäftigte. Die theologischen Arbeiten von Martin Buber, insbesondere »Der Glaube der Propheten«, und
die gerade erscheinende, über das Fach hinaus intensiv diskutierte
»Theologie des Alten Testamentes« von Gerhard von Rad forderten das
Nachdenken heraus. Die Promotion mit einer alttestamentlichen Arbeit
über »Die vordeuteronomistische Saul-Davidüberlieferung«, 1962 abgeschlossen, eine literarkritische Analyse der Samuel-Bücher, förderte
die Vertrautheit mit der exegetischen Arbeit. Die Predigtaufgabe, in der
ich nun die alttestamentlichen Texte nicht mehr umging, sondern suchte, führte gerade in der Reflexion über die Verstehensprobleme weiter.
Dazu kam der Kontakt mit Hermann Diem, dessen Seminar und kirchenrechtliche Sozietät in Tübingen dem Dorfpfarrer Gelegenheit zur
wissenschaftlichen Diskussion boten. Eine Habilitationsschrift für das
Fach der Systematischen Theologie wurde 1964 von der Ev.theol. Fa-

kultät in Tübingen angenommen und noch im selben Jahr unter dem Titel »Gottes Tat im Wort. Erwägungen zur alttestamentlichen Hermeneutik als Frage nach der Einheit der Testamente« veröffentlicht. Es mag sein, daß ich damals die gängige historische Methodik der exegetischen Arbeit etwas zu respektvoll behandelt habe. Sie galt ja als Ausweis theologischer Wissenschaftlichkeit. Und die seit meiner Studienzeit gegen diese theologische Wissenschaft gerichtete Kampagne pietistischer Kreise – Bultmann und dann Käsemann waren die Namen, die man dem Pappkameraden umhängte, auf den man aus allen Rohren schoß – nötigte dazu, sich nicht aus der Solidarität mit solcher Wissenschaftlichkeit davonzustehlen. Doch lag mir daran, das Verstehen der Schrift zugleich als unverfügbares Geistgeschehen zu beschreiben. Die Erfahrung solchen Geistgeschehens, in welchem die Verstehenden mit der in der Bibel bezeugten Geschichte Gottes gleichzeitig werden, muß aber mit in die kirchliche Wertschätzung der Bibel, ihr Verstehen und die Erwartung beim Gebrauch der biblischen Texte eingehen. Nur so kann die kirchliche Erfahrung mit der ganzen Bibel, also gerade auch mit dem Alten Testament, zutreffend beschrieben und in der theologischen Reflexion aufgenommen werden. Dabei habe ich mich gegen die damals kontrovers diskutierte »Typologie« abgegrenzt, die geschichtliches Geschehen miteinander in Beziehung setzen will und darum die Wortgestalt des Heilsgeschehens nicht zureichend würdigen kann, sondern nach einer – fiktiven – Tatsächlichkeit fragt, die doch allenfalls als die strittige Rekonstruktion der modernen Historie existiert.

Die auf die Habilitation folgenden Aufgaben der akademischen Lehre, ab WS 1964/65 als Universitätsdozent an der Tübinger Fakultät, nötigten zur umfassenden Erarbeitung des Lehrstoffes der Systematischen Theologie, Dogmatik, Ethik und der neueren Theologie- und Philosophiegeschichte. Daneben entstanden einige kleinere Veröffentlichungen, durch die ich mich an der Fachdiskussion zu beteiligen suchte. Die Richtung des Denkens lag in groben Umrissen fest. Die unterschiedlichen Themen forderten freilich Variationen und die wachsende Vertrautheit mit den Lehrstoffen nötigte zu Präzisierungen. Ich habe damals gelernt, daß eigentlich erst die didaktische Fragestellung – was kann und soll ich als akademischer Lehrer weitergeben und wie kann ich das machen? – die Texte, mit denen wir es in unserer Arbeit zu tun haben, für das eigene Verstehen zureichend erschließt. Diese Einsicht nötigte dazu, den dogmatischen Texten gerade unter solchen didaktischen Gesichtspunkten besondere Aufmerksamkeit zu schenken. Auch nachdem ich seit 1969 als Lehrstuhlvertreter und seit 1970 als Lehrstuhlinhaber in Erlangen zu lehren hatte, sollten mich hochschuldidaktische Fragen intensiv beschäftigen. Wie läßt sich der dogmatische Lehr- und Lernstoff wenigstens so weit standardisieren, daß die Studierenden nicht nur für das Examen eine gewisse Sicherheit gewinnen können, sondern damit zusammenhängend das Fach Dogmatik nicht umgehen, weil es zu schwierig ist, sondern sich die notwendige Fähigkeit zum dogmatischen Urteil erarbeiten können? Um hier einen begründeten Vorschlag zu machen, habe ich mich nicht nur um einen Stoffkanon, sondern auch um dessen Aufbereitung zur Erarbeitung durch die Studierenden bemüht. Zunächst haben meine Mitarbeiter und ich mit einem vervielfältigten Manuskript gearbeitet, dessen erste Gestalt 1975 vorlag. 1983 ist dieses Manuskript dann nach verschiedenartiger Erprobung in Vorlesungen, Übungen und Repetitorien weiterentwickelt als »Grundwissen der Dogmatik. Ein Arbeitsbuch« im Druck erschienen, leicht kenntlich schon durch das ungewöhnliche Format und nicht zuletzt bekannt durch die »Männlein«, Karikaturen, die ich zur Erläuterung dogmatischer Probleme beigesteuert habe. Inzwischen ist – seit 1994 – eine Neubearbeitung durch meinen Assistenten Heinrich Assel als 4. Auflage auf dem Markt.

Weiter nenne ich die 1975 erschienene »Gotteslehre. Eine dogmatische Untersuchung«. In den »Vorfragen« dieses Buches bin ich auf die Theorie einer natürlichen Gotteserkenntnis, den Zerfall dieser natürlichen Gotteserkenntnis in der Moderne und die Folgen für eine dogmatische Gotteslehre eingegangen. Vielleicht hätte ich mich dabei auf Albrecht Ritschl, »Theologie und Metaphysik« (1881) beziehen sollen, um anzudeuten, daß meine Behauptung, es handle sich bei der »natürlichen« Gotteserkenntnis um eine kulturelle Prägung, nicht eben eine Neuigkeit ist. Die theologische Theorie dieser »natürlichen Gotteserkenntnis« läßt sich mit unserem modernen Verständnis des Vernünftigen als dessen, was jedem normalen und gutwilligen Menschen zuzumuten ist, nicht mehr vereinen. Ich habe dann unter dem Stichwort »Gott als Name« das trinitarische Denken behandelt und dabei auf die Nötigung hingewiesen, die Selbstunterscheidung Gottes gerade im Zusammenhang der biblisch bezeugten Geschichte zu denken. Dabei ist in dieses Denken dann nicht nur die Christologie, sondern gerade auch die Pneumatologie so einzubeziehen, daß der Ort des Glaubens und so des Glaubenden in dieser Geschichte kenntlich wird. Als zusammenfassende Formel heißt das: »Gott entspricht sich in Jesus von Nazareth so, daß er selbst uns in dieser Entsprechung Raum gewährt« (177). Daß ich mich weigerte, über diese »ökonomische« Beschreibung der Trinität hinaus eine »immanente« Trinität zu behaupten, hat mir allerlei Kritik eingetragen. Ich sehe aber nicht, welchen Gewinn ein solches Behaupten des Theologen brächte, das sich nun einmal vom aktuellen Gebrauch des trinitarischen Namens Gottes in der Kirche so distanziert, daß es das Recht dieses Gebrauches zu rechtfertigen sucht. Das ließe sich ja nur so bewerkstelligen, daß ich dann sagte, Gott sei wirklich der, als welchen ihn das kirchliche Sprechen bezeugt und preist. Aber daß ich selbst das dann auch noch, womöglich am Schreibtisch, bedenke und in einem gedruckten Text beteuere, das ist für Gottes Wirklichkeit wie für das Sprechen des Glaubens in gleicher Weise unerheblich. Darum lasse ich solche theologischen Sprüche bleiben. Die traditionelle Lehre von der Gotteserkenntnis mithilfe des analogischen Denkens wie die Lehre von Gottes Wesen und seinen Eigenschaften versuchte ich dann so zu reformulieren, daß dabei Ort und Zeit aus dem Miteinander von Gott und Welt nicht weggedacht werden, wie das die Art der traditionellen Gottesmetaphysik ist, sondern in ihrer Bedeutung für das Gottesverhältnis des Glaubens gerade herausgestellt werden.

Es war dann an der Zeit, einige aus der Lehre hervorgegangene Arbeiten zu veröffentlichen. Einerseits sollte meine Arbeit über Erlangen hinaus den Studierenden zur Verfügung stehen. Andererseits beabsichtigte ich, mich über die Lehre an das Projekt einer ausgeführten Dogmatik heranzuarbeiten. Darum wollte ich zum Lehrturnus gehörende Stoffe als Bücher vorlegen, auf die ich dann zur Entlastung in der Vorlesung verweisen konnte. So erschien 1981 die »Geschichte der deutschen evangelischen Theologie im 19. und 20. Jahrhundert«, 1983 neben dem »Grundwissen« die »Theologie der Lutherischen Bekenntnisschriften«, 1984 die »Kleine Predigtlehre«. Ich habe mich ja nie in die Grenzen eines einzigen Faches einsperren lassen, habe darum neben der hier veröffentlichten homiletischen Vorlesung immer wieder auch homiletische Seminare abgehalten und Studierende bei dem Weg auf die Kanzel begleitet. Einzelnes brauche ich zu diesen Arbeiten nicht mitzuteilen. Die Theologiegeschichte hat mir freilich einige Mühe gemacht. Denn die Frage danach, wie es zu einer erzählbaren Geschichte kommen kann, läßt sich ja nicht mehr durch den Verweis darauf beantworten, man solle doch einfach erzählen, wie es wirklich gewesen sei. Es ist vielmehr das Gegenwartsinteresse, die Frage danach, wie es zu dem gekommen ist, was wir gegenwärtig positiv und negativ wertend wahrnehmen, und erst recht die Frage danach, wie es weitergehen soll, durch die solche Erzählungen bestimmt sind. Dieses »subjektive« Moment historischen Erzählens ist unvermeidlich. Es sollte aber eben deshalb offengelegt werden.

Weil ich das in meinen einführenden Überlegungen getan habe – freilich ohne die ganze Theoriediskussion der Historik, die dabei im Hintergrund steht, anzuführen – und es dann auch in der Durchführung deutlich zeigte, ist mir von Leuten, die offenbar noch meinen, es gebe eine »wirkliche« Geschichte und die Historie habe sich dieser möglichst anzunähern, der Vorwurf mangelnder »Objektivität« gemacht worden. Wir werden aber auch in der Theologie gut daran tun, die Fiktionen der idealistischen Geschichtsmetaphysik samt ihren methodischen Implikationen hinter uns zu lassen.

Ich bin dankbar dafür, daß ich mit den drei Bänden der »Biblischen Dogmatik«, die 1991–1993 erschienen sind, nocheinmal zusammenfassen konnte, was mich als Systematischen Theologen zeitlebens beschäftigt hat. Dabei waren eine ganze Reihe von grundlegenden Überlegungen miteinander zu verknüpfen, die sich nicht in den gängigen Bahnen der theologischen Diskussion bewegen. Ich konnte es also den Lesern nicht leicht machen, mußte ihnen allerhand zumuten. Dazuhin hatte ich mit der methodischen Schwierigkeit zu kämpfen, daß ich natürlich an der exegetischen wie dogmatischen Diskussion nicht vorbeigehen konnte, sondern sie in Zustimmung und Widerspruch aufnehmen mußte. Das nötigte immer wieder zu Kompromissen zwischen dem, was ich für richtig halte und dem, was die gängigen theologischen Diskurse voraussetzen. Die Schwierigkeit beginnt schon bei dem, was ich im Untertitel angedeutet habe: »Eine Biblische Theologie in dogmatischer Perspektive«. Das Vorhaben paßt offensichtlich nicht in die durch traditionelle Denkweisen und verfestigte Fachgrenzen bestimmte theologische Landschaft. Darum konnte es zwar zu einem verständnisvollen und freundschaftlichen Austausch gerade mit dem Alttestamentler von Yale, Brevard S.Childs kommen, dessen die eingefahrenen Geleise ebenso verlassender Entwurf der »Biblical Theology of the Old and New Testaments. Theological Reflection on the Christian Bible« fast gleichzeitig erschien. In unserer Diskussion dagegen ist seit 200 Jahren eingeführt, daß eine »Biblische Theologie« historisch vorzugehen habe. So blieb entweder außer Acht, daß ich zwar eine Biblische Theologie, doch als Dogmatik, beabsichtigte. Dann suchte man eine zwar unkonventionell aufgebaute, aber traditionell vorgehende Dogmatik. Oder man nahm die Intention auf eine Biblische Theologie wahr, setzte dann aber voraus, diese müsse historisch erarbeitet sein und wollte mich irgendwo in der Nähe dahingehender exegetischer Versuche finden. Beides trifft nicht zu. Eine Biblische Theologie läßt sich nicht zureichend erarbeiten, wenn dabei die konventionelle Historie methodisch anleiten soll. Dann lassen sich allenfalls traditionsgeschichtliche Zusammenhänge zwischen alt- und neutestamentlichen Textgruppen auffinden, aber gerade nicht die eine Bibel, die in der Kirche zu Wort kommt. Andererseits aber läßt sich die Bibel auch nicht in ein flächiges Lehrganzes umsetzen, wie das nicht nur die Theologie vor der Aufklärung versucht hat. In beiden Fällen versucht die Theologie das zu leisten, was als geistliche Wirksamkeit der Schrift in der Kirche vorausgesetzt werden müßte. Darum habe ich von vornherein zwischen theologischer Reflexion und religiöser Rede unterschieden, der »einfachen Gottesrede« in ihren unterschiedlichen Redeformen. Ich setze also theologisch das Geistgeschehen voraus, in dem sich durch die Bibel Gott vernehmen läßt. Aber ich nehme die theologische Reflexion, sei sie nun stärker historisch-exegetisch oder systematisch-aktuell bestimmt, aus diesem Geistgeschehen zurück auf die Ebene einer Reflexion solcher einfachen Gottesrede. Dabei muß ja wieder beachtet werden, daß keineswegs eine simple Identität des kirchlichen Redens und dieses Geistgeschehens angenommen werden kann. Darum hat die theologische Reflexion das kirchliche Reden zu begleiten und fragt danach, wie weit es seinem Anspruch nachkommt, ein zeit- wie schriftgemäßes Reden zu sein.

Die damit markierte Entscheidung hat weitreichende Folgen. Theologie als diese kritische Reflexion ist nicht mit Gott selbst, sondern mit solcher religiösen Rede als mit ihrem Gegenstand befaßt und hat deren Voraussetzungen zu beschreiben. Das verlangte, wie das in der modernen Dogmatik unumgänglich ist, dogmatische Inhalte in die Prolegomena vorzuziehen. Die Schriftlehre war mit der Trinitätslehre so zu verbinden, daß deutlich wird, wie die heilsame Nähe Gottes konkret von Zeit zu Zeit angesprochen und erfahren werden kann. So kann dann die Einheit Gottes gerade als Zeiterfahrung verständlich werden. Entsprechend verlangte die Reflexion von Geschichte und Sprache, wie sie in dieser Zeiterfahrung mit gesetzt sind – geht es doch immer um die Gegenwart der biblisch bezeugten Geschichte in dem jeweiligen Sprechen – eine eingehende Erörterung, die sich auf die philosophische Diskussion dieser Fragen bezieht. Biblisches Sprechen wird als Sprache erfaßt, die Anstehendes auf Gottes Nähe hin qualifiziert. Dabei war die Feier des Sakraments Modell des Verstehens: Durch die erinnerte Stiftung wird die Zeit der Feier selbst als Zeit der Gottesgegenwart qualifiziert. Alle gelingende Gottesrede läßt solche Gleichzeitigkeit erfahren.

Die Durchführung der Dogmatik ist bestimmt durch die Einsicht in die Verschränkung von Theologie und Ökonomie. Das deuten schon die Untertitel der beiden Bände an: »Ökonomie als Theologie« und »Theologie als Ökonomie«, in denen ich die durch mich etwas veränderten und präzisierten altkirchlichen Begriffe aufgenommen habe. Dabei habe ich jeweils in einem einführenden Kapitel die Exposition der Probleme vorgelegt. Die Diskussion des Problems der Theologie erfolgte jedoch von Christologie und Pneumatologie her, um schließlich in der Trinitätslehre gebündelt zu werden. Dabei setzt der christologische Teil mit exegetischen Erörterungen zur Priesterschrift ein. Die Fluchandrohung des Heiligkeitsgesetzes wird überholt durch die Einsicht, daß der erwählende Gott sich nicht untreu werden kann. Darum wird hier eine geordnete Begegnung von Gott und Mensch eingerichtet. Es folgen Ausführungen zum deuteronomistischen Geschichtswerk und zur Prophetie, zugespitzt schließlich auf den deuterojesajanischen Gottesknecht. Röm, Hb und Joh führen die exegetischen Überlegungen weiter. Die Pneumatologie wird durchgeführt als Erörterung des durch den Geist gewirkten Glaubens in den traditionellen Aspekten von notitia, assensus und fiducia. Zur notitia werden Zeit und Ort der Zuwendung von Gott und Mensch biblisch erarbeitet und in einer Lehre vom Gottesdienst zusammengefaßt. Der assensus ist durchgeführt als biblische Lehre vom Gebet, einsetzend mit dem chronistischen Geschichtswerk, dann zum Psalter weitergehend; Habakuk und Hiob verdeutlichen die Bedrohung des assensus fidei durch die Erfahrung, daß der angerufene Gott gerade auf sich warten läßt. Die Versuchung Jesu schließt hier an. Die fiducia wird als biblische Bearbeitung des Themas »Die Zeit zum Glauben« durchgeführt. Auf eine Auslegung von Vätergeschichten folgt der Hinweis auf Jesu Verständnis der Zeit des Gottesreiches. Schließlich wird hier die Auslegung des Römerbriefs fortgeführt. Auch zur Reformulierung der Trinität werden ausführliche Exegesen vorgelegt.

Entsprechend sind im dritten Band die Probleme der traditionellen Ökonomie aufgegriffen, insbesondere als die Frage nach einer nur partikularen Verwirklichung des Heils. Die im Erwählungsgedanken verbundene Christologie und Anthropologie wird durch eine Auslegung der Simsongeschichte präludiert. Dann wird den Stationen des ordo salutis folgend der irdische Jesus als der geistgeführte Mensch mit Texten der Evangelien dargestellt. Das biblische Gesetzesverständnis unter dem Stichwort »Der antwortende Mensch« führt die anthropologischen Erörterungen weiter. Erwählung wird verdeutlicht am Verhältnis von Mann und Frau, wobei Ps 45 und das Hohelied den Einsatz geben, der dann bis zur Offenbarung durchgeführt wird. Welt wird vom Land Israels her und dann durch die weisheitliche Tradition erfaßt. Zeit des

Menschen und seine Freiheit in der Welt sind die weiteren Themen der Schöpfungslehre. Mit einer zusammenfassenden Erörterung des Themas »Schöpfung« schließt die Biblische Dogmatik, wobei die Schöpfungsmittlerschaft Christi in einer Auslegung des Kolosserhymnus besonders berücksichtigt wird.

Die durchgeführte Dogmatik folgt also nicht der traditionellen Grobgliederung, sondern verklammert die einzelnen dogmatischen Themen stärker, als das sonst üblich ist. Doch entspricht diese Verklammerung der Sache, die zu behandeln ist. Notwendig war dabei insbesondere auch die Integration der Ethik in den Gesamtzusammenhang, um so dem biblischen Zeugnis gerecht zu werden, das eine getrennte Behandlung von Dogmatik und Ethik nicht zuläßt.

Natürlich ließ sich nicht die ganze Tradition theologischen Denkens anführen und diskutieren. Doch wenigstens die durch die Aufklärung bestimmte Problemverschiebung suchte ich durchgehend zu dokumentieren. Deshalb habe ich zu allen einzelnen Themen David Hollaz als Repräsentanten des Endstadiums der altlutherischen Orthodoxie, Kant als Vertreter der Aufklärung – nimmt man seine drei Kritiken und die Religionsschrift zusammen, ergibt das eine reguläre Dogmatik – und Schleiermacher in seiner Beantwortung der durch die Aufklärung bedingten Problemverschiebung herangezogen. Neben anderen vor allem die Texte von Hollaz, Kant und Schleiermacher dienen der Präzisierung der Fragen, die dogmatisch zu stellen sind. Die Antworten suchte ich in der Auslegung der biblischen Texte zu geben. Diese Texte dienen in der Biblischen Dogmatik ja nicht dazu, als dicta probantia eine vorgegebene dogmatische Problembearbeitung zusätzlich zu begründen oder zu illustrieren. Vielmehr vollzieht sich die dogmatische Problembearbeitung als Auslegung dieser Texte. So wird der Anspruch dieser Dogmatik, eine Theologie des Alten und Neuen Testaments vorzulegen, eingelöst.

Ich hoffe, mit dieser Arbeit einen Anstoß gegeben zu haben, der sich in der weiteren theologischen Diskussion hilfreich auswirkt. Daß sich die Biblische Dogmatik auch als eine Hilfe für die Predigtarbeit heranziehen läßt, ist mir von verschiedenen Seiten versichert worden. Das freut mich besonders. Es sind ja auch zu einem guten Teil gepredigte Texte, die ich ausgeführt habe. Wenn sie die Bibel als Schrift für die Kirche erschließt, dann ist diese Biblische Dogmatik ein sinnvolles Unternehmen.

JÖRG BAUR

I.

Um es vorab zu sagen: von F. Chr. Baur, dem Haupt der ›Tübinger Schu-le‹, stamme ich nicht ab. Tübingen ist nur der Geburtsort. Meine Heimat ist Ebingen, eine seit der Mitte des 19. Jahrhunderts industrialisierte Kleinstadt am Scheitelpunkt der Bahnlinie Tübingen-Sigmaringen. Die Baur gehörten – nachweisbar seit 1440 – zu den alten Familien des württembergischen Landstädtchens. Durch den 1908 verstorbenen Großvater, der eine Baufirma gründete, kam es zum Übergang der Familie ins moderne Bürgertum. Mein 1885 geborener Vater war als diplomierter Architekt im Unternehmen tätig. Meine Mutter, eine geborene Thomsen, kam 1926 von Hamburg als Kinderschwester in die Heilstätte auf dem ›Heuberg‹ nach Stetten am Kalten Markt. Dort hat sie meinen Vater kennengelernt und dann 1929 in Ebingen geheiratet.

Meine beiden ersten Lebensjahrzehnte wurden durch mehr als eine Erfahrung von Differenz geprägt. Zwar der väterlichen Herkunft nach einheimisch, war ich mit einer hochdeutsch sprechenden Mutter kein echter Ebinger. Unter meinen Kameraden spielte und stritt ich wie alle Kinder, aber beglückt haben mich die Erzählungen meines erwachsenen Freundes, eines jungen Lehrers, von Achill, Odysseus und Hannibal. Seit der ›Sudetenkrise‹ 38 war ich ein eifriger (und ›gläubiger‹) Zeitungsleser; doch nach 1939 hörte ich heimlich die streng verbotenen ausländischen Sender, Beromünster und die BBC. Die düstere Stimmung meiner Mutter bei Kriegsausbruch und zu Beginn des ›Rußlandfeldzuges‹ war mir unverständlich, aber als Pimpf im ›Deutschen Jungvolk‹ machte ich keine zackig-sportive Figur. Filme und Bücher über Friedrich den Großen und Bismarck begeisterten mich, doch als der Helfer in der Stadtbibliothek auf ausgemusterte Heine-Gedichte stieß, las er einem katholischen Mitschüler aus dem indizierten religionskritischen ›Romanzero‹ vor. Luther war mir kaum mehr als eine Gipsbüste im Saal der obligaten Kinderkirche. An Recht und Sieg der ›deutschen Sache‹ zweifelte der Knabe nicht. Daß unsere jüdische Nachbarin – die örtlichen Machthaber konnten sie bis zuletzt schützen – zu uns in den eher sicheren Keller kam, als auch auf Ebingen die Bomben fielen, war selbstverständlich. Beim ersten Bombenwurf am 11. Juli 1944 lag zwischen mir und einem jähen Ende nur die kleine Differenz von 100 Metern.

Nach dem Leben meines Vaters hatte der Tod schon 1934 gegriffen. Mit 49 Jahren war er im Diakonissenkrankenhaus Schwäbisch Hall seiner Angina pectoris erlegen. Wenige schwebende Erinnerungsbilder halten mir den Lebenden gegenwärtig, den im Haus aufgebahrten Toten und die regenverhangene Fahrt zum Friedhof sehe ich klar vor mir.

Vor dem Sog der von ihrem Mann vor 1933 als »Zauberer« taxierten Nationalsozialisten war meine Mutter durch ihre Zuwendung zu einem entschieden kirchlichen Christentum geschützt. Nachdem die örtliche Gruppe der ›Deutschen Christen‹ ausgeschieden war, bildeten die landeskirchlich Gesonnenen ein deutliches (bürgerliches) Gegenmilieu zur NS-Bewegung. Mitschüler, die am ›Weltanschauungsunterricht‹ teilnahmen, wurden auch von mir eher gemieden. Alfred Rosenberg und seinen »Mythus« ›kenne‹ ich seit einem (wohl 1937) miterlebten Meinungsstreit in der Verwandtschaft. Im Frühjahr 38 löste die ›spekulative‹ Behauptung eines Lehrers: »die Leibstandarte unseres Führers hätte den Heiland vor den Juden gerettet«, bei mir unmittelbar den Verdacht auf ›Häresie‹ aus. Zumindest als peinlich empfand ich bei einem Kinderfestumzug 1939 den als böser Greis mit Zylinder und Sternenbanner in einem Kinderwagen geschobenen ›Uncle Sam‹. 1944 zogen dann die US-Bomberflotten ihre weißen Kondensstreifen durch den blauen Himmel. Als am 24. April 1945 französische Soldaten ihre wenig milde Herrschaft über das teilweise zerstörte Ebingen antraten, betrauerte der zwar nicht ideologisch-systemkonforme, aber national überzeugte Fünfzehnjährige ›den Fall des Reiches‹.

In den Hungerjahren bis 1948, die mir eine Spätrachitis einbrachten, lösten sich diese Überzeugungen allmählich. Der leidenschaftlich an substantieller Bildung interessierte Oberschüler versuchte sich an Umdichtungen Lamartines und Verlaines. Hölderlins Hymnen kannte ich auswendig. Eine Aufführung des ›Empedokles‹ mit Theodor Loos im Tübinger Theater überwältigte mich. Wie diese Botschaft eines ursprünglichen Götterwaltens zu der entschiedenen Christusfrömmigkeit paßte, die ich im heimischen CVJM erlebte, mußte sich erst noch abklären. Der glückliche Umstand, seit 1948 mit Hans Conzelmann einen profilierten ›Bultmannianer‹ als Religionslehrer zu haben, verstärkte anfänglich nur die Krise. Mit ihm stritt ich mich um die Bibel, aber mit Parolen aus dem von ihm entliehenen Barthschen Römerbrief setzte ich dem Deutschlehrer zu, wenn es um den »Nathan« und Goethes Iphigenie ging. Noch heftiger war freilich 1949 mein Widerspruch gegen einen Vortrag im CVJM über »Versäumte Gottesgelegenheiten« (im Leben Goethes).

Damals war ich schon entschieden, Theologie zu studieren. Daß die Kultivierung des eigenen Innenlebens mit Hilfe der Vorgaben Rilkes, Hölderlins, Mörikes und vieler anderer keine ernsthafte Alternative zum klaren Glaubensgehorsam sei, war mir klar geworden. Der Verzicht auf schweifend-Selbstgefühltes konnte aber nicht besagen, einer sich selbst verarmenden Jesu-latrie anzuhängen. Dem stand zudem der seit Kindertagen wache Sinn für Geschichte entgegen. Auch der Aufbau eines neuen politischen Gemeinwesens bewegte den weiterhin eifrigen Zeitungsleser. In Versammlungen der neuen (alten) Parteien beeindruckten Carlo Schmids Rhetorik und der väterlich-tönende Baß von Theodor Heuss.

Das Abitur, das ich im Sommer 1950 im Schriftlichen zweimal ablegte, einmal an der Ebinger Oberschule, und dann zur Aufnahme in das Tübinger Stift am kirchlichen Seminar Urach, durchlief ich, zumal der 2. Sieger in Deutsch beim Concours général 1949 der französischen Zone seiner Sache sicher war, eher als ein etwas anstrengendes Spiel.

Vor dem Beginn des Studiums hatten die Oberkirchenräte aber noch die Hürde des sog. »Kirchlichen Dienstjahres« aufgebaut. So arbeitete ich im Winter 1950/51 als Packer in einer Trikotagenfabrik. Vom März bis September 1951 folgte die zweite Phase des Praktikums. Zusammen mit meinem Schulfreund Karl-Fritz Daiber wurde ich an die Diakonissenanstalt Schwäbisch Hall ›einberufen‹, eben dorthin, wo mein Vater 1934 gestorben war. Es traf sich sogar, daß ich als Hilfspfleger auf der Männerchirurgie eben jener Diakonisse unterstand, die vor Jahren meinen Vater gepflegt hatte. Diese Fügung erleichterte den Anfang mit Klistieren, Thermometern, Bettschüsseln und Urinschalen. Als der Berliner Kirchentag bevorstand, erkämpften wir uns die Erlaubnis zur Teilnahme. Nach Hannover 1949, wo ich Lilje und Dibelius erlebt hatte, war Berlin meine zweite Berührung mit diesem – so damals – Aufgebot der Kirchentreuen. Die Rückfahrt im übervollen Stuttgarter Sonderzug brachte den nächtlichen Anbruch meines 21. Geburtstages, wohl auf der Höhe von Leipzig.

II.

Mit dem Wintersemester 1951/52 zog ich dann ins Tübinger Stift ein. Ein unbeschriebenes Blatt war ich nicht mehr. Mit Hans Conzelmann war ich der Bultmannschen Theologie begegnet – soweit eben der CVJM-Jüngling im Säureregen der Kritik das Angebot zu existentiellem Verstehen hinter den historisch-philologischen Geröllhalden entdecken konnte. Auch der Wort-Gottes-Barthianismus, den einer der Ebinger Pfarrer darbot, hatte mich in seiner Kargheit abgestoßen. Zudem war mir die abständige Haltung beider Richtungen zur verfaßten Kirche ärgerlich. Als ungebrochen-supranaturalistischen ›Pietisten‹ konnte ich mich ohnehin nicht verstehen. Diesen Distanzierungen lagen Überzeugungen zugrunde, die sich so bestimmen lassen: Angesichts der mit dem Tod des Vaters früh erfahrenen Brüchigkeit des Lebens und der 1945 evident gewordenen Unbeständigkeit und Schuldverstrickung des Überindividuellen war mir die Gegenwart des befreiend-Beständigen im christlichen Glauben gewiß geworden. In ihm sah ich auch die einzige Macht, um »die abendländische Kultur« aus den Trümmern des moralischen und politischen Bankrotts herauszuführen.

Damit war eine Nähe zu katholischen Konzeptionen gegeben, wie sie damals im Modus des Ästhetischen Guardini vertrat. Im Laufe des Studiums löste ich mich von diesen Neigungen. Einiges klärte sich schon durch ein im dritten Semester in Thielickes Proseminar verfaßtes Referat über ›das hochkirchliche Verständnis der Kirche bei Vilmar‹. Diese Arbeit stieß mich darauf, daß eine Resakralisierung der Institution Kirche weder der Not des allgemeinen Lebens steuern konnte noch evangelisch überhaupt ›zu haben war‹. Zur Klärung verhalf auch die Vorlesung des Philosophen Gerhard Krüger über Philosophie und Theologie, die mir im ersten Semester die Möglichkeiten einer Vermittlung des Glaubens mit der Denkgeschichte seit Platon zumindest in Umrissen bewußt machte. Anders als bei der auf ›Sein und Zeit‹ eingefuchsten philosophischen Normallehre, die uns von den Repetenten im Stift vorgesetzt wurde, hatte ich hier den Eindruck, mit Unabweisbarem konfrontiert zu werden.[1] Wie sich dieses Allgemeine auf den Glauben beziehen lasse, wurde mir aber erst während der beiden Semester in Erlangen deutlicher. Die Wahl dieses damals in Tübingen (und anderswo) verpönten Studienortes war vor allem ein Akt des Widerspruchs gegen die bei Stiftlern üblichen Auswärtstouren nach Basel oder Marburg.

---

[1] Vgl. die Texte zu Plato in: Einsicht und Glaube. Göttingen 1978, S. 7–49.

Erwartungen richteten sich höchstens auf den ›realtheologischen‹ Neutestamentler Stauffer. In Erlangen kam es dann ganz anders. Der entscheidende Anstoß ging von Paul Althaus aus, der in die Fülle des
christlichen Lehrkosmos einzuführen verstand, vor allem aber in seiner
Vorlesung über Luthers Theologie den ›archimedischen Punkt‹ meines
von dort und damals ausgehenden theologischen Denkens und Wollens
aufzuzeigen vermochte. Dem ging im Sommer 1953 der endgültige
Abschied vom ekklesiologischen Objektivismus voran, nicht zuletzt als
Frucht einer Hauptseminararbeit bei Althaus über ›Predigtamt und Kirche nach dem Augsburgischen Bekenntnis‹. Das daraufhin gemachte
Angebot zu einer Promotion eröffnete viele Jahre persönlicher Nähe zu
dieser vornehmen Gestalt.[2] So dankbar ich über diese Zuwendung auch
war, die Problematik der Theologie des in der Welt vor 1914 verwurzel-
ten christlichen Bürger-Aristokraten blieb mir nicht verborgen. Die
Naivitäten über Gottes Walten in der Geschichte provozierten mich zu
heftigen Randbemerkungen in meinem Exemplar der »Christlichen
Wahrheit«. Auch den Ermäßigungen in der Christologie konnte ich
nicht zustimmen. An diesem Punkt meinte ich, es eher mit Barth halten
zu sollen, in dessen Bänden ich (mit begrenztem Verstand) intensiv las.
  Schwieriger war der Zugang zu Elert. Erst eine Sozietät über die
Konkordienformel brachte mir diesen schwierigen Mann und exzellenten Gelehrten näher. Mehr noch: die Berührung mit seinem Werk, vor
allem der ›Morphologie‹, konterkarierte die Glättungen, die Althaus an
Luther vornahm. So war es nur konsequent, daß ich im Winter 1953/54
eine Arbeit über den Deus absconditus in De servo arbitrio schrieb, in
der ich allen Erleichterungen der Antithetik in Gott selbst widersprach.
Die Unmöglichkeit einer Vermittlung meines auf produktive Erschließung des trinitarischen und christologischen Dogmas zielenden eigenen
Denkens mit der als Explikation eines selbstidentischen Monon entwor-
fenen barthschen Dogmatik war damit im Grunde schon entschieden.
  Klar wurde mir dieser Dissens nur allmählich. Er stand auch nicht im
Vordergrund der Abklärungen der mittleren Semester, in denen es primär um die sog. ›Entmythologisierung‹ und – zunehmend – um Gogartens Säkularisierungsthese ging. Insofern Bultmann eine supranatural
ausgegrenzte Heilsgeschichte in durch Wunder ausweisbarer Gegen-
ständlichkeit negierte, fiel mir eine Annäherung nicht schwer. Als
Hanns Rückert vor der Synode in Stuttgart das Tübinger Gutachten ›Für

---

[2] Vgl.: Vermittlung in unversöhnten Zeiten. Zum Gedenken an P. Althaus 1888–1966, in:
Einsicht und Glaube, Bd. 2. Göttingen 1994, S. 173–196.

und wider die Theologie R. Bultmanns‹ vortrug, beteiligte ich mich an
den Mißfallensäußerungen der studentischen Zuhörer auf ›verstockte‹
Voten einiger Synodaler. Die Sympathie für unzensiertes theologisches
Denken führte aber nicht zur Bejahung der anthropologischen Zentrie-
rung Bultmanns, die auch Gogarten, von Heidegger eher abgesetzt, vertrat. So sehr mir bei Luther eine Theologie aufgegangen war, die auf den
in der Bedrängnis von Sünde und Tod verfangenen Menschen ausgerichtet ist, so wenig konnte ich in den existentialen Verallgemeinerun-
gen Bultmanns und in Gogartens geschichtstheologischer Fassung des
Topos von Gesetz und Evangelium eine überzeugende Theoriegestalt
reformatorischer Einsichten sehen.[3] Der als Eigentlichkeit des Existie-
rens gedeutete Glaube und Gogartens Analogisierung der Freiheit des
einen ›Sohnes‹ Jesus Christus mit der Mündigkeit der von ihm her in die
Sohnschaft und in das zu verwaltende Welterbe eingesetzten ›Söhne‹
erschien mir als defizitär – gemessen am Evangelium, das den Christen
nicht in sich selbst auf ein neues Weltverhältnis hin begründet, sondern
vielmehr in Christus versetzt und so im Extra-nos des sich im Sohn
selbst hingebenden Gottes unterbringt. Das eigentlich existierende Subjekt, der zur mündigen Sohnschaft befreite Mensch konnte nicht ›End-
station‹ des Evangeliums sein. Vielmehr war die Wendung aus der Ver-
fallenheit des Lebens an sich selbst und an die Abgründigkeit der geschichtlichen und naturhaften Welt theologisch nur so zu verantworten,
daß von dem alle ergreifenden Umgang Gottes mit dem Menschen und
seiner Welt in Schöpfung und Gesetz, das auf die Selbstverkehrung in
der Sünde ›reagiert‹, der andere Modus des Handelns Gottes, seine
Selbsthingabe in der Inkarnation, unterschieden wird. Im Glauben wird
nicht Christus, als Ideal, Motivator, Heiland (oder wie immer) bestimmt, angeeignet; der Glaube ist die vom Geist vollzogene Übereig-
nung des Subjektes an Christus, in dem Gott und Mensch aneinander
Gemeinschaft haben. Und deshalb ist es unabdingbar, daß der Glaube in
Bekenntnis und theologischer Reflexion Christus als seinen Lebensort
bekundet und bedenkt. Damit aber war für mich der im Glaubensakt
erschlossene Christus, nicht aber der Glaube als durch das Kerygma ermöglichte Veränderung der zuvor philosophisch vermessenen Existenz
zum Zentrum der theologischen Überlegungen geworden. Anders jedoch als für Barth galt mir die trinitarisch verankerte Christologie nicht
als faktisch einziger Gegenstand der Theologie. Das Recht der in ihrer

---

[3] Vgl.: Das Evangelium vom gnädigen Gott - Die erfreuliche Wahrheit einer alten Entdek-
kung; aaO., S. 21–29.

vorliegenden Fassung ›schwierigen‹ Uroffenbarungslehre bewährte und bewahrte sich mir, indem ich diese auf die Maße der Schöpfungs- und Gesetzestheologie Luthers hin umzubestimmen suchte.

Bei aller Distanz zur Westintegration der Bundesrepublik und den restaurativen Zügen im Innern des Staates konnte ich deshalb dem poli- tisierenden ›Linksbarthianismus‹ nicht beistimmen, so sehr mich noch 1958 die Abrechnung Heinemanns mit Adenauer in jener legendär ge- wordenen nächtlichen Sitzung des Bundestages (23. 1. 1958) beein- druckte.

Als ich im Winter 1954/55 aus dem dritten Auswärtssemester, das in Göttingen den auch persönlichen Kontakt mit Gogarten brachte, ins Stift zurückkehrte, zeichneten sich die Umrisse des Eigenen ab.

Im Hinblick auf Barth: Die Theologie ist nicht am (monopolisierten) Offenbarungsbegriff auszurichten; sie hat vielmehr aufgrund der Unter- scheidung des Handelns Gottes in Schöpfung, Gesetz und Evangelium einen höchst differenzierten ›Gegenstand‹.[4] Der Setzung von anderem in der Schöpfung, an das sich der Schöpfer liebend hingibt, dem sich jedoch in ›Adam‹ die menschliche Kreatur in unhaltbarem ›Selbst- stand‹ – der Sünde – verweigert, ›folgt‹ der Widerspruch des durch den kreatürlichen Widerspruch zum nur noch fordernden Herrn geworde- nen Gottes, der die Subjekte als ihm verpflichtete und auch ethisch ver- sagende durch sein Gesetz universal belangt, zugleich aber noch gütig erhält. In diesem Feld von Geschöpflichkeit, Sünde, Zorn und Bewah- rung sind auch die Religionen Erweise der Unausweichlichkeit Gottes[5], lassen sich auch die widersprüchlichen Selbsterfahrungen des Men- schen, also die damals existential formalisierten anthropologischen Phänomene, verorten. Nicht jedoch ist, abgesehen vom schöpferischen, gesetzhaften, zornig-bedrängenden und vorsehend-bewahrenden Han- deln Gottes, eine ›neutrale‹, existential oder transzendental ausgelegte anthropologische Basis als zumindest korrelative, wenn nicht gar regu- lierende Norm theologischer Aussagen anzunehmen. Trotz dieser Nähe zu Barth war ich von ihm geschieden durch die nicht exklusiv-christolo- gische Begründung solcher Absage. Auch der von mir (noch ohne Kenntnis der genuin lutherischen Christologie[6]) intendierte Wiederge- winn einer weder jesuanischen noch ins Kerygma ›verdampften‹ Chri-

---

[4] Vgl.: Weisheit und Kreuz, aaO., S. 99–110, v. a. S. 109.
[5] Vgl.: Die Unausweichlichkeit des Religiösen und die Unableitbarkeit des Evangeliums, in: Einsicht und Glaube, Göttingen 1978, S. 51–70.
[6] Vgl.: Lutherische Christologie im Streit um die neue Bestimmung von Gott und Mensch. Luther und seine klassischen Erben, Tübingen 1993, S. 145–163.

stologie führte nur zu einer scheinbaren Annäherung an Barths Reva-
luierung des Dogmas.

So ungefähr stellten sich mir die Dinge da, als ich wieder nach Tübingen kam.

Wie läßt sich dieser Weg in und durch die Theologie deuten? Wohl
so: Der Ausgang von der individuellen Krise der frühen Erfahrung des
Todes und vom Umbruch des Jahres 45 hatte die Bedingungen einer
Übernahme des christlichen Glaubens ›vorausdefiniert‹: nur ein solches
Verständnis dann auch der Theologie konnte mir als akzeptabel erscheinen, das es mit der harten Negativität von Dasein und Welt aufzunehmen vermochte. Dieser Forderung kam anfänglich das Angebot einer
auf Lebensgehorsam zielenden Christusfrömmigkeit in der Kirchengemeinde und im Jugendkreis ebenso entgegen wie die wertorientierten
Tendenzen im Zeichen des »christlichen Abendlandes«. Eine vollmun-
dige Abitursrede von 1950 – »Die geistige Situation der Zeit« – doku-
mentierte beides. In der jugendlichen Liebe zu einer überzeugenden
Kirche fanden diese Momente zueinander. Zugleich aber habe ich mich
auf ein nur persönliches, entscheidungsbestimmtes Christentum, das
den Zugang zur Welt der Kultur – ›pietistisch‹ oder ›dialektisch‹ – behindert, – auch später – nie eingelassen. Da waren Hölderlin, Rilke und
anfänglich auch schon Goethe[7], den wir 1949 feierten, vor.

Anders als meinen meist aus Pfarrhäusern und erwecklich-strengen
Familien stammenden Studiengefährten konnte mir jedoch das Studium
nicht zu dem Unternehmen werden, einen festen Bestand kirchlicher
Überzeugungen und frömmigkeitlicher Prägungen den Bedingungen
des rational-kritischen Bewußtseins der Gegenwart anzugleichen, also
entweder dem Programm der Entmythologisierung oder dem noch im
Widerspruch zur Kultursynthese des Neuprotestantismus an die ›liberale‹ Vorgabe gebundenen Konstruktivismus der ›Kirchlichen Dogmatik‹
zu folgen. Mit dem Anschluß an die ›Erlanger‹ war die Distanz zu der in
Nachfolgen und ›Vatermorden‹ in einem strittigen, aber doch ›interfa-
miliären‹ Zusammenhang stehenden Hauptströmung der neueren evangelischen Theologie gesetzt.

Im nachhinein geurteilt war es denn auch konsequent, daß meine
theologische Arbeit weder auf eine Synthese von existential-worttheo-
logischen und offenbarungstheologischen Momenten zielen noch durch
Inspirationen aus dem Blochschen Hoffnungsangebot an eine gesell-

---

[7] Vgl.: »Alles Vereinzelte ist verwerflich«. Überlegungen zu Goethe, in: Einsicht und
Glaube, Bd. 2. Göttingen 1994, S. 197–211.

schaftlich konkretisierte Re-aktualisierung des eschatologischen Expressionismus der frühen dialektischen Theologie gehen oder gar im Widerspruch zu Barth und Bultmann eine auf der ›tatsächlichen‹ Offenbarungsgeschichte basierende Konzeption eines universalen Gotteshandelns entwerfen konnte, geschweige denn, daß mir die Ablösung des vorgeblich ›abstrakten‹ Redens von ›Wort Gottes‹ und ›Kerygma‹ durch eine psychologisch und soziologisch konkretisierte Empirie[8] als geboten erschien.

Auch die um 1955 beginnende Renaissance Tillichs empfahl sich mir nicht, denn das Recht des Allgemeinen ließ sich auf andere Weise wahrnehmen: Im Gefolge Elerts durch die von dessen ›flazianischen‹ Pessimismen gereinigte Dualität von Gesetz und Evangelium, auf der Spur von Althaus vermittels einer Revision der Uroffenbarungslehre, die diese von ihrer teleologischen Ausrichtung auf das bei Althaus einem übergreifenden Offenbarungsbegriff unterstellte Evangelium ablöste, aber nichts von ihrer Funktion nahm, alles menschliche Leben als immer schon vom schöpferischen[9], widersprechenden und erhaltenden Gott umgriffen zur Erfahrung und Sprache zu bringen. Daß der argumentierende Hinweis auf diesen Umgriff auch nach Kant[10], trotz der linkshegelianischen Zersetzung der ›Versöhnung‹ von Vernunft und Glaube und selbst, ja gerade! nach Nietzsche[11] nicht unmöglich geworden sei, war mir nicht zweifelhaft. Diese Annahme war freilich zumindest insofern ›betriebsblind‹, als ich damals von der zunehmenden Irrelevanz des Christlichen und Theologischen in der bundesrepublikanischen Intellektuellenszene keine Notiz nahm, also weder von der Frankfurter Schule noch von dem nach der NS-Zäsur neu installierten Freudianismus. Der Versuch, auf eigene Rechnung aus den Erlanger Anstößen eine gegenwärtige lutherische Theologie zu gewinnen, war keineswegs ›wasserdicht‹.

Im Sommer 1956 brachte ich das Examen hochgemut und mit Erfolg, der auch der providentia specialissima zu verdanken war, hinter mich und wurde am 16. September 1956 in der Ebinger Martinskirche unter der Assistenz von Paul Althaus ordiniert.

---

[8] Vgl.: Verkündigung als Bewältigung von Wirklichkeit. Die Predigt als Kommunikation (Hg. J. Roloff), Stuttgart 1972, S. 60–74.
[9] Vgl.: Theologisches Reden über die Schöpfung - christlich oder vorchristlich?, in: Einsicht und Glaube, Bd. 2. Göttingen 1994, S. 111–125.
[10] Vgl. zu Kant: Philosophie im Ausgriff auf konkrete Religion, in: NZSTh 39 (1997), S. 191–203.
[11] Vgl.: Himmel ohne Gott. Zum Problem von Weltbild und Metaphysik, in: Einsicht und Glaube, Bd. 2. Göttingen 1994, S. 77–89.

III.

Die Probe auf die zehn Semester brachte das Stuttgarter Vikariat des Winters 1956/57. In den Unterrichtsstunden mit Konfirmanden eines Villenviertels und bei großstädtischen Realschülern kam es zu heilsamen Erdberührungen, die den ohne jede praktisch-theologische Ausbildung ins Gefecht geschickten Vikar darauf stießen, wie wenig mit nur Richtigem auszurichten ist, und wäre es noch so ernsthaft durchdacht.

Ein Stipendium der Studienstiftung, das ich einem USA-Stipendium des Lutherischen Weltbundes vorzog, ließ mich dann im Frühjahr 1957 mit der von Althaus vorgeschlagenen Promotionsarbeit beginnen. Bei der Wahl des Themas: das Vernunftverständnis in der letzten großen lutherischen Dogmatik, im Systema Theologicum J. A. Quenstedts (1685), war ich nicht primär historisch motiviert. Es ging mir um die gegenwärtige Tragfähigkeit dieser Theologie. Das Vorurteil, das noch immer die alten Theologen ächtete, hatte meinen Widerspruch geweckt, der es für unmöglich hielt, daß die überzeugendsten Texte des Gesangbuches – die Lieder des ›orthodoxen‹ Paul Gerhardt – etwas völlig anderes seien als die Theologie, deren Schüler und Verfechter er war. Wenn diese Verse nicht ›überholt‹ waren, konnte auch die Theologie, die ›hinter‹ ihnen stand, nicht so ›erstarrt‹ sein, wie seit Arnold behauptet wurde.[12]

Daß es mit der Sympathie nicht getan war, wurde bei der Lektüre der aberhunderte von Seiten in dem Quenstedt aber bald klar. Zu restaurieren war das Gelesene und Erarbeitete nicht. Es mußte – über die in der Arbeit vorliegende Darstellung hinaus – der gesamte Entwurf auf die Gegenwart hin umgedacht werden. Simpel positionell konnte der Ertrag des Unternehmens nicht ausfallen. Der Schlußsatz des Vorwortes zum Buch lautete deshalb auch so: »Wenn am Ende konservativer Sinn enttäuscht und modernistischer verärgert sein sollte, dann möchte ich zwar nicht sagen, dies sei die Absicht gewesen, aber auch nicht, es sei sie nicht gewesen«.[13] Um ein Gedankenspiel ging es mir allerdings nicht. Karl Barth, dem ich das Buch im Herbst 1962 zusandte, präzisierte dessen Intentionen auf einer Postkarte so: »Wenn man doch gewissen Vertretern einer kurzatmigen Theologie ohne Seinsurteile Ihre Seiten … hinter die Ohren schreiben könnte – auf die Gefahr hin, daß sie dann mit Ihnen und dem gräßlichen Elert zunächst bei einem gegen sich selbst

---

[12] Vgl.; Lutherisches Christentum im konfessionellen Zeitalter. AaO., S. 57–76.

[13] Die Vernunft zwischen Ontologie und Evangelium. Eine Untersuchung zur Theologie Johann Andreas Quenstedts, Gütersloh 1962.

stehenden Gott landen würden!« Den keineswegs antiquarischen Charakter des Unternehmens schärfte auch der letzte Satz seines Grußes ein: »Unterdessen haben Sie den Verdienst, denen in Marburg, Zürich, Mainz usw. ein nötigstes Antidoton angeboten zu haben«.

Die Hauptarbeit am ›Quenstedt‹ lag schon hinter mir, als ich im Frühjahr 1958 Repetent am Tübinger Stift wurde. Die folgenden vier Jahre waren eine unverschattet helle Zeit. Im Kreis der Mitrepetenten, von denen mehr als einer sich dann habilitierte – Klaus Scholder, Hanns Geißer, Martin Brecht, Martin Honecker, Rolf Schäfer – kam es zu einem erfreulichen Miteinander, gerade im Streit der Überzeugungen. Vereinzelt leuchteten in den Wochenschlußandachten der Repetenten Glanzlichter auf. Bewegt von der Blochschen Hoffnungsphilosophie predigte ich 1961 über Numeri 14,21 – »alle Welt soll der Herrlichkeit des Herrn voll werden« – und ›antizipierte‹ dabei Thesen einer Zukunftstheologie, freilich nur in einem beiläufigen Versuch.

Mit dem Erlanger Rigorosum am 1. März 1961 war dann auch über den weiteren Weg entschieden. Nach dem letzten Repetentenjahr gewährte die DFG ein Habilitationsstipendium. Seit April 1962 stand mein Schreibtisch wieder in Ebingen. Angeregt durch die Thematisierung der ›Pistis‹ in den damaligen Publikationen Ebelings, wollte ich dem Dissens zwischen ›Barth‹ und ›Bultmann‹ in Sachen ›Glauben‹ auf die Spur kommen.

Auch infolge des Schwächeanfalls des Lutherischen Weltbundes beim Versuch einer Reformulierung des Rechtfertigungsartikels, drängte sich mir aber dann das Thema Rechtfertigung auf. Der die Vollversammlung in Helsinki 1963 paralysierende Streit zwischen eschatologischem Gerichtsobjektivismus und einer Bonhoeffers ›weltliche Welt‹ mit Tillichs ›Mut zum Sein‹ verknüpfenden, die Rechtfertigung als Sinnstiftung deutenden Interpretation stand als Vorgabe im Raum. Um dieses Dilemma zu durchstoßen, mußten die wichtigsten Ausformungen des Rechtfertigungsverständnisses erschlossen, also ein Bogen geschlagen werden, der von Augustin und dem thomasischen Entwurf zum Einsatz Luthers führte, dessen in der ›Orthodoxie‹ schon problematische Nachgeschichte vom Pietismus abgelöst wurde, den die theologische Aufklärung beerbte, an deren Ende im Spätrationalismus der ›articulus stantis et cadentis‹ zerfallen war. Obwohl damit verlaufsgeschichtlich die Gegenwart nicht erreicht wurde, konnte gerade so die der aktuellen zugrunde liegenden erste Fundamental-Krise des reformatorischen Heilsverständnisses analysiert und zugleich das Verhältnis von Glaube und Subjektivität erörtert werden. Die Einzelstudien von

Buddeus bis Wegscheider entstanden im Kontext der damals propagierten »Wiederentdeckung der Aufklärung«. Den zweiten Schwerpunkt
mußte die Auseinandersetzung mit der Gnadentheologie Augustins und
dem christianisierten Aristotelismus des Aquinaten bilden. Die Arbeit
an den Texten führte zu dem in der Folgezeit heftig bestrittenen, aber
nirgendwo widerlegten Fazit: »Einigkeit in der Rechtfertigungslehre ist
dort noch nicht gewonnen, wo das sola gratia … anerkannt wird«.[14]
Weder Augustins Vorstellung von einer sukzessiven Gerechtwerdung
des Menschen aus dem ursächlichen Ursprung der Gnadendynamis
noch die thomasische Überbietung der lex vetus durch die lex nova, der
die Erhöhung der natura und zuvor die Heilung von deren Verkehrung
zu verdanken ist, bestimmen das Heil so, daß es der Glaube durch das
Wort in Christus empfängt.

Damit war faktisch der auf wenigen Seiten komprimierte Widerspruch gegen die – zeitgleich (1967) – Thomas auf Luther hin ›öffnen-
de‹ Deutung von O. H. Pesch aufgerichtet, mit dem ich seitdem im strittigen Disput stehe. Hinsichtlich Augustins eröffnete sich eine zusätzliche Kontroverse mit jenen seiner Bestreiter, die ihm, für das eher kollektive Erlösungsverständnis des Ostens votierend, die unverkennbare
Subjektivierung der salus christiana zum Vorwurf machen, statt diesen
Schritt mit Paulus über Paulus hinaus als notwendig, aber zugleich den
Modus dieser Subjektivierung, nämlich deren Einbindung in eine Anthropologie des Bedürfnisses, der Seelenverwandlung und der wert-on-
tologischen Ächtung des ›Natürlichen‹ als die wirkliche ›Last‹ dieses
›Erbes‹ (D. Ritschl) zu erkennen. Bloß historisch ist an diesem ›Gelehrten‹-Streit nichts. Das ökumenische Verhältnis der evangelischen Christenheit zu Rom und Byzanz, aber auch der Umgang mit dem protestan-
tisch-internen Spiritualismus, wird hier an der Wurzel entschieden.

Darstellung und Urteil verdanken sich dem Umstand, daß sich mir
Luther als Quellort erschloß, um »das Zusammen von Theologischem,
Anthropologischem und Christologischem in der Einheit des Rechtfertigungsgeschehens«[15] zur Sprache zu bringen. Damit war zum einen der
Anspruch verknüpft, daß in dieser Theologie das Wort der Schrift in einer zuvor nicht erreichten und danach nicht eingeholten oder gar über-
botenen Klarheit vernehmbar wird[16], zum anderen die Gewißheit gege-

---

[14] Salus christiana. Die Rechtfertigungslehre in der Geschichte des christlichen Heilsverständnisses, Gütersloh 1968, S. 43. Vgl. dazu: Einig in Sachen Rechtfertigung? Tübingen
1989.
[15] AaO., S. 65.
[16] Vgl.: Sola Scriptura - historisches Erbe und bleibende Bedeutung; in: Luther und seine
klassischen Erben, Tübingen 1993, S. 46–113.

ben, mit dem hier zur Eindeutigkeit kristallisierten Evangelium einer
Größe gewahr geworden zu sein, die den Veränderungsschüben der
Neuzeit nicht nur gewachsen ist, sondern deren Widerpart bildet, ohne
deshalb zum reagierend-reaktionären Widersacher der Moderne zu werden.

Im Blick auf die Einheit des Rechtfertigungsgeschehens gilt: Gott ist
der Welt und dem Menschen schöpferisch-schenkender Wille, dem sich
die Kreatur ganz verdankt; von seiner schöpferischen Liebe her, von
ihrem steten, allmächtigen Strömen kommt der Kreatur Sein zu.[17] Im
Widerspruch zu diesem ursprünglichen sola gratia ist die Sünde der un-
begreiflich verkehrte Wille zum Selbstsein aus eigenem Grunde. Im
soteriologischen Handeln Gottes wird die in der Anmaßung eigener
Gottheit pervertierte »Relation der Menschen zum wahren Gott von diesem her erneut und überbietend in Kraft gesetzt«[18]. Überbietend deshalb, weil in der Person Christi und in ihrem Geschick, zugleich mit der
Selbstunterscheidung von Vater und Sohn[19], im Sohn die Gemeinschaft
des schöpferischen Gottes mit einem irdischen Leben gesetzt ist, das die
Unheilsgeschichte durch Kreuz und Auferstehung wendet. In Person
und Geschick Jesu kommt die ursprüngliche Gerechtigkeit Gottes zum
Ziel und weist ihn den Gottlosen als Heils-Ort zu. Allein der Glaube gibt
dieser Ortszuweisung recht. Er lebt in und aus der »aliena justitia«. Er-
greifender Glaube ist nicht Aneignung zur habituellen Um-qualifizie-
rung eines in sich beständig bleibenden Subjektes, sondern »Insein in
Christus«[20], in den Gott der Geist durch Wort und Sakrament versetzt.
So lebt der Glaube aus dem Mit-sein Gottes. Übereinstimmung mit dem
schöpferisch gebenden Gott, Unterbringung in der in Jesus sich mittei-
lenden Gottheit schenken den sich selbst entnommenen Subjekten in
der Rückkoppelung an deren empirisches Dasein auch erfahrbare Erneuerung, jedoch nicht zur Anreicherung auf eigene Vollkommenheit
hin, sondern zum Zwecke jener cooperatio, in der Gottes Geist durch
Glaubende wirkt.[21] In der Rechtfertigung vollzieht sich also die Neu-
konstitution der Subjekte, die, »vom Ich der Selbsterfahrung«[22] abge-
hoben, in Christus ›gesetzt‹ werden. Als Gesetz sagt das Wort Gottes

---

[17] Vgl.: Zur Aktualität des neuen Ansatzes in Luthers Theologie; aaO., S. 29–45,
v. a. S. 44.
[18] Salus christiana…, S. 56, gerafft.
[19] Vgl.: Die Trinitätslehrer als Summe des Evangeliums, in: Einsicht und Glaube, Göttingen 1978, S. 112–122.
[20] Salus christiana…, S. 59.
[21] WA 18, 754, 14f.
[22] Salus christiana…, S. 57.

dem in sich lozierten Dasein, dessen unvertretbare Schuldigkeit, aus dem Schöpfer und auf ihn hin zu sein, für den Menschen unentrinnbar und zugleich uneinholbar ist, das Ende an. Durch das Evangelium wird eben dieses Leben als neue Schöpfung mit Christus zusammengestellt und in ihn versetzt. Der Glaube läßt das Sein Gottes in dem Menschen Jesus den neuen Ort des eigenen Lebens sein, vertraut dieser Um-stellung, glaubt sich also in Christus.

Diese Neusetzung besagt jedoch keineswegs, der Glaube coram Deo in Christo habe mit dem empirischen Menschen, der im Prozeß seiner Selbstrealisierung (oder auch Selbstvernichtung) steht, nichts zu tun. Im Gegenteil! Die von sich abgelösten und in der neuen Menschheit, der Kirche, versammelten Subjekte werden sich als empirischen zu einem veränderten Verhalten und Handeln zurückgegeben, damit sie, vom Zwang zur Eigenverwirklichung befreit, den Anforderungen der anderen und der Verwaltung der naturhaften und geschichtlichen Welt gerecht werden können, die jetzt nicht mehr als Atlas-Last auf den Schultern von Selbsttätern liegt. Erfahren wird diese Befreiung nur fragmentarisch und gebrochen, denn das Schwergewicht des verkehrten Selbststandes, die Sünde[23] also, läßt den Widerschein der neuen Kreatur im empirischen Subjekt nur im Schatten der bleibenden Anfechtung aufleuchten. Das Eschaton, in dem die Differenz zwischen Altem und Neuem von Gott her überwunden wird, läßt sich weder individuell noch kollektiv antizipieren.

Mit dieser Bestimmung des Rechtfertigungsgeschehens wird zugleich der Widerspruch zur neuzeitlichen Subjektivität gesetzt, *weil und insofern* es in dieser um den ›Glauben‹ geht: »Der Mensch ist, was er ist, in sich selbst und nicht in einem anderen«.[24] Die Setzung, das Ich sei seine Selbsttätigkeit, schneidet den Zugang zur Extra-Konstitution in der Rechtfertigung ab. Deshalb mußte es im Gefälle von Buddeus bis Wegscheider zur Zersetzung des Rechtfertigungsartikels kommen. Doch schon in ›Salus Christiana‹ wird eingeschärft, daß diese Antithetik nicht zu der Behauptung berechtigt, die Auflösung überkommener ›statischer‹ Verhältnisse, der Übergang der modernen Geschichte in eine Abfolge von Veränderungsschüben, also die individuelle und kollektive, in Wissenschaft und Technik konkret werdende Emanzipation sei als innergeschichtlicher Vorgang der Einbruch der Sünde in eine zuvor vom Glauben gestaltete und durch diesen legitimierte Verfassung

---

[23] Vgl.: Schuld und Sünde, in: Einsicht und Glaube, Bd. 2. Göttingen 1994, S. 126–134.
[24] Salus christiana…, S. 138.

von Welt und Mensch. Der Sündenfall datiert weder ab Descartes noch ab 1789. Gerade weil das Rechtfertigungsgeschehen, das bei Luther an der Schwelle zur Neuzeit in einer Radikalität zur Sprache kommt, die *jede* Weise des Eigenseins von Welt und Mensch zunichte macht, um gerade so der Kreatur die Gemeinschaft von Schöpfer und Geschöpf, also Christus, als ihr neues Sein zu eröffnen, besteht coram Christo »kein Unterschied« (Röm 3,22) zwischen den Epochen der Geschichte. ›Mittelalterliche‹ Substantialisten und heteronom Verzweckte leben nicht weniger aus dem Eigenen als neuzeitlich autonom Aufbrechende. Die Differenz, daß dort und damals dies Eigene im Modus des welthaft Vorgegebenen, hier und heute aber im Vollzug der reflexiven und tathaften Setzung des Selbstbewußtseins angesiedelt ist, verschärft allerdings für die Moderne den konfrontativen Charakter des Rechtfertigungsgeschehens. Bei Luther tritt diese Zuspitzung an den Tag. Die dabei vollzogene Nichtung des Selbst-standes negiert jedoch weder ›manichäisch‹ die Gutheit kreatürlichen Seins, verfällt also nicht der dann bei Schopenhauer aufgebrochenen Verzweiflung über die geistlose Bewegung von Trieb und Willen, noch erstickt sie im Gefolge augustinischer Wertdifferenz zwischen »innen« und »außen«, das natürliche Begehren nach sinnlicher Unmittelbarkeit. Deshalb wird in diesem radikalen Verständnis von Rechtfertigung der Wille zur Veränderung und zivilisatorischen Verbesserung der Verhältnisse auch nicht im Namen einer unabänderlichen gottgewollten Ordnung blockiert, sondern vielmehr freigesetzt, allerdings ohne den Anspruch, mit diesem Neuen die Geschichte in das Reich der Freiheit zu überführen. Das Ethos der Rechtfertigung befreit und ernüchtert. Keine institutionellen, die einzelnen einschließenden Gegebenheiten binden unübersteigbar, keine individuellen und kollektiven Aufbrüche verschaffen den Tätern ihre endgültige Befreiung. Sie heraufzuführen ist die eschatologische Tat des Gottes, dem Mensch und Welt »Materie auf ihre herrliche zukünftige Gestalt hin« sind.[25]

[25] Luther, Disp. De homine, Th. 36; WA 39,I, 177.

IV.

Diese Darlegungen griffen schon in vielem auf Späteres aus. Konkretisiert wurden die gesellschaftlich-sozialethischen Implikationen und Konsequenzen in zwei Texten[26], deren Einspruch gegen den inzwischen ausgebrochenen Polit-Enthusiasmus nicht gerade im Trend lag. In der nicht nur an den Universitäten neuen Situation nach 1968 führte der Traktat »Freiheit und Emanzipation« (1974) die Arbeit an der Subjektivitätsthematik weiter. Anders als andere hatte ich auch nach 1989 keinen Anlaß, die Analyse, etwa von Marx (S. 15–17), zu revidieren.

Auf jeden Fall noch auszuweiten ist hier der biographische Bericht: Nach dem zweijährigen Habil-Stipendium der DFG war ich ab Oktober 1964 viereinviertel Jahre lang, inzwischen verheiratet, Pfarrer – und dies nicht nur nebenbei! – in dem durch Chr. Schrempf und den Apostolikumsstreit bekannt gewordenen Leuzendorf bei Rothenburg ob der Tauber. Mit dem Sommersemester 1969 trat der 1967 in Erlangen Habilitierte in den Kreis der Münchener Systematiker, wurde also Kollege von Wolfhart Pannenberg und Trutz Rendtorff. Als ich zum Winter 78/79 als Nachfolger von Wolfgang Trillhaas nach Göttingen wechselte, war es durchaus angebracht, den 1978 erschienenen Aufsatzband (Einsicht und Glaube) »der Evangelisch-Theologischen Fakultät der Universität München im Rückblick auf« fast »ein Jahrzehnt gemeinsamer Arbeit mit Dank und Widerspruch« – in dieser Reihenfolge! – zu widmen. In die Münchener Zeit fiel die kritische Mitarbeit an der Leuenberger Konkordie[27], eine heftige Kontroverse mit ›weltbund-lutherischen‹ Freunden der maoistischen Kulturrevolution[28] und 1977 die Teilnahme an der Vollversammlung des LWB in Daressalam. Im selben Jahr stellte ich in Stuttgart die vierte Säkularfeier der Konkordienformel unter die zuversichtliche Überschrift: »Wahrheit der Väter – Hilfe für morgen«.[29] Als mir Hans Conzelmann, mein Lehrer und Kontrahent aus Schülertagen, dem ich an der Leine wieder begegnete, nach der Lektüre des Textes sagte, auch er sei wohl jetzt ein Bekenntnislutheraner geworden, war dies eines der zustimmenden Signale aus dem gelehrten, aber auch polemisch unruhigen Göttingen.

---

[26] Die Rechtfertigungslehre Luthers und die soziale Gerechtigkeit (1967); Geschichte und Eschatologie in sozialethischem Aspekt (1973); beide in: Einsicht und Glaube, Göttingen 1978, S. 137–153; S. 71–96.

[27] Bekenntnis und Kirche. Zur Verständigung über die Leuenberger Konkordie, Stuttgart 1973.

[28] Eifer für das Fremde; LMH 15 (1976), S. 391–392.

[29] Stuttgart 1978.

Die zwei Jahrzehnte seitdem böten Stoff für einen Roman. Wie sich mir die Aufgabe evangelischer Theologie heute darstellt, faßt als vorläufiges Fazit ein ›Krisenpapier‹ zusammen.[30] Daß gerade die Schärfe des theologischen Urteils das Wort des Evangeliums den Zeitgenossen nahe und menschenfreundlich sagen läßt, ist meine Überzeugung. Ob sie in meinem Fall berechtigt ist, müssen die Leser der Universitätspredigten[31] entscheiden.

---

[30] Das reformatorische Christentum in der Krise. Überlegungen zur christlichen Identität an der Schwelle zum 21. Jahrhundert, Tübingen 1997.

[31] Wort im Zeitenwechsel. Predigten 1989–1995, Stuttgart 1996.

TRUTZ RENDTORFF

I. Erfahrungen auf dem Weg zur Theologie

In der ersten Maiwoche des Jahres 1945 standen wir mit einem Flücht-
lingstreck auf einem Gutsgelände nahe der mecklenburgischen Kleinstadt Rassow mitten unter Scharen von Landsern in Erwartung des Endes, das da kommen sollte. Noch tags zuvor hatten uns die Einschläge
der vorrückenden russischen Artillerie verfolgt. Nun kamen sie auf dem
Feldweg um die Ecke: Amerikanische Panzer, vollbesetzt mit siegesge-
wiß blickenden G.I.s. Es waren die »Richtigen«. Ich stand, 14jährig, vor
dem Gummiwagen, auf dem wir die Flucht angetreten hatten, begeistert
und unendlich erleichtert. Der Krieg vorbei, die Naziherrschaft am
Ende, die Sieger, vor denen man keine Angst haben mußte, waren endlich da. Als ich mich umdrehte, sah ich, wie meinem damals 57jährigen
Vater Tränen übers Gesicht liefen. Auf meine irritierte Frage antwortete
er: »Junge, das verstehst du nicht. Das ist das zweite mal, daß wir Deutschen einen Krieg verloren haben.« Ich konnte ihn nur verständnislos
anstarren. Nichts war mir gleichgültiger als dies. Ich machte gerade eine
ganz andere Erfahrung, die es elementar mit Befreiung zu tun hatte.

Diese Erfahrung wurde kurz darauf genau so bestätigt, wie ich das
erwartet hatte. Als meine älteren Schwestern und ich einige Wochen
später – die Flüchtlingstrecks waren jetzt Teil eines großen Gefange-
nenlagers deutscher Soldaten – beschlossen, am Sonntag in die Kirche
nach Rassow zu gehen, machten wir uns auf den Weg an den englischen
Wachsoldaten vorbei, die inzwischen die Amerikaner abgelöst hatten.
Ein Soldat versperrte uns mit aufgepflanztem Bajonett den Weg. Im
vollen Bewußtsein, daß jetzt andere Zeiten angebrochen seien, schoben
wir sein Gewehr beiseite mit den Worten: »We want to go to church!«
Und tatsächlich, er gab uns den Weg frei. Ich erzähle diese Geschichte,

weil sie die Bedeutung eines Schlüsselerlebnisses hat: Dies Erlebnis von Freiheit, zumal als Religionsfreiheit – es hat mich als individueller lebensgeschichtlicher Haftpunkt für Erwartungen und Orientierungen in wechselnden Lebenslagen seitdem begleitet.

Am 24. Januar 1931 in Schwerin als jüngster Sohn des damaligen Landesbischofs von Mecklenburg geboren, seit 1934 in Stettin in einer Vorortgemeinde aufgewachsen, in der der vom Bischofsamt zurückgetretene Vater nun als zweiter Pfarrer einer eng der Bekennenden Kirche in Pommern verbundenen Gemeinde amtierte, waren meine Kindheit und erste Jugendphase geprägt von dem Zwiespalt zwischen einem fröhlichen, geborgenen und von intensiver Frömmigkeit geprägten Familienleben und einer ungemütlichen, seit 1941 von Zwangsdienst im Jungvolk, schon vorher von Gestapogeschichten des Vaters, 1942 von der KZ-Haft eines älteren Bruders bestimmten Außenwelt. Bombennächte in der Großstadt und die Auflösung des Familienverbandes durch KLV (Kinderlandverschickung) und Heimaufenthalte taten ihr übriges, diese Zeit als zunehmend unglücklich zu erleben. Um so schöner waren dann die Jahre des Neuanfangs in Kiel, wo ich nach dem Abitur 1951 auf der altehrwürdigen Kieler Gelehrtenschule mit dem Studium der Theologie begann. Die Entscheidung zwischen dem Studium der Kunstgeschichte oder der Altphilologie und der Theologie stand noch durchaus im Zeichen der zeitgeschichtlichen Erfahrungen der Jugendzeit. Angesichts der erlebten Bedrückung von Kirche und Christsein bildete sich mir die, durch Erlebnisse in der Jungenwacht vertiefte, Überzeugung, daß es vorrangige Pflicht sei, den Beruf des Theologen anzustreben.

Erst im Laufe des Studiums der Theologie und in dem Bildungsprozeß nach der Promotion 1956 kristallisierte sich allmählich das Bewußtsein dafür heraus, daß diese Entscheidung für die Theologie zugleich eine Entscheidung für eine politische und gesellschaftliche Kultur sein mußte, die dem biographischen Erlebnis der Freiheit intellektuell und strukturell korrespondierte. Damit setzte denn auch ein Prozeß ein, in dem es dem sich konzeptionell orientierenden Theologen darum ging, diese Übereinstimmung zwischen persönlicher Freiheitserfahrung und einer an liberalen Prinzipien ausgerichteten Kultur theologisch auf den Begriff zu bringen. Das wurde ein Prozeß, in dem die Bindungen an die christlichen Prägungen der Familie und der Jugendzeit umgeprägt wurden in ein theologisches Verständnis für die durch Traditionen der Aufklärung bestimmte Welt des neuzeitlichen Christentums.

Nach den Anfangssemestern in Kiel, in denen die im neutestamentlichen Proseminar gemachte Bekanntschaft mit der historisch-kritischen

Exegese, am Exempel der Urmarkushypothese und der neutestamentlichen Synopse, die ersten Einblicke in die Theologie als kritische Wissenschaft vermittelten, wechselte ich 1953 den Studienort und setzte das Studium in Göttingen fort. Die persönliche Bildungsgeschichte wurde allerdings auch von anderen Erfahrungen außerhalb der Theologie mit bestimmt. Die jahrelange, schon in der Schulzeit begonnene, Singerei in der Heinrich-Schütz-Kantorei entwickelte die Fähigkeit, geistliche Musik von innen her zu begreifen, nicht nur fromm zu hören, sondern gleichsam professionell, reflektiert, auf Elemente der kompositorischen Struktur und der künstlerischen Gestaltung hin wahrzunehmen. Andere Erfahrungen in der studentenpolitischen Kultur traten hinzu: Vorsitz im Allgemeinen Studentenausschuß und Teilnahme an den westdeutschen ASTA-Konferenzen, Partizipation an der sich formierenden »linken« Studentenschaft in der Aktion »Bühne und Publizistik«, öffentliche Auseinandersetzung mit den wieder auftretenden farbentragenden und schlagenden studentischen Verbindungen.

Im November 1952 erlangte der im vierten Semester Studierende ein Stipendium des US State Departments im Rahmen eines US Government Student Exchange Programs, das deutschen Studenten die Kenntnis studentischer Selbstverwaltung in den USA vermitteln sollte. Die Gruppe von sechs Studenten, die im Januar 1953 von Kiel aus für ein halbes Jahr an die Indiana State University reiste, war allerdings höchst selbstbewußt und stellte rasch fest, daß die amerikanischen Studenten an der Uni sehr viel weniger zu sagen hatten als wir deutschen, die in der Tradition der schon in den zwanziger Jahren formierten Studentenvertretung an staatlichen Universitäten, z.B. im akademischen Senat, agierten. Dennoch: die Eindrücke der amerikanischen Lebensform, der selbstverständlichen demokratischen und zugleich nationalen Einstellung der Studenten, aber auch die Widersprüche der im mittleren Westen noch weithin tabuisierten Gegensätze zwischen Weißen und Schwarzen, die dramatischen Differenzen des Wohlstandes gegenüber dem verarmten Deutschland waren überwältigend; sie schärften vor allem das Bewußtsein für die engen Grenzen der eigenen Kultur.

Da es an einer staatlichen Universität keine theologische Fakultät gab, wählte ich als Schwerpunkt des Studiums zunächst ohne besondere Absicht die Soziologie. Diese Wahl erwies sich als äußerst produktiv gerade im Blick auf das weitere Studium der Theologie. Das soziologische Denken in Kategorien des Strukturfunktionalismus, der, wie ich später feststellen konnte, gerade begann, die Neuorientierung der Soziologie in Deutschland zu beeinflussen, regte zu aufschlußreichen Assoziationen mit der historisch-kritischen Exegese und vor allem der Formgeschichte an. Überhaupt öffnete die Beschäftigung mit soziologischer Literatur die Augen für einen methodisch reflektierten Blick auf das Christentum von »außen« im Vergleich zu dem von Frömmigkeit und normativen Ansprüchen der Theologie geleiteten Blick von »innen«.

Zurückgekehrt in die deutsche Provinz, gab mir der Kieler Neutestamentler Heinz-Dietrich Wendland, der sich nach seiner fünfjährigen Kriegsgefangenschaft in Rußland entschlossen der Sozialethik zugewandt hatte, das kleine Büchlein des Gründers der Evangelischen Akademie in Bad Boll, Eberhard Müller, zu lesen »Die Welt ist anders geworden« (1953). In dieser Programmschrift waren es die von missionarischem und kirchenreformerischem Elan getragenen und von keiner Theorie getrübten soziologischen Beobachtungen über die anders gewordene »Welt«, die dazu anregten, gleichsam intuitiv eine Brücke zwischen der theologischen und der soziologischen Deutungsperspektive zu schlagen. Aber mit welcher Theologie?

II. Göttingen contra Basel? Theologie im Widerstreit der Moderne

In Göttingen Theologie zu studieren, das bedeutete, ziemlich rasch in die Grundlagenkontroverse der Theologie einbezogen zu werden. Aus studentischer Sicht hieß das: Entweder Friedrich Gogarten und Bultmann, letzterer repräsentiert durch den jungen Ernst Käsemann, oder Karl Barth, repräsentiert durch seinen Vermittler Otto Weber. Was später durch Dietrich Rösslers Formel »positionelle Theologie« einen Begriff erhielt, bestimmte das sich bildende Bewußtsein der Theologiestudierenden. Insofern war es relativ leicht, einen Orientierungsrahmen für das Gesamt von Theologie zu finden, allerdings war die Gefahr der Stereotypisierung nicht minder groß. Doch erhöhte die Frontbildung und theologische Kampfstimmung zunächst die theologische Leidenschaft. Für mich und meine Freunde bildete Gogartens These, die neuzeitliche Säkularisierung sei eine legitime Folge des christlichen Glaubens, die er in dem 1953 gerade erschienenen Buch »Verhängnis und Hoffnung der Neuzeit« entwickelte, den Leitgedanken, der uns in seinen Bann schlug, wobei mehr die »Hoffnung« der Neuzeit, weniger das dem kirchlichen Normalbewußtsein allzu vertraute »Verhängnis« dominierte. Damit verband sich die aufregende Lektüre des Entmythologisierungsprogramms von Rudolf Bultmann; auch hier faszinierten uns vor allem der modernitätsspezifische Ansatz und die hermeneutische Offenheit der existentialen Interpretation. Hier boten sich die theologischen Interpretamente für die Aufbruchstimmung, die aus der politisch auferlegten und durch fromme Kirchlichkeit von innen getragenen Dichotomisierung des theologischen Weltbildes heraus wollte. Die Theologie Karl Barths, dessen »Kirchliche Dogmatik« selbstverständlich zur Pflichtlektüre gehörte, schien dagegen mit der massiven dogmatischen Autorität des Offenbarungswortes in die entgegengesetzte Richtung zu weisen. Alle diese Urteile mußten später gründlich revidiert werden. Das ändert aber nichts an ihrer Bedeutung als Initialzündung für selbständiges theologisches Denken. Gewiß, es herrschte unter den Theologiestudenten eine ziemlich penetrante Lagermentalität. Dessen bewußt, beschloß ich denn auch, nach zwei Semestern nach Basel zu wechseln, gemäß dem Grundsatz »audiatur et altera pars«.

Neben der Theologie suchte ich in Göttingen Anschluß bei den Soziologen. Der aus der Emigration zurückgekehrte Helmut Plessner leitete das soziologische Seminar, in dem sich viele Köpfe versammelten, die in der aufstrebenden Nachkriegssoziologie bald eine Rolle spielen sollten. Zu lernen war dabei, wenn auch nur rudimentär, das Handwerkszeug empirischer Untersuchungen über die Einstellungen von Kleingärtnern, Landwirten, Volksschullehrern, woraus sich spannende Debatten über die Vorurteile ergaben, die wissenschaftlich Gebildete gegenüber Volksmeinungen parat haben. Im Zusammenhang mit dem Studium der Soziologie eröffnete mir die erste Lektüre von Max Webers Untersuchung über »Die protestantische Ethik und der Geist des Kapitalismus« und von Ernst Troeltschs »Soziallehren der christlichen Kirchen und Gruppen« gänzlich neue Perspektiven. Damit stand ich allerdings unter den Theologen ziemlich allein. Als Gogarten mich fragte, was ich denn so läse, und ich ihm antwortete: »Troeltsch«, da zuckte er sichtlich zusammen und bemerkte nach einem Augenblick des Zögerns: »Stellen Sie sich mal vor, das war damals alles, was wir hatten!« Seine Frau hatte mich beim Abendbrot, zu dem ich, Gogartens Usus folgend, nach einem Referat in seinem Lutherseminar eingeladen war, bereits mahnend darauf angesprochen, ob ich auch zu schätzen wüßte, welch großer Gewinn es für uns sei, bei ihrem Mann studieren zu dürfen. Rückblickend gilt für mich dennoch, daß die Lektüre von Gogarten und Bultmann und deren Auseinandersetzung mit Barth entscheidende Anregungen enthielt, an den Ausgangspunkt der dialektischen Theologie zurückzugehen und die gegenwärtige theologische Kontroverse als Folge eines ungelösten Problems der modernen Theologie zu identifizie-

ren. Dabei hat die Auseinandersetzung mit der Soziologie eine katalyti-
sche Rolle gespielt.

Basel, das hieß: Karl Barth. Aber auch die Begegnung mit vielen
exzellenten Köpfen unter den deutschen Studenten, die nach Basel ge-
pilgert waren. Im Seminar über »Luther und die Schwärmer« wurden
wir gleich eingangs mit der provokanten These konfrontiert, es müsse
sich erst noch herausstellen, wer die Reformation besser darstelle, Luther oder der »linke Flügel der Reformation«, um einen bekannten
Buchtitel zu zitieren. Da Luther ein Schwerpunkt meines Studiums in
Göttingen gewesen war, blieb die von Barth gesuchte Konfrontation mit
den »deutschen« Studikern in dem mit strengstem wissenschaftlichen
Ethos, aber diskussionsoffen von ihm geleiteten Seminar nicht ohne
Echo. Natürlich, der Knackpunkt war die Zwei-Reiche-Lehre, deren
Verteidigung Barth zwar mit einem »Well roared, lion!« quittierte, um
sie alsdann nach allen Regeln seiner theologischen Rhetorik auseinan-
derzunehmen. Man merkte zwar, daß politische, zumal kirchenpolitische Erfahrungen dabei mitschwangen, aber explizit waren sie doch
kein Thema. Es ging um Theologie. In der berühmten Sozietät, zu der
nur schwer Zugang zu erhalten war, gelang es einem Kommilitonen, der
den Mut besaß, von der vorgegebenen Besprechung ausgewählter Passagen der KD abzuweichen, den Meister zu Äußerungen über Bultmann, Gogarten und Konsorten zu provozieren, wobei deren völlige
Unkenntnis der altprotestantischen Dogmatik heftig beklagt wurde.
Immerhin, die Erwartung, Theologie im Kampf der Positionen zu erleben, wurde hinreichend bestätigt, allerdings weniger in der großen Vorlesung, die Teile aus der im Druck befindlichen KD zum Vortrag brachten. Aber sich in diese Frontbildungen einzuordnen war doch wenig ein-
ladend. Für die Fortsetzung des Kirchenkampfes mit den Mitteln akademischer Theologie konnte ich mich nicht begeistern.

III. Neuzeitdebatte – Spurensuche in neuen Kontexten

Wieder in Kiel begann ich mit den Untersuchungen, die zu meiner Dissertation führten, mit der ich im SS 1956 in Münster promoviert wurde.
Der Titel der Dissertation lautete »Die soziale Struktur der Gemeinde.
Ein Beitrag zur Kirchensoziologie«. Damit beginnt die Phase der eigenen Arbeiten, über die im Rahmen der erbetenen »Selbstdarstellung« zu
schreiben auf das hinausläuft, was Ernst Troeltsch aus gleichem Anlaß
als »Selbstrezension großen Stils« bezeichnet hat. Das Urteil sollte man

eigentlich besser anderen überlassen. Nach Münster war ich Heinz Dietrich Wendland gefolgt, der dort die Leitung des neu eingerichteten »Instituts für Christliche Gesellschaftswissenschaften« übernahm, Gegenstück zu dem bereits existierenden katholischen »Institut für Christliche Sozialwissenschaften« dessen Leitung Joseph Höffner, späterer Kölner Kardinal, innehatte. Das Leitthema Wendlands kommt plastisch in dem Titel seines Buches zum Ausdruck, das gleichsam als Programmschrift für seinen Wechsel vom neutestamentlichen Lehrstuhl auf die Professur für Christliche Gesellschaftswissenschaften fungierte: »Die Kirche in der modernen Gesellschaft« (1956). Nur so viel sei dazu gesagt: Die *Kirche* in der *modernen Gesellschaft,* scheinbar ein Allerweltsthema, das aber die Spannung signalisierte zwischen einem normativ-theologischen Denken und einer deskriptiv-analytischen, auch historischen Betrachtungsweise; das war das methodische und zugleich inhaltliche Grundproblem, von dem alles weitere auf die eine oder andere Weise bestimmt wurde.

In den historisch-exegetischen Disziplinen ist diese Spannung zwischen normativen Urteilen und methodisch-analytischen Verfahren wohlvertraut; die systematische Theologie hatte sich jedoch unter dem Eindruck der Fundamentalkritik an der »liberalen« Theologie seit den zwanziger Jahren aus dieser inspirierenden Spannung zugunsten normativ-dogmatischer Denkformen herausgezogen. Karl Barth hatte das eindrucksvoll in seinem berühmten Vortrag »Der Christ in der Gesellschaft« vorgeführt, in dem er das Thema in die Frage nach dem »Christus« in der Gesellschaft veränderte. Die existentiale Interpretation Bultmanns markierte scharf die Differenz zwischen Geschichte in einem allgemeinen Sinne und »Geschichtlichkeit« als spezifisch theologischer Kategorie. Kurz gesagt: Die Theologie hatte sich in eine intellektuelle Außenseiterrolle manövriert und diese Position als Ausdruck und Konsequenz ihrer »Sache« stilisiert. Dieses Urteil mußte aber begründet und mit Gründen vertreten werden. Dabei ging und geht es materialiter um das Selbstverständnis der Theologie, wie es sich im Verständnis der neueren Theologiegeschichte seit der Aufklärung darstellt. Diese Frage aber hängt unlöslich mit der theologischen Deutung der Neuzeit überhaupt zusammen.

Neuzeit – das war auch das Leitthema in den Debatten der Philosophie und der Soziologie der Nachkriegszeit. Wenn man es sehr allgemein nimmt, so war diese Neuzeitdebatte die erste große Debatte über die Neuorientierung der deutschen Geisteswissenschaften nach dem intellektuellen und moralischen Desaster des Nationalsozialismus. Zu den Motiven für die intellektuelle Resonanz, die der Nationalsozialismus in Deutschland gefunden hatte, gehört das Motiv einer »Überwindung« der westeuropäischen Aufklärung mit ihren rationalen, das individuelle Subjekt befördernden, deswegen »Gemeinschaft« zerstörenden Folgen. Als eine der zentralen Deutekategorien für die Verlustgeschichte stand die »Säkularisierung« in Geltung.

Die kritische Auseinandersetzung mit diesem durch die jüngste deutsche Geschichte geprägten und schließlich desavouierten Geschichtsbild war der damals wohl wichtigste Prozeß der Geistesgeschichte in der jungen Bundesrepublik Deutschland. In Münster spielten sich diese Debatten vor allem in den Kreisen junger Philosophen, Juristen und Soziologen ab, die sich um den Philosophen Joachim Ritter und dessen an Aristoteles orientierter Hegelinterpretation und um den Soziologen Helmut Schelsky mit seinen Versuchen einer empirisch gehaltvollen Theorie der modernen Gesellschaft versammelten. In diesen Debatten ging es, im Modus des nur scheinbar abstrakten Leitthemas ›Subjektivität und Gesellschaft‹, um die geschichtliche und soziologische Konstitution von individueller Freiheit unter den Bedingungen der Institutionen von Staat und Gesellschaft. Zu den später bekannt gewordenen Köpfen in diesen Kreisen zählten z.B. die Philosophen Hermann Lübbe, Odo Marquardt und Friedrich Kambartel oder die Juristen Ernst-Wolfgang Böckenförde und Martin Kriele.

In der Theologie gab es keine vergleichbare allgemeine Diskussionslage, die sich ebenso intensiv mit den neuzeitlichen Bedingungsverhältnissen von Freiheit der Subjektivität und moderner Gesellschaft befaßt hätte. Kerygmatheologie und Offenbarungstheologie bezogen sich eher pauschal auf die »Welt« als Negativfolie für die Verkündigung des Wortes Gottes. An diesen Kreisen teilzunehmen war deshalb auch die eigentlich interessante und inspirierende Herausforderung für meine eigene sich bildende Theologie. Dabei formte sich die Überzeugung, daß das philosophisch und soziologisch diskutierte historisch-dialektische Verhältnis von Subjektivität und Gesellschaft seine inhaltliche und historisch-strukturelle Entsprechung im protestantischen Verständnis von Kirche und individuellem Glauben habe. Um diese Überzeugung auszuarbeiten, war es nötig, an die Stelle des behaupteten Gegensatzes zwischen christlicher Theologie und Neuzeit ein Verständnis ihrer Korrespondenz zu setzen und der theologischen, insbesondere deutschen theologischen (wie auch politischen) Kritik der Aufklärung eine dezidierte Antikritik entgegenzustellen. Damit sind weiträumige Problemstellungen verbunden, die inzwischen in vielfältiger Form durch substantielle Studien innerhalb der Theologie bearbeitet worden sind und, um nur einige Hauptstränge anzudeuten, in der Entwicklung der neuen Schleiermacher- und Troeltschforschung ihren Niederschlag gefunden haben.

Ich selbst habe mich an der fälligen Revision des Verständnisses der neueren Theologiegeschichte beteiligt mit meiner Habilitationsschrift 1961 (Kirche und Theologie, 1966), die am Leitfaden des Kirchenbegriffs einen in systematisch-theologischer Absicht konzipierten theologiegeschichtlichen Gegenentwurf zum herrschenden theologisch-kirchlichen Geschichtsbild darstellt. Literarisch fand dies seinen Niederschlag in meiner Münsteraner Antrittsvorlesung über »Säkularisierung als theologisches Problem«, der schon der Aufsatz »Geschichte und Gesellschaft« in der Festschrift für Heinz-Dietrich Wendland 1960 vorausgegangen war, – zwei Arbeiten, die sich exemplarisch mit Gogarten auseinandersetzten, – sowie in der späteren Arbeit »Radikale Autonomie Gottes«, die eine gleichsam gegen den Strich ihres Selbstverständnisses gebürstete neuzeitspezifische Interpretation der Theologie Karl Barths induzierte. Im Kontext der Theologie hieß das, aus den dominierenden theologischen Fronten und Parteiungen der Barthianer und Bultmannianer herauszutreten. Die Intention dieser Auseinandersetzung mit den Antipoden der dialektischen Theologie war es, deren Positionen nicht einfach kritisch zu destruieren, wie dies die dialektische Theologie mit der »liberalen« Theologie exerziert hatte, sondern sie auf dem Wege der Integration in eine neue Deutung der Theologie der Neuzeit kritisch »aufzuheben«.

Für diese innertheologische Reinterpretation der neuzeitlichen Theologiegeschichte bildete der »Kreis« eine entscheidende Kommunikationsform, ein lockerer Zusammenschluß von jungen Theologen, der sich in den 50er Jahren in Heidelberg gebildet hatte, mit Wolfhart Pannenberg, Rolf Rendtorff, Dietrich Rössler und Ulrich Wilckens, sodann Klaus Koch und Martin Elze, in den ich 1960 aufgenommen wurde und der sich zu regelmäßigen Arbeitstagungen traf, in denen ein starkes theologisches Selbstbewußtsein gegenüber dem herrschenden Geist gepflegt wurde. Als dieser Kreis 1961 mit der Publikation von »Offenbarung als Geschichte« öffentlich hervortrat, wurde dies als eine deutliche Provokation des theologischen Grundkonsens wahrgenommen, wie er sich auf den inzwischen konventionell gewordenen Vorgaben der dialektischen Theologie gebildet hatte. Meinen eigenen systematisch-historischen Beitrag zu dieser mit dem Titel der Programmschrift durchaus gewollten Provokation habe ich 1965 in einem Aufsatz in der ThLZ publiziert unter dem Stichwort »Überlieferungsgeschichte«. Leider konnte der Plan, im Suhrkamp Verlag eine Zeitschrift mit dem programmatischen Titel »Theologische Aufklärung« herauszubringen, aus eher ephemeren Gründen nicht verwirklicht werden. Aber er zeigt doch an, in welchem zeitgeschichtlichen intellektuellen Kontext der »Kreis« sich damals verstand, unbeschadet mancher später sich entwickelnden Divergenzen. Eine neue theologische »Schule« wollten wir ohnehin nicht begründen, denn die positionelle Verschulung der Theologie wollten wir ja gerade durch den Anschluß an die außertheologischen Verständigungsdebatten hinter uns lassen.

IV. Säkularisierung oder Christentumsgeschichte?
Kritik und Konstruktion

Das Feld, auf dem ich mich zunächst in der wissenschaftlichen Diskussion am stärksten engagierte, war die neu sich entwickelnde Religionssoziologie. Deren Fragestellung wurde beherrscht von den Phänomenen des Rückgangs traditioneller Kirchlichkeit und kirchlich erwarteter Bindungen. Den theoretischen Deuterahmen gab die Kategorie der Säkularisierung. Sie war die Leitlinie für ein Interpretationsgefälle, das auf einen neuzeitspezifischen, zunehmenden Schwund von »Religion« in der modernen Gesellschaft hinführte. In diesem Verständnis von Säkularisierung stimmten die theologisch-kirchliche Weltdeutung und vorwissenschaftlichen Annahmen der Soziologie, wenn auch mit unterschiedlichen Konsequenzen, überein.

Ich hatte schon in meiner kirchensoziologischen Dissertation empirische Beobachtungen angestellt, die mit diesem Bild eines zunehmenden Säkularisierungsprozesses als verlustreichem Vorgang der Entkirchlichung nicht übereinstimmten. Die theologischen Vorurteile, die mit dem Verständnis der Säkularisierung verbunden waren, herrschten in analoger Weise auch in den soziologischen Deutungen vor. Die Kritik am gängigen Säkularisierungstheorem mußte auf einer durchaus anspruchsvollen Theorieebene ausgearbeitet werden, um den historischen und soziologischen Phänomenen gerecht zu werden. Die intensiven Diskussionen mit meinem soziologischen Freunde Joachim Matthes konkretisierten sich in einem programmatischen Aufsatz »Zur Säkularisierungsproblematik. Über die Weiterentwicklung der Kirchensoziologie zur Religionssoziologie«(1966). Darin wurde die These aufgestellt und entwickelt, Religionssoziologie müsse als Christentumssoziologie verstanden und betrieben werden; denn die Themen und Probleme, mit denen die Religionssoziologie befaßt sei, hätten ihren sozialgeschichtlichen wie prinzipiell theoretischen Ursprung innerhalb der durch Reformation und Aufklärung bestimmten Konstellation des neuzeitlichen Christentums. Die tiefgreifenden Veränderungen religiöser Einstellungen im Verhältnis zur Autorität von Kirche und Theologie seien nicht von »außen« gekommen, sondern stünden in Entsprechung zu einem sich wandelnden Selbstverständnis des neuzeitlichen Christentums selbst. Nachdem Helmut Schelsky bereits 1959 mit einem aufsehenerregenden Aufsatz mit der Frage »Ist die Dauerreflexion institutionalisierbar?« die moderne Reflexionssubjektivität zum Ansatzpunkt für eine neue Konzeption der Religionssoziologie erklärt hatte, schufen die begriffsgeschichtliche Studie von Hermann Lübbe »Säkularisierung« (1965) und die weit ausholende Untersuchung von Hans Blumenberg über »Die Legitimität der Neuzeit« (1966), aber auch Thomas Luckmanns These von der »Unsichtbaren Religion« (Das Problem der Religion in der modernen Gesellschaft, 1963), eine Diskussionslage, in deren Konsequenz die naive Verwendung des Säkularisierungsbegriffs nicht mehr vertretbar war, was allerdings nicht deren weitere unreflektierte Verwendung in theologisch-kirchlichen Deutungen hinderte.

Mit der kritischen Umbestimmung des Säkularisierungsbegriffs verlagerte sich die Leitperspektive von der Kirche auf das Christentum und die Christentumsgeschichte. Historisch untermauert wurde diese Perpektive in meinem Beitrag zu dem großen, der »Schwellenzeit« vom 18. zum 19. Jahrhundert gewidmeten Lexikon (Geschichtliche Grundbegriffe) in dem Artikel »Christentum«; die Neuinterpretation der gegenwärtigen praktischen Situation von Kirche und Christentum kam in dem Büchlein »Christentum außerhalb der Kirche« (1969) zum Ausdruck, mit dem Untertitel »Konkretionen der Aufklärung«. Das »außerhalb« bezieht sich dabei auf die vorherrschende Selbstdeutung von Kirche und Theologie, die entgegen ihrem Anspruch, »kirchliche« Theologie zu sein, die tatsächlichen kirchlichen Lebensverhältnisse von sich aus nicht wahrzunehmen vermochte.

Dabei war es gerade die real als »Volkskirche« existierende Kirche, an der sich die Unstimmigkeiten des theologisch verengten Kirchenbegriffs beunruhigend stießen. Das wurde schlagartig offenbar in der ersten großen empirischen Mitgliedschaftserhebung der EKD von 1972, die unter dem Titel »Wie stabil ist die Kirche?« 1974 von Ernst Lange verantwortet wurde und in deren Interpretation des erhobenen Materials die von mir zusammen mit Joachim Matthes und Karl Wilhelm Dahm vertretene Konzeption eine entscheidende Rolle spielte. In dieser Untersuchung wurde einerseits bestätigt, daß die Mehrzahl der Kirchenmitglieder ihr Christsein zwar nicht in einer theologiekonformen Weise versteht, andererseits aber ein sehr viel höheres Maß an Zustimmung zur Kirche als Institution des Christentums zu erkennen gibt als es die innerkirchliche Wahrnehmung der »Außenstehenden« erwarten ließ.

Selbstverständlich konnte es nicht darum gehen, die als Krise von Religion und Kirche wahrgenommenen Veränderungen apologetisch zum Verschwinden zu bringen. Ein konstruktiver Zugang zur neuzeitlichen Christentumsgeschichte mußte vielmehr gerade auch in seiner theologischen Tiefenstruktur diskutabel gemacht werden. Neben der kleinen Studie »Gott – ein Wort unserer Sprache« (1969), die den Ort des Gottesbegriffs über seine alltägliche Verwendung als theologische Auslegung menschlicher Grunderfahrungen zu identifizieren suchte, ist hier die Skizze über »Theologie als Kritik und Konstruktion« (1972) zu nennen. In ihr wird »Die exemplarische Bedeutung der Frage der Theologie nach sich selbst« diskutiert, exemplarisch, das heißt für das Problem der Konstitution von Freiheit, als dem zentralen Thema des Christentums, das zugleich im Zentrum mit der inneren Verfassung der neuzeitlichen Welt zu tun hat. »Freiheit als der tiefere Begriff der Autonomie ist dem Menschen nicht so gegeben, wie seine Welt, seine Fähigkeiten, sondern nur in einer Weise, die die zugleich kritische wie konstruktive Distanz zur gegebenen Welt begründet und ermöglicht.« Dieser vor der Göttinger Fakultät, aus Anlaß der Entscheidung über die Nachfolge auf dem Lehrstuhl von Wolfgang Trillhaas, 1972 vorgetragene Text hatte freilich das Ergebnis, daß mein Name nicht auf die Berufungsliste kam.

Auf die Korrespondenz zwischen der in Soziologie und Philosophie diskutierten Theorie der Gesellschaft und der gleichzeitigen Debatte über die Theorie der Theologie, wie sie prominent auch von Wolfhart Pannenberg geführt wurde, aufmerksam geworden, versuchte ich, in der großen sozialtheoretischen Kontroverse zwischen Jürgen Habermas und Niklas Luhmann die theologischen Implikationen herauszuarbeiten (Gesellschaft ohne Religion? Theologische Aspekte einer sozialtheoretischen Kontroverse,1975), nur um die Erfahrung zu machen, daß das philosophisch-soziologische Interesse an Religion nicht gleichermaßen einer theoretisch argumentierende Theologie galt.

V. Theologie als Funktion der Kirche

Neben diesen systematisch-theologischen »Beiträgen zur Theorie des neuzeitlichen Christentums« (so der Titel der von H. J. Birkner und D. Rössler 1968 herausgegebenen Festschrift für W. Trillhaas) und in sachlicher Wechselwirkung mit den Grundfragen der Theologie nahm die sozialethische und kirchliche Diskussion zunehmend Zeit und Kraft in Anspruch. Die oekumenische Weltkonferenz für Kirche und Gesellschaft setzte 1966 das Thema »Theologie der Revolution« auf die theologische Agenda, dem ich zusammen mit Heinz-Eduard Tödt 1968 eine kritische Auseinandersetzung in einem Buch in der edition suhrkamp widmete. Hervorgegangen aus Diskussionen in der Heidelberger Marxismuskommission, wurde es mit einer Auflage von 40 000 Exemplaren zeitbedingt zu einem Bestseller, zugleich aber auch der Beginn politischer Konflikte, die mit der 68er Studentenbewegung wie die ganze Gesellschaft so auch Kirche und Theologie bestimmten. Die damit einhergehenden Polarisierungen und neuen Gegnerschaften sind ein eigenes Kapitel und nur teilweise mit den bis dahin dominierenden theologischen Frontstellungen identisch. Da einige Bewegungen im deutschen Protestantismus die politischen Auseinandersetzungen in der Bundesrepublik und die Debatten um den DDR-Sozialismus in den 70er Jahren in die Perspektive einer Fortsetzung des Kirchenkampfes und eines nachzuholenden Widerstands führten, nötigte die Verteidung des von vielen Vertretern meiner Generation uneingeschränkt bejahten demokratisch verfaßten Rechtsstaates dazu, die politische Ethik der Demokratie, ihrer Institutionen und Verfahren ausdrücklich zu machen. In diesen Kontroversen spielte die Öffnung der deutschen politischen Kultur für den Einfluß der westeuropäischen, insbesondere nordamerikanischen politischen Traditionen eine gewichtige Rolle, die durch den politischen Antiamerikanismus nachdrücklich herausgefordert war. Den Theologen mußte dies an die Arbeiten von Ernst Troeltsch erinnern, der schon in seinen Soziallehren die besondere Affinität des angelsächsischen und nordamerikanischen Christentums zur modernen Demokratie herausgearbeitet hatte.

Angesichts dieser höchst brisanten Konflikte deutlich Position zu beziehen, entsprach vielleicht nicht unbedingt dem Selbstverständnis wissenschaftlicher Theologie, aber doch sehr wohl den starken Überzeugungen vom Wert liberaler politischer und theologischer Errungenschaften. Insofern scheute ich mich auch nicht, im Frühjahr 1968 in den Anfängen der Studentenbewegung auf dem Prinzipalmarkt in Münster von einem Podest herab durch einen Lautsprecher für die Achtung und Anerkennung des Grundgesetzes mich einzusetzen.

Mit solchen Erfahrungen stellte sich für den Sozialethiker die Aufgabe, an einer Revision der lutherischen politischen Ethik und Staatstheologie, insbesondere an einer den Standards einer rechtsstaatlichen Demokratie gerecht werdenden Interpretation der reformatorischen Unterscheidung von geistlichem und weltlichen Regiment Gottes, der sog. Zwei-Reiche-Lehre zu arbeiten (Politische Ethik und Christentum, 1975). Dabei war mir wie auch in allen anderen sozialethischen Problemstellungen völlig bewußt, daß theologische Urteile nicht aus zeitlosen Letztbegründungen herzuleiten sind, sondern sich in lebendiger Wechselwirkung mit der aktuellen Lebenswirklichkeit bilden. Der Anspruch, den manche theologischen und kirchlichen Stimmen für die Geltung ihres politischen Urteils aus einer dogmatisch definierten Offenbarungswahrheit erhoben, war mir immer contre coeur und erscheint mir auch mit einem protestantischen Verständnis von Theologie kaum vereinbar. Allerdings, die meine Generation lebensgeschichtlich wie intellektuell prägende Auseinandersetzung mit den Erfahrungen des Nationalsozialismus hat mich im Blick auf die Stellung von Kirche und Theologie vor und nach 1933 zu der Erkenntnis geführt, welche entscheidende Bedeutung Institutionen als Garanten eines Lebensraums individueller Freiheit haben. Die Zerstörung der Institutionen des Rechtsstaates und der Versuch der politischen Gleichschaltung der Kirche als Institution zeigen, welch hohes Gut die selbständige Institutionalität der Kirche repräsentiert und wie die fragile Subjektivität des Individuums auf den Schutz liberaler Institutionen des Rechts und der Verfassung angewiesen ist. Im Blick auf die Kirche hat sich daraus ein Begriff der Kirche als »Institution der Freiheit« entwickelt, der mir auch als theologisch gut begründbare Verbindung zum Verständnis des neuzeitlichen Christentums gilt.

Über die Theologie als Sozialethik wie als Christentumstheorie kam es zu zahlreichen Anforderungen und Aufträgen seitens der Kirche, die hier nicht alle aufgeführt werden können. Die Mitarbeit in der Kammer der EKD für öffentliche Verantwortung, in die ich 1979, ab 1980 in Nachfolge von Roman Herzog als Vorsitzender, berufen wurde, bildete dabei für fast zwei Jahrzehnte einen zeitintensiven Schwerpunkt der politisch-ethischen und theologisch-sozialethischen Diskussion. In der Arbeit der Kammer an den Denkschriften zur Friedenspolitik (1981), zur Demokratie (1985) und zur Wirtschaftsordnung (1990) spiegelten sich die oft leidenschaftlichen Kontroversen in Kirche und Gesellschaft. Das galt zumindest vorrangig für das Friedensthema und für die kurz darauf einsetzende Nachrüstungsdebatte, der innerkirchlich mit der Proklamation eines status confessionis eine Tendenz in Richtung auf eine Kirchenspaltung innewohnte. Über den zeitgeschichtlichen Kontext, der die Ausarbeitung dieser Denkschriften mitbestimmte und auf den sie in ihrer Weise eingewirkt haben, wird man besser erst aus größerem Abstand urteilen. Manche absolut vertretenen Positionen hat der Gang der Geschichte in Vergessenheit geraten lassen. Für mich war dieses kirchliche Engagement keineswegs ein Abweg von der wissenschaftlichen Theologie; die damit verbundene theologische, intellektuelle wie praktische Herausforderung und die Auseinandersetzung mit Politikern, Kirchenleuten und Vertretern anderer Wissenschaften in der Kammer schlug sich in Erfahrungen nieder, die zur Erweiterung des eigenen Horizontes, aber durchaus auch zur Korrektur der eigenen theologischen Position führten. Lebensgeschichtlich gehört das alles zu einer »Theologischen Existenz heute« in der Welt des Christentums.

VI. Theologie als Ethik

Meine akademische Existenz war seit dem WS 1968 die eines Professors für »Systematische Theologie mit besonderer Berücksichtigung der Ethik« in der neu errichteten evangelisch-theologischen Fakultät der Ludwig-Maximilians-Universität München. In der Theologie hatte Ethik als eigene Disziplin neben der Dogmatik einen zweifelhaften Ruf. Im Umlauf waren Urteile von der Sorte, die eigentliche Theologie sei nicht nur »mehr«, sondern im Grunde auch etwas ganz anderes als Ethik. Denn die Ethik habe es ja mit dem Handeln des *Menschen* zu tun, während es in der Theologie doch vor allem anderen um das Handeln *Gottes* gehe. Insofern war also die zentrale Kontroverse zu bearbeiten, um die es in der Frage der Theologie nach sich selbst ging. Mit der These »Ethik ist die Theorie der menschlichen Lebensführung« (Ethik, 1981), habe ich versucht, der Ethik einen originären Ort in der Systematischen Theologie zu geben. Die Intuition, die mich dabei leitete, läßt sich so umschreiben: Die kerygmatische Theologie zielte in all ihrem Reden von dem »Anspruch« des Wortes Gottes auf den Menschen als Subjekt der Lebensführung, auf seinen »Gehorsam« als »Antwort« und damit auf die Konsequenzen aus diesem »Anspruch«. Diese appellative Grundstruktur theologischer Rede am Ort des Subjektes selbst zu erschließen, ist die Aufgabe der Ethik. Daß diesen systematischen Ansatz jede um Begründung bemühte Theorie der Ethik mit Kant teilt, kann keinem gebildeten Bewußtsein verborgen sein. Ethik ist die Auslegung der appellativen Verfaßtheit menschlicher Subjektivität, wie sie in der Aufgabe eigener selbständiger Lebensführung elementar bewußt wird. Theologische Ethik ist die Auslegung dieser Grundverfassung der Lebensführung auf die Deutung des Lebens hin, die in der christlichen Überlieferung ausgebildet worden ist. Insofern ist es sachgemäßer und methodisch klarer, theologische Ethik als *ethische Theologie* zu konzipieren. Die drei Grundelemente, mit denen ich diese Aufgabe zu strukturieren suchte – das »Gegebensein des Lebens«, das »Geben des Lebens« und die »Reflexivität des Lebens« –, sind denn auch nur in ihrem inneren *Zusammenhang* eine elementare und als elementare vollständige Explikation der Stellung des menschlichen Subjekts im Kontext der Lebensführung und der darin geforderten Stellungnahme. Ich betone den *Zusammenhang*, weil manche Leser meiner Ethik nur das erste Grundelement zur Kenntnis genommen zu haben scheinen und daran dann Kritik geübt haben. Aber das muß hier auf sich beruhen.

Ethik, verstanden als ethische Theologie, tritt nicht mit einem exklusiven Anspruch auf, sondern nimmt an der Auslegung der menschlichen Lebensführung im spezifischen Deutehorizont des Christentums teil. Deswegen war es notwendig, eine *Methodologie* zu entwerfen, um den Dialog mit anderen für die Ethik relevanten wissenschaftlichen Fragestellungen der Philosophie und der Sozialwissenschaften kontrolliert führen zu können.

Die theologische Ethik war und ist, aufgrund der sozialen Funktion der Kirche für die vom Christentum geprägte Gesellschaft, anders als die philosophische Ethik immer auch »materiale« Ethik, sowohl in der Normierung persönlicher Lebensführung wie als Ethik der Institutionen, aristotelisch gesprochen: Tugendlehre und Ethoswissenschaft. Für diese *Konkretionen* ein systematisches Gerüst zu entwickeln, in dem die Grundelemente der ethischen Theologie zum Tragen kommen, stellte deswegen eine besonders schwierige, aber auch reizvolle, in gewisser Weise aesthetische Aufgabe dar.

In Hinsicht sowohl auf die interdisziplinären Dialoge wie auf die Konkretionen der Ethik besteht gegenwärtig eine permanente Revisionsforderung; denn der ethische Diskurs hat sich in jüngster Zeit geradezu explosionsartig ausgeweitet und differenziert. Daß dabei auch das öffentliche Interesse an Orientierungen seitens der Kirchen und der christlichen Theologie vor allem angesichts technischer, naturwissenschaftlicher und medizinischer Fragen, die Grundelemente der Lebenskultur berühren, gestiegen ist, widerlegt allzu pauschale Annahmen, wir lebten in einem Zeitalter der Säkularisierung, deckt aber auch schonungslos Defizite der akademischen Theologie auf, denen sie sich in Zukunft stärker bewußt werden muß. Das von mir vor einigen Jahren an der Münchner Universität mit gegründete »Institut Technik Theologie Naturwissenschaften« stellt einen kleinen Versuch dar, auf diesem Felde ein interdisziplinäres Arbeitsfeld zu entwickeln.

Doch noch einmal zur Ethik in der Theologie: Der Zugang zur Ethik als Disziplin der Theologie steht, theologiegeschichtlich gesehen, näher bei der existentialen Interpretation Bultmanns und deren auf Schleiermacher und die theologische Aufklärung verweisenden Implikaten als bei der erkenntnistheoretisch anders gedachten Theologie Barths. Dieser Hinweis ist deswegen von Belang, weil die Ausarbeitung der Ethik als ethischer Theologie in engem und stetem Zusammenhang stand mit der Diskussion der neueren Theologiegeschichte in meinem Oberseminar. Das Münchner Oberseminar, das seit Anfang der 70er Jahre regelmäßig zusammentrat und in dem über die Jahre hinweg viele Köpfe versammelt waren, die inzwischen längst ihre eigenen Konzepte ausgebildet haben, fungierte gleichsam als Kontrollinstanz für unser Theologietreiben. Wahre Bildung ist nicht ohne geschichtliche Bildung möglich.

Ständig präsent waren in der theologischen Arbeit, auch in Vorlesungen und Seminaren, die Schriften von Ernst Troeltsch. Als Horst Renz seine Lehrtätigkeit an der Universität Augsburg dazu nutzte, die Spuren Ernst Troeltschs in dessen Heimatstadt aufzudecken und mir zusammen mit Friedrich Wilhelm Graf zum 50. Geburtstag eine Festgabe mit Beiträgen aus dem Kreise des Oberseminars zur Biographie und frühen Werkgeschichte von Troeltsch überreichte, beschlossen wir die Gründung einer Ernst-Troeltsch-Gesellschaft, die mit ihren Kongressen seitdem ein Forum der interdisziplinären und internationalen Forschung bietet zu den Problemstellungen, die mit dem Werk dieses großen Theologen verknüpft sind. Eine Frucht dieser »Troeltsch-Renaissance« ist die jetzt erscheindende Kritische Ausgabe seiner Schriften.

Zu den ständig präsenten Problemstellungen gehört für mich auch das Verhältnis, besser wohl: die Differenz zwischen wissenschaftlicher Theologie und christlicher Frömmigkeit, kurz: die Frage, wie eine Glaubenslehre beschaffen sein muß, die persönlichen Glauben und Frömmigkeit nicht als subalterne Abnehmer gelehrter Theologie oder dogmatischer Distinktionen unter dem Regiment kirchlicher Autorität versteht oder vielmehr darin gerade nicht versteht; die aber die Frömmigkeit auch nicht auf eine·unbestimmte Erlebnisgewißheit hin anspricht, sondern dem Glauben und der Frömmigkeit eigene Intellektualität unter den Bedingungen des modernen Bewußtseins anerkennt und sie auszulegen befähigt. Denn es möchte wohl sein, daß die viel beklagte »Unkirchlichkeit« neben ihren soziologischen und sonstigen kulturellen Gründen im Kern auch die kritischen Verhältnisse reflektiert, in denen sich die Theologie selbst in ihrer Beziehung zum neuzeitlichen Christentum befindet. Da Theologie insgesamt nicht definitiv abschließbar ist, so sehr das von einzelnen Projekten und Fragestellungen gelten mag, sondern eine Funktion der Kirche und mittels ihrer des Christentums ist, so muß Theologie auch immer wieder getrieben werden. Als Wahlspruch kann dafür das Wort von Melanchthon gelten: »Libertas est christianismus«.

Literaturangaben zu den Publikationen,
auf die im Text Bezug genommen wird.

Die soziale Struktur der Gemeinde. Die kirchlichen Lebensformen im gesellschaftlichen Wandel der Gegenwart. Eine kirchensoziologische Untersuchung, Hamburg 1957, 2. Aufl. 1958.
Geschichte und Gesellschaft, in: Spannungsfelder der evangelischen Soziallehre, hg. von F. Karrenberg und W. Schweitzer in Zusammenarbeit mit T. Rendtorff und C. Walther, Hamburg 1960, S.154–169.
Säkularisierung als theologisches Problem, in: Neue Zeitschrift für Systematische Theologie 4, 1962, S. 318–339.
Überlieferungsgeschichte als Problem der Systematischen Theologie. Anmerkungen zu den Grenzen und Möglichkeiten der Theologie, in: ThLZ 90, 1965, Sp. 81–98; aufgenommen unter dem Titel: Überlieferungsgeschichte des Christentums. Ein theologisches Programm, in: Theorie des Christentums. Historisch-theologische Studien zu seiner neuzeitlichen Verfassung, Gütersloh 1972, S. 13–40.
Zur Säkularisierungsproblematik. Über die Weiterentwicklung der Kirchensoziologie zur Religionssoziologie, in: Internationales Jahrbuch für Religionssoziologie 2, hg. von J. Matthes, Köln 1966 S. 51–72; auch in: J. Matthes: Einführung in die Religionssoziologie I, Hamburg 1967, S. 208–232 sowie in: Säkularisierung, hg. von H. H.Schrey, Wege der Forschung 174, 1981, 366–394, und in: Theorie des Christentums 1972, S. 116–139, unter dem Titel: Von der Kirchensoziologie zur Soziologie des Christentums, S. 116–139.
Kirche und Theologie. Die systematische Funktion des Kirchenbegriffs in der neueren systematischen Theologie, Gütersloh 1966. 2. Aufl. 1970.
Theologie der Revolution. Analysen und Materialien= edition suhrkamp 258 (zus. mit Heinz-Eduard Tödt), 1968, 4. Aufl. 1972.

Christentum außerhalb der Kirche. Konkretionen der Aufklärung, Hamburg 1969.

Gott – ein Wort unserer Sprache? Ein theologischer Essay = Theologische Existenz heute NF 171, München 1972.

Theologie als Kritik und Konstruktion. Die exemplarische Bedeutung der Frage der Theologie nach sich selbst, in: Theorie des Christentums, 1972, S. 182–200.

Radikale Autonomie Gottes. Zum Verständnis der Theologie Karl Barths und ihrer Folgen(1969), in: Theorie des Christentums 1972, S. 161–181.

Art. Christentum (1968), in: Geschichtliche Grundbegriffe. Historisches Lexikon zur politisch-sozialen Sprache in Deutschland, Bd. 1, Stuttgart 1972, S. 772–814.

Gesellschaft ohne Religion? Theologische Aspekte einer sozialtheoretischen Kontroverse (Luhmann/Habermas), München 1975.

Politische Ethik und Christentum, München 1978.

Ethik. Grundelemente, Methodologie und Konkretionen der ethischen Theologie, 2 Bde, 1981/82, 2. Umgearb. Auflage 1990/91.

Volkskirche in Deutschland, in: C. Nicolaisen (Hg.), Nordische und deutsche Kirchen im 20. Jahrhundert, Göttingen 1982, S. 290–317.

Protestantismus zwischen Kirche und Christentum. Die Bedeutung protestantischer Traditionen für die Entstehung der Bundesrepublik Deutschland, in: Sozialgeschichte der Bundesrepublik Deutschland, hg. von W. Conze und M. R. Lepsius, Stuttgart 1983, S. 410–440.

Vielspältiges. Protestantische Beiträge zur ethischen Kultur, Stuttgart 1990.

Theologie in der Moderne. Über Religion im Prozeß der Aufklärung, Gütersloh 1990.

Gentechnik: Eingriffe am Menschen. Ein Eskalationsmodell zur ethischen Bewertung. Zus. mit E. L. Winnacker, H. Hepp, P. H. Hofschneider, W. Korff. Akzente 7, München 1997.

Ernst Troeltsch, Die Absolutheit des Christentums und die Religionsgeschichte. (1902/1912), hg. in Zusammenarbeit mit St. Pautler = Ernst Troeltsch Kritische Gesamtausgabe Bd. 5, Berlin 1998.

REINHARD SLENCZKA

Rückblick

Die Aufforderung, für diese Sammlung eine Selbstdarstellung zu verfassen, erreichte mich, als ich meinen Antrag auf Emeritierung zum 31. März 1998 gestellt hatte. Neununddreißig Jahre akademischer Lehrtätigkeit, davon genau 30 Jahre als ordentlicher Professor, gehen damit zu Ende[1]. Beim Rückblick kommt mir vor Augen, was keineswegs eigene Entscheidung oder persönlicher Erfolg gewesen ist, sondern gnädige Führung Gottes, und das ist Anlaß zur Dankbarkeit.

I. Herkunft

Am 16. Februar 1931, dem Geburtstag Philipp Melanchthons, in Kassel geboren, bin ich in einem Pfarrhaus als Zweiter in einem Kreis von sieben Geschwistern aufgewachsen. Der Sozialisierung in einer großen Familie verdanke ich viel. Dazu kommt die bereichernde Mischung aus der unterschiedlichen Herkunft meiner Eltern: Der Vater war der erste Akademiker in seiner Familie, die Mutter stammte aus einer langen Reihe von Pastoren und Professoren. Von meinem Großvater väterlicherseits, einem aus Schlesien stammenden Soldaten und Polizeibeamten, bekam ich nicht nur das erste Taschenmesser, sondern viele Anregungen zu handwerklichen Tätigkeiten. Der Großvater mütterlicherseits, ein Geschichtsprofessor, gab mir die erste Einführung in histori-

---

[1] Zu weiteren biographischen und bibliographischen Angaben vgl. *Manfred Seitz, Karsten Lehmkühler* (Hgg.), In der Wahrheit bleiben. Dogma – Schriftauslegung – Kirche. Festschrift für Reinhard Slenczka zum 65. Geburtstag, Göttingen 1996, S. 189–205.

sche Quellenforschung, als ich einen Hausaufsatz über meine Vorfahren zu schreiben hatte. Seine große Bibliothek wurde zur Weide für den Lesehunger des Heranwachsenden.

Die Schulzeit von 1937–1951, um ein Jahr verlängert durch die Wirren des Kriegsendes, war stark durch die Kriegsjahre bestimmt mit manchem Orts- und Schulwechsel. In den sechs Schulen, die ich in dieser Zeit besuchte, habe ich jedoch immer vorzügliche Lehrer in sämtlichen Fächern gehabt, die durch ihre Anforderungen antrieben und zugleich durch eigene Freude an ihren Fächern Begeisterung der Schüler zu wecken verstanden. So wußte ich am Ende der Schulzeit überhaupt nicht recht, ob ich mich den Natur- oder den Geisteswissenschaften zuwenden sollte, und ich machte nach dem Abitur erst einmal ein Praktikum in einer Lokalzeitung, beginnend in der Setzerei und Druckerei über Reportage bis zur Redaktion.

Die Entscheidung für das Theologiestudium ergab sich nicht als Selbstverständlichkeit, auch wenn mir vom Elternhaus her die Mitarbeit in der Gemeinde vertraut war. Was mich schließlich zum Theologiestudium führte, war in erster Linie der intellektuelle Reiz, die geistesgeschichtliche und kulturelle Bedeutung des christlichen Glaubens und der Kirche zu studieren. Daher schrieb ich mich gleichzeitig in der Theologischen und in der Philosophischen Fakultät ein und führte mein Studium in großer Breite durch. Die Schwerpunkte in der Philosophischen Fakultät lagen bei der Philosophie und der Slawistik.

II. Meine Lehrer
in Marburg, Tübingen, Heidelberg und Paris

Daß ich mit dem Studium an der Kurhessischen Landesuniversität in *Marburg* im Sommersemester 1951 anfing, hatte bei einem mit vielen Kindern und wenig Geld gesegneten Pfarrhaus zunächst rein materielle Gründe. Nach dem ersten Semester konnte ich mich durch Ferienarbeit als Werkstudent in verschiedenen Fabriken, in denen ich Lokomotiven und Dampfwalzen mitbaute oder in besonders gut bezahlter Schichtarbeit am Karbidhochofen arbeitete, finanziell selbständig machen. Nach dem 3. Semester wurde ich in die Studienstiftung des Deutschen Volkes aufgenommen, und so war es mir möglich, ohne wirtschaftliche Schwierigkeiten zu studieren und auch den Studienort mehrfach zu wechseln.

Als Studienanfänger in Marburg, wo ich die ersten drei Semester verbrachte, gehörte ich zu dem ersten Jahrgang, der nicht mehr zum

Kriegsdienst eingezogen worden war. Mit uns studierten Kriegsheim-
kehrer, die erheblich älter waren, z.T. bereits Familie hatten und entsprechend zügig studieren mußten. Fleißprüfungen waren nötig für Stipendien und Freitische. In Marburg hatte ich im ersten Semester die
beiden fehlenden Sprachprüfungen im Griechischen und Hebräischen
abzulegen, und ich bekam in verschiedenen Lehrveranstaltungen eine
sehr gründliche Einführung in das philologische und historische Handwerkszeug der Exegese.

Nachhaltigen Eindruck machte mir gleich im ersten Semester Rudolf
Bultmanns (1884–1976) letzte Hauptvorlesung über den 2. Korinther-
brief. Es war bekannt, daß Bultmann in dem großen Hörsaal, in dem
keineswegs nur Theologen saßen, einzelne Hörer zur Übersetzung auf-
rief, und deshalb habe ich die Texte, zumal noch ohne Graecum, stets
sehr sorgfältig präpariert. Die Entmythologisierungsdebatte war damals auf ihrem Höhepunkt; aus der Vorlesung jedoch habe ich mitgenommen und behalten, was die Wirkung des Wortes Gottes ist. In der
letzten Vorlesungsstunde am 24.7.1951 wurde das noch einmal zusammengefaßt, und ich zitiere aus meinen Aufzeichnungen die theologische
Auslegung, die in dem posthum veröffentlichten Kommentar zu 2 Kor
leider nicht wiedergegeben ist:

»Das Thema der Verkündigung ist das apostolische Amt (5,17). Die Predigt ist
eschatologisches Geschehen, das Heilsgeschehen als Ereignis der Versöhnung
von Gott und Welt, nicht referierend, sondern Ereignis für den Hörer. Mit der
Verkündigung des Apostels ist der λόγος τῆς καταλλαγῆς eingesetzt (5,20) und
in ihr gegenwärtig. Es ist eschatologisches Geschehen; das historische Faktum
des Kreuzes wird in der Anrede Gegenwart (Luther: est). Das ist die exegetische
und homiletische Aufgabe: 5,17 καινὴ κτίσις.

Warum gerade Christus die καταλλαγή ist, ist nicht rational zu begründen –
es ist die Frage an den Hörer, nicht objektive Verkündigung (4,16). – Dies fordert
Entscheidung. Der Apostel ist Autorität, die Gehorsam verlangt, aber nur als
Träger des Wortes (13,4). – Er ist selbst zu dem in die Entscheidung rufenden
Wort geworden. Er kann bloß behaupten. Glauben kann nur, wer sich entscheidet, und das bedeutet, alles κατὰ σάρκα preiszugeben und sich der ἀσθένεια zu
rühmen (12,9). Es gilt, an das Leben dort zu glauben, wo hier nur Sterben sichtbar ist (vgl. Kap 4 und 6). Aus dem immer Künftigen heraus existieren. Christlich leben heißt, aus dem Jenseits leben (3,6; 4,6).

Gottes Transzendenz ist ständige Zukünftigkeit, das μεταμορφοῦσθαι ist
ἐλευθερία (3,7).Wer diese Freiheit in sich sieht, der hat die Lehre des Paulus
verstanden.«

Was ich Bultmann verdanke, ist die Einsicht: Verkündigung ist Heilsgeschehen, Ruf zur Entscheidung und eschatologisches Geschehen im Blick auf das Bestehen oder Vergehen im Endgericht. Erst später erkannte ich, daß in dieser berechtigten Hervorhebung der Glaubenswirklichkeit im Ereignis der Begegnung mit dem Kerygma der Grund des Glaubens außerhalb des Glaubenden in der Person Jesu Christi völlig zurücktrat.

Akribisch und zugleich herausfordernd waren die Vorlesungen im Alten Testament bei Emil Balla (1885–1956). Er ließ die Psalmen auf hebräisch singen. In einem Seminar mit 10 Teilnehmern lasen wir die gerade veröffentlichte Jesaia-Rolle von Qumran, und es geschah, daß zwei Teilnehmer, die nicht ausreichend präpariert waren, unwiderruflich aus dem Seminar flogen. Die Mitarbeit war dann für den Rest des Semesters gesichert. Bei Georg Fohrer (* 1915), der später zum Judentum konvertierte und heute in der Jerusalemer Altstadt lebt, hatte ich Hebräisch gelernt und am Ezechiel-Buch eine Einführung in die hebräische Metrik erhalten.

Die kirchengeschichtlichen Lehrveranstaltungen von Ernst Benz (1907–1978) brachten viele Anregungen über die üblichen Darstellungen hinaus, zumal durch seine Beschäftigung mit dem Pietismus und mit der orthodoxen Kirche des Ostens. Sein damaliger Assistent Ludolf Müller, der sich für Theologie und Slawistik habilitierte, weitete den Horizont nicht nur auf seine Interessen an der Ostkirche, sondern auch – in einem Proseminar – auf den französischen Traditionalismus.

Einen besonderen Schwerpunkt bildeten in Marburg die Religionswissenschaften, in der Theologischen Fakultät durch Heinrich Frick (1893–1952) und die berühmte religionsgeschichtliche Sammlung auf dem Marburger Schloß vertreten, in der philosophischen Fakultät durch Friedrich Heiler (1892–1967) und Kurt Goldammer.

Julius Ebbinghaus (1885–1981), den letzten Vertreter des Marburger Neukantianismus, habe ich leider nur gelegentlich gehört. Erst später ist mir seine Kritik an der Dominanz der historischen Methode in den Geisteswissenschaften begegnet, in der er eine wesentliche Ursache für die Krise des zeitgenössischen Wissenschaftsbetriebs erblickte, weil dadurch »der Glaube an die Allgemeingültigkeit wissenschaftlicher wie ethischer und rechtlicher Prinzipien so stark gesunken war.«[2] Von Bultmann habe ich dazu die scharfe Kritik an dem »Geschichtspantheismus

---

[2] *Ulrich Sieg*, Die Geschichte der Philosophie an der Universität Marburg von 1527–1970, Marburg 1988, S. 72.

der liberalen Theologie« und die Auflösung des Christentums »als innerweltliche, sozialpsychologischen Gesetzen unterworfene Erscheinung« in Erinnerung, denn, so betonte er, »die Geschichtswissenschaft
kann überhaupt nicht zu irgendeinem Ergebnis führen, das für den Glauben als Fundament dienen könnte, denn alle *ihre Ergebnisse haben nur
relative Geltung«*.[3]

Nach *Tübingen* zog ich für zwei Semester als stolzer Besitzer eines
Motorrads, mit dem ich mir die schwäbische Landschaft erschloß und
das mir außerdem eine Prophezeiung von Helmut Thielicke (1908–
1986) brachte, der damals in Tübingen Dogmatik lehrte. Von ihm
brauchte ich ein Gutachten, und das dazu nötige Gespräch knüpfte daran an, daß er von meinem Motorrad gehört hatte. Er erzählte mir, daß er
eine Wette abgeschlossen und gewonnen habe, vom Schimpfeck bis zur
(alten) Universitätsbibliothek auf 90 km/h zu kommen. So hatten wir
ein sehr angeregtes Gespräch über Motorräder und Autos, das mit der
Feststellung endete, ich werde es sicher zum Oberkirchenrat bringen.

Die Tübinger Universität insgesamt und die Theologische Fakultät
im besonderen hatten ein reiches Angebot gerade für einen Studenten in
den mittleren Semestern. Groß war entsprechend auch die Anziehungs-
kraft, und zahlreiche spätere Kollegen kenne ich aus jenen zwei Semestern in Tübingen. Im Rückblick erinnere ich mich besonders an den
»Kleinen Kreis«, der von dem Kirchenhistoriker Hanns Rückert (1901–
1974) in seinem Haus für speziell eingeladene Studenten abgehalten
wurde. Wir lasen Pascals »Pensées«, und einzelne Abschnitte wurden in
Kurzreferaten von den Teilnehmern abwechselnd eingeführt und besprochen. Einen anderen Kreis hatte ich bei dem Philosophen Wilhelm
Weischedel (1905–1975), dem ich als Vertrauensdozent der Studienstiftung zugeteilt war. Er war früher Bankkaufmann, dann Theologe gewesen und hatte sich schließlich, weiterhin mit theologischen Grundfragen
beschäftigt[4], ganz der Philosophie zugewandt.

Neben Vorlesungen zur Slawistik besuchte ich in der philosophischen Fakultät bei dem Ägyptologen Brunner einen Kurs Hebräisch III,
in dem, was damals noch nicht so verbreitet war, vor allem die Syntax
der hebräischen Sprache analysiert wurde, und dadurch ging mir die
Vielschichtigkeit hebräischer Texte auf. Bei Bruno Baron v. Freytag,
gen. Löringhoff, hörte ich mit großer Begeisterung in einer kleinen

---

[3] *Rudolf Bultmann,* Glaube und Verstehen I: Die liberale Theologie und die jüngste theologische Bewegung (1924), Tübingen 1933, S. 5, 3.
[4] *Wilhelm Weischedel,* Der Gott der Philosophen. Grundlegung einer philosophischen
Theologie im Zeitalter des Nihilimus, Darmstadt (1972) 1994³.

Schar die Vorlesung zur Logik, ein Gebiet, das mich seither immer wieder fasziniert und beschäftigt hat.

Besonders interessant waren die Bemühungen um ein theologisches Verständnis der Kirchengeschichte, wie sie von Hanns Rückert und Gerhard Ebeling, damals noch Kirchenhistoriker, mit der auch bei Karl Barth zu findenden These »Kirchengeschichte als Geschichte der Auslegung der Heiligen Schrift« ausgingen [5]. Rückert betonte in seiner Kirchengeschichtsvorlesung:

> »Der Fehler der letzten großen Epoche der Kirchengeschichtsschreibung ist die Loslösung von der Theologie und die Verselbständigung zu einer historischen Spezialdisziplin. Damit hat sich der Begriff von der Kirche, theologisch gesprochen, aufgelöst, da dann nur die empirische Form und ihre soziale Struktur betrachtet wird. Diese einseitige Betrachtungsweise steht jedoch im Gegensatz zum Selbstverständnis der Kirche, die zugleich übergeschichtlich und geschichtlich ist ...«[6]

Gerhard Ebelings kirchengeschichtliches Hauptseminar »Luthers Psalmenkommentar 1513–16 im Verhältnis zur exegetischen Tradition« hat mich in vieler Hinsicht bereichert. Die Beschäftigung mit alten Folianten, die Übersetzung der lateinischen Texte und die Auflösung der Abkürzungen mit dem »Lexicon Abbreviationum« von A. Capelli sowie die Lektüre des hebräischen Kommentars von Quimchi und des Psalmenkommentars von Faber Stapulensis, an dem noch eine Kette zur Sicherung hing, erschloß ein weites Feld an Einsichten, und mit Begeisterung schrieb ich eine Seminararbeit zur Auslegungsgeschichte von Psalm 33. Nach aller Problematisierung einer christologischen Auslegung der Psalmen bei Emil Balla[7] begegnete mir bei Luther die behutsame christologische Interpretation: »In der Person des Propheten kann man auch Christus verstehen – und dies Verständnis ist meiner Meinung nach wesentlich besser (meo iudicio forte melius)«.[8] Bei Ebeling war zu lesen und zu lernen: »Die Logik der Hermeneutik ist keine andere als die Logik der Christologie. Wer die Methoden der Evangelienauslegung lernen will, der muß sie von Christus selber lernen«.[9]

---

[5] *Karl Barth,* Kirchliche Dogmatik I, 2, S. 764, und Theologische Fragen und Antworten. Ges. Vorträge 3, München 1957, S. 285. *Gerhard Ebeling,* Kirchengeschichte als Geschichte der Auslegung der Heiligen Schrift, in: *Ders.,* Wort Gottes und Tradition (= Kirche und Konfession Bd. 7) Göttingen 1964, S. 9–27.

[6] *Hanns Rückert,* Vorlesung Kirchengeschichte I. am 5. 5. 1953.

[7] *Emil Balla,* Das Ich der Psalmen 1912.

[8] WA 3, 184, 36 f.

[9] *Gerhard Ebeling,* Evangelische Evangelienauslegung. Eine Untersuchung zu Luthers Hermeneutik, (München 1942) Darmstadt 1990³.

Tübingen erzeugte einen enormen Anreiz für das eigene Studium. So verbrachte ich die Frühjahrsferien weitgehend auf der Empore im Lesesaal der alten Universitätsbibliothek und studierte dort intensiv Immanuel Kant. In den Sommerferien unternahm ich eine Trampreise als »Anhalter« zuerst nach England und von dort nach Südfrankreich, wo ich jeweils in ökumenischen Aufbaulagern arbeitete. Für Deutsche öffneten sich allmählich die Grenzen in Europa. Man brauchte ein Visum für die Durchreise der Niederlande, für die Einreise in England und schließlich auch für Frankreich.

Mein nächster Studienort war *Heidelberg*, das für mich sowohl zur Berufs- wie zur Lebensentscheidung wurde. Da Zimmermieten und Lebenshaltungskosten dort erheblich höher waren als in Marburg und Tübingen, ging ich nur zögernd hin. Das Motorrad wurde verkauft, dafür eine Schreibmaschine angeschafft und der Abschluß des Studiums ins Auge gefaßt.

In der Heidelberger Fakultät hatte sich nach dem Krieg ein Kollegium zusammengefunden, dessen Mitglieder fast alle den Kirchenkampf in der Bekennenden Kirche mit allen Folgen, gerade auch für ihre akademische Laufbahn, bestanden hatten und die schon deshalb oft längere Erfahrung aus dem Pfarramt mitbrachten. Die Verbindung von theologischer Wissenschaft und Kirche war für sie eine Selbstverständlichkeit. Das zeigte sich besonders bei den Universitätsgottesdiensten in der Peterskirche, wo die Professoren regelmäßig predigten, und man mußte rechtzeitig dasein, um noch einen Platz zu finden.

Ich studierte in Heidelberg noch vier Semester und legte nach dem vierten, also in meinem zehnten Studiensemester, das Fakultätsexamen ab. Mit einigen Unterbrechungen durch Auslandsstudium und Vikariat blieb ich mit dieser Fakultät lange Jahre verbunden, und ich habe sie daher sowohl als Student, wie als Mitglied des Lehrkörpers in Erinnerung.

Nach meinem Studiengang lag in Heidelberg der Schwerpunkt auf der systematischen Theologie, die von Edmund Schlink (1903–1984) und von Peter Brunner (1900–1981) vertreten wurde, sowie in der praktischen Theologie bei Wilhelm Hahn (1912–1996).

In der philosophischen Fakultät hörte ich Karl Löwith, Walter Schulz, Hans-Georg Gadamer. In der Slawistik konnte ich nun auch Vorlesungen in russischer Sprache bei Dmitri Tschižewskij sowie bei Nikolaj von Bubnoff besuchen.

Die Vorlesungen des Alttestamentlers Gerhard von Rad, des Neutestamentlers Günter Bornkamm und seit 1954 Karl-Georg Kuhns, des

Qumran-Forschers, habe ich nur gelegentlich besucht, ebenso die Lehr-veranstaltungen der Kirchenhistoriker Hans v. Campenhausen und Heinrich Bornkamm. Aber das lag am Studienprogramm.

Peter Brunner und Edmund Schlink verdanke ich die Hinführung zur Dogmatik, der ich mich in den vorangehenden Semestern und auch in Tübingen nur wenig gewidmet hatte, da dort für mich Kirchengeschich-te und Exegese im Vordergrund gestanden hatten. Die beiden Heidel-berger Dogmatiker waren seit langem miteinander befreundet; beide stammten aus der unierten Hessen-Nassauischen Landeskirche, galten aber im In- und Ausland als die führenden Vertreter lutherischer Theolo-gie. Beide hatten auch in ihrem Dienst als Gemeindepfarrer und Dozen-ten an Kirchlichen Hochschulen, Schlink in Bethel und Brunner in Wuppertal, erlebt und erlitten, was Verfolgung und Entlassung für sie und ihre jungen Familien bedeutete. So war für sie die Grundlage der Theologie in Schrift und Bekenntnis nicht nur eine Sache geschichtli-cher Überlieferung und gegenwärtiger Interpretation, sondern persönli-ches Zeugnis. Beide hatten auch intensiv an der Neuordnung des kirch-lichen Lebens bei der Ausarbeitung von landeskirchlichen Grundord-nungen sowie bei der Agendenreform mitgewirkt. Nach ihrem Tempe-rament und der Art ihres theologischen Unterrichts waren die beiden Freunde recht verschieden. Brunners Vorlesungen waren im Vortrag von einer meditativen Schwerfälligkeit, die beim Zuhören Geduld for-derte, durch das Mitschreiben diktierter Zusammenfassungen aber blei-benden Gewinn brachten. Am Samstagvormittag bot Brunner als Er-gänzung zu seiner Hauptvorlesung eine kursorische Lektüre der Be-kenntnisschriften an. Dazu stellte er Aufgaben mit Fragen, die schrift-lich beantwortet abgegeben werden konnten, und in der folgenden Wo-che gab er sie mit eigenen handschriftlichen Anmerkungen wieder zu-rück. Ich zehre bis heute von diesen Übungen.

Edmund Schlink legte besonderen Wert auf die Schärfe der Formu-lierung und der Unterscheidung, sowie auf das Gespräch über die Gren-zen der Fächer, der Fakultäten und der Kirchen hinaus. Gespräche mit Physikern, Juristen und mit römisch-katholischen und orthodoxen Theologen wurden von ihm angeregt und mitgetragen. Das schlug sich auch in seinen Lehrveranstaltungen und besonders in seinen Seminaren nieder. Kurz nach seiner Berufung nach Heidelberg 1947 hatte er im Rahmen des Theologischen Seminars 1948 ein Ökumenisches Institut gegründet, das er in den folgenden Jahren unter Einsatz seiner ökumeni-schen Verbindungen und angesichts der Wohnungsnot der Studenten in Heidelberg mit einem Ökumenischen Studentenwohnheim im eigenen

Gebäude erweiterte, das 1956 eröffnet wurde. Als ich zum Wintersemester 1953/54 kam, hielt Schlink am 21. November 1953 seine berühmte Rektoratsrede über »Weisheit und Torheit« im Anschluß an Luthers Heidelberger Disputation von 1518[10]. Hier wurde in dem feierlichen Rahmen der Rektoratsübergabe vor allen Fakultäten und Studenten die Verantwortung der Theologie für die Wissenschaft und das Verhältnis von Wissen und Weisheit deutlich gemacht. So hieß es in einer der Schlußthesen:

»Der Glaube an Christus befreit den Menschen von der Sucht, sein Wissen eigenmächtig zum Abschluß zu bringen und sich hinter dem Wahn eines umfassenden Wissensganzen, hinter dogmatischen Weltanschauungen und anderen Systemen menschlicher Angst gegen den aktuellen Anruf Gottes zu verschanzen.«

Die Verbindung von Gemeinde und Gottesdienst, von theologischer Wissenschaft und persönlicher Frömmigkeit bei diesen beiden Lehrern hat sich mir eingeprägt und mich zweifellos auch geprägt.

Als »Ertrag des Kirchenkampfes«[11] war diesen beiden Theologen vor Augen, wie eine Kirche hilflos dem »Gebot der Stunde«, den »Lebensbedürfnissen eines Volkes« und den »Forderungen von weltlichen Mächten« ausgeliefert ist, wenn die Grundlage der Heiligen Schrift und die tragende Verbindung im Bekenntnis aufgegeben ist. Nicht erst in den Ereignissen nach der Machtergreifung 1933, sondern wesentlich früher und tiefer lagen die Schäden der Kirche, die in großen Teilen dieser Bewegung erlag. Im Kirchenkampf wurde sichtbar, »daß die Kirche in Deutschland in einem viel weiteren Umfang verbürgerlicht war, als man bereits vorher wußte ... die harten Worte Jesu von der Nachfolge waren bei vielen in Vergessenheit geraten oder ihrer Schärfe entkleidet. Die Verkündigung der Kirche war demgemäß weitgehend privatisiert worden. Sie erfaßte den Menschen zu einseitig in seiner privaten häuslichen Sphäre und zu wenig in der Totalität seiner Lebensbereiche ...«[12] Als Ertrag des Kirchenkampfes wurde festgehalten, daß Bekenntnis eben nicht historisches Dokument ist, sondern Ausdruck dafür, daß die Kirche »Eigentum allein ihres Herrn Jesu Christi« ist und daß mit dem Bekenntnis die Abgrenzung der Kirche von den »Herrschaftsansprüchen der Welt und ihren selbstgemachten Göttern« sich vollzieht.«[13]

---

[10] KuD 1, 1955, S. 1–22.
[11] *Edmund Schlink*, Der Ertrag des Kirchenkampfs. Gütersloh (1946) 1947[2].
[12] AaO., S. 12 f.
[13] AaO., S. 33.35.

In diesem Sinne hat auch Peter Brunner die ihm für eine Pfarrkonferenz im Rahmen einer Tagung der Theologischen Kommission des Lutherischen Weltbundes gestellte Frage beantwortet: »Was bedeutet Bindung an das lutherische Bekenntnis heute?«[14] Dazu fragte er: »Hat die lutherische Kirche noch einen Richter über Lehrer und Lehre in ihrer Mitte?« Diese Frage zielte besonders auf die Verbindlichkeit der Schriftautorität gegenüber ihrer relativierenden Auflösung in der Theologie. Und er kommt zu dem Ergebnis:

> »In dem Maße, als die Kirche die konkrete Autorität der heiligen Schrift verliert, verliert sie auch einen verbindlichen Consensus im Blick auf den Inhalt der Evangeliumsverkündigung. An die Stelle der Bindung an das Bekenntnis tritt die Bindung an diese oder jene theologische Schulmeinung, die nun notwendig selbst mit der exklusiven Autorität eines Dogmas auftreten muß. Wo die Autorität der Schrift verloren geht, tritt an die Stelle der Confessio der Kirche die Hairesis der Schule.«[15]

In den letzten Semestern war im Gespräch mit Edmund Schlink und im Anschluß an eine Arbeit über die Dialektik Schleiermachers die Frage einer Promotion aufgetaucht. Da Schlink von meinen Sprachkenntnissen wußte, regte er an, ein Thema aus der ostkirchlichen Theologie zu behandeln, und so wurde mir für die Hausarbeit das Thema gestellt »Der Beitrag der Orthodoxen Kirchen zur ökumenischen Begegnung seit der Weltkirchenkonferenz von Stockholm«. Diese Examensarbeit wurde der Anfang meiner Dissertation, und mit einem Stipendium des Ökumenischen Rates der Kirchen bekam ich 1956–57 die Gelegenheit, für ein Jahr in Paris am Russischen Orthodoxen Theologischen Institut St. Sergius zu studieren und in verschiedenen Bibliotheken in Paris und später noch in Belgien bei den Benediktinern in Chevetogne das Material für meine Dissertation zu sammeln und auszuarbeiten.

Das Sergius-Institut befindet sich im Pariser Stadtteil La Villette. Die kleine russische Emigrantenfakultät ist in den Gebäuden untergebracht, die auf den früheren Müllhalden um die »Hügelkirche« Friedrich von Bodelschwinghs (1831–1910) gruppiert sind. Nach dem ersten Weltkrieg war das Grundstück enteignet und dem YMCA übergeben worden. Von diesem war es dann den russischen Emigranten zur Verfügung gestellt worden, die auf oft sehr langen Fluchtwegen über China, Istanbul, Prag und Berlin schließlich in Paris sich einfanden. Es waren die Überlebenden der russischen Intelligenz, die zwischen 1921 und 1923

---

[14] *Peter Brunner,* Pro Ecclesia 1, Fürth 1991[3], S. 46–55.
[15] AaO., S. 48.

vertrieben worden waren. Als ich dort Vorlesungen besuchte und in den Bibliotheken arbeitete, war die Unterrichtssprache noch Russisch, und ich hatte das große Glück, die letzten berühmten Vertreter des einst so blühenden russischen Geisteslebens und der russischen religiösen Philosophie zu hören und persönlich kennenzulernen. Um nur einige zu erwähnen: Rektor war der Neutestamentler, Bischof Kassian (Bezobrazow) (1892–1965), als Kirchenhistoriker lehrte der letzte Oberprokuror des russischen Synods unter der Regierung Kerenskij, der letzten vor der Oktober-Revolution, A. V. Kartaschow (1875–1960), der für mich ein Privatissimum über die noch ungeschriebene von ihm selbst erlebte Kirchengeschichte hielt. Patristik lehrte der Archimandrit Kiprian Kern (1899–1959). Von dem Ökumeniker L. A. Zander (1893–1964) übersetzte ich das Buch »Einheit ohne Vereinigung. Ökumenische Betrachtungen eines russischen Orthodoxen«[16] aus dem Russischen ins Deutsche. Über die intensive Arbeit in den Bibliotheken hinaus bekam ich in Paris sehr viele persönliche Kontakte mit Vertretern der ostkirchlichen, aber auch mit der ökumenisch sehr aufgeschlossenen römisch-katholischen Theologie Frankreichs. Die damals noch üblichen »salons« in Privatwohnungen boten unter den zu jener Zeit wirklich ärmlichen Verhältnissen einen reichen geistigen Austausch.

Nachdem ich von Paris zurückgekehrt war, begann ich in meiner kurhessischen Heimatkirche das Vikariat. In einer ersten Stelle in Windecken im Kreis Hanau war ich dem Dekan zugewiesen. Nach einem halben Jahr bekam ich den Auftrag, die kleine Kirchgemeinde Dalherda in der Rhön am Rande des Truppenübungsplatzes Wildflecken selbständig zu versehen.

An das Vikariat sollte sich eigentlich das Predigerseminar in Hofgeismar anschließen. Jedoch wurden damals die Fakultäten im Zuge des beginnenden Wirtschaftswunders ausgebaut. Während zuvor jede Fakultät höchstens einen Assistenten hatte, bekam nun jeder Lehrstuhl einen oder sogar mehrere Assistenten, und so forderte mein Doktorvater Edmund Schlink mich auf, als Assistent nach Heidelberg zu kommen. Er erreichte zugleich die Freistellung vom Predigerseminar, so daß ich das zweite Examen als Externer ablegte. Dem folgte die Ordination, und nun war auch die Voraussetzung zur Familiengründung gegeben, nachdem mir im Examenssemester die für mich bestimmte Frau in Heidelberg begegnet war.

---

[16] Stuttgart 1959.

III. Akademische Theologie in kirchlicher Verantwortung
von Bern über Heidelberg, Erlangen nach Riga

Beim Beruf eines Pfarrers, so hatte Peter Brunner in einer Vorlesung
gesagt, muß man immer bedenken, daß der Apostolat ursprünglich ein
Wanderberuf gewesen ist. Damit verband Brunner den Rat, etwa alle 6–
10 Jahre die Gemeinde zu wechseln, damit persönliche Bindungen und
Abhängigkeiten nicht den apostolischen Auftrag verdecken. Deshalb
stellte ich auch bei der Entscheidung über unseren gemeinsamen Lebensweg, der ursprünglich in das Pfarramt führen sollte, meiner zukünftigen Frau die Frage: »Willst du dich mit mir vor meinen Karren span-
nen?« Wir waren auf Ortswechsel eingestellt. Heidelberg war unser
Treffpunkt am Ende meines Theologiestudiums und ihres Medizinstu-
diums gewesen. Dort gründeten wir nach meiner Rückkehr unseren ersten Hausstand. Vier Söhne wurden uns geschenkt. Nach der Assisten-
ten- und Dozentenzeit in Heidelberg von 1958–1968 führte der Weg
zunächst als ordentlicher Professor nach Bern (1968–1970), und der
Lehrauftrag lautete: »Ethik, Theologie der Ostkirche, Enzyklopädie
und praktische Exegese«. In der Nachfolge von Alfred de Quervain
(1896–1968) hatte ich nun theologische Ethik zu lehren. 1969 bereits
wurde ich durch zwei kurz nacheinander eintreffende Berufungen vor
die schwierige Entscheidung zwischen Bern, Erlangen (Nachfolge Walter Künneth) und Heidelberg gestellt. Wir entschieden uns für Heidelberg, wohin ich zunächst als Nachfolger von Peter Brunner berufen
worden war, jedoch mit der Vereinbarung, nach der Emeritierung meines Lehrers Edmund Schlink 1971 den Lehrstuhl für »Systematische
Theologie (Dogmatik und Ökumenische Theologie)«, verbunden mit
der Leitung des Ökumenischen Instituts, zu übernehmen. 1981 kam ein
neuer Ruf nach Erlangen, dem ich folgte, und damit änderte sich wiederum die Aufgabenstellung, indem nun Philosophie und Apologetik zu
meinem Arbeitsbereich in der systematischen Theologie hinzutraten.

Zu der Lehrtätigkeit an der Universität kamen immer wieder praktische und kirchliche Aufgaben. So war ich in Heidelberg Ephorus des
Ökumenischen Studentenwohnheims. In Erlangen war ich von 1985–
1997 Ephorus der Studentenheime des Martin-Luther-Bundes, und hier
war es eine besonders schöne Aufgabe, die wöchentliche »Bekenntnis-
stunde« mit der Lektüre von Bekenntnisschriften und Kirchenvätertex-
ten zu leiten.

Hinzu kam die Mitwirkung in der Synode der Evangelischen Landeskirche von Baden (1972–1981) und in der EKD-Synode (1973–

1981). Wichtige Einsichten für die praktische Seite der Dogmatik erschlossen sich mir außerdem durch meine Mitgliedschaft und den späteren Vorsitz im Kuratorium (1974–1994) der Evangelischen Zentralstelle für Weltanschauungsfragen in Stuttgart, jetzt in Berlin. Die verbreitete Vorstellung von einer säkularisierten neuzeitlichen Gesellschaft erweist sich als eine völlige Illusion angesichts der bunten Vielfalt von religiösen und weltanschaulichen Gemeinschaften und Bewegungen in unserer Zeit. Wenn in der Fixierung auf die volkskirchliche Situation die Aufgabe, Menschen zu interessieren, zu gewinnen und festzuhalten, im Vordergrund stehen mag, so sieht man auf diesem Arbeitsfeld, daß es in den Begeisterungen und Abhängigkeiten religiöser Gruppen auf klare Unterscheidungen ankommt, um zu erkennen und zu zeigen, was wahr und was falsch, was heilsam und was in bisweilen verhängnisvoller Weise schädlich ist.

Die *Schwerpunkte der theologischen Arbeit* ergeben sich stets zuerst aus der Wahl der Themen für Promotion und Habilitation und im weiteren aus den Aufgaben im akademischen Unterricht. Das schlägt sich dann in den Publikationen und Vorträgen nieder.

Meine Dissertation über »Ostkirche und Ökumene. Die Einheit der Kirche als dogmatisches Problem in der neueren ostkirchlichen Theologie«[17], erwuchs aus meinem Interesse an der ökumenischen Bewegung. Es führte dazu, daß ich bereits 1959 an den damals beginnenden Gesprächen zwischen EKD und Moskauer Patriarchat zunächst als Protokollant und bei den folgenden Gesprächen als Kommissionsmitglied bis 1985 teilnehmen konnte. Hinzu kam die Mitarbeit in Gremien und auf vielen Konferenzen des Ökumenischen Rates der Kirchen, anfangs mehrfach als Vertreter meines Lehrers Edmund Schlink. Eine intensive Zusammenarbeit mit römisch-katholischen Theologen erwuchs aus meiner Aufnahme in den »Ökumenischen Arbeitskreis evangelischer und katholischer Theologen« im Jahr 1974. Was sich in vielen Veröffentlichungen niedergeschlagen hat, war begleitet von einer immer wieder anregenden persönlichen Begegnung mit Theologen verschiedener Länder, Sprachen und Kulturen. Es drängte sich aber auch die Frage auf, was das unmittelbare Ergebnis und das weitere Ziel solcher zwischenkirchlicher Gespräche sein könnte. Die Vorstellung, daß die geschichtliche Entwicklung von der Zertrennung auf eine sichtbare Einheit der Kirche hinauslaufe, ist zweifellos schon angesichts der praktischen Erfahrungen eine Illusion, nach dem Wesen der Kirche jedoch auch ein

---

[17] (= Forschungen zur systematischen und ökumenischen Theologie 9) Göttingen 1962.

tiefgreifender Irrtum, weil uns die Einheit der Kirche in dieser Zeit und
vor der Scheidung des Endgerichts gewiß nicht verheißen ist. Die endgültige Trennung wird durch alle Kirchen hindurchgehen, während sich
das innergeschichtliche Ringen zwischen wahrer und falscher Kirche
nicht nur zwischen den Kirchen, sondern auch in jeder Kirche vollzieht.
Meine Aufgabe im ökumenischen Gespräch habe ich auch darin gesehen, darauf hinzuweisen, daß nicht die Einheit schon die Wahrheit ist,
sondern daß es nur eine Einheit in der Wahrheit geben kann. Das »satis
est« von CA 7 könnte die zwischenkirchliche Begegnung von vielen
Einzelfragen entlasten, wenn man sich nur darauf verständigen könnte,
daß die Kirche allein durch die reine Verkündigung des Evangeliums
und die rechte Verwaltung der Sakramente erbaut und in der Wahrheit
erhalten wird. Wo das nicht ist und geschieht, kann es auch keine Kirche, sondern allenfalls nur eine »Namenskirche« (Apk 3,1) geben.

Das Thema meiner Habilitationsschrift über »Geschichtlichkeit und
Personsein Jesu Christi. Studien zur christologischen Problematik der
historischen Jesusfrage«,[18] bewegte sich in dem Grenzgebiet von neutestamentlicher Exegese und Dogmatik. Die exegetischen Methoden und
Arbeitsergebnisse sind keineswegs nur ein Vorfeld der Dogmatik, sondern in ihnen fallen bereits dogmatische Entscheidungen, auch wenn
das in der geläufigen Arbeitsteilung der Disziplinen oft nicht beachtet
wird. Daß die historische Jesusfrage ein eminent dogmatisches Problem
ist und speziell ein christologisches, war die These dieser Untersuchung. Allerdings muß dazu erkannt werden, daß christologische Prädikationen und Hoheitstitel nicht einfach Produkt der Überlieferung und
Übertragung sind, sondern daß sie in der Offenbarung des Sohnes Gottes selbst begründet sind. Nicht weil die Gemeinde ihn verehrt, ist oder
wird er zum Sohn Gottes, sondern er wird verehrt, bekannt und angebe-
tet, weil er seinem Wesen nach Sohn Gottes ist. Wenn die christologischen Prädikationen nur als Produkt theologischer Interpretationen aufgefaßt werden, gerät man unweigerlich in die Situation des arianischen
Streits, mit der Behauptung des Arius: »Wenn er (der Sohn Gottes) auch
als Gott bezeichnet wird (nämlich im Gottesdienst der Gemeinde), so ist
er doch nicht wahrer Gott«[19]. An dem Bekenntnis der Gottheit Jesu
Christi aber hängt auch die Realität der durch die Taufe auf den Namen
des dreieinigen Gottes begründeten Gemeinschaft von Gott und

[18] (= Forschungen zur systematischen und ökumenischen Theologie 18) Göttingen 1967.
[19] Εἰ δὲ καὶ λέγεται θεός, ἀλλ' οὐκ ἀληθινός ἐστιν. Athanasius, Oratio I adversus Aria-
nos c.6

Mensch. Hier steht also alles auf dem Spiel, was die Zueignung des Heils und das Wesen der Kirche ausmacht.

Im Wechsel der Lehrstühle veränderten sich für mich auch mehrfach die Aufgaben in der Lehre. Indem ich nach Bern zuerst auf einen Lehrstuhl für Ethik berufen wurde, mußte ich mir dieses vorher noch keineswegs von mir gründlich bearbeitete Gebiet historisch und dogmatisch erschließen. Mit der Rückkehr nach Heidelberg begann die Aufgabe, den Turnus der Dogmatikvorlesung auszuarbeiten. Ich habe gegenüber allen Bedenken von Kollegen und Kommilitonen immer daran festgehalten und darauf bestanden, daß die Dogmatik von den Fachvertretern jeweils als Gesamtentwurf in einer Fakultät vorgetragen wird. Dagegen wird oft eingewandt, daß die Stoffülle zu groß und das Interesse der Studenten an solchen zweifellos gewichtigen und anspruchsvollen Vorlesungen zu gering sei. Die Alternative sind dann Vorlesungen, bei denen nur ausgewählte Spezialthemen behandelt werden können. Der praktische Vorteil des Dogmatik-Turnus jedoch ist, daß inhaltlich überschaubar und zeitlich abgegrenzt eine Gesamtdarstellung des christlichen Glaubens im Lehrplan einer Fakultät erscheint. Die Schwierigkeiten für den Dozenten bei solchen großen Vorlesungen erwachsen natürlich daraus, daß eine ungeheure Fülle von Stoff und Problemen zu bewältigen ist. Eine Ursache dafür mag in der Historisierung der Dogmatik liegen. Die Folge jedoch ist, daß unter dem Druck der Stoff- und Problemfülle die eigentliche Aufgabe der Dogmatik für die theologische Urteilsbildung und die Verantwortung für den rechten Gottesdienst zurücktritt hinter dem Versuch, das Ganze des christlichen Glaubens in seiner geschichtlichen Entwicklung und im Blick auf die gegenwärtigen Möglichkeiten des Verstehens zu entfalten. Damit wird man in überschaubarer Zeit niemals fertig werden, und das historische Material, soweit es überhaupt angemessen und nicht nur in Klischees dargestellt wird, erschlägt dann zwangsläufig die praktische Aufgabe der Dogmatik. In meinem letzten Semester in Erlangen habe ich dann einmal die ganze Dogmatik vierstündig im Überblick gelesen, und das ist vermutlich auch erst am Ende möglich.

Dogmatik aber hat als Aufgabe, daß die Kirche in der Wahrheit bleibt, und dies geschieht gegenüber dem in immer neuer Gestalt auftretenden Irrtum. Die Historisierung der Dogmatik verstellt jedoch den Blick auf die Wirklichkeit des Dogmas und des Dogmatischen. Denn Dogma ist im Gegensatz zu verbreiteten Auffassungen keineswegs nur beschränkt auf lehramtliche Entscheidungen einer autoritativen Instanz und vergangener Zeiten, sondern nach seinem Wesen und seinem Sitz im Leben ist das Dogma Bewußtseinsbindung und Urteilsgrundlage, zunächst im subjektiven Bereich, dann aber auch das, was Menschen miteinander verbindet oder auch voneinander trennt und möglicherweise gegeneinander aufbringt. Wesen und Wirklichkeit des Dogmatischen aber zeigen sich nirgends deutlicher als im Antidogmatismus, für den »Dogma« ein Reizwort und »dogmatisch« ein Schimpfwort ist. Sein Kennzeichen liegt darin, daß man gegen Dogmen ist, ohne jedoch die eigenen Dogmen in Bewußtseinsbindung und Urteilsgrundlage als solche zu erkennen. Denn was ich selbst meine und wie ich selbst urteile, steht immer unter der Behauptung: Das ist doch – heute – so. Beginnt man jedoch, solche subjektiven und temporalen Axiome auf ihre Begründung zu befragen, dann erzeugt das Hilflosigkeit oder führt auch zu Aggressionen, weil die unbewußte Urteilsgrundlage berührt wird, die sich rationaler Artikulation meist entzieht.

Hat man diese Wirklichkeit von Dogma und Dogmatischem vor Augen, dann kann sich die theologische Arbeit nicht auf die Verstehensfrage nach der Methode historischer Hermeneutik beschränken; es kann dann auch nicht eine Trennung zwischen wissenschaftlicher Theologie, Gemeinde und gelebtem Glauben geben, sondern wir bekommen es dann mit den Bindungen und Abhängigkeiten zu tun, deren Gründe im menschlichen Wesen erheblich tiefer liegen als die vordergründige Überlieferung von Texten und Lehrsätzen. Über Dogmenstreitigkeiten in der Vergangenheit mag man als aufgeklärter Mensch unserer Zeit den Kopf schütteln, so lange man nicht versteht, daß es bei diesen Streitigkeiten um die Grundlagen des Glaubens geht, mit denen Menschen stehen und fallen.

Der Sachverhalt, um den es dabei geht, läßt sich am besten mit dem bekannten Zitat aus Luthers Auslegung des 1. Gebots im Großen Katechismus zeigen, wenn er hier auf die Frage antwortet:

»Was heißt einen Gott haben oder was ist Gott? Antwort: Ein Gott heißet das, dazu man sich versehen soll alles Guten und Zuflucht haben in allen Nöten. Also daß ein Gott haben nichts anders ist, denn ihm von Herzen trauen und gläuben, wie ich oft gesagt habe, daß alleine das Trauen und Gläuben des Herzens machet beide Gott und Abegott. Ist der Glaube und Vertrauen recht, so ist auch Dein Gott recht, und wiederumb, wo das Vertrauen falsch und unrecht ist, da ist auch der rechte Gott nicht. Denn die zwei gehören zuhauf, Glaube und Gott. Worauf Du nu (sage ich) Dein Herz hängest und verlässest, das ist eigentlich Dein Gott.«[20]

---

[20] BSLK 560, S. 9–24.

Die Historisierung der Theologie insgesamt und der Dogmatik im besonderen verstellt den Blick auf diese Realität des Glaubens. Es geht überhaupt nicht um die Frage, *ob* ein Mensch glaubt oder nicht, wohl aber geht es um die Frage, *woran* er glaubt und wer oder was sein Gott ist, woran sein Herz hängt, worauf sich verläßt und, dies nicht zu vergessen, wovor er sich fürchtet.

Mein Buch »Kirchliche Entscheidung in theologischer Verantwortung. Grundlagen – Kriterien – Grenzen«,[21] hat genau dieses Ziel, auf die Realität des Glaubens und infolgedessen auf die praktische Aufgabe der Dogmatik hinzuweisen. Wiederholt ist die Frage gestellt worden, warum dieses Buch weder Einleitung noch Schluß habe. Meine Antwort darauf ist der Hinweis auf den ersten Absatz:

>»Weil Jesus von Nazareth, der Gekreuzigte und Auferstandene, der Sohn Gottes ist, wird er von den Seinen als der Herr erkannt, bekannt und verkündigt. Für den christlichen Glauben ist Jesus Christus nicht nur eine Erinnerung, die rückblickend zu erschließen und in die jeweilige Gegenwart zu vermitteln wäre, sondern der Glaube hat in ihm seinen Ursprung, seinen tragenden Grund und das Ziel seiner Hoffnung in der Erwartung seiner Wiederkunft.«[22]

Daß der dreieinige Gott nicht Produkt dogmengeschichtlicher Entwicklung und theologischer Begriffsbildung ist, sondern daß er sich in seinem Wort der Heiligen Schrift selbst offenbart mit seinem Namen, seinem Handeln, seinen Geboten und seinen Verheißungen, ist die Grundlage dieser Einsicht. Durch die Historisierung der Theologie wird jedoch die gegenwärtige Wirklichkeit Gottes leicht verdeckt oder in subjektive Innerlichkeit abgeschoben.

In meinen Lehrveranstaltungen zur Philosophie, die ich regelmäßig in Erlangen zu halten hatte, habe ich daher auch immer wieder Themen im Bereich der Metaphysik behandelt, weil ich überzeugt bin, daß gerade auch im Widerspruch zu dem abfälligen Gerede über »Substanzmetaphysik« die Theologie hier ihre wissenschaftliche Verantwortung für die übrigen Wissenschaften wahrzunehmen hat, die ihr als erste in der Reihe der Fakultäten zukommt. Wenn wir bedenken, daß der dreieinige Gott Ursprung, Herr und Richter alles Seins ist, dann haben wir hier zweifellos eine wichtige Aufgabe im Blick auf den Grund des Seins, damit aber auch für die Grundlagen von Wissenschaft, Recht und Sitte im menschlichen Zusammenleben. Hier gibt es viele wichtige Aufgaben, die seit langem vernachlässigt sind.

---

[21] Göttingen 1991.
[22] AaO., S. 9.

Es ist auffallend, aber durchaus verständlich, daß dort, wo in der Vermittlung von Vergangenheit und Gegenwart oder von Kirche und Gesellschaft die Hauptaufgabe der Theologie gesehen wird, die Lebenswirklichkeit des Wortes Gottes und des Glaubens neutralisiert wird. Die verheerenden Konsequenzen zeigen sich dann auch beim Theologen in seinem Beruf, wenn Anstellungsbedingungen und Versorgungsansprüche den Ruf in die Nachfolge verdecken und wenn dann nicht mehr die Theologen zur Versorgung der Gemeinden, sondern die Gemeinden zur Versorgung von Theologen mit Stellenteilung und Teilstellen da sind. Vergessen ist dann, daß das Gehalt eines Pfarrers nur eine Freistellung von eigenem Broterwerb ist, so lange und so weit die Gemeinde dazu imstande ist. In einer fortlaufenden Auslegung der Bergpredigt, die zunächst die einzelnen Blockstunden einer Vorlesung »Grundlegung der Ethik« einleitete, habe ich versucht, die Nachfolge in der Gemeinschaft Jesu mit seinen Jüngern im aktuellen Hören auf sein Wort in dreißig Andachten zu betrachten.[23]

Es gehört zum Beruf eines Theologen, daß in der Verantwortung für die Kirche auch Kontroversen aufbrechen, in denen eine theologische Stellungnahme gefordert wird und geboten ist. Solche Kontroversen haben meist eine nachhaltige Wirkung und verfestigen sich als Richtungsgegensätze in dem Maße, wie die Sachentscheidung und die zur Beurteilung angewandten Maßstäbe nicht mehr klar sind. Richtungen werden lokalisiert nach dem parlamentarischen Vorbild in rechts und links, in konservativ oder progressiv, in positiv oder liberal, und auf diese Weise werden die gängigen gesellschaftlichen und politischen Polarisierungen auf Theologie und Kirche übertragen; das erspart Information und Nachdenken, und auf diese Weise bekommt man seine Etiketten angehängt. Überraschend ist das nicht, bedauerlich sind jedoch die Konsequenzen, wenn dann die theologischen Sachfragen und Entscheidungen nach den Kriterien der Mehrheit und mit den Mitteln der Verdrängung entschieden und bewältigt werden. Auch in meiner Tätigkeit gab es immer wieder derartige Vorgänge, aber ich möchte nur zwei davon als Beispiel aufgreifen.

Das eine ist die Auseinandersetzung um die Ordination von Frauen zum gemeindeleitenden Amt, in die ich hineingezogen wurde, als ich vor der Schaumburg-Lippischen Landessynode in Bückeburg am 4. 10. 1991 eines der Referate zu halten hatte bei der Entscheidung, ob der sogenannte »Pastorinnenvorbehalt« im Pfarrergesetz der VELKD

---

[23] Die Bergpredigt Jesu. Auslegung in dreißig Andachten, Göttingen 1994.

von 1976 aufgehoben werden sollte, nach dem die Ordination von Frauen in dieser Kirche erst zu einem späteren von dieser Kirche zu bestimmenden Zeitpunkt entschieden werden sollte, d.h. nach der Wahl eines neuen Bischofs. Wie schon in den fünfziger und sechziger Jahren bei den Verhandlungen in anderen Landessynoden wurde auch hier die Entscheidung von ganz erheblichen öffentlichen und parteipolitischen Pressionen begleitet. Ich war in meinem Referat besonders auf die Frage nach dem Gewissensschutz für solche Männer und Frauen (!) eingegangen, die in Übereinstimmung mit der seit apostolischen Zeiten bestehenden Übung eine Ordination von Frauen zum gemeindeleitenden Amt ablehnen, weil sie weder durch die Schrift begründet noch mit dem Bekenntnis vereinbar ist. Die weitere Entwicklung zeigte, wie nun in der EKD alles darauf gerichtet war, den Gewissenschutz radikal bis ins letzte zu beseitigen[24]. Inzwischen ist dies nicht nur in sämtlichen Gliedkirchen der EKD durchgesetzt, sondern wir sind so weit, daß vom Rat der EKD in einer Stellungnahme zu »Frauenordination und Bischofsamt« vom 20.7.1992 ausdrücklich und offiziell erklärt wurde:

»Die Kritik an der Wahl einer Frau in das evangelische Bischofsamt verläßt daher den Boden der evangelischen Kirche…Aber auch eine prinzipielle Kritik an der Frauenordination verläßt den Boden der in der evangelischen Kirche geltenden Lehre.«[25]

Man muß sich einmal klarmachen, daß hier bereits die Kritik ausdrücklich mit Exkommunikation und Lehrverurteilung belegt wird! So gibt es weitere Erklärungen und damit verbundene Aktionen, um auch in anderen Kirchen, z.B. in Lettland, durchzusetzen, daß die Ablehnung der Frauenordination einen »status confessionis«, also einen lehrentscheidenden und kirchentrennenden Konfliktpunkt darstellt.

Ich habe in dieser ganzen vorwiegend politisch geführten Kontroverse immer die Auffassung vertreten, daß die Gleichheit der Rechte nach Gen 1, 26 und 1 Kor 12; Gal 3,28 in der Schöpfungsordnung ebenso wie im Leib Christi selbstverständlich ist. Mir kam es aber darauf an, in dieser selbstverständlichen Gleichheit der Rechte die Vielfalt der Gaben und Dienste von Männern (!) und Frauen gegenüber einer vor allem

---

[24] *R. Slenczka,* Amt – Ehe – Frau. Vier Vorträge aus gegebenem Anlaß, Gr. Oesingen 1994.

[25] *R. Slenczka,* Ist die Kritik an der Frauenordination eine kirchentrennende Irrlehre? Dogmatische Erwägungen zu einer Erklärung des Rates der EKD vom 20. Juli 1992, in: *B. Hägglund, G. Müller* (Hgg.), Kirche in der Schule Luthers. Festschrift für D. Joachim Heubach, Erlangen 1995, S. 185–198.

wohl durch eine unbiblische Gehalts- und Rangordnung verursachte
Monopolstellung des Pfarramtes zu erhalten.

In ähnlicher Weise wurde evangelischen Kirchen in Deutschland wie
auch in anderen Ländern durch gesellschaftliche Aktionsgruppen Erklärungen aufgenötigt zu Fragen von Ehe, Familie und der Segnung
eheähnlicher gleichgeschlechtlicher Partnerschaften. Gewiß ist nicht zu
übersehen, daß sich das Verhalten in diesen Bereichen in den letzten drei
Jahrzehnten ganz erheblich verändert hat. Wenn aber kirchliche Gremien daraus auch eine Änderung der Gebote Gottes, und das betrifft in
diesem Fall vor allem das 5. und das 6. Gebot, meinen ableiten zu müssen, dann vertauschen sie die Stimme Gottes mit der Stimme des Volkes,
und das ist das schlimmste, was in der christlichen Gemeinde geschehen
kann. Denn damit tritt die Rechtfertigung der Sünde durch Änderung
oder gar Aufhebung der Gebote an die Stelle der Rechtfertigung des
Sünders durch den Ruf zur Umkehr und zum Empfang der Vergebung.
Die evangelische Kirche und weite Kreise ihrer Theologen sind an dieser Stelle – wieder einmal – dem Ruf der Stunde und den Forderungen
der Zeit erlegen. Dies wird aber immer dann unvermeidlich geschehen,
wenn wir das Gericht der öffentlichen Meinung mehr fürchten, als daß
wir die Rettung des Sünders durch Umkehr und Vergebung aus dem
Gericht Gottes verkündigen.

Als mit dem Alter für die Emeritierung das Ende meiner akademischen Lehrtätigkeit absehbar war, erreichte mich eine Einladung des
Evangelisch-Lutherischen Frauenbundes in Lettland zu Vorträgen im
April 1996. Dies führte zu der mich völlig überraschenden Frage des
Erzbischofs der Evangelisch-Lutherischen Kirche Lettlands, Jānis Va-
nags, ob ich bereit sei, die Leitung der pastoraltheologischen Ausbildung in der lettischen Kirche zu übernehmen. Die fortbestehende Trennung von Staat und Kirche ist der Grund dafür, daß in der 1990 wieder-
eröffneten Theologischen Fakultät an der lettischen Universität in Riga
zwar Theologie studiert werden kann, aber keine Pfarrer ausgebildet
werden können. Deshalb sah sich die lettische Kirche gezwungen, wieder eine eigene Ausbildungsstätte zu eröffnen, um, zunächst im Zweitstudium für Akademiker aus anderen Berufen, ein Theologiestudium
anzubieten, ferner um in einer zweiten Ausbildungsphase Theologen
auf das Pfarramt vorzubereiten. Am 5. November 1996 wurde ich vom
Konsistorium der Evangelisch-Lutherischen Kirche Lettlands zum
Rektor der Luther-Akademie in Riga berufen. Die Arbeit begann mit
einem ersten Kurs am 2. September 1997, und auf diese Weise wurde
ich in den unmittelbaren Dienst der Kirche zurückgeführt. Es sind ande-

re Lebensumstände, aber es ist derselbe Auftrag, den ich zusammen mit meiner Frau als Ruf des Herrn übernommen habe, so lange Gott dazu körperliche Gesundheit erhält und geistige Fähigkeit schenkt.

IV. Die ganze Theologie auf einem Bogen Papier [26]

1. Die Heilige Schrift ist das Wort des dreieinigen Gottes

Was ich als Christ bin und als Theologe tue, hat seinen Ermöglichungsgrund, seinen Gegenstand und daher auch seinen Maßstab und seine Grenze in der Tatsache, daß Gott der Vater, der diese Welt geschaffen hat und erhält, sich in seinem Wort offenbart, spricht und handelt, daß er seinen Sohn, das ewige Wort, den Logos Gottes (Joh 1,1–17), in diese Welt gesandt hat, unsern Herrn Jesus Christus, der für unsere Sünden gestorben und auferstanden ist (1 Kor 15,1–11), damit wir durch ihn ewiges Leben haben, daß er durch seinen heiligen Geist sein erwähltes Volk aus den Völkern der Welt durch Wort und Sakrament ruft, sammelt, bewahrt und vollendet (Joh 14,25–27; 16,5–15; Eph 1, 3–5; Röm 6, 28 ff.).

2. Leben in der Nachfolge Christi

Was ich als Christ bin und als Theologe tue, geht aus von und steht bleibend unter dem Ruf in die Kreuzesnachfolge Jesu Christi (Matth 10,32–33; Mark 8, 34–38 u.a.). Dieser Auftrag besteht nach dem Wort des Herrn in der Sendung zu allen Völkern, sie zu taufen auf den Namen des dreieinigen Gottes und sie zu lehren, alles zu halten, was der Herr den Jüngern gesagt hat. Dieser Auftrag ist getragen von der Zusage des Herrn, daß ihm »alle Gewalt im Himmel und auf Erden gegeben ist« (Raum) und daß er bei uns sein wird »alle Tage bis an der Welt Ende« (Zeit) (Matth 28, 16–20; Mark 16, 15–16). Ruf und Nachfolge aber sind

---

[26] Graf Nikolaus Ludwig von Zinzendorf (1700–1760) hat einmal gesagt, man müsse die ganze Theologie mit großen Buchstaben auf ein Oktavblatt schreiben können. Einer meiner Lehrer, Peter Brunner, hat dies aufgegriffen in: »Für Kirche und Gemeinde. Evangelisches Sonntagsblatt für Baden« 5, 1950, 143f, verbunden mit dem Rat, dies selbst zu versuchen, wie es auch Martin Luther am Ende der Schrift »Vom Abendmahl Christi. Bekenntnis« (1528) getan hat. Ich habe diese Thesen für die Vorlesung »Theologen und theologische Themen unserer Zeit. Theologiegeschichte von der Gegenwart bis zum Beginn des 19. Jahrhunderts« als knappe Darstellung meiner eigenen Position, von der ich ausging, um rückblickend die Theologiegeschichte darzustellen, verfaßt.

gleichzeitig: Wer berufen ist, der folgt nach; der Ruf bewirkt die Nachfolge, nicht irgendwelche Überlegungen und Entscheidungen über Anstellungsbedingungen und Versorgungsmöglichkeiten (vgl. Matth 9,9 gegenüber Luk 9, 57–62). Der Kreuzesnachfolge ist freilich nicht der Erfolg in Zulauf und Zustimmung, sondern die Verfolgung angesagt (vgl. Matth 10, 16–26; Joh 15, 18–25; 1 Petr 4, 1–6). Der Inhalt aber des Auftrags besteht darin, die Identität der Lehre nach dem unveränderlichen Wort der Heiligen Schrift unter der Kontinuität der unverbrüchlichen Verheißung des Herrn zu wahren (Matth 16, 18–19; 1 Kor 3, 11–17).

3. Die Erwartung der Wiederkunft Christi

Die Hoffnung unseres christlichen Glaubens und damit Sinn und Ziel aller christlichen Theologie liegt in der Erfüllung der Verheißung des Herrn, daß er am Ende dieser Weltzeit wiederkommen wird als Richter über Lebende und Tote (Apg 10, 42; 17, 30–31; 2 Ti 4, 1 ff.; Matth 25 u.a.), um die Seinen, die seinen Namen tragen und anrufen (Röm 10; Joh 10; Jes 41, 25; 43, 1.7; Joel 3, 5), zu sich in sein Reich zu holen, damit sie ewiges Leben haben und Gott schauen von Angesicht zu Angesicht (Matth 5, 8; 26, 29; 1 Kor 11, 26; 13, 12; Ps 17,15; 42,3; Offbg 21 u.a.).

In einem Satz: Christliche Theologie besteht darin, daß wir durch das *Wort Gottes* in die *Nachfolge Christi* gerufen werden zur Vorbereitung auf den *Tag seiner Wiederkunft* und in der Gemeinschaft mit allen, die ihn lieben, die seinen Namen tragen und anrufen. Dieses glaube, bekenne und lehre ich in der Gemeinschaft mit der katholischen Kirche, die erbaut ist »auf den Grund der Apostel und Propheten, da Jesus Christus der Eckstein ist« (Eph 2, 20).

ULRICH KÜHN

I.

Wenn ich auf mein Leben und mein theologisches Werden und Denken zurückblicke, dann konzentriert sich alles auf Leipzig im heutigen Freistaat Sachsen. Ich lebe seit 1945 in dieser Stadt, habe die 40 Jahre des realen Sozialismus, den politischen Umbruch (die sog. Wende) im Herbst 1989 und den Aufbruch zur Demokratie mit allen Hoffnungen, aber eben auch mit all den vorher so nicht geahnten Schwierigkeiten und Problemen in dieser Stadt erlebt. Gewiß war es mir überraschenderweise vergönnt, von Leipzig aus auch andere Standorte des persönlichen und beruflichen Lebens kennenzulernen, aber es ist gewiß zutreffend, daß mein theologisches Denken grundlegend von der spezifischen Situation in dieser Stadt und in diesem Land – der damaligen DDR, dem jetzigen Ostdeutschland – geprägt wurde. Es war ein Weg und eine Zeit, die für mich wie für viele von uns besonderen Gewinn mit sich brachte – gerade, weil man sich mit der Umwelt nicht identifizieren konnte.

Ob es mir in die Wiege gelegt war, eines Tages Theologie zu studieren, Pfarrer und Dozent zu werden, wage ich nicht zu sagen. Gewiß gibt es bei den Vorfahren väterlicher- und mütterlicherseits neben Bauern und Fabrikanten, neben Studienräten und Juristen und Bergleuten auch eine Reihe von Theologen, in deren Tradition ich zur Freude mancher Verwandten eintrat. Ich wurde als Ältester von vier Brüdern 1932 in Halle/Saale geboren und hatte eine sonnige Kindheit. Mein Vater war im provinzsächsischen Tagebauwesen tätig, seit 1934 im Braunkohlenrevier zwischen Weißenfels und Zeitz. Die Eltern verstanden sich als christlich in einem eher weitläufigen Sinn. Trotz Taufe und Konfirmation und Gebet bei Tisch kann man von einer bewußten religiösen Erziehung wohl nicht sprechen. Die Erinnerung an das Kriegsende verbin-

de ich außer mit dem Gefühl der Erleichterung über das Ende einer
Schreckenszeit auch mit der Erinnerung an den Schmerz meiner Eltern
über den Untergang Deutschlands. Mein Vater, der nicht zum Krieg eingezogen worden war und nach 1945 eine leitende Stellung im Auftrag
der sowjetischen Militärverwaltung innehatte, kam   Anfang 1946
40jährig noch in den Nachkriegswirren ums Leben. Die Mutter nahm
daraufhin ein Medizinstudium auf, war später in Leizpig als Oberärztin
für Orthopädie tätig und hat uns vier Söhne in einem Leben mit mancher
Entsagung großgezogen. 1952 zogen wir in ein wunderschönes Reihen-
haus in der Nähe des Leipziger Völkerschlachtdenkmals (»Denkmals-
blick« heißt das Sträßchen, der Stadtteil heißt Marienbrunn). Dieses
Haus bewohne ich noch heute.

Ich war nacheinander Schüler zweier bekannter Schulen: von 1942
bis zum Kriegsende 1945 der Fürstenschule Meißen, nach 1945 bis
1949 der Thomasschule Leipzig, dort zugleich Mitglied des Leipziger
Thomanerchores und im letzten Schuljahr (1948/49) zweiter Chorprä-
fekt unter Günther Ramin – eine besonders prägende Zeit. Nachdem es
in Meißen durch die Schulbehörde verboten war, auch nur den Kindergottesdienst sonntags zu besuchen, wir also völlig areligiös erzogen
wurden, wurde mit dem Wechsel in den Thomanerchor eine neue Welt
erschlossen: die Welt der geistlichen Musik. Bereits im Elternhaus und
in Meißen im Klavierspiel und gemeinsamen Musizieren (noch mit dem
Vater) unterrichtet und geübt, führte das Erleben der Motetten und Kan-
taten Bachs, der Musik Bruckners und Regers, der Aufführung der großen Passionen und Oratorien den Heranwachsenden zu tiefen religiösen
Eindrücken, die später seinen Weg bestimmen sollten. Daß ich mich
– als 17jähriger Abiturient – nicht für das (für mich ebenfalls nahelie-
gende) Musikstudium, sondern für die Theologie entschied, hing auch
mit den Versuchen einer Gruppe von uns älteren Thomanern zusammen,
durch Junge-Gemeinde-Arbeit zu bewußter christlicher Glaubenshaltung im Chor beizutragen.

Ich studierte an der Universität Leipzig – seit 1953 »Karl-Marx-Universität« – evangelische Theologie und legte mit 22 Jahren im Frühjahr
1954 das erste theologische Examen ab. Einen Wechsel nach Hamburg
im Jahre 1950, wo ich ein Stipendium angeboten bekam, vereitelte die
damlige sächsische Landesregierung – und »illegal« wollte ich nicht
dahin gehen. Ein Studienortwechsel innerhalb der DDR war so gut wie
unmöglich. Der theologische Lehrer, der mich besonders geprägt hat
und der dann auch meine Graduierungsarbeiten betreut hat, war der
Leipziger Systematiker Ernst Sommerlath (1889–1983). Sommerlath

war ein konservativer Lutheraner. Und er war ein frommer, geistlicher (und auch musischer) Mensch. Ich habe schon früh bei ihm Dogmatik gehört, und nicht nur der Verstand, sondern zugleich das Herz wurde angerührt. Er vermittelte uns dabei vor allem auch eine Liebe zu unserer Kirche – konkret: der sächsischen Landeskirche als der Gestalt der einen Kirche Gottes. Ich sog von des Lehrers Lippen aber auch alles, was er kritisch zu den Reformierten und ihrer Theologie sagte, alles, was er zumal über das Abendmahlsgespräch der EKD (1947–1957) – er war Mitglied der Kommission – berichtete, bis hin zu der von ihm als Einzigem verweigerten Unterschrift unter die Arnoldshainer Abendmahlsthesen, jenes bis heute grundlegende Abschlußdokument. Sommerlath fand die lutherische Lehre hier nicht zureichend aufgenommen. Er betonte die traditionelle theologische Verbundenheit von Erlangen und Leipzig, er lud Werner Elert nach Leipzig ein, kritisierte jedoch die offenere Theologie eines Paul Althaus. Es gab unter den Studenten eine streng lutherische Bewegung, die z.B. auch Kritik an den »unionistischen« Abendmahlsfeiern des Leipziger Kirchentages 1954 übte. Bereits 1952 holte mich Sommerlath als Hilfsassistent ins Institut für Systematische Theologie, und nach dem Examen bekam ich die Assistentenstelle dieses Instituts, die ich formell bis 1964 innehatte. In dieser Zeit konnte ich sowohl meine Dissertation (Promotion 1957) wie meine Habilitationsschrift (Habilitation 1963) schreiben, und ich hatte seit 1958 auch einen Lehrauftrag an der Theologischen Fakultät für Übungen im Bereich der Systematischen Theologie. Die Themen meiner Graduierungsarbeiten haben dann allerdings in besonderem Maße dazu beigetragen, daß ich theologisch andere Wege einschlug als mein Lehrer, und sie haben meinen späteren beruflichen Weg in damals nicht vorauszusehender Weise vorbestimmt. Es waren beides Themen aus dem Bereich des Dialogs mit der römisch-katholischen Theologie, und sie waren von Ernst Sommerlath wenn nicht direkt vorgeschlagen, so doch unter seinem Mitdenken und seiner Befürwortung formuliert worden: »Natur und Gnade in der deutschen katholischen Theologie der Gegenwart« als Promotionsschrift (als Buch erschienen 1961), »Theologie des Gesetzes bei Thomas von Aquin« als Habilitationsarbeit (unter dem Obertitel »Via caritatis« 1964/65 im Druck erschienen). Die Befürwortung beider Themen durch Sommerlath und seine Annahme der Arbeiten mag zunächst überraschen, sie basierte aber nicht zuletzt darauf, daß Sommerlaths lutherische Theologie sich in vielem dem katholischen Denken näher fühlte als dem reformierten Protestantismus. Aus diesem Grunde war Sommerlath auch aktiv in der Leipziger Una-Sancta-Arbeit tätig, in die ich nach der Promotion ebenfalls einbezogen wurde. Und meine öffentliche Verteidigung der Habilitationsschrift zu Thomas wurde geradezu ein ökumenisches Ereignis in Leipzig und wirkte über die Grenzen unseres Landes. Meine Bekanntschaft und spätere Freundschaft mit Otto Hermann Pesch z.B. rührt aus dieser Zeit und von diesem Gegenstand her (was auch literarisch belegbar ist). Ich selbst habe dann allerdings ökumenische Theologie nicht nur in einer Richtung zu treiben versucht. Ich habe in der Folge die Arnoldshainer Abendmahlsthesen im Grundsatz bejaht und habe bei der Ratifizierung der Leuenberger Konkordie (1973) in der sächsischen Synode mitgeholfen – ein Bemühen, das meinem Lehrer in seinem Alter doch einige Schmerzen verursachte und mir bei anderen strengen sächsischen Lutheranern das Verdikt des »Verräters« einbrachte.

Meine Zeit an der Universität war noch durch andere Faktoren geprägt. Bereits als Student nahm ich teil an einer Gruppe, die die deutsche Gregorianik pflegte und in Stundengebeten und Sakramentsgottesdiensten praktizierte. Die hier mich erreichende Spiritualität konnte an die Erfahrungen in der Thomanerzeit anknüpfen. Später, als Assistent, habe ich dann über Jahre hin eine liturgische Schola geleitet, die auch in den akademischen Gottesdiensten in der unvergessenen Universitätskirche teilweise Sonntag für Sonntag zum Einsatz kam (v.a. Introitus- und Sub communione-Gesänge). Diese alte Paulinerkirche – mit ihren zumal von Universitätsangehörigen sehr gut besuchten Gottesdiensten – ist uns in besonderem Maße zu einem Ort geistlicher Heimat geworden, dessen spätere Zerstörung (1968 durch das SED-Regime) bleibenden Schmerz verursachte.

Die Studien- und Assistentenzeit war auch eine politisch äußerst bewegte Zeit. Den Aufstand der Arbeiter vom 17. Juni 1953 erlebten wir noch als Studenten. Die Arbeit der evangelischen Studentengemeinde war ein Schwerpunkt auch für Theologiestudenten. Ich erlebte als Assistent die Campagne gegen den Studentenpfarrer Siegfried Schmutzler und seine 4jährige Haft – ausgelöst durch eine mit Studenten veranstaltete Evangelisation vor Arbeitern der Braunkohle- und Chemieindustrie südlich von Leipzig. In der Studentengemeinde, in der sich fachlich besonders gute Physiker, Mediziner etc. begegneten, wurden die Studierenden ausgerüstet zum christlichen Zeugnis im Alltag in den jeweiligen Ortsgemeinden und am Arbeitsplatz – argumentativ gegenüber dem offiziellen atheistischen Marxismus der Staatsdoktrin und durch glaubwürdiges Lebenszeugnis. Der Schmutzler-Nachfolger im Studentenpfarramt Dietrich Mendt hat dabei besonders prägend gewirkt. Wir bekannten uns zugleich zur sächsischen Landeskirche, die den politischen Stellen der Universität und des Staates wegen ihrer klaren kritischen Haltung zunehmend ein Dorn im Auge war. Daraus wurde – wie nun aus den Akten ersichtlich – belastendes Material geschöpft. Hinzu kam, daß wir uns um die Angehörigen verhafteter Studenten kümmerten und eine Geldsammlung veranstalteten. In meinem Falle führte das nicht nur zu einem zweijährigen »operativen Vorgang« der Stasi, sondern auch dazu, daß der Antrag der Fakultät, mich als Dozent zu berufen, de facto aus politischen Gründen abgelehnt wurde.

Trotz der belastenden Art der damaligen Abschiebung von der Universität bin ich nachträglich dankbar, daß ich nun den Weg in den kirchlichen Dienst gehen konnte. Noch während des letzten Jahres meiner Assistentenzeit war ich Vikar in einer Leipziger Gemeinde, legte das Zweite theologische Examen ab und wurde im Mai 1964 ordiniert. Anschließend übernahm ich eine Leipziger Pfarrstelle – eine für mich sehr bedeutsame, leider kurze Zeit. Denn bereits zum 1. Januar 1965 erhielt ich eine Berufung als Leiter der neugegründeten Konfessionskundlichen Forschungsstelle beim Evangelischen Bund in Potsdam – eine Art Zweigstelle des Konfessionskundlichen Instituts Bensheim für die DDR. Ich konnte die Arbeit von Leipzig aus wahrnehmen (hatte dort ein eigenes Büro). Es war die Zeit des zu Ende gehenden II. Vaticanums, mit allen damit verbundenen ökumenischen Hoffnungen. Mehrere konfessionskundliche Seminare für Pfarrer, die ich zu leiten hatte und zu denen wir zweimal Otto Hermann Pesch (damals noch Dominikaner in Walberberg) als katholischen Gast gewinnen konnten, waren Höhepunkte dieser zweijährigen Zeit.

Im Sommer 1965 heiratete ich die Kinderärztin Brigitte geb. Nierade. Uns wurden 4 Kinder (3 Buben, ein Mädchen) geschenkt.

Zum Frühjahr 1967 erhielt ich dann einen Ruf als Dozent für Systematische Theologie ans Berliner Sprachenkonvikt (spätere Kirchliche Hochschule Ost-Berlin). Ich trat dort an die Stelle von Eberhard Jüngel, für den sich 1966 die seit dem Mauerbau fest verriegelte Grenze überraschend und ausnahmsweise (für einen offiziell begrenzten Zeitraum) geöffnet hatte, so daß er eine Berufung nach Zürich annehmen konnte. Es war natürlich eine andere, weithin von Karl Barth geprägte, theologische Luft, die mich in Berlin umgab und mit der ich mich, als Leipziger Lutheraner – der z.B. noch etwas von »natürlicher Theologie« hielt –, auch ein wenig schwer tat – und wohl auch die Studierenden mit mir (zumal es mein erstes Lehramt war). Ehe für die Familie eine Wohnung in Berlin ausfindig gemacht werden konnte (ein damals ganz diffiziles

Unterfangen), ereilte mich ein Ruf an das Theologische Seminar (spätere Kirchliche Hochschule) Leipzig: diesmal in der Nachfolge von Werner Krusche, der 1968 das Bischofsamt in Magdeburg (Kirchenprovinz
Sachsen) angetreten hatte. Ab Frühjahr 1969 bin ich dann dort (bis
1992) Dozent für Systematische Theologie gewesen. Es war die Zeit
nach dem Ende des Prager Frühlings und der Zerstörung der Leipziger
Universitätskirche, und es lag eine entsprechende politische Spannung
über allem. Es gab erneut auch Verhaftungen von Theologiestudenten.
Bereits nach einem Jahr mußte ich das Rektorat der Hochschule über-·
nehmen, wegen des plötzlichen Weggangs des bisherigen Rektors und
mehrerer unbesetzter Lehrstühle. Ich hatte – in häufiger Konfrontation
mit den zuständigen politischen Stellen – zu erfahren, was Übernahme
kirchlicher Verantwortung (noch dazu für junge Menschen) in der DDR
(damals unter Ulbricht) bedeutete. Gleichzeitig allerdings gelang es,
durch Neuberufungen eine Art Reform des Studiums durchzuführen.
Die Möglichkeiten dieser kirchlich-theologischen Ausbildungsstätte
(wie auch in Berlin und in Naumburg) übertrafen die Möglichkeiten, die
die Fakultäten unter staatlicher Kontrolle hatten, bei weitem, z.B. in der
Auseinandersetzung mit dem Marxismus, der Kenntnisnahme offiziell
inkriminierter neomarxistischer Entwürfe (für uns damals besonders
wichtig) und in der Reflexion über die Grenzen staatlicher Gewalt. Wir
erlebten diese Möglichkeiten als Chancen geschenkter Freiheit in einem unfreien Land.

    Neben der Arbeit an der Hochschule waren alle Dozenten noch in
vielfältiger anderer Weise in den kirchlichen Dienst eingebunden. Für
mich traf das vor allem in dreifacher Hinsicht zu. Da war einmal meine
ständige Mitarbeit in der kirchlichen Ortsgemeinde, wo ich nicht nur
regelmäßig zu predigen hatte, sondern wo ich zusammen mit den befreundeten Amtskollegen z.B. auch eine Neugestaltung der Abend-
mahlsgottesdienste mit Familienkommunion und als eucharistisches
Fest der Familie Gottes vornehmen konnte. Dies zusammen mit der
Gestaltung des Sakramentes der Taufe von Kindern und Erwachsenen –
im Sinne einer Ordination zum Christsein – hat das theologische Nachdenken über die Sakramente merkbar befruchtet. Eine zweite Ebene
war die Mitarbeit in kirchlichen Synoden und Kommissionen im Raum
der DDR: zunächst vor allem (ab 1969 für 8 Jahre) in der ersten und
zweiten Periode der Synode des 1969 gegründeten Bundes der Evangelischen Kirchen in der DDR. Die hier notwendigen ekklesiologischen
Überlegungen zum Wesen der Kirche als »Gemeinschaft des Zeugnisses und Dienstes« in der uns vorgegebenen Gesellschaft (so die Formel

von 1970) und als »Kirche für andere« (Bonhoeffer), die auch der Welt des real existierenden Sozialismus das Zeugnis von der Freiheit durch Christus schuldig ist, haben ebenso wie die schon vorher einsetzenden Überlegungen zur missionarischen Struktur der Gemeinde mein Nachdenken über die Theologie der Kirche nachhaltig stimuliert. Es war eine Kirche, deren volkskirchlicher Boden immer mehr zerschlagen wurde. Seit 1972 bin ich dann auch berufenes Mitglied der sächsischen Landessynode gewesen und bin es bis zur Stunde. Eine dritte Ebene bildete die Ebene der ökumenischen Theologie und Begegnung. Neben den intensiven Kontakten zur katholischen Kirche in der DDR und vor allem den Kollegen der Erfurter katholischen Hochschule (seit 1966 existierte der von mir mit ins Leben gerufene »Ökumenisch-theologische Arbeitskreis in der DDR«) erhielt ich 1968 nach der Vollversammlung in Uppsala die Berufung in die ÖRK-Kommission für Glauben und Kirchenverfassung und wurde 1977 auch Mitglied der sog. Ständigen Kommission (des Leitungsgremiums dieser Kommission). Dies bedeutete für mich faktisch seit 1970 die Möglichkeit und das Privileg der Ausreise in den Westen (nach zehnjähriger Sperre), die Knüpfung neuer Kontakte zu deutschen und ausländischen Kollegen (unter ihnen viele Kollegen anderer Kirchen, auch aus Osteuropa), die Begegnung mit anderen kirchlichen Traditionen (Orthodoxie, Anglikanismus) und vor allem die Mitarbeit in den Projekten von Faith and Order, zumal und nicht zuletzt in dem Prozeß, der zu den sog. Lima-Texten über Taufe, Eucharistie und Amt (1982) geführt hat. Diese drei Ebenen kirchlicher Existenz haben mein theologisches Denken nachhaltig weitergeformt und haben auch die Themen für die meisten meiner Veröffentlichungen gegeben.

Ende 1981 – nach dem Tod des Wiener Systematikers Wilhelm Dantine – erreichte mich die Anfrage aus Wien, ob man mich, ohne daß ich mich beworben hätte, mit als Kandidat für seine Nachfolge in Erwägung ziehen könnte. Nachdem ich zunächst – wie vorher schon zu ähnlichen Anfragen aus Erlangen und Heidelberg – abgelehnt hatte, wurde die Möglichkeit einer Tätigkeit in Wien für 3 Jahre offeriert. Nach intensiven Beratungen im Leipziger Kollegen- und Studentenkreis sowie mit der sächsischen Kirche wurde dieser Möglichkeit von allen Seiten zugestimmt (es war innerkirchlich ein ganz neuralgischer Punkt, wenn jemand aus der DDR »in den Westen« ausreisen wollte). Ich erhielt im Mai 1982 den offiziellen Ruf aus Wien (nachdem ich auf der Rückreise von Lima/Peru ohne Wissen der DDR-Behörden Ende Januar 1982 dort einen Probevortrag gehalten hatte). Die DDR-Behörden zeigten sich zunächst schockiert und ablehnend (als eine Art Leibeigener hatte man bei jedem Kontakt gefälligst um Erlaubnis zu bitten), und es bedurfte mehrerer offizieller Interventionen der österreichischen staatlichen Stellen, ehe die Genehmigung des Visums für 3 Jahre endlich im Herbst 1983 erteilt wurde. Die Familie blieb in Leipzig, konnte aber zu wenigen Besuchen nach Wien kommen. So wurde ich zum 1. Dezember 1983 Ordinarius für Systematische Theologie in Wien, gab aber – entsprechend der von mir gegebenen Zusage – dieses Ordinariat zum 1. April 1987 wieder auf, um ans Theologische Seminar Leipzig zurückzukehren. Die Wiener Zeit bedeutet für mich vor allem das Kennenlernen einer völlig anderen ökumenischen Situation mit einer katholischen Mehrheitskirche und den evangelischen Problemen damit. Hier habe ich viel zu lernen gehabt, es wurde allerdings auch in Anspruch genommen, was ich theologisch-ökumenisch mitbrachte. Im übrigen war die Existenz als DDR-Bürger in einem »westlichen« Land und mit österreichischen und westdeutschen Kollegen und Studenten anregend und herausfordernd zugleich.

Nach meiner Rückkehr in die DDR spitzte sich hier die politische und kirchenpolitische Lage zunehmend zu. Die Studierenden (und Dozenten) des Theologischen Seminars arbeiteten aktiv in politischen Gruppen und bei den Friedensgebeten mit – es waren so etwas wie praktische Kurse einer politisch verantwortlichen Theologie. Von 1988– 1990 bekleidete ich zum zweiten Mal das Rektorenamt, hatte es also unmittelbar vor der Wende (mit mancherlei politischen Bedrängnissen von – z.T. verhafteten – Studenten), sodann im Schicksalsjahr 1989 und danach bis zum Ende der DDR im Oktober 1990 zu führen. In dieser Zeit war ich auch Delegierter der Ökumenischen Versammlung aller Kirchen in der DDR in Dresden und Magdeburg 1988/89 zu den Themen Gerechtigkeit, Frieden und Bewahrung der Schöpfung – ein nochmaliger einzigartiger ökumenischer Impuls, der zugleich eine Stoßkraft für den Zusammenbruch der morschen sozialistischen Gesellschaft war.

Unmittelbar nach dem Ende der DDR starb am 9. Oktober 1990 meine Frau im Alter von 54 Jahren.

Der Rest ist schnell erzählt: Nach einer Lehrstuhlvertretung in München (Lehrstuhl Pannenberg) im Sommersmester 1991 wurde ich im Zuge der Zusammenführung von Kirchlicher Hochschule (so inzwischen der offizielle Status des bisherigen Theologischen Seminars) und Theologischer Fakultät im Herbst 1992 Professor für Systematische Theologie mit Schwerpunkt Dogmatik an der Universität Leipzig. Darüber hinaus nahm ich Lehraufträge an den Universitäten Wien und Rostock sowie im SS 1997 an der katholischen theologischen Hochschule

in Erfurt wahr. Seit 1. April 1997 bin ich im Ruhestand. Durch die Berufung in die Generalsynode der VELKD sowie in die Kammer für Theologie der EKD und in den Theologischen Ausschuß der VELKD hatte
ich neue intensive Möglichkeiten von Kontakten mit westdeutschen
Kollegen, wurde allerdings auch hineingezogen in die Auseinandersetz-
zungen um den ökumenischen Weg der evangelischen Kirche und
Theologie in diesen 90er Jahren. Ein nochmaliges Nachdenken über die
Gestalt und den Dienst der Kirche – nunmehr in einer pluralistischen
Gesellschaft mit christlichen Restorientierungen – begann.

II.

Nach dieser umfänglichen Mitteilung über meinen Lebensweg verwun-
dert die theologische Thematik, die mich weithin in Atem hielt, vielleicht weniger. Der Ansatz meines Denkens ist möglicherweise im Titel
meiner Wiener Antrittsvorlesung von 1984 besonders deutlich zusammengefaßt: »Die Kirche als Ort der Theologie« – als Text aufgenommen
in den Band gesammelter Aufsätze mit dem etwas erweiterten Titel
»Die eine Kirche als Ort der Theologie« (Göttingen 1997). Gerade als
ich nach nahezu 20 Jahren wieder an einer Universität tätig sein sollte,
wurde mir bewußt, daß der sachliche Ort der Theologie inmitten der Gemeinschaft aller Wissenschaften das Bekenntnis und die Gemeinschaft
der Kirche ist. Die Heilige Schrift als Norm und Basis aller theologischen Einsichten (zusammen mit dem altkirchlichen Bekenntnis) ist ja
der Grundkonsens der Kirche – und zwar der einen Kirche in ihren verschiedenen Ausprägungen. Die hinzutretende spezifische Bekenntnis-
bindung der einzelnen Kirchen – so wurde mir mehr und mehr deutlich
– ist immer auf jenen Konsens der Gesamtchristenheit hin und von ihm
her auszulegen. Biographisch gesagt: Nach den Anfängen in einer eher
lutherisch-konfessionellen Engführung meinte ich zunehmend, Theologie nur als gemeinsame christliche Theologie, also als ökumenische
Theologie, betreiben zu können, als gemeinsames Fragen nach der einen Wahrheit des Glaubens. Wenn also von der »Kirche« als dem Ort
der Theologie die Rede ist, überschreitet das – bei aller Verpflichtung
dem reformatorischen Bekenntnis gegenüber – ständig den gesetzten
konfessionellen und kirchenorganisatorischen Rahmen. Die immer
stärker erfahrene Gemeinschaft des Glaubens unter dem Zeugnis der
Schrift ist mir bei allem notwendigen Streit um die Wahrheit (gerade im
Blick auf sachgerechte kirchliche Strukturen) in so elementarer Weise

evident geworden, daß die gegenwärtig wieder beliebte Rede von einem zwischenkonfessionellen Grunddissens dem nicht standhält. Solche Erfahrung betrifft natürlich – der von mir erlebten ökumenischen Wirklichkeit entsprechend – insonderheit den Raum der abendländischen Christenheit.

Die Themen, die mich in meinen Publikationen vor allem bewegten, sind Zeugen dieser (werdenden) Grundhaltung. Ich habe als Doktorand das Gespräch mit der gegenwärtigen deutschsprachigen katholischen Theologie zu führen gesucht – in Aufarbeitung der dortigen Diskussion um das Problem »Natur und Gnade«, bei dem durchaus die Differenz zur evangelischen Rede von Sünde und Gnade deutlich wurde, sich gleichzeitig aber auch zeigte, wie es in diesem Bereich im Lichte der Schrift wechselseitige Anfragen und Bereicherungen gibt. Dies setzte sich dann in dem mich fast noch stärker berührenden intensiven Studium der Theologie des Thomas von Aquin fort (Habil.-Thematik). Die mir dort begegnende »Theologie des Gesetzes« war natürlich ein Alternativmodell zur lutherischen Thematik von Gesetz und Evangelium. Wichtige Einsichten, die die reformatorische Thematik bestimmen – speziell die Dialektik der christlichen Existenz zwischen Sünde und Vergebung –, sind hier so nicht im Blick. Aber es erschlossen sich beim Studium des Thomas andere, bis ins Spirituelle hineinreichende Dimensionen, nicht zuletzt das Miteinander von Glaube, Hoffnung und (Gottes-)liebe als Inbegriff jenes heilsamen Weges (des »neuen Gesetzes« des Heiligen Geistes nach Röm. 8,2), den Gott für die Menschen durch Christus und die von ihm geschenkte Gnade eröffnet hat (vgl. insgesamt Röm. 8 sowie Röm. 12; 1. Kor. 13). So gelangte ich zu der bis heute tragenden Überzeugung, daß – im Lichte des Urteils der Heiligen Schrift – die mir bei Thomas begegnende Gesamtgestalt theologischen Denkens neben Luther und der reformatorischen Theologie eine durchaus eigenständige gültige christliche Möglichkeit darstellt – und nicht, wie es die verbeitete These protestantischer Dogmengeschichtsschreibung ist, einen Abfall von dem im Neuen Testament bezeugten Evangelium vom Kommen Gottes zur Rettung der Welt. Diese Einsicht hat weitgreifende Bedeutung für den Ort, der legitimerweise der Reformation in der Geschichte des Glaubens und der Theologie zuzuerkennen ist. Die Reformation war gewiß eine Befreiung aus einer höchst gefährlichen aktuellen »Gefangenschaft« der Kirche. Aber sie war und ist nicht einfach *der* Leuchtturm, der aus dem Meer jahrhundertelanger Finsternis endlich wieder aufleuchtet – einer Finsternis, die dieser Sicht zufolge ihre Schatten bereits auf den in vielem »katholischen« Augustin wirft. Nein: Luther erscheint von daher als *ein* wichtiger Zeuge des Evangeliums, aber eben nicht als *der* Zeuge. Er hat Paulus kongenial in die kirchlich-seelsorgerliche Situation seiner Zeit hinein ausgelegt, und zwar mit Einsichten, die bleibend sind, die aber über Paulus hinausführen. Von Paulus und zumal vom übrigen Neuen Testament her sind jedoch durchaus auch andere Artikulationen des Christusheils möglich als die lutherische Rechtfertigungslehre. Diese Einsicht erschloß sich mir beim Studium der Theologie des Gesetzes bei Thomas von Aquin, und sie war fundamental für die Art der reformatorischen Verpflichtung der evangelischen Theologie, wie allein ich sie vertreten konnte und kann.

Natürlich schließt das eine kritische Diskussion mit Positionen katholischer Theologie nicht aus. Dies ist mir beim Studium der Dokumente des II. Vaticanums durchaus deutlich geworden, in erster Linie hinsichtlich der katholischen Ekklesiologie mit ihrer dogmatisch grundgelegten Rechtsstruktur. Aber es ist eine Haltung, die dann auch offen ist für weitere ökumenische Impulse: z.B. von der östlichen Orthodoxie her – etwa im Blick auf deren Sakramententheologie, die mehr an der Begehung des Mysteriums Christi als an der Konzentration auf Gabe und Opfer orientiert ist, oder im Blick auf deren eucharistische Ekklesiologie, die das juridische Gerüst des römisch-katholischen Kirchenverständnisses nicht aufweist. Auf der anderen Seite war ich dafür offen, auch z.B. auf Kart Barth – als auf einen »ökumenischen« Gesprächspartner – mit aufmerksamen Augen zu blicken. Gemeint ist nicht eine einfach eine Übernahme des Barthschen theologischen Ansatzes – hier haben mich die Wahrheitsmomente der »natürlichen« Theologie von Emil Brunner, Paul Althaus und zurückgreifend von Schleiermacher und anderen immer nachdenklich gemacht, auch als Argumentationshilfen dem Atheismus gegenüber. Vielmehr habe ich z.B. von der umstrittenen Tauftheologie Barths (trotz seiner Ablehnung der Kindertaufe) manches übernehmen können – Elemente, die eine ökumenisch und neutestamentlich orientierte Theologie der Taufe nicht ungestraft links liegen läßt und auf die zurückzukommen ist (vgl. schon meine Leipziger Antrittsvorlesung von 1970 »Die Taufe als Sakrament des Glaubens«). Auch andere Einsichten der Theologie Karl Barths waren und sind mir wichtig.

Sowohl von der geschilderten ökumenischen Dimension der Theologie wie von der Einbindung in den Dienst der Kirche her, wie er dem in der DDR lebenden und lehrenden Theologen unausweichlich war, ist dann auch zu erklären, daß die Übernahme der Bände »Kirche« und

»Sakramente« im Handbuch für Systematische Theologie (1980, 1985, beide 2.A. 1990) nicht einfach Zufall war. Beide Themenbereiche – die ja genuin zusammengehören – waren mir von meinem Lehrer Ernst Sommerlath als Zentralthemen seines lutherischen Selbstverständnisses wie eine Art theologisches Erbe vermittelt. Sie wurden angereichert sowohl durch die Erfahrung von Kirche in der sozialistischen Umwelt wie durch die beschriebene ökumenische Dimension meiner theologischen Existenz. Vier ekklesiologische Grundeinsichten könnte ich formulieren, die für mich bestimmend waren und sind: a) Die Kirche ist – nach Apg. 2, 42, und CA VII – die Versammlung der Glaubenden zum Gottesdienst um Verkündigung und Herrenmahl. Die Kirche ist somit grundlegend communio am Ort. b) Die Kirche verwirklicht sich aber gleichzeitig in der »Gemeinschaft der Gemeinschaften« auf regionaler und universaler Ebene, und dies in der Offenheit des ökumenischen Miteinanders. Diese durchaus dem neutestamentlichen Verständnis von der *einen* ekklesia entsprechende Einsicht ist mir sowohl in meiner gesamtkirchlichen Mitarbeit und den ökumenischen Begegnungen in der DDR wie in der weltweiten Ökumene entscheidend wichtig geworden. c) Die Kirche ist, als Gemeinde am Ort sowie in der Region und in universaler Dimension, Lebens- , Zeugnis- und Dienstgemeinschaft. Das paulinische Bild vom Leib 1. Kor. 12 ist an dieser Stelle grundlegend. Es ist das Bild einer Gemeinschaft, die gesandt ist, das Evangelium missionarisch in eine nichtchristliche Welt zu tragen und gleichzeitig dazu zu helfen, daß die Verhältnisse und Ordnungen dieser Welt menschenwürdige Gestalt haben. Dies war einer der Impulse der Ökumenischen Versammlung 1988/89. d) Die Kirche bedarf der Ämter und Strukturen – auf Ortsebene wie auf den anderen Ebenen. Neben dem Dienst der öffentlichen Verkündigung des Evangeliums und der Verwaltung der Sakramente, zu dem ordiniert wird, gibt es die mannigfaltigen anderen Dienste der Verkündigung, der Diakonie, der sonstigen Dienstleistungen in der Gemeinde. Es bedarf darüber hinaus der Dienste der regionalen Episkope, und auch die weltweite kirchliche Gemeinschaft bedarf der entsprechenden Ämter und Strukturen. Sie erfordern auf allen Ebenen ein synodal-konziliares, ein kollegiales und ein personales Element (wie es im Lima-Text »Amt« zum Ausdruck kommt). Dies ist der Punkt, an welchem ich auch bereit bin, über einen gesamtkirchlichen sog. Petrusdienst nachzudenken und die diesbezügliche Frage der römisch-katholischen Ekklesiologie ernstnehme – wiederum eine Frucht ökumenischer Begegnung. Gerade in der zuletzt genannten Hinsicht (wie schon bei dem unter b) Genannten) hat nach meiner Einsicht die lutherische Ekkelsiologie über das, was im 16. Jahrhundert ausformuliert wurde, hinauszugehen. Die regionale und universale Dimension der Kirche ist neu in unseren Blick getreten. Im übrigen ist deutlich, daß das Leitbild von Barmen III »Kirche als Gemeinde von Brüdern« diesem Versuch des Nachdenkens über die Kirche nähersteht als das Modell der »Volkskirche«, wie es z.B. im Theologischen Ausschuß der VELKD entwickelt wurde. Diese Bedenken spitzen sich zu, wo ein »protestantischer Freiheitsvorbehalt« auch als Freiheit gegenüber der Teilnahme an den Versammlungen der Gemeinde interpretiert wird (wie ich es bald nach der Wende in der Diskussion auf der Generalsynode der VELKD zum Thema »Gottesdienst« hören mußte). So sehr ich seit 1990 neu über das Phänomen Volkskirche (das wir ja auch in Ostdeutschland nicht einfach hinter uns haben) und über den ekklesiologischen Status derjenigen, die man als »distanzierte Christen« bezeichnet, sowie über den kulturellen Auftrag der Kirche nachgedacht habe: einer funktionalen Kirchentheorie, die der Kirche (als erfahrbarer Organisation) im wesentlichen die Funktion der Lebensbegleitung der einzelnen in den Höhe- und Tiefpunkten ihres Alltags und die Aufrechterhaltung christlicher Wertorientierung in der Gesellschaft zuerkennt, kann ich bis heute – auch aus Gründen der neutestamentlichen Orientierung – meine Zustimmung nicht geben.

Dies ist dann auch für meine Sicht von Wesen und Funktion der Sakramente grundlegend geworden, wie sie zusammenfassend im Buch »Sakramente« (HST 11) vorliegt. Mir ist es merkwürdig ergangen: Die Gesichtspunkte, die Karl Barth in seiner Lehre von der Taufe in den Vordergrund gerückt hat, haben mich beeindruckt und sind mir weitgehend einleuchtend gewesen: die Taufe als Bekenntnishandlung des Glaubens des einzelnen und der Gemeinde mit ihm, als Gebet um den Heiligen Geist, als Antwort des Glaubenden auf den zuvor ergangenen Ruf Gottes. Ich habe diese Gesichtspunkte durch das neutestamentliche Taufzeugnis bestätigt gefunden, und ich habe gleichzeitig entdeckt, daß in der Situation einer Kirche in der Minderheit und in der Bedrängnis auch die Taufe kleiner Kinder – ebenso wie natürlich die Taufe Herangewachsener, die immer häufiger vorkam – ein Bekenntnis vor Gott und den Menschen ist und zugleich eine Art Ordination oder »Priesterweihe« (Luther) zum Christsein. Dies steht in deutlicher Spannung zu einer bestimmten Art des lutherischen Taufverständnisses, bei dem ausschließlich das Handeln Gottes in der Taufe im Blick ist und wo die Bedeutung des Glaubens, der für Luther Voraussetzung für den rechten Gebauch der Taufe ist, nicht zureichend Beachtung findet. Andererseits

habe ich zu meiner Überraschung gefunden, daß z.B. Thomas von
Aquin die Taufe als »Sakrament des Glaubens« – als Besiegelung des
Schrittes zum Glauben und als Handlung der Gemeinde und des einzelnen aus Glauben – verstanden hat. Was ich Karl Barth nicht abnehmen
konnte, war seine Bestreitung des sakramentalen Sinnes der Taufe. Gerade indem Menschen sich zum Weg mit Christus öffentlich bekennen
und die Gemeinde dies bekennend mitvollzieht und die Täuflinge hin-
einnimmt in die verpflichtende Gemeinschaft derer, die als Christen
unterwegs sind, ist Gott selbst segnend, neuschaffend, ermutigend am
Werk. Dieses heilsame Handeln Gottes »in, mit und unter« dem Handeln von Menschen, die der Ruf Christi erreicht hat und die vom Geist
getrieben sind, ist die Grundeinsicht für mein Verständnis der Sakramente geworden. Es wurde durch die biblischen Texte bestätigt, die bei
der Taufe (wie auch beim Herrenmahl) ganz ausdrücklich als von einem
Geschehen sprechen, in dem Gott selbst heilschaffend am Werk ist.
Auch Barths Kritik an der Praxis der Kleinkindertaufe kann ich nicht
teilen und habe dabei Luther auf meiner Seite. Es ist verhängnisvoll,
wenn in diesem Bereich falsche theologische Alternativen aufgestellt
werden.

Die gleiche Struktur ergibt sich für mich dann auch für das Verständnis des Herrenmahls. Die Gemeinde derer, die Jesu Ruf im Heiligen
Geist erreicht hat, die etwas ahnen von der rechtfertigenden Gnade Gottes und die willig sind, auf dem Weg der Nachfolge nicht müde zu werden: sie kommen zusammen, um das Gedächtnis des Herrn zu begehen,
Brot und Wein zu segnen (1. Kor. 10, 16), seinen Tod zu verkünden und
so Eucharistie – Danksagung – zu halten. Inmitten solchen (vom Geist
gewirkten) Tuns gewährt Christus aufs Neue seine Gegenwart nach seiner Verheißung. Das »katabatische« Kommen Gottes ereignet sich »in,
mit und unter« dem »anabatischen« danksagenden und gedenkenden
Handeln der Gemeinde. Warum ist es Lutheranern mitunter so schwer,
dieses selbstverständliche und auch schlichte Verständnis nachzuvoll-
ziehen? Die Auseinandersetzungen um den eucharistischen Charakter
des Herrenmahls, etwa im Zusammenhang des Entwurfs einer Erneuer-
ten Agende, haben mich ratlos werden lassen. Dieser »eucharistische«
Ansatz hat mir Wesentliches in der Theologie des Herrenmahls ganz
neu erschlossen: die von Gott erbetene und gewährte (und nicht durch
unser »rezitierendes« Tun bewirkte) wirkliche Gegenwart des gekreuzigten Erhöhten, und zwar während der ganzen Gedächtnishandlung;
unser Beschenktwerden mit der heilsamen versöhnenden Zuwendung
Gottes zu uns; und gleichzeitig das Hineingenommenwerden in die Be-

wegung des Lebens des Herrn als Hingabe an Gott und die Menschen (was ein ganzes christologisches Programm impliziert); aber auch die Gewißheit, daß wir es bei der »Stiftung« des Herrenmahls (wie der Taufe) durch Christus mit einer Stiftung durch den irdischen *und* den erhöhten, im Geist in der Gemeinde gegenwärtigen Herrn zu tun haben, also mit einem Stiftungszusammenhang. In diesem Sinn und Verständnis wäre das Herrenmahl das Mahl der familia Dei (einschließlich ihrer Kinder), wäre es der Tisch, um den sie sich auf seine Einladung hin versammelt, wäre es ihr Mittelpunkt, wo sie als communio mit ihm und untereinander immer neu konstituiert wird.

Es scheint mir kein beliebiges Fündlein zu sein, dieses immer erneute Nachdenken über die Sakramente der Kirche. Vielmehr geht es hier um das ständig neue Ursprungsgeschehen von Kirche, um das Geschehen, wo der Herr sich den Seinen zuwendet und sie sich mit ihm auf den Weg machen.

Es ist das ein Geschehen, das gewiß in einem wohlverstandenen Sinne als Ereignis des Wortes Gottes, das Jesus Christus heißt, interpretiert werden kann. Es ist aber ein Geschehen, das nicht ohne weiteres als Spezialfall der kirchlichen Wortverkündigung und in diesem Sinne als eine Gestalt des Wortes angesehen werden sollte. Die Dimension der communio, des Vollzugs des Gedächtnisses als Feier der Eucharistie der Gemeinde Jesu sprengt phänomenologisch und theologisch die Wortgestalt. Sie hat eine eigene »Dichte«, und nicht umsonst ist die Verheißung der Gegenwart von Leib und Blut des Herrn als Gabe zum Essen und Trinken neutestamentlich nur im Blick auf das Herrenmahl überliefert. Es gibt Gründe für die Behauptung, daß der Protestantismus an dieser Stelle einen Nachholbedarf hat (wie schon Paul Tillich wußte), einen Nachholbedarf, der aus der Praxis des Gottesdienstes und der Frömmigkeit heraus auch die Gestalt und die »Atmosphäre« der Theologie prägen könnte.

Damit ist zugleich und abschließend noch einmal darauf hingewiesen, wie dieser Schwerpunkt meines theologischen Denkens sich in dem widerspiegelt, was man als theologischen Ansatz bezeichnen könnte. Dieser Ansatz besagt, daß Theologie als Schriftauslegung und als dogmatische Verantwortung sachgerecht nur möglich ist auf dem Hintergrund der im Gottesdienst und speziell im Sakrament erfahrenen und vollzogenen Begegnung mit dem lebendigen Christus – der Erfahrung nämlich, daß dort, wo wir uns zu ihm glaubend bekennen und seiner danksagend gedenken, er sich als gekreuzigter Erhöhter uns zuwendet und mit auf seinen Weg nimmt. Es ist ein ekklesiologischer Ansatz,

der sich eben darin spezifisch von einem rein offenbarungstheologischen, auch einem worttheologisch-kerygmatischen, ebenso aber auch
von einem philosophischen Ansatz der Theologie unterscheidet, so sehr
er jedem dieser anderen Ansätze Wichtiges verdankt. (Die unerläßliche
apologetische Aufgabe der Theologie z.B. wäre es, eine Basis zu finden,
in der unter philosophischen, psychologischen und anderen Gesichtspunkten Argumente über Sinn und Nicht-Sinn des christlichen Glaubens mit denen, die diesen Sinn bestreiten, ausgetauscht werden – ohne
daß damit ein letzter Evidenzbeweis geführt werden kann.) Gundlegend
bei dem vom mir vertretenen Verständnis von Theologie ist die Behauptung, daß nur der wirklich bei der Sache der Theologie ist und die notwendige Voraussetzung für das Verstehen der Heiligen Schrift und der
Überlieferung der Kirche mitbringt, der in diesem Sinne mit und unter
diesem Christus in seiner Gemeinde zu leben versucht – dessen bewußt,
daß er damit zugleich in der Gemeinschaft der Ökumene, in ihrem überwältigenden spirituellen Grundkonsens steht (trotz noch nicht möglicher Gemeinschaft am Altar). Theologie als Nachdenken über den so in
der Gemeinschaft der Christenheit verkündeten und gelebten Glauben –
kritisches, reflektierendes, argumentierendes Nachdenken, aber eben
*Nach*denken – , das ist es, was sich mir im Laufe meiner theologischen
Existenz immer deutlicher als Ansatz und Auftrag erschlossen hat. Es ist
dies ein Auftrag, der dann allerdings hinausweist in die von Gott geliebte Welt, um deren Rettung willen Christus, der gekreuzigte Auferstan-
dene, auf Erden erschienen ist.

Von dem Vorkriegszustand der schönen alten Hansestadt Bremen ist mir nicht mehr viel erinnerlich. Sehr genau steht mir aber noch die geschlossene Reihe hoher Packhäuser am Weserufer vor Augen. Sie hatten an der Flußseite in jedem Stockwerk eine Winde, an der man die Waren, vor allem Baumwolle, Tabak und Wein, aus den Lastkähnen auf die Speicher zog. Der Fluß, das Meer, ferne Länder, das war dazu angetan, die Phantasie zu beflügeln. Zugleich herrscht hier bis heute ein bodenständig-bürgerlicher, manchmal recht überzogener Lokalpatriotismus, der jedoch sich selbst zu ironisieren versteht. In dieser Stadt wurde ich am 2. April 1933 als ältester Sohn des Rechtsanwalts Dr. Louis Lange und seiner Ehefrau Amélie geboren. Meine Vorfahren waren hauptsächlich Kaufleute oder Juristen. Meine Mutter hatte Buchhändlerin gelernt, aber, wie damals üblich, mit der Eheschließung den Beruf aufgegeben. Das menschliche Klima, in dem ich in turbulenten Zeiten eine sehr behütete Kindheit und Jugend verlebt habe, war von nüchternem hanseatischem Realismus geprägt, jeder emotionalen oder spekulativen Überspanntheit abhold, von klarem Pflichtbewußtsein und gleichzeitig großer Liberalität, die uns vier Kindern in natürlicher menschlicher Zuwendung ganz selbstverständlich gewährt wurde. Dazu kamen künstlerische Impulse von zwei Brüdern meiner Mutter, von denen der eine malte, der andere Musiker war, und vor allem von einer Schwester meines Vaters, die Gemälderestauratorin war und eine Leidenschaft für die Schauspielerei hatte. Zu runden Geburtstagen übte sie mit uns witzige kleine Aufführungen ein, die mein Vater in Hexametern gedichtet hatte und die sie mit herrlichem dramatischem Pathos ausstattete. Die häusliche Atmosphäre war gewürzt von ausgeprägtem britischem Humor: Sowohl väterlicher- als auch mütterlicherseits hat meine Familie jeweils einen Zweig ausgebreiteter englischer Verwandtschaft, von der besonders die von uns allen sehr geliebte Mutter meines Vaters in meinem Leben eine Rolle gespielt hat. Meine Eltern waren beide in jungen Jahren für längere Zeit in England gewesen. So wurde früh meine Vorliebe für angelsächsische Kultur und Sprache geweckt, wenngleich ich die letztere als Student in Chicago zum großen Leidwesen meiner Großmutter nur »mit drei heißen Kartoffeln im Mund« sprechen gelernt habe. Sie hielt es da mit George Bernard Shaw: »There even are places where English completely disappears. In America, they haven't used it for years!«

In meinem Elternhaus herrschte der Geist eines Bildungsbürgertums (im besten Sinn des Wortes), in dem das Christliche hinter den dominanten Farben der humanistischen Tradition und der deutschen Klassik stark in den Hintergrund trat. Meine Mutter war immer literarisch sehr interessiert und las uns schöne Kinderbücher vor. An Selma Lagerlöfs *Wunderbare Reise des Nils Holgersson* erinnere ich mich lebhaft, oder an die skurrile und spannende Traumwelt von Lewis Carrols *Alice's Adventures in Wonderland*, das sie mit mir zusammen las; allerdings auf Englisch, was ich als 11jähriger eher lästig fand: wozu gibt es schließlich Übersetzungen! Mein Vater hatte starke philosophische Interessen, die er auch mir vermittelt hat. Er bevorzugte nach seiner Art solche Denker, die auf dem Boden des Erfahrungswissens standen. So haben meine Eltern und ich in meiner Primanerzeit *Vom Ursprung und Ziel der Geschichte* von Karl Jaspers gemeinsam gelesen und diskutiert.

Nach meinen Grundschuljahren, ab 1943, waren wir Geschwister in Kettenburg in der Lüneburger Heide evakuiert, damit wir vor den Bombenangriffen auf Bremen geschützt sein sollten, während mein Vater in Bremen seinem Beruf als Anwalt nachging und meine Mutter zu den Wochenenden dorthin fuhr, solange das möglich war. Ich ging in Visselhövede zur Mittelschule (heute: Realschule) und hatte daneben bei dem katholischen Pfarrer Lateinunterricht. Im übrigen gehörte ich, wie fast alle meine Altersgenossen, zum Jungvolk, der Vorstufe zur Hitlerjugend. Zu irgendwelchen »Führer«-positionen habe ich es nicht gebracht, aber ich wurde kräftig mit der NS-Ideologie indoktriniert. Sie schien meinem kindlichen Verstand angesichts der ständigen »Frontbegradigungen« nach Stalingrad und angesichts der Nachrichten von den schrecklichen Zerstörungen deutscher Städte das sichere Fundament eines »unerschütterlichen Glaubens an den Endsieg« zu bieten – bis zum Eintreffen der englischen Truppen! Um so entsetzlicher waren die Enthüllungen über die Konzentrationslager, die nach Kriegsende täglich im Radio zu hören waren – verstärkt durch Erzählungen eines

Roma-Jungen, den ich beim Spielen kennengelernt hatte und der in Auschwitz gewesen war, sowie durch die heimliche Lektüre von Eugen Kogons *SS-Staat*. So wurde das Phänomen ideologischer Verblendung für mich nicht nur zur politischen, sondern zur existentiellen Schlüssel-erfahrung, die mich von da an in unterschiedlichen Gestalten lebenslang beschäftigt hat.

Die fällige Neuorientierung wurde mir durch zwei Faktoren sehr er-leichtert. Der eine war der evangelische Schüler-Bibelkreis (BK), zu dem mich 1946 ein Freund mitgenommen hatte. Es war die Zeit einer gewissen, wenn auch kurzlebigen, kirchlichen Renaissance, die teils durch die materielle Not der ersten Nachkriegsjahre, teils durch das Ansehen bedingt war, das die Bekennende Kirche sich während des Kirchenkampfes erworben hatte. Der Jugendkreis hatte stark bündi-sche, pfadfinderhafte Züge, die mich festhielten, obwohl ich während des ersten Jahres gegen die Bibelarbeiten heftig rebellierte. Später war ich mit vollem Engagement, auch als Gruppenleiter, beteiligt. Dazu trug entscheidend bei, daß die kernige, orthodox-pietistische Art des für Ju-gendarbeit sehr begabten älteren Diakons, der den Kreis leitete, mir half, mich von meinem liberalen Elternhaus zu emanzipieren.

Der andere Faktor war die Schule, das traditionsreiche (1528 gegrün-dete), humanistische Alte Gymnasium, dessen Ansehen sich freilich mit einem kräftigen Bildungsdünkel verband. Politisch war diese Schule damals ein Leerraum; eine Verarbeitung der jüngsten Vergangenheit fand nicht statt. Doch dafür öffnete sich uns mit der klassischen Antike eine neue Welt. Sie wurde uns vor allem durch Hans Schaal nahege-bracht, der sich durch Veröffentlichungen über griechische Kunst und durch Beteiligung an den Ausgrabungen in Pompeji einen Namen ge-macht hatte. Er hat es verstanden, uns für griechische Sprache, Literatur und Kunst zu begeistern. Der zweite eindrucksvolle Lehrer, der hier hervorgehoben werden muß, ist Erwin Lebek, seit 1950 Direktor der Schule, von Hause aus ebenfalls Altphilologe, der uns hervorragenden Unterricht in Französisch und Philosophie gab. Der Philosophie-Kurs behandelte Texte aus dem Frührationalismus (vor allem Descartes) und dem englischen Empirismus und vermittelte dadurch Einblicke in Grundprobleme des Philosophierens, wie sie wahrscheinlich in dieser Qualität nur selten auf Schulen geboten werden. Bei mir hat er die Nei-gung zum empirischen Denken gefördert, die ohnehin vom Elternhaus her angelegt war, verbunden mit ersten Anregungen aus der Existenz-philosophie. Auf eigene Faust habe ich mich in dieser Zeit mit Søren Kierkegaards *Krankheit zum Tode* beschäftigt – und sicher so gut wie nichts davon verstanden. Später freilich bekam dieses Buch mit seiner messerscharfen Existenzdialektik erhebliche Bedeutung für mich. Im übrigen waren es auf der Schule vor allem die Sprachen, die mich faszinierten: außer Latein und Griechisch noch Englisch, Französisch und Hebräisch.

Als Ausgleich zu diesem Programm dienten das Rudern in der Schulmannschaft sowie ausgedehnte Fahrradtouren in die Umgebung Bremens und auch in weiter entfernte Gegenden, so z.B. in den letzten Schulferien nach Paris, zu den Schlössern an der Loire und nach Burgund.

Nach dem Abitur 1952 fiel mir die Wahl des Studienfachs schwer. So war es gut, daß ich durch ein Werksemester des Ev. Studienwerks Villigst erst einmal Abstand von der Schule bekam. Die ungewohnte harte körperliche Arbeit als Hilfsarbeiter bei den Dortmunder Stadtwerken (Ausschachten, Rohre legen) und der intensive Kontakt mit Menschen, deren Lebenswelt mir bis dahin völlig unbekannt gewesen war, bedeuteten für mich eine wichtige Erfahrung. Dadurch entwickelte sich ein starkes Interesse für soziale Fragen und eine politische Sichtweise, die zwar nicht revolutionär war, mich aber von den bürgerlich-konservativen Denkmustern meiner Familie weit entfernte. Dazu trugen auch die höchst instruktiven und lebendigen Seminare bei, die Klaus v. Bismarck, damals Leiter des Sozialamtes der Ev. Kirche von Westfalen, einmal in der Woche abends hielt. Hier bekam ich zum ersten Mal Einblick in größere sozialgeschichtliche und soziologische Zusammenhänge, von denen ich bis dahin kaum eine Ahnung hatte.

Im Winter 1952/53 nahm ich mein Studium in Tübingen auf. Ich begann nicht, wie ursprünglich geplant, mit den alten Sprachen, sondern mit Deutsch, Französisch und Religion. Diese Wahl erwies sich allerdings rasch als Fehler. So wechselte ich, einer schon länger bestehenden Neigung folgend, im zweiten Semester zur Theologie. Aktuell waren es die Vorlesungen von Walter F. Otto über griechische Religion und von Karl Elliger über die Genesis, insbesondere das Verhältnis des ersten Schöpfungsberichts zur babylonischen Religion, die mich fesselten und die neue Richtung festlegen halfen. Zunächst hat nicht ein beruflicher Plan meine Entscheidung bestimmt, sondern die Grundfrage, was es mit dem christlichen Glauben auf sich habe und wie man ihn angesichts der Fragestellungen der Gegenwart adäquat ausdrücken könne. Die historisch-kritische Methode, mit der ich in jener Zeit der Barth-Bultmann-Kontroverse natürlich alsbald in intensive Berührung kam, empfand ich dabei nicht als Belastung, sondern im Gegenteil als Hilfe. So hat mich insbesondere das Fach Neues Testament schnell gepackt – so sehr, daß ich später einmal ernsthaft erwogen habe, es zu meinem Beruf zu machen. Daß ich relativ rasch in der Theologie heimisch wurde, verdanke ich vor allem dem großen Dreigestirn, das die Bedeutung der damaligen Tübinger Fakultät ausmachte: den Kirchenhistorikern Hanns Rückert und Gerhard Ebeling sowie dem Neutestamentler Ernst Fuchs. An Rückert bestach die souveräne Beherrschung der Materie und die anschauliche, detailgenaue Darstellung, die jedoch nie in Stoffhuberei ausartete. Ebeling war von den dreien zweifellos die stärkste systematische Begabung; zugleich stand er in der Unbestechlichkeit historischer Akribie Rückert in nichts nach. Fuchs dagegen war ein vulkanisches Temperament. Er sprühte nur so von genialen, oft freilich auch recht kryptischen Gedankenblitzen. Drei sehr verschiedene Menschen, die aber hervorragend zusammenarbeiteten. Alle drei verbanden unbedingte wissenschaftliche Redlichkeit mit überzeugender evangelischer Frömmigkeit. Sie haben mich, jeder auf seine Weise, sehr stark beeinflußt, ganz besonders durch das Seminar über Luthers Große Galatervorlesung, das sie im WS 1953/54 gemeinsam hielten. Seither ist die Theologie Luthers zu einem der Grundpfeiler meines theologischen Denkens geworden.

Zusätzlich habe ich von dem großartigen Angebot der Philosophischen Fakultät gerne Gebrauch gemacht: Walter Jens über frühe griechische Lyrik, Eduard Spranger über Geschichtsphilosophie im 18. und 19. Jahrhundert, ein Seminar bei Wilhelm Weischedel über Aristoteles' Nikomachische Ethik. Leider hat all das nicht verhindern können, daß ich mich in dieser Zeit zu einem ziemlich parteiischen Anhänger der Bultmann-Schule entwickelt und einige Zeit gebraucht habe, um dieses »-ianertum« wieder loszuwerden.

Es folgten zwei Semester in Göttingen, wo ich u.a. Ernst Käsemanns ausgesprochen spannende Vorlesungen über spätere Schriften des NT, die deren »Frühkatholizismus« entlarvten, und Friedrich Gogartens Dogmatik hörte. Das waren noch einmal wichtige neue Impulse. Dennoch blieb diese kurze Frist aufs ganze gesehen ein Intermezzo, denn es folgte, durch das Ev. Studienwerk Villigst vermittelt, ein Studienjahr am McCormick Theological Seminary in Chicago, das für meinen weiteren Weg ungleich größere Bedeutung gewinnen sollte. Vieles hat in diesem Jahr dazu beigetragen, Verengungen und Einseitigkeiten aufzubrechen. Vor allem waren es die Menschen in diesem Land, deren unkomplizierte Offenheit und Freundlichkeit und schier grenzenlose Gastfreundschaft mich schnell für sie einnahmen; dann die riesige Stadt

mit ihrer Dynamik, ihrem enormem kulturellen Angebot und ihren ge-
waltigen sozialen Problemen, und nicht zuletzt die englische Sprache
mit ihrer für mich bis dahin ungeahnten Fülle der Ausdrucksmöglich-
keiten, der unter den westeuropäischen Sprachen wohl keine gleich-
kommt. Im Studienbetrieb, an dessen im Vergleich zu Deutschland sehr
viel schulmäßigeren Ablauf ich mich erst gewöhnen mußte, imponierte
mir der ungezwungene Umgang zwischen Studierenden und Professoren. Vorlesungen durch Zwischenfragen zu unterbrechen, war selbstverständlich; in Deutschland wäre das damals fast in jedem Fall ein Sakrileg gegenüber den Halbgöttern auf dem Katheder gewesen. (Noch
heute lassen sich viele Hörer und Hörerinnen hier nur schwer davon
überzeugen, daß ihre Zwischenfragen nicht nur geduldet, sondern er-
wünscht sind!) Auch theologisch war Amerika eine neue Welt für mich.
Der Puritanismus, die großen Theologen Paul Tillich und Reinhold Niebuhr, die starke Einbeziehung der Humanwissenschaften und nicht zuletzt der Praxisbezug des Studiums, all das war mir in Deutschland nie
begegnet. Mir wurde zum ersten Mal klar, wie stark die Abschnürung
der deutschen Wissenschaft von der internationalen Diskussion nach-
wirkte und wie sie obendrein noch durch einen verbreiteten akademischen Nationalismus unterstützt wurde, der in der Systematischen
Theologie teilweise sogar bis heute spürbar ist. Unter meinen Chicagoer
Lehrern waren etliche wie z.B. die Kirchenhistoriker Leonard Trinterud
und Edward Dowey oder die Alttestamentler George Ernest Wright und
Frank Cross, die keinen Vergleich mit den besten deutschen Professoren
zu scheuen brauchten; ich habe sie aber damals hier kaum je zitiert gefunden.

Besonders nachhaltige Anregungen habe ich während dieses Studienjahrs auf politischem und sozialethischem Gebiet bekommen. Das
lag einmal an dem simplen Faktum, daß ich genötigt war, in eine fremde
Mentalität einzutauchen und die heimischen Verhältnisse von außen zu
sehen. Sodann war es die überragende Gestalt Reinhold Niebuhrs, dessen Verbindung von angelsächsischem common sense mit reformatorisch geprägter Theologie mich stark beeindruckt hat, weil sie sich
wohltuend unterschied von dem schon damals sterilen Gegensatz von
lutherischer Ordnungstheologie und barthscher Bekenntnisethik, der in
Deutschland das Feld beherrschte. Hinzu kam der tiefe Eindruck von
den Elendsvierteln Chicagos, die ich im Rahmen eines Soziologie-Kur-
ses kennenlernte, und von der Rassendiskriminierung, besonders durch
intensiven persönlichen Kontakt mit Menschen, die keine WASPs,
White Anglo-Saxon Protestants, waren. Einen seltsamen Kontrast dazu

bildete das völlig ungebrochene, optimistische Nationalgefühl der Eisenhower-Zeit mit seinem demokratischen Sendungsbewußtsein, das für einen Deutschen, der das Jahr 1945 miterlebt hatte, schwer verständlich war.

Durch viele Einladungen, privat oder zu Predigten und Vorträgen, sowie durch eine ausgedehnte Anhalter-Tour nach Abschluß des Studienjahres bin ich viel im Land herumgekommen und habe durch zwei Monate Fabrikarbeit auch Einblick in andere Lebensbereiche gewonnen. Alles in allem war es ein Jahr, das für mein ganzes weiteres Leben sehr bestimmend geworden ist.

Nach der Rückkehr nach Europa verbrachte ich bis zur Examensvorbereitung noch zwei Semester in Zürich. Rasch wurde mir klar, in wie vielen Hinsichten sich auch die Schweiz trotz gleicher Schriftsprache von Deutschland stark unterscheidet: mit ihrer alten demokratischen Tradition, dem friedlichen Nebeneinander unterschiedlicher Sprachgruppen und der langen Geschichte machtpolitischer Neutralität. Das war bei tieferem Eindringen sehr interessant, doch in den ersten Monaten machte die Kleinräumigkeit des Landes im geographischen Sinn den Kontrast zur Weite Amerikas recht bedrückend. Dafür aber brachte das Studium gleich zwei Höhepunkte. Der eine war die Dogmatik-Vorlesung Ebelings, in der sein theologisches Gesamtkonzept gleichsam im Entstehen mitzuerleben war. So eindrucksvoll das später daraus gewordene dreibändige Werk ist: das Fertige ersetzt nicht die Spannung beim hörenden Mitvollzug des Werdenden. Der zweite Höhepunkt war Ebelings Schleiermacher-Seminar. Er begann damals gerade, sich intensiver in diesen Autor hineinzuarbeiten. Für mich war es praktisch die erste Begegnung mit ihm überhaupt, denn während der Herrschaft der Dialektischen Theologie galten die Fragestellungen des 19. Jahrhunderts unter Studenten – auch unter den meisten Professoren – schlicht als überholt. Das Seminar und eine Arbeit, die ich dafür schrieb, verschafften mir einen ersten Eindruck davon, in welchem Maß eine Theologie, die sich den Herausforderungen der Neuzeit wirklich stellt, bei diesem großen Denker auch heute noch in die Schule gehen muß.

Nach einem weiteren Jahr legte ich im Sommer 1958 mein erstes theologisches Examen in Göttingen ab und blieb dort (mit einer kurzen Unterbrechung) als Repetent für Neues Testament bis zum Sommer 1961. Bereits im Examenssemester hatte ich das Glück, in die Sozietät von Emanuel Hirsch aufgenommen zu werden, der ich dann mit Unterbrechungen mehrere Jahre hindurch angehört habe und die für mich noch einmal ein Ort intensiven Lernens wurde. Hirsch hatte einige Jahre

nach seiner Pensionierung begonnen, in seiner Wohnung für Interessierte Seminare über theologische und philosophische Texte des 19. Jahrhunderts abzuhalten. Fichte, Hegel, Schleiermacher, Kierkegaard – das
Schwierigste war gerade gut genug und wurde von dem blinden Gelehrten in freier Rede glasklar und durchsichtig interpretiert, und am Ende
eines Semesters war eine Schrift wie Hegels Phänomenologie vollständig behandelt. Von Politik wurde praktisch nie gesprochen, allenfalls
indirekt. Dann allerdings wurde erkennbar, daß Hirsch seiner Haltung
im Dritten Reich wohl nie abgeschworen hatte. Andererseits war er
auch ein sehr warmherziger und einfühlsamer Mensch. Tiefe Frömmigkeit, freie kritische Theologie und eine kaum glaubliche ideologische
Verblendung – ich habe diesen Mann mit der Zeit auch persönlich ganz
gut kennengelernt, doch ist er mir bis zum Ende eine rätselhafte Persönlichkeit geblieben. Einerseits verdanke ich ihm nicht nur geistesge-
schichtlich, sondern auch systematisch-theologisch, besonders für die
Gotteslehre und die Christologie, wichtige Aufschlüsse. Andererseits
bestand hinsichtlich seiner politischen Ethik und deren schöpfungs-
theologischer Grundlagen von Anfang an ein schneidender Gegensatz
zwischen ihm und mir; als er von mir erfuhr, daß ich über Reinhold Niebuhr meine Doktorarbeit schrieb, reagierte er darauf im Sinne von »Ein
anständiger deutscher Mann tut so etwas nicht«.

Niebuhr war in der Tat der große Gegenpol, zumal in seiner Synthese
lutherischer und wissenssoziologischer Elemente ausgerechnet das
Thema der Ideologie einer der zentralen Gegenstände ist. Die Dissertation über ihn, die ich bei Gerhard Ebeling geschrieben habe, war für
mich der Versuch, meine amerikanischen Erfahrungen noch gründlicher aufzuarbeiten und mit dem deutschen Kontext zu vermitteln. Aus
heutiger Sicht muß ich selbstkritisch sagen, daß zwar die erste Absicht
wohl einigermaßen, die zweite aber nur sehr begrenzt realisiert worden
ist, weil das Konzept dafür zu schmal angelegt war. Die Arbeit stellt
zwar das Lebenswerk Niebuhrs als ganzes dar, tut dies aber vornehm-
lich werkimmanent und ordnet es nur sehr umrißhaft in die allgemeine
theologische Diskussionslage der Zeit ein. Was mich besonders interessierte, war die Art, in der Niebuhr Anregungen von Augustin, Luther
und Kierkegaard auf der einen mit solchen des englischen Empirismus,
des amerikanischen Pragmatismus und der Wissenssoziologie Karl
Mannheims auf der anderen Seite zu einer in sich einheitlichen Sicht
verband. Speziell seine Weiterbildung der lutherischen Zwei-Reiche-
Lehre, welche die Gottesbeziehung und das Verhältnis zur menschlichen und sozialen Wirklichkeit nicht nur klar voneinander unterschied,

sondern durch die Betonung sowohl der treibenden Kraft als auch der kritischen Funktion des radikalen Liebesgebots auch zueinander in Beziehung setzte, mußte die Aufmerksamkeit auf sich ziehen. Dieser Ansatz hat es ihm ermöglicht, sowohl zu theologischen Fragen als auch zur politischen Situation und Geschichte kompetent Stellung zu nehmen. Die Grenzzone zwischen Glaubenslehre und Ethik, die ihn lebenslang beschäftigt hat, wurde auch für mich zu einem zentralen Arbeitsbereich, für den die Anregungen dieses bedeutenden Amerikaners bis heute eine nicht unerhebliche Rolle spielen.

1962 bestand ich in Zürich die mündliche Doktorprüfung. Meine Dissertation wurde 1964 unter dem Titel *Christlicher Glaube und soziale Probleme* veröffentlicht.

Von November 1961 bis April 1963 war ich Vikar in der Ev. Kirche von Westfalen, zunächst ein Jahr an der Christuskirche in Bochum und dann sechs Monate im Volksmissionarischen Amt in Witten. Meinen beiden kirchlichen Lehrmeistern, den Pfarrern Werner Voye und Alex Funke, verdanke ich sehr viel. Wenn meine praktisch-kirchliche Tätigkeit auch leider nur von kurzer Dauer war, so habe ich doch alle Bereiche der Gemeindearbeit kennengelernt und bin in den letzten Monaten mit den verschiedensten Formen kirchlichen Lebens in allen Regionen der Landeskirche bekanntgeworden. Da die Berufswirklichkeit des theologischen Lehrers sich, jedenfalls im Fach der Systematischen Theologie, nach meiner Erfahrung von den Aufgaben des Predigers und Seelsorgers nicht trennen läßt, zehre ich von den damaligen praktischen Erfahrungen bis heute.

Das Jahr 1963 leitete beruflich wie familiär einen neuen Lebensabschnitt ein. Im Mai übernahm ich die Stelle des Seminarassistenten am Theologischen Seminar in Göttingen. Kurz danach heiratete ich meine Frau Ingeborg, geb. Berndt. Aus dieser Ehe sind ein Sohn (1964) und eine Tochter (1966) hervorgegangen. Meine Frau war Grundschullehrerin (eine wichtige pädagogische Kritikerin meiner ersten Proseminare); sie hat diesen Beruf ganz am Anfang unserer Ehe und dann ab 1971 mit großem Engagement und Erfolg ausgeübt und doch immer noch viel Zeit für die Familie gefunden.

Während meiner Assistentenzeit übersetzte ich zunächst Paul Lehmanns *Ethics in a Christian Context* (Ethik als Antwort, 1966) und schrieb anschließend meine Habilitationsschrift über den historischen Jesus bei Schleiermacher und D.F.Strauß. Mein Vorgesetzter war Ernst Wolf, ein profilierter Vertreter der Bekennenden Kirche – das Thema hatte mir Emanuel Hirsch vorgeschlagen! Selbstverständlich habe ich

Wolf sofort von diesem Sachverhalt in Kenntnis gesetzt. Er war so großzügig, keinerlei Einwände zu erheben. Freilich hat er den Abschluß der
Arbeit nicht mehr erlebt. Die Betreuung in der Endphase hat freundli-
cherweise Wolfgang Trillhaas übernommen, obwohl er damals bereits
emeritiert war.

Das neue Projekt führte mich mitten ins Zentrum der Theologie. Die
Kontroverse zwischen Schleiermacher und Strauß stellt den entscheidenden Knotenpunkt in der neueren Geschichte der Christologie dar
und markiert zugleich den Übergang von dem harmonischen Verständnis des Verhältnisses von Theologie und Philosophie, das im Deutschen
Idealismus vorgeherrscht hatte, zu dem kritisch-antithetischen, das mit
dem Linkshegelianismus begann Platz zu greifen. Innerhalb der Christologie selbst hat Strauß, der m.E. auch seinem eigenen Selbstverständnis nach im Gegensatz weniger gegen die Rechtshegelianer als
vielmehr gegen Schleiermacher zu sehen ist, gezeigt, daß Schleiermachers Jesusbild nicht zu halten ist, und zugleich in seinem *Leben Jesu*
die kritischen Maßstäbe gesetzt, an denen die Exegese seither nicht
mehr vorbeikommt. Andererseits bietet Schleiermachers Urbildgedan-
ke auch nach Strauß noch wichtige Ansatzpunkte für eine Christologie,
welche die Grundaussagen des christlichen Glaubens über Jesus mit
redlicher historischer Arbeit verbinden will. (Daß dabei Korrekturen an
Schleiermacher notwendig werden, versteht sich von selbst. So wird
man vor allem das Kreuz viel stärker in den Mittelpunkt zu stellen und
auch mit Luther vom angefochtenen Christus zu reden haben.) Der Gegensatz der beiden großen Kontrahenten war in seinem geistesge-
schichtlichen Zusammenhang mit Romantik und Idealismus einerseits
und der kritischen Stimmung des Vormärz andererseits darzustellen,
zum anderen aber auch zur Geschichte der historisch-kritischen Erforschung des Neuen Testaments in Beziehung zu setzen. Auch die damalige religionswissenschaftliche Forschung (Mythosbegriff) war zu be-
rücksichtigen. Trotz dieser Vielfalt unentbehrlicher historischer Bezüge
lag mir daran, jedenfalls ansatzweise den Ertrag dieser Untersuchung
noch auf die heutige Problemstellung zu beziehen. Deshalb habe ich im
Schlußteil die Linien zur zeitgenössischen exegetischen und systematischen Debatte ausgezogen. Dabei habe ich besonders die theologische
Bedeutung der historischen Jesusforschung hervorgehoben, weil der
Glaube nicht an einem abstrakten Kerygma, sondern am geschichtlichen Jesus Anhalt haben muß.

Den Abschluß der Arbeit ermöglichte ein Habilitandenstipendium
der Deutschen Forschungsgemeinschaft. Die Habilitation im Fach Sy-

stematische Theologie erfolgte 1973. Zwei Jahre später wurde das Buch unter dem Titel *Historischer Jesus oder mythischer Christus* veröffentlicht. Ich bin dann bis heute in Göttingen geblieben, wo ich 1977 apl. Professor und 1980 Professor wurde.

Während der Zeit, in der ich an der Habilitationsschrift arbeitete, habe ich die Bibliothek des Theologischen Seminars verwaltet und daneben regelmäßig systematisch-theologische Proseminare abgehalten. Gegenstand waren zentrale theologische und philosophische Texte aus den verschiedensten Epochen, wenn auch mit einem gewissen Schwerpunkt auf der Neuzeit. Das Spektrum reichte von Augustin bis zur modernen katholischen Soziallehre, von Melanchthons Loci bis zu Wilhelm Herrmann. Dies war die eine Seite meiner Weiterbildung, mit der ich die Absicht verfolgte, einerseits den Studierenden wichtige Stoffe zu vermitteln, andererseits meine eigenen Fachkenntnisse zu erweitern. Die andere Seite bestand in der Beschäftigung mit der Ende der sechziger Jahre gerade entstehenden Hochschuldidaktik (u.a. als Mitglied des entsprechenden Ausschusses der Bundesassistentenkonferenz). Ich empfinde es heute wie damals als einen Mangel, daß dieses Gebiet im Unterschied zu anderen europäischen Ländern in der Ausbildung zum Dozenten meistens gar nicht vorkommt. Die dahinter stehende stillschweigende Annahme, daß deutsche Professoren ausnahmslos pädagogische Genies seien, die dergleichen gar nicht nötig hätten, kann ich jedenfalls aus meiner Erfahrung – auch in bezug auf meine eigene Person – nicht bestätigen.

Die Jahre der Vorbereitung auf das akademische Lehramt waren ab 1967 überschattet von wiederholten schweren Krankheitsperioden meiner Frau. Es wurde schließlich immer deutlicher, daß eine Heilung nicht zu erwarten war. 1976 ist sie gestorben. Das war natürlich ein tiefer Einschnitt. Er bedeutete für mich, daß meine Prioritäten in den folgenden Jahren bei den Pflichten als alleinerziehender Vater meiner halbwüchsigen Kinder zu liegen hatten. In dieser Lage hat sich in der Restfamilie eine starke Solidarität entwickelt, die mir bei der Umstellung auf die neue Lebensphase sehr geholfen hat.

In der Folgezeit stellte sich heraus, daß die in der gegebenen Situation erforderliche, nahezu ausschließliche Konzentration auf die Lehre nicht nur ein Handicap war, sondern mir auch entgegenkam, da ich immer gern unterrichtet habe. Schon früher hatte ich mit neuen Lehrformen experimentiert. So wurde z.B. einmal die Schlußsitzung eines Proseminars über die Auferstehung Jesu als Podiumsdiskussion gestaltet, in der jeweils zwei Studenten einen der vier im Lauf des Semesters behandelten Theologen (Barth, Bultmann, Pannenberg und Hirsch) so gegen die anderen verteidigen mußten, als ob es ihre eigene Position wäre. Die neue Aufgabe des Privatdozenten, mich in die ganze Breite des Fachs einzuarbeiten, ging ich so an, daß ich mir zunächst begrenzte Themenkomplexe vornahm, die ich in vierstündigen, aus Seminar und Vorlesung kombinierten Einheiten behandelte. Im Seminar wurden jeweils wichtige Texte behandelt, die von der Vorlesung in einen größeren dogmatischen Zusammenhang gestellt wurden; anschließend wurde das Ergebnis diskutiert. Neben Standardthemen wie z.B. der Lehre von der Schrift habe ich dabei gern solche Probleme behandelt, die damals in Dogmatik-Vorlesungen eher zu den Stiefkindern gehörten. Darunter war mir die theologische Relevanz der Ideologie als des interessegeleiteten Anspruchs auf absolutes Wissen und absolute Macht besonders wichtig. Ein weiteres Thema dieser Art war das Verhältnis theologischer Schöpfungslehre zur naturwissenschaftlichen Kosmologie, an dem mich besonders die von Peter Berger *cosmization* genannte und von dem belgischen Kapuziner N. Max Wildiers (*Weltbild und Theologie*, 1974) beschriebene Entsprechung von Weltbild und gesellschaftlicher Struktur und deren Spiegelung in Philosophie und Theologie reizte.

Nach dieser sich etwas hinziehenden Aufbauphase habe ich ab 1981 zum ersten Mal einen sich über sechs Semester erstreckenden Durchgang durch die ganze Systematische Theologie unternommen (vier Semester Dogmatik, zwei Semester Ethik). Weitere Vorlesungsthemen waren in der Folgezeit Theologische Enzyklopädie, Geschichte der Religionsphilosophie von Kant bis Hegel, Rechtfertigungslehre in Dogmatik und Ethik, Religion als Thema von Philosophie und Theologie, Geschichte der evangelischen Theologie von 1870 bis heute. Dazu kamen Seminare vor allem zur neuzeitlichen Theologie und zu philosophischen Schriften (Deutscher Idealismus, Husserl, Heidegger, Whitehead).

Die erste Veröffentlichung, die wieder über den Umfang eines Aufsatzes hinausging, war die kleine Schrift *Erfahrung und die Glaubwürdigkeit des Glaubens* 1984. Ihr leitendes Interesse war, wie es bei einer ersten selbständigen, im engeren Sinn systematischen Publikation naheliegt, ein fundamentaltheologisches. Es galt der Klärung des viel verwendeten und doch sehr undeutlichen Begriffs der Erfahrung. Ausgangspunkt war die mit Schleiermacher erkenntnistheoretisch begründete, mit Luther auf den angefochtenen Glauben bezogene These, daß man von Gott nicht anders reden kann, als indem man von der Gottesbegegnung spricht. Damit stellt sich das Problem, wie man denn Gotteserfahrung überhaupt verstehen kann, wenn diese doch weder mit der überprüfbaren Empirie noch mit der allgemeinen Lebenserfahrung identisch ist. Für meine Antwort auf diese Frage habe ich zunächst den Begriff der Erfahrung bestimmt als den eigenständigen Umgang mit widerfahrender Wirklichkeit. Für die religiöse Erfahrung habe ich Jüngels Begriff der »Erfahrung mit aller Erfahrung« aufgenommen, um mit seiner Hilfe zu zeigen, daß sie zwar auch ein Widerfahrnis ist, sich aber auf einer ganz anderen Ebene als derjenigen der Selbst- und Welterfahrung ereignet, so sehr sie diese in ihrem Kern betrifft. Gotteserfahrung ist nicht unmittelbar auf die Einzelerfahrungen zu beziehen, mit denen sie sich verbindet und durch die sie sich vermittelt, sondern auf die Grunderfahrung des Menschseins als den transzendentalen Grund aller Erfahrung. Die religiöse Erfahrung ist diejenige Ebene, die allein es erlaubt, die divergierenden Erfahrungen des Menschen auf ihre Einheit hin zu deuten. Denn die Metaphysik, die vom Allgemeinen nicht zum Einzelnen als solchem vordringt, und die Metaethik, die vom Einzelnen aus zum Allgemeinen nur als zu einem Postulat gelangt, vermögen das nicht zu leisten. Freilich ist die Einheit der Erfahrung eine antinomische, weil zu den Grunderfahrungen des Menschseins auch die des Leidens und die des unaufhebbaren Auseinanderklaffens von Sein und Sollen in der Schuld gehören. So kann die religiöse Erfahrung auch auf dem Standpunkt der Frage stehenbleiben. Christlich verstanden, ist es allein das Widerfahrnis der Gnade, das dieses letzte Dilemma überwindet – freilich so, daß der ihr widerstreitende Augenschein der natürlichen Erfahrung nicht aufgehoben wird, so daß Glaube nur als Überwindung der Anfechtung existiert.

Ich habe das Erfahrungsbuch, ebenso wie später die Ethik, als Rohtext mit meiner Sozietät einer kritischen Prüfung unterzogen, bevor sie veröffentlicht wurde. Die Sozietät ist ein vor vielen Jahren auf Anregung eines meiner Doktoranden ins Leben gerufenes privates Oberseminar, das in meiner Wohnung tagt. Teilnehmer und Teilnehmerinnen sind Doktoranden und Studierende höherer Semester, die dazu eingeladen werden. Gegenstände sind normalerweise theologische und philosophische Texte, die entweder zu schwierig oder zu speziell sind, um in einem Hauptseminar behandelt zu werden. Die Idee, dort auch unfertige eigene Texte zur Diskussion zu stellen, hat sich sehr bewährt. Zum einen lassen sich so Forschung und Lehre auf geradezu ideale Weise verbinden. Zweitens ist Systematische Theologie ein Fach, das auf besondere Weise auf den Dialog angewiesen ist; »Dogmatik« verleitet sonst mehr als irgendetwas anderes dazu, eigene fehlbare Auffassungen unter der Hand als allgemein verbindlich zu deklarieren. Und nicht zuletzt gewinnt ein Text natürlich durch eingehende kritische Diskussion an Klarheit. Die Sozietätsteilnehmer engagierten sich – auch bei abweichender theologischer Überzeugung – jedes Mal so für das Projekt, als sei es »ihr Buch«, das da entstand.

Es schlossen sich einige Auseinandersetzungen mit Zeitströmungen wie dem Neomarxismus und der feministischen Theologie an. Ein Beispiel für den ersten Bereich ist der Aufsatz *Zum Verhältnis von Utopie und Reich Gottes* (ZThK 1986, 507–542). Utopien sind universale Veranschaulichungen nicht des Evangeliums, sondern des Gesetzes. Innerhalb der Theologie haben sie dann eine legitime und notwendige Funktion, wenn diese regulativ, nicht konstitutiv gefaßt wird. Voraussetzung ist die ständige Kontrolle utopischer Idealbilder auf ideologische Einfärbung. Das Reich Gottes dagegen gehört auf die Seite des Evangeliums; es wird nicht erarbeitet, sondern wird uns zuteil. – Die feministische Theologie habe ich in Heft 28 der Schriftenreihe *Zur Sache* (1989) kritisch diskutiert. Nach positiven Äußerungen zur Gleichberechtigung von Mann und Frau sowie einem kurzen Durchgang durch den biblischen Befund habe ich vor allem die Klischees von Männlich und Weiblich behandelt, die bei Feministinnen vielfach anzutreffen sind, sodann das darauf aufbauende, problematische Verständnis von Sünde und Rechtfertigung, sowie schließlich die falsche Alternative eines männlichen oder weiblichen Gottes, hinter der das Fehlen der Einsicht in den metaphorischen Charakter *aller* Aussagen über Gott zu bemerken ist.

Als größeres Projekt entwickelte sich nun angesichts der theologischen Diskussionslage allmählich der Plan, eine Ethik zu schreiben. Zwar hatten ethische Themen zu dieser Zeit durchaus schon Konjunktur. Doch handelte es sich dabei ganz überwiegend um die brennenden materialethischen Probleme wie die Friedensfrage und die Umweltzerstörung. Mir ging es dagegen um das eigentliche Geschäft des systematischen Theologen in der Ethik, die gründliche und vollständige Erörterung der Prinzipienfragen. Dazu gab es damals in der evangelischen Theologie kaum umfassendere neuere Darstellungen, und die wenigen vorhandenen waren zum größten Teil in dem alten Gegensatz von konservativem Luthertum und Barth-Schule befangen. Darüber hinaus war mir klar geworden, daß das protestantische Theoriedefizit in der Ethik, sieht man von verhältnismäßig wenigen, ganz großen Gestalten wie z.B. Schleiermacher oder Wilhelm Herrmann ab, nicht erst eine moderne Erscheinung ist, sondern seine Ursachen bereits in der Rechtfertigungslehre der Reformation hat: Es bereitet theoretisch große Schwierigkeiten, das sola gratia in der Ethik konsequent durchzuhalten und nicht wie bereits der spätere Melanchthon durch einen tertius usus legis das praktische Leben des Christen tendentiell wieder der Herrschaft des Gesetzes zu unterwerfen. Wenn man einerseits in der Lebenswirklichkeit nicht ohne weiteres davon ausgehen kann, daß »ein guter Baum gute Früchte bringt«, andererseits erkennen muß, daß ein großer Teil des einst selbstverständlich gültigen gesellschaftlichen Normenbestandes diese Selbstverständlichkeit nicht mehr besitzt, welche Möglichkeiten gibt es dann dafür? Sicher war zunächst nur, daß es ein Modell sein mußte, das nicht mehr den zu der Zeit gängigen Rezepturen verpflichtet war. Trutz Rendtorff hatte in seiner Ethik bereits einen Vorschlag in dieser Richtung gemacht. Doch konnte mich seine Reduktion der Rechtfertigungslehre auf das »Gegebensein des Lebens« nicht überzeugen.

Mit solchen Fragen zeichnete sich schemenhaft bereits der Umfang der Aufgabe ab. Daraus ergab sich die Einsicht, daß es noch einer Vorbereitungsphase bedürfe, bevor sie in Angriff genommen werden konnte. Deshalb entschloß ich mich, eine Vorlesung über die evangelische Theologie seit 1870 zu halten, um sowohl die innertheologischen Entwicklungen innerhalb dieses Zeitraums als auch deren Zusammenhänge mit der Philosophie sowie mit der allgemeinen geistigen und gesellschaftlichen Entwicklung besser zu verstehen. Dabei lag mir sehr an der Berücksichtigung der ausländischen Diskussion. Wie wichtig das war, hatte ich seit meiner Beschäftigung mit Niebuhr immer deutlicher erkannt. Da ich inzwischen noch Schwedisch dazugelernt hatte, konnte ich mich nun zusätzlich der skandinavischen Literatur zuwenden und entdeckte in der Lunder Schule (Aulén, Nygren) und in dem großen Dänen K.E.Løgstrup außerordentlich interessante Gesprächspartner. Außerdem verdanke ich viel dem Austausch mit meinem Kopenhagener Kollegen und Freund Theodor H. Jørgensen, der wie ich bei Gerhard Ebeling promoviert wurde und auch ebenso wie ich stark mit Luther und Schleiermacher arbeitet, darüber hinaus aber als drittes Element die mir bis dahin kaum bekannte Tradition Grundtvigs ins Spiel bringt.

Bei der Vorbereitung des Ethik-Buches stellte sich heraus, daß insbesondere die amerikanischen sowie die dänischen und schwedischen Beiträge für die Entwicklung meiner eigenen Konzeption ein immer größeres Gewicht bekamen. An ihnen wurde mir beispielsweise viel klarer als zuvor, daß die neulutherische Theologie der Schöpfungsordnungen mit der ursprünglichen Idee der Zwei-Reiche-Lehre Luthers ungefähr so viel zu tun hat wie die Rechtfertigungslehre des Tridentinum mit dem Römerbrief. Schon Reinhold Niebuhr hatte mich auf die kritische Funktion des Liebesgebots für weltliches Handeln aufmerksam gemacht. Ergänzend trat jetzt sein Bruder H.Richard Niebuhr hinzu, dessen Gedanke einer Dreipoligkeit ethischen Handelns (Handlungssubjekt, Gemeinschaft, die »Sache«, um die es geht) geeignet war, einseitig personalistisches Denken aufzubrechen, und zugleich die weithin ungeklärte Frage nach dem individuellen und/oder kollektiven Handlungssubjekt aufgab. Eine Vielzahl weiterer Anregungen kam hinzu. Da all diese Dinge in Deutschland bis dahin kaum zur Kenntnis genommen, geschweige denn ausgewertet waren, und da es im übrigen keine brauchbare Darstellung der Geschichte der evangelischen Ethik der letzten 100 Jahre gab, entschloß ich mich, der systematischen Entfaltung einen historischen Teil vorangehen zu lassen, in dem außer der deutschsprachigen jedenfalls die amerikanische und skandinavische Literatur darzustellen war. Gewiß hätten auch andere Länder wie etwa die Niederlande genauere Nachforschungen gelohnt, aber ich mußte dann doch das Historische dem systematischen Zweck des Ganzen unterordnen und mich auf das beschränken, wovon ich in Übernahme und Abgrenzung am meisten profitiert hatte. Ohnehin hat dieser historische Teil mit zwei Fünfteln des Gesamtumfangs innerhalb einer systematischen Monographie die Grenze des Zumutbaren mindestens erreicht, wenn nicht überschritten.

Die systematische Explikation beginnt mit einer Metaethik, die im Anschluß an Hume und G.E.Moore das nicht aus Seinsaussagen ableitbare Wesen der Ethik beschreibt, sodann das Verhältnis theologischer und philosophischer Ethik klärt und den Ort christlicher Ethik innerhalb der systematischen Theologie als Spiegelung der Glaubenslehre bestimmt. Der zweite Hauptteil stellt mit starken philosophischen und humanwissenschaftlichen Bezügen zunächst die für die Ethik relevanten menschlichen Grunderfahrungen dar. Das sind insbesondere die Polarität (der Geschlechter, der Generationen, der Temperamente), das soziale Grundbedürfnis der Institutionalität, das Interesse (im ideologiekritischen Sinn), die Konflikthaftigkeit der ethischen Entscheidung und das Verhältnis von Spitzensituation und Alltag. Sodann werden als Formen ethischen Verhaltens die praktische Veränderung, die kulturelle Gestaltung und der meist vernachlässigte Handlungsverzicht besprochen.

Auf drei Dinge kommt es mir vor allem an. Erstens ist dieser allgemeine Teil als Basis einer Verständigung über die Grenzen religiöser und weltanschaulicher Differenzen hinweg gedacht, deren Dringlichkeit in einer pluralistischen Gesellschaft ständig zunimmt. Zweitens bestimme ich hier die ethische Grundsituation als Konfliktsituation, und zwar in dreifacher Hinsicht. Es gibt den Konflikt des Zurückbleibens jeder ethischen Realisierung hinter der unbedingten Forderung, den inneren Konflikt zwischen dem faktischen und dem eigentlichen Wollen (Röm.7,7–25) sowie den Pflichten-, Rollen- und Güterkonflikt. Die letzte Form ist die wichtigste, und zwar durchaus nicht notwendig in Gestalt der großen tragischen Konflikte, sondern im Gewand der normalen Alltagssituation. Ein Pflichtenkonflikt muß in der konkreten ethischen Entscheidung zu einer Wahlsituation umgewandelt werden, in der zwischen dem größeren und dem kleineren Übel zu wählen ist. Aber coram Deo kann so nicht gerechnet werden. In dieser Perspektive entsteht vielmehr in solchen Konflikten unvermeidliche Schuld, deren Härte den Menschen bis zur moralischen Theodizeefrage treiben kann. Drittens habe ich eine Neufassung des Begriffs der Verantwortung versucht. Dieser wird in der deutschen theologischen und zum Teil auch philosophischen Literatur meist einseitig als Verantwortung »für« andere im Sinn einer Stellvertretungsfunktion verstanden, die jemand von einer übergeordneten Position aus wahrnimmt. Ich füge zwei weitere Formen hinzu: die gegenseitige Verantwortung, welche die Mitglieder einer sozialen Gruppe füreinander wahrzunehmen haben, sowie die gemeinsame Verantwortung der Mitglieder einer Gruppe für das größere Ganze. So erst lassen sich demokratische Strukturen begründen. Auch für das ethische Verständnis des Priestertums aller Gläubigen in der Ekklesiologie ist diese Begriffsbestimmung relevant.

Der dritte Hauptteil bringt die spezifisch christliche Begründung der Ethik. Der Konzentration auf die Konfliktsituation entsprechend beginne ich mit der Widersprüchlichkeit der ethischen Situation als Ausdruck der Sünde und entfalte dann die ethische Bedeutung der Vergebung als Vollmacht zum Handeln in der Konfliktsituation. Von da aus komme ich auf das Verhältnis göttlicher und menschlicher Liebe zu sprechen und entwickle, wie bereits angedeutet, eine modifizierte Zwei-Reiche-Lehre. Sie führt weiter zu der Frage nach Macht und Gerechtigkeit in der Gesellschaft. Daran anschließend werden die Kirchen als ethische Subjekte (bewußt im Plural!) und die eschatologische Perpektive des ganzen Konzepts anhand der Leitbegriffe Utopie und Reich Gottes behandelt. Den Abschluß des Buches bildet eine Methodik ethischer Urteilsbildung.

Ich habe bewußt damit geschlossen und keinen zweiten Band mit einer materialen Ethik geplant. Eine solche ist heute mehr als je zuvor auf jahrelange interdisziplinäre Zusammenarbeit mit jeder einzelnen Bezugswissenschaft angewiesen, wenn dabei nicht etwas für die Le-

benspraxis Belangloses herauskommen soll. Das Äußerste, was man
m.E. auf diesem Gebiet als Einzelner erreichen kann, ist die Darstellung
einer Bereichsethik nach gründlicher Einarbeitung in das entsprechende Fachgebiet, wie sie Arthur Rich mit seiner Wirtschaftsethik vorgelegt hat. Es kommt hinzu, daß die einzelnen Bereiche Politik, Wirtschaft, Medizin usw. sich in der konkreten ethischen Situation gar nicht
so sauber voneinander scheiden lassen, wie es die übliche Einteilung
der materialen Ethik suggeriert (wiewohl ich in der Vorlesung Ethik II
um der Übersichtlichkeit willen selbst nicht auf sie verzichten konnte).
Deshalb schien es mir wichtiger, die Methodik des ethischen Urteils zu
schildern und den Erwerb der entsprechenden fremdwissenschaftlichen
Fachkenntnisse denjenigen zu überlassen, die solche Entscheidungen
konkret zu treffen haben.

Die Fertigstellung des Buches wurde wesentlich gefördert durch ein
Forschungssemester, das ich im Sommer 1991 in Lund zugebracht
habe. Dieser fast halbjährige Auslandsaufenthalt brachte außer der Gelegenheit, mich extensiv und intensiv der skandinavischen Literatur zur
Ethik zu widmen, noch einmal eine willkommene Erweiterung des
Blickfeldes, die ich nicht zuletzt der großzügigen Gastfreundschaft der
dortigen Fakultät verdanke. Ich habe mich in Schweden schon immer
besonders wohl gefühlt, sowohl beim Wandern in der herben Landschaft des nördlichen Lappland als auch vor allem unter den Menschen
des Nordens. Überdies hatte ich das Glück, in meinem Gastgeber
Benkt-Erik Benktson nicht nur einen kundigen älteren Fachkollegen,
sondern auch einen vorzüglichen Kenner der schönen Literatur Schwe-
dens zu haben. So war das in jeder Hinsicht ein außerordentlich anre-
gendes Semester.

Im Jahr 1992 habe ich die fertige Monographie unter dem Titel
Ethik in evangelischer Perspektive veröffentlicht. Aus einigem zeitlichen Abstand fiel mir dann auf, daß ich unter dem Sog der zentralen
These die Bezüge zur Schöpfungslehre nur ungenügend ausgearbeitet
hatte, wenngleich der Einsatz bei den allgemeinen ethischen Grunderfahrungen das eigentlich nahegelegt hätte. Den dadurch möglicherweise entstehenden »flacianischen« Eindruck habe ich in dem Aufsatz
Schöpfungslehre und Ethik (ZThK 1994, 157–188) zu korrigieren versucht.

Im Sommer 1992 wurde ich für zwei Jahre zum Vizepräsidenten der
Universität gewählt. Da man nach dem Abschluß eines umfangreicheren
Buches leicht erst einmal in ein »Loch« fällt, bevor man sich zu einem
weiteren Projekt dieser Größenordnung entschließen kann, war der Zeit-

punkt für die Übernahme ganz anders gearteter Aufgaben außerordentlich günstig. Es war für mich eine besonders interessante Zeit, in der ich
viele Kollegen aus anderen Fächern und auch an anderen deutschen und
ausländischen Hochschulen kennengelernt und viel tieferen Einblick
als zuvor in die Struktur der Universität gewonnen habe. Zugleich war
es ein Amt, das mehr Gestaltungsmöglichkeiten bot als die Ämter des
Seminardirektors und des Dekans, die ich früher turnusmäßig bekleidet
hatte. Mein besonderes Interesse während meiner Amtsperiode galt der
Förderung der Lehre. Ich habe u.a. einen Arbeitskreis für Habilitanden
eingerichtet, in dem ein hervorragend ausgewiesener Kollege eine Ausbildung in Theorie und Praxis akademischer Lehre anbietet. Trotz ver-
breiteter Vorurteile gegen die Hochschuldidaktik war die politische
Situation aufgrund der öffentlichen Diskussion über die Lehre an der
Universität günstig für diesen Schritt. Die neue Einrichtung fand sofort
lebhaften Zuspruch bei den Adressaten, und inzwischen bahnt sich auch
eine institutionelle Verankerung des Arbeitskreises an.

Nach diesem ausführlichen Blick über den theologischen Tellerrand
fiel die Anregung eines Mitarbeiters und Freundes, als nächstes literari-
sches Vorhaben etwas nicht im engen Sinne Fachliches in Angriff zu
nehmen, auf fruchtbaren Boden. Das kleine Bändchen *Kreuz-Wege*, das
1997 erschien, ist eine persönliche Rechenschaft über mein bisheriges
theologisches Denken in Gestalt eines fingierten Briefwechsels. Es
wendet sich in erster Linie an theologisch interessierte Laien. Mein er-
fundener Briefpartner ist Atheist. Mit ihm erörtere ich gängige kritische
Anfragen an das Christentum: Ist Gott heute noch ein sinnvolles Thema? Welchen Sinn kann es haben, angesichts von unverdientem Leid
über einen gütigen und allmächtigen Gott zu reden? Hat in der Moderne
nicht die Bedrohung durch Sinnlosigkeit die Angst vor der Schuld abgelöst? Wie kann man in einer pluralistischen Gesellschaft das Heil noch
exklusiv von Jesus Christus erwarten? Ist Auferstehung nicht ein Mythos? Mit welchem Recht beanspruchen die Kirchen noch eine privile-
gierte Stellung in der Gesellschaft? Dabei werden die Kernaussagen
des christlichen Glaubens durchweg auf konkrete Lebenserfahrungen
bezogen. Am Ende bleibt der Dialog in der Schwebe: Er hört nicht mit
einer »Bekehrung« des Briefpartners auf, sondern mit der Bekundung
seiner Absicht, über die Dinge weiter nachzudenken.

Neben der Tätigkeit an der Universität habe ich mich nach meinen
zeitlichen Möglichkeiten gern an kirchlicher Arbeit beteiligt. Außer
Vorträgen in Gemeinden und Akademien ist vor allem der monatliche
Predigtauftrag in einer Göttinger Gemeinde zu nennen, den ich seit

1988 wahrnehme. Er ist für mich inzwischen unverzichtbar geworden. Seit einiger Zeit halte ich auch homiletische Seminare an der Fakultät.

Dazu kommt die Mitgliedschaft in kirchlichen Gremien. So gehörte ich von 1987–91 zur EKD-Kommission Christen und Juden. Dort waren Auseinandersetzungen mit einer Gruppe von Theologen und Kirchenleuten zu führen, die mit der Rheinischen Synode der Meinung waren, die Christen seien in den Bund Gottes mit Israel aufgenommen, und die dazu neigten, jegliche Betonung der Unterschiede zwischen Christen und Juden als Antijudaismus zu brandmarken. Ich habe versucht mir vorzustellen, wie ich als Jude darauf reagieren würde. Dann müßte ich mir die Zumutung verbitten, daß sich Christen, die in ihrer Geschichte unsere Religion so lange verfolgt haben, in die uns zugesprochene Verheißung hineindrängen und am Ende vielleicht sogar noch das Land Israel mit uns teilen wollen. Es gibt tatsächlich solche jüdischen Stimmen, die nur kaum zur Kenntnis genommen werden. Wir Deutschen neigen zu Exzessen, das zeigt sich an dieser sensiblen Stelle wieder einmal überdeutlich. Nachdem wir die schlimmsten Greuel über das jüdische Volk gebracht haben und nachdem auch die Mitschuld von Theologie und Kirche an der Entstehung des europäischen Antisemitismus lange Zeit völlig unbeachtet geblieben war, soll jetzt die Korrektur dadurch erfolgen, daß man das Christentum judaisiert. Wann werden wir es fertigbringen, das *Anderssein* des Anderen *als solches* zu achten? Für mich sind feindselige Ausgrenzung und Vereinnahmung letzten Endes zwei Seiten derselben Medaille: der Unfähigkeit, einen friedlichen Pluralismus zu ertragen. Genau das gleiche Problem kehrt in der gegenwärtigen ökumenischen Euphorie wieder. Wenn von katholischer Seite das Angebot kommt, für Luther einen geräumigen Schrank ins Haus der (römischen) Kirche zu stellen (O.H.Pesch), dann scheint es nicht wenige Protestanten zu geben, die als bislang »getrennte Brüder und Schwestern« gleich morgen in das Zimmer einziehen möchten, in dem dieser Schrank steht.

Seit 1997 bin ich an dem Projekt des Lutherischen Weltbundes Communion – Community – Society beteiligt. Das Problem des institutionellen Charakters der Kirche ist im Luthertum – historisch begreiflich – bislang meist recht stiefmütterlich behandelt worden. Man pendelt zwischen einem klerikalen »Gegenüber von Amt und Gemeinde« und einem Anti-Institutionalismus Sohmscher Prägung hin und her. Zwar gibt es viele gute empirisch-soziologische Untersuchungen, aber die spezifisch theologische Bewältigung dieses Komplexes steckt trotz bemerkenswerter Ansätze noch immer in den Anfängen. Diese Fragestellung soll in dem Projekt durch regionale Konferenzen und ganz internationale Beteiligung zu den völlig unterschiedlichen kulturellen Kontexten kirchlicher Arbeit in Beziehung gesetzt werden. Solche Berücksichtigung der Komplexität einer heute zu verantwortenden Lehre von der Kirche läßt mir die Mitarbeit an diesem Vorhaben besonders lohnend erscheinen.

Diese Tätigkeit wird mir nach der Pensionierung 1998 erhalten bleiben, ebenso wie vielleicht die Beteiligung an einer Arbeitsgemeinschaft Strukturreform, die der Präsident unserer Universität kürzlich eingerichtet hat. Hier werden unorthodoxe Ideen zur Flexibilisierung und Effektivierung des Studien- und Prüfungsbetriebes, der Personalstruktur und der akademischen Laufbahn durchdekliniert, in der Hoffnung, jedenfalls einen Teil der Vorschläge durch die zuständigen Gremien zu bringen, und sei es zunächst nur als Modellversuch.

Vor allem möchte ich, sub conditione Jacobaea, meine Dogmatik-Vorlesung zu einer Monographie ausarbeiten. Sie wird zu diesem Zweck zur Zeit gegenüber der letzten Fassung völlig umgebaut. Im einzelnen läßt sich über ein in statu nascendi befindliches Projekt noch nicht viel sagen. Zwei Dinge stehen fest. Erstens bekommt die Theodizeefrage in Verbindung mit der Erfahrung unvermeidlicher Schuld, die sich in der Ursündenlehre reflektiert, eine Schlüsselposition in der Relation zur Rechtfertigungslehre. Zweitens nimmt das Problem des Pluralismus eine beherrschende Stellung ein: Wie verhält sich das solus Christus zu dem interreligiösen und innerchristlichen Pluralismus, der jeden Absolutheitsanspruch einerseits relativiert, andererseits zugleich durch konkurrierende Absolutheiten aufs äußerste herausfordert? Unter anderem wegen dieser Frage lasse ich der materialen Glaubenslehre eine ausführliche religionsphilosophische Grundlegung vorangehen.

Dieser Bericht kann nur eine Zwischenbilanz sein. Er bliebe es auch, wenn ich gezwungen wäre, die Arbeit für immer abzubrechen. Gustaf Aulén hatte wohl recht, wenn er im Alter von 86 Jahren die letzte Auflage seiner Dogmatik (*Den allmänneliga kristna tron*, 6.Aufl. 1965) mit dem Bemerken der Öffentlichkeit übergab, so viel wie dieses Mal habe er noch nie zu ändern, umzuschreiben und neuzufassen gehabt; eine solche Aufgabe könne man eben nie als erledigt zu den Akten legen.

HERMANN FISCHER

Hemmungen gegenüber einer Selbstdarstellung liegen auf der Hand. Sie lassen sich allenfalls relativieren durch die Einbettung des begrenzt Individuellen in das größere Allgemeine der die jeweilige Zeit bestimmenden geistig-kulturellen und politischen Problemhorizonte, um auf diese Weise die eigene Arbeit und die angestrebten Ziele verständlicher zu machen.

I.

Geboren bin ich am 18. Mai 1933 in Cuxhaven, habe meine Kindheit und frühe Jugend aber ab 1934 bis 1943 im Kreise dreier weiterer Geschwister in Magdeburg verbracht. Meine Eltern stammen aus Cranz in Ostpreußen und sind in einfachen Verhältnissen aufgewachsen. Das gilt auch für ihre schulische Ausbildung. Mein Großvater väterlicherseits war Sattler, und diesen Beruf hat auch mein Vater erlernt. Später konnte er sich weiterbilden und die Beamtenlaufbahn einschlagen. Mein Großvater mütterlicherseits war Fischer.

Das Verhältnis meiner Eltern zur Kirche hatte zunächst den Charakter locker-distanzierter Bindung; im und nach dem Zweiten Weltkrieg hat sich das geändert. Die großen christlichen Feiertage wurden im Rahmen allgemeiner volkskirchlicher Sitte begangen. Eine förmliche religiöse Erziehung hat aber nicht stattgefunden. Auch der Religionsunterricht in der Volksschule ist ohne tiefere Eindrücke geblieben. In der Oberschule, auf die ich 1943 überwechselte, wurde ohnehin kein Religionsunterricht erteilt. Die drohenden Bombenangriffe auf Magdeburg führten im Dezember 1943 dazu, daß die unteren Klassen der Oberschule im Zuge der »Kinderlandverschickung« nach Salzwedel, später in die

Nähe von Gardelegen ausquartiert wurden. Hier vollzog sich die weitere Entwicklung, seit dem 10. Lebensjahr ohne jede elterliche Aufsicht, in eher naturwüchsigen als geordneten Bahnen. Das schulische Geschehen war am äußersten Rand des Interessenfeldes angesiedelt.

Eine Zäsur bedeutete das Ende des Krieges im Mai 1945 mit der völligen Umwälzung der allgemeinen und auch der individuellen Verhältnisse. Meine Mutter mußte sich mühsam mit vier Kindern auf einem Dorf in der Nähe von Tangermünde an der Elbe durchschlagen, während mein Vater, ohne daß wir davon zunächst wußten, ab 1944 vier Jahre in russischer Kriegsgefangenschaft verbrachte. An den Besuch einer Oberschule oder eines Gymnasiums war nach 1945 aus vielerlei Gründen nicht zu denken, und erst der Entzug dieser bisher als selbstverständlich hingenommenen und mehr als Last empfundenen Bildungsmöglichkeit führte dazu, das Phänomen »Schule« mit seinen produktiven Möglichkeiten neu einzuschätzen. Durch eine ganz ungewöhnliche Konstellation von Ereignissen wurde es mir ermöglicht, ab Mai 1946 in Stendal wieder eine Schule zu besuchen. Dieser Neubeginn gehört zu den chancenreichen Glücksfällen meines Lebens. In Stendal, einer vom Krieg so gut wie völlig verschonten alten Hansestadt mit einem schönen Stadtkern, einem die Stadt umgebenden Wall, herrlichen Stadttoren und beeindruckenden alten Kirchen, insbesondere mit dem Dom und der Marienkirche, habe ich von 1946–1949 nicht nur eine wunderbare Schulzeit, sondern überhaupt eine gegenläufig zur allgemeinen desolaten Lage ziemlich unbeschwerte Jugend verbringen können. Diese drei für mich bedeutsamen Jahre haben meine Berufsentscheidung nicht nur vorgeprägt, sondern letztlich auch bestimmt.

II.

Das Leben in einem Pensionat für Jungen, das für diese drei Jahre mein Zuhause wurde, stellt eine Welt für sich dar mit interessanten entwicklungspsychologischen Prozessen und einer eigenen Dynamik. Hier begegneten sich über die Schulwoche Bauernjungen aus den umliegenden Dörfern und Kinder aus den unterschiedlichsten Familien, die der Krieg in diese Gegend verschlagen hatte. Für das Wochenende fuhr man nach Hause, um es im Kreise der Familie zu verbringen. Gerade die eigentümliche soziale und soziologische Mischung setzte vielfältige Aktivitäten und Begabungen frei und wirkte, angestachelt durch spezifische Rivalitäten, in hohem Maße anregend und bereichernd. Lebenspraktisch befähigte »Pensionäre« vermochten auf ihre Weise ebenso zu beeindrucken wie intellektuell und künstlerisch begabte Mitschüler auf andere Weise, und es eröffnete sich mir eine so bisher noch nicht wahrgenommene phantastisch vielseitige Welt im kleinen. Zudem wurde die Pension von einer Frau geleitet, die aufgrund natürlicher Autorität und unaufdringlicher Herzensgüte wie Frömmigkeit das Zusammenleben der etwa 15 bis maximal 30 Jungen nicht nur mühelos lenkte, sondern die Entwicklung der ihr anvertrauten Zöglinge im Alter von 10–18 Jahren in schwerster Zeit auch nachdrücklich prägte. Sie eröffnete uns gezielt und diplomatisch geschickt Zugang zu kirchlichen Kreisen und Veranstaltungen, die unserem Alter angemessen waren, und hielt uns dazu an, vor dem Schulunterricht an den Morgenandachten in der auf dem Weg zur Schule gelegenen prächtigen Marienkirche teilzunehmen. Hier, im hohen Chor dieser hochgotischen Backstein-Kirche, habe ich, zunächst distanziert beobachtend, das Christentum und die kirchliche Welt mit Bibellektüre, Meditation, Gebet und Musik zum ersten Mal wirklich wahrgenommen. Diese Morgenandachten wurden im freien Wechsel von den Pfarrern der Stadt und Lehrern unserer und anderer Schulen gehalten. Es konnte also geschehen, daß man einen Lehrer in geistlicher Funktion erlebte, der uns kurze Zeit später im Unterricht begegnete. Für uns Schüler steigerte sich dadurch die Autorität der Lehrer, denen wir partiell förmliche Verehrung entgegenbrachten. Da diese kurzen Ansprachen auch uns Schülern verständlich waren und nachdenkenswert erschienen, wurde der Rahmen der schulischen Gedankenwelt allmählich überschritten. Die Morgenandachten ersetzten für uns »Pensionäre« oder doch einen kleineren Kreis von ihnen den Religionsunterricht, der im Bereich der späteren DDR an staatlichen Schulen ohnehin nicht mehr erteilt wurde. Gegenüber diesen täglichen und neue gedankliche und existentielle Perspektiven eröffnenden Andachten blieb der trocken und öde erteilte bzw. so wahrgenommene Konfirmandenunterricht 1947/48 ziemlich bedeutungslos.

In diese Situation keimenden religiösen Interesses, das durch individuell-biographische Konfliktlagen einerseits, durch die Nachricht, daß mein Vater (in russischer Gefangenschaft) noch am Leben sei, andererseits, wachgehalten und befördert wurde, fiel ein Ereignis, das für meinen weiteren Entwicklungsgang von nachhaltigen Folgen war. Im Jahre 1948 hielt ein Pfarrer aus Süddeutschland, Otto Siegfried Freiherr von Bibra, eine Jugendevangelisationswoche mit täglichen Abendgottesdiensten in der überfüllten Marienkirche ab, die nicht nur mich, sondern nachweislich auch andere Teilnehmerinnen und Teilnehmer tief beeindruckten, geradezu aufwühlten. Ich weiß nicht, wie ich die seinerzeit gehörten Predigten heute theologisch beurteilen würde, aber damals lösten sie bei mir einen religiösen Schub mit Elementen von »Bekehrung« aus. Jedenfalls begann mich die christliche Gedankenwelt zunehmend zu faszinieren. Diese Faszination gewann ansatzweise auch Bedeutung für die politische Orientierung gegen einen sich konstituierenden Staat mit ersichtlich atheistischen Grundannahmen. Allmählich wurde der ursprüngliche Berufswunsch, Lehrer zu werden für die Fächer Geschichte (an erster Stelle), Deutsch und evtl. auch Philosophie, von der ich aber nur ganz vage Vorstellungen hatte, aufgegeben. 1949, am Ende meiner Stendaler Schulzeit, war ich entschieden, Theologie zu studieren.

Nach der Rückkehr meines Vaters aus der Gefangenschaft siedelte die Familie 1949 wieder nach Magdeburg über, und hier verbrachte ich von 1949–1952 meine letzten drei Schuljahre. Ich suchte jetzt sofort Anschluß an die Kirche und kirchliche Mitarbeit und leitete im Rahmen der »Jungen Gemeinde« eine Jungschar mit Jungen im Alter von ca. 8 – 14 Jahren. Im ehemaligen Dom- und Klostergymnasium, meiner neuen Schule, in unmittelbarer Nähe des Magdeburger Doms gelegen, traf ich auf einen Kreis von jungen Christinnen und Christen, die in einem Nebenraum des Magdeburger Doms Morgenandachten in eigener Regie veranstalteten. Täglich fanden wir uns hier vor Schulbeginn zu Bibellese am Leitfaden der »Losungen« der Herrnhuter Brüdergemeine, kurzer Auslegung, Gebet und Gesang zusammen und wuchsen nun auch eigentätig in die christliche Gedanken- und Glaubenswelt hinein. Aus diesem Kreis ist später eine Vielzahl von Theologen hervorgegangen.

Diese Morgenandachten hatten nicht nur die Funktion einer inneren geistlichen Stärkung, wir waren dadurch auch für das rauher gewordene politische Klima gewappnet, das die schulische Wirklichkeit immer stärker in Mitleidenschaft zog. Bis in die Klassenzimmer hinein reichte der Arm der politischen Diktatur und verschonte auch junge Schüler nicht. Ich habe Verhaftungen aus der Schule heraus und solche mit nachfolgender Verschleppung erlebt. In der Zeit des sog. Stalinismus lauerten überall Gefahren, und der Grat zwischen Widerstand und Anpassung wurde schmaler. In jenen Jahren erschloß sich mir das Christentum auch als ein Element kritischer Distanz und Kraft gegenüber den politischen Bedrängnissen. Die Kirche wurde als Hort der Freiheit und der Humanität wahrgenommen, aber auch als Raum der Kultur und der (literarischen wie musikalischen) Bildung. Bisherige Prägungen durch das gebildete Bürgertum, wie es mir inzwischen in respektabler und bewunderter Gestalt begegnet war, und vielleicht auch die Sehnsucht nach solch einer Kultur angesichts des Schwindens bildungsbürgerlicher Tugenden mögen die Bindungen an die Kirche, deren Repräsentanten mir in ihrer wiederholt wahrgenommenen Charakterfestigkeit imponierten, bestärkt haben. Der Widerstand der Kirche gegen eine sie bedrohende Ideologie konvergierte mit dem Widerstand bürgerlicher Kreise gegen die systematische Zerstörung ihrer Ideale und Lebensformen, und so floß hier lebensgeschichtlich ineinander, was der kritische Blick noch nicht zu unterscheiden und zu scheiden vermochte. Wie auch immer: das Zeugnis der biblischen Wahrheit war nach meiner Einschätzung der marxistisch-utopischen Ideologie von der klassenlosen Gesellschaft mit der Vorstellung von dem an sich guten, nur durch gesellschaftliche Verhältnisse pervertierten Menschen hoch überlegen. Gegenüber solch einer verharmlosenden Sicht menschlicher Lebensverhältnisse hatte das biblische Verständnis von dem in der Sünde gefangenen Menschen für mich weit mehr Tiefe und Überzeugungskraft. Der nüchtern realistische Blick auf die Wirklichkeit des Menschen, wie sie etwa in Gen 1–3, in den Gleichnissen Jesu oder in den paulinischen Briefen geradezu evident in den Blick gebracht wurde, machte resistent gegen die marxistisch-kommunistischen Schalmeienklänge, die überdies in krassem Widerspruch standen zu allem, was man täglich in der DDR-Wirklichkeit an Unterdrückung, politischer Verfolgung und Mißhandlung erleben mußte. Der christliche Realismus erwies sich als ein starkes Argument gegen den Marxismus und die damaligen politischen Bekehrungsversuche einiger inzwischen entsprechend indoktrinierter Lehrer, und er hat mich später in meiner Skepsis gegenüber marxistischen Revitalisierungsversuchen der Frankfurter kritischen Theorie der Gesellschaft bestärkt. 1950 wurden im Zuge einer politischen Säuberung der Schule, die u.a. auch durch die christliche Einstellung vieler ihrer Schülerinnen und Schüler motiviert war, einige Schüler, vor allem aus dem altsprachlichen Zweig, der Schule verwiesen. Sie haben dann überwiegend im freien West-Berlin ihre schulische Ausbildung fortgesetzt. Die politische Bedrohung gehörte damals zur alltäglichen Wirklichkeit.

1950 (oder 1951) kam Helmuth Thielicke aus Tübingen nach Magdeburg und hielt in der überfüllten Pauluskirche einen Vortrag, in dem er den Gedanken der »fremden Würde« als Kern evangelischer Frömmigkeit und Theologie lucide und auch rhetorisch hinreißend entfaltete. Dieser zentrale Gedanke Luthers brachte – in der Interpretation Thielickes – einige Klarheit in meine damals immer noch ziemlich diffuse

religiöse und theologische Gedankenwelt und bestärkte das Bedürfnis
nach gründlicher und umfassender theologischer Bildung. Daran vermochten weder die Schikanen etwas zu ändern, die ich an meinen rele-
gierten Mitschülern erleben mußte und die mich selbst eigentümlicher-
weise verschont hatten, noch die Aussicht, daß die spätere Berufswirklichkeit wohl ähnlichem Druck ausgesetzt sein würde.

1951/52 zeichnete sich eine gewisse politische Entspannung ab. Jedenfalls wurden die Abiturienten des Vorgängerjahrgangs 1951 in größerer Anzahl zum Studium zugelassen. Das gab Anlaß zu der Hoffnung,
im folgenden Jahr ebenfalls mit einem Studienplatz an einer der DDR-
Universitäten rechnen zu können. Jedenfalls bewarb ich mich nach ab-
solviertem Abitur 1952 an der Humboldt-Universität zu Berlin für das
Studium der Theologie und erhielt überraschenderweise eine Zusage.
Für die Wahl des Ortes waren nicht bestimmte Repräsentanten der
Theologie ausschlaggebend, sondern die Chance, am reichhaltigen kulturellen Angebot der Stadt partizipieren zu können. Daneben reizte natürlich auch die Möglichkeit, mit dem Westteil der Stadt und der Freien
Universität einen Ausschnitt bundesrepublikanischer Wirklichkeit erleben und gleichzeitig die mir bis dahin verschlossene Welt politischer
Freiheit etwas aus der Nähe kennenlernen zu können. Vor allem aber ging
von der Berliner Universität aufgrund ihrer Geschichte und ihrer berühmten Figuren immer noch eine eigentümliche Faszination aus, ohne
daß sich für mich freilich abschätzen ließ – zumal aus der Ferne! –, ob und
wie weit sich diese Faszination in studentischen Elan würde umsetzen
lassen.

III.

Da ich in den letzten beiden Schuljahren Griechisch privat bei einem
pensionierten Lehrer gelernt und mir während der Ferien zwischen
Abitur und Studienbeginn im September 1952 die Elementaria der hebräischen Sprache angeeignet hatte, konnte ich nach dem Ende des ersten Studiensemesters Graecum und Hebraicum gleichzeitig ablegen
und mich seitdem ungehindert im ziemlich reichhaltigen Angebot der
damaligen Berliner theologischen Fakultät bewegen. Die philosophische Fakultät, mit der ich ebenfalls liebäugelte, kam aus ideologisch-
politischen Gründen nicht in Betracht.

Obwohl der Glanz dieser Universität der Geschichte angehörte,
wirkte er verborgen bis in die Gegenwart hinein. Ich jedenfalls empfand
es so. An dieser Stätte hatten Fichte und Hegel gelehrt, Schleiermacher

und Adolf von Harnack, dessen Biographie aus der Feder seiner Tochter ich noch während der Schulzeit mit angehaltenem Atem gelesen hatte. Ein mystischer Schauer erfaßte mich, als ich im Herbst 1952 diese berühmte Universität betrat und gleich am Eingang die Brüder von Humboldt auf ihren Denkmälern erblickte. Die baulichen Mängel des damals noch teilweise zerstörten Gebäudes vermochten den Schwung meiner in die Vergangenheit schweifenden Phantasie nicht zu beeinträchtigen. Im Geiste zogen die Heroen der Wissenschaft an mir vorüber. Auf dem alltäglichen Gang zur Universität grüßten nicht nur die Brüder von Humboldt; Hegels Büste war an der Rückseite der Universität aufgestellt; an der Längsseite, in der Universitäts-Straße, schauten Hermann von Helmholtz und Theodor Mommsen von ihren Denkmälern herab. Zumindest visuell war man von der glanzvollen Geschichte der ehemaligen Friedrich-Wilhelm-Universität umgeben. Demgegenüber verblaßte der insgesamte triste Eindruck, der vom Ostteil der Stadt ausging.

Alles war fabelhaft neu, die Inhalte des Studiums ebenso wie die Art ihrer von schulischen Gewohnheiten völlig abweichenden Vermittlung. Trotz einiger Einschränkungen erfaßte einen das beglückende Gefühl studentischer Freiheit. Für den Studienverlauf orientierte man sich an den eingeschliffenen und bewährten Mustern, über die man eher beiläufig und gesprächsweise informiert wurde. Neben kirchengeschichtlichen Lehrveranstaltungen besuchte ich nach den Sprachprüfungen exegetische Vorlesungen und Seminare. Vom ersten Semester an war für mich das philosophische Lehrangebot von *Liselotte Richter*, die innerhalb der theologischen Fakultät das Fach Philosophie vertrat, von besonderem Interesse. Während meines Studiums in Berlin habe ich jedes Semester Lehrveranstaltungen von ihr besucht, in der Regel mehrere. In den vier Semestern wurde die Geschichte der Philosophie in fesselnden, in der Regel frei gehaltenen Vorträgen von der Antike bis zur Neuzeit durchlaufen. Besonders eindrücklich ist mir ihre Darstellung der Vorsokratiker geblieben, die in beinahe existentialistischer Sichtweise vergegenwärtigt wurden. Überhaupt zeichneten sich ihre philosophischen Vorlesungen und Seminare durch ein existentielles Pathos und spürbare Leidenschaft für den jeweiligen Gegenstand aus. Liselotte Richter hatte über Kierkegaard promoviert, und von seinem Denk- und Argumentationsstil ließ sie sich auch für ihre eigenen Lehrveranstaltungen inspirieren. Die Philosophie bildete gleich seit Beginn einen Schwerpunkt meines Studiums an der Humboldt-Universität. Im letzten Berliner Semester im Frühjahr 1954 hörte ich bei L. Richter eine Vorlesung über Kierkegaard, besuchte ein Seminar über den gleichen Gegenstand und hatte hier Kierkegaards »Entweder-Oder« vorzustellen. Auf diese Weise entdeckte ich den Romantiker Kierkegaard, der mir damals noch eindrücklicher war als der Theologe. Seine geschliffenen Aphorismen und die höchst originellen Analysen des »Don Juan«-Stoffes, besonders in der Version Mozarts, im I.Teil dieses Buches, vermochten ebenso in Bann zu schlagen wie die nach Ton und Diktion ausgewechselte Darstellung des ethischen Stadiums im II.Teil. Kierkegaards Deutung des Mozartschen »Don Giovanni« konnte dann umgehend in künstlerisch erstklassigen Aufführungen in der Oper im Ost- und Westteil der Stadt praktisch erprobt werden. Der philosophische Interessenschwerpunkt wurde noch angereichert durch den Besuch philosophischer Vorlesungen an der Freien Universität im Westteil der Stadt, während das ideologisch eingegrenzte und vorprogrammierte Lehrangebot in der philosophischen Fakultät des eigenen Hauses – trotz Wolfgang Harich – wenig Interesse auslöste.

Für die systematische Theologie, der ich mich ebenfalls ziemlich früh zuwandte, war *Heinrich Vogel* verantwortlich. Vogel, der gleichzeitig an der Kirchlichen Hochschule in West-Berlin lehrte und dort auch wohnte, war eine eher künstlerische und rhetorisch begabte Figur. Am Leitfaden seiner Dogmatik »Gott in Christo«, die aufgeschlagen auf dem Pult lag, beschwor er leidenschaftlich, aber für den jungen Theologen wenig durchsichtig, das »Herrengeheimnis der Wahrheit«. In allen möglichen Brechungen und Beziehungen versuchte er, uns dieses Geheimnis zu erschließen. Gleichwohl verblieben Sprache und Argumentation in einem hermetischen Kreis, scharf abgegrenzt gegen neuprotestantische Modernität und philosophische Rationalität. Wiederholt beschlich mich in seinen – übrigens zu diesem Zeitpunkt nur von sehr wenigen Studierenden besuchten – Vorlesungen das Empfinden: »Wenn ihr's nicht fühlt, ihr werdet's nicht erjagen«. Vogel hat mich als künstlerische Natur angesprochen und angezogen, er musizierte und hatte eine Nationalhymne komponiert, die er uns in seinem Hause auf dem Flügel auch vorspielte, war überhaupt eine liebenswürdige und auf seine Weise gewinnende Erscheinung, aber für den von mir gesuchten und erhofften systematisch-theologischen Klärungsprozeß blieben seine Lehrveranstaltungen ohne nachhaltige Wirkung. Ein Seminar über Schleiermachers Glaubenslehre, in das ich mich aus Neugierde unerlaubterweise als junges Semester, noch ohne jedes Proseminar, für die ersten Sitzungen hineingeschlichen hatte, bestärkte mich in meiner Reserve. Hier wurde Schleiermacher mehr rhetorisch als argumentativ abgefertigt; selbst gute Interpretationsvorschläge kluger Studierender zum Verständnis oder auch zugunsten der Religionstheorie Schleiermachers, die mich aufhorchen ließen, hatten in diesem Seminar keine Chance.

Von meiner biographischen Vorgeschichte, die gegenüber dem Staat auf klare Abgrenzung ausgerichtet war, hätte mich eine sich durch Kritik, Polemik und Gegensatz profilierende Theologie eigentlich interessieren können und müssen. Tatsächlich wurde ich auch vom Feuer des Römerbriefes von Karl Barth gepackt, den ich damals in der zweiten Auflage (mit dem berühmten Vorwort) völlig hingerissen las. Die scharfen Abrechnungen mit der liberalen Theologie in diesem Vorwort hatten etwas Bezwingendes, waren für mich aufgrund fehlender Kenntnisse aber in ihrem sachlichen Gehalt schwer zu überprüfen. Erinnerungen an die Lektüre der Harnack-Biographie in der Schulzeit bewirkten eine letzte, allerdings mehr stimmungsmäßige als argumentativ begründete Zurückhaltung. Sie verstärkte sich durch den theologischen Problemzugriff H. Vogels, der sich als Anwalt der Theologie Barths verstand. Es wurde also auch durch die Rezeption Barthscher Theologie eine Hürde aufgebaut und die scharfe theologische Abgrenzungsstrategie einschließlich der vorgebrachten Begründungen mit mancherlei Fragezeichen versehen.

Weitere theologische Bildungserlebnisse kamen hinzu, die mich skeptisch einstimmten gegen einen offenbarungstheologischen Ansatz, der einem anthropologischen Zugang *alternativ* entgegengestellt wurde. Schon die intensive Begegnung mit Kierkegard, die mich aus einer quasi-religiösen Krise mit dem Gedanken eines Studienwechsels befreite und neue existentielle Zugänge zur Welt des Glaubens und der Frömmigkeit eröffnete, bedeutete eine erste Zäsur. Trotz der scharfen Polemiken, die sich auch bei ihm fanden, wurde doch nicht steil von Offenbarung, »Wort Gottes« oder »Deus dixit« gesprochen, sondern ein Bereich religiöser Innerlichkeit mit gedanklich nachvollziehbaren Lebensprozessen erschlossen und in Gestalt eines Entwicklungs- bzw. Stufengefüges zu anderen Weisen lebensweltlicher Orientierung in Beziehung gesetzt. Ästhetisches, ethisches und religiöses Stadium in der doppelten Ausprägung als philosophisch grundierte Religiosität A und christlich bestimmte Religiosität B ermöglichten einen rational durchgeklärten Umgang mit eigenen religiösen Vollzügen.

Hinzu kam ein Ereignis anderer Art. 1953 wurde *Rudolf Hermann* (im Alter von 65 Jahren!) von Greifswald nach Berlin berufen. Für das Frühjahrssemester 1954 kündigte er an: »Systematische Theologie I (Grundlegung: Religionsphilosophie)«. Ich war neugierig, und diese

Vorlesung, die 1995 von Heinrich Assel aus dem Nachlaß veröffentlicht worden ist, hat mir den weiteren theologischen Weg gewiesen. Hermann, der Lehrer von Hans-Joachim Iwand und Jochen Klepper, was ich damals aber nicht wußte, war eine Kontrastfigur zu Heinrich Vogel, wie sie sich ausgeprägter kaum denken läßt. Das zeigte sich schon im Äußeren, in der großen und massigen Statur Hermanns, vor allem dann aber in seinem Denken. Nüchtern, bohrend, förmlich ächzend und stöhnend trug er seine Erwägungen vor, vermochte aber gerade durch die gezügelte Leidenschaft seines Fragens und Denkens, das um äußerste Klarheit bemüht war, mitzureißen. Es ging ihm in dieser Vorlesung um ein wissenschaftlich tragfähiges Fundament für die theologisch-dogmatischen Aussagen, und dafür entwickelte er eine Theorie des »religiösen Apriori«, die er im Unterschied zum mehr religionspsychologisch ausgerichteten Verständnis E. Troeltschs und R. Ottos erkenntnistheoretisch abzusichern und einsichtig zu machen suchte. In einer gut disponierten Abfolge von Begründungsschritten und in spannenden Rekonstruktionen machte er uns mit der kritischen Philosophie Kants und der Religionstheorie Schleiermachers vertraut. Mir fiel es wie Schuppen von den Augen. Mit Kants transzendentalphilosophischem Kritizismus wurden die Voraussetzungen markiert, die künftig auch für das theologische Denken zu gelten hatten, und Schleiermachers Religionstheorie rückte die Strukturen der Urbewegung religiösen Lebens in ein neues Licht. Hermann vermochte die Gedankenwelt dieser beiden Gründergestalten neuzeitlicher Philosophie und Theologie – durchaus mit deutlich kritischen Rückfragen – in einer Überzeugungskraft vor uns aufzurollen, der man sich aufgrund der rationalen Evidenz nur schwer verschließen konnte. Jedenfalls ist es mir so ergangen. Das Studium der Schriften Kants wurde unumgänglich, und so las und exzerpierte ich mit fliegender Feder parallel zur Vorlesung die »Kritik der reinen Vernunft«, die »Grundlegung zur Metaphysik der Sitten« und die »Kritik der praktischen Vernunft«. Diese erste intensive Begegnung mit Kant ließ natürlich viele Fragen offen, aber ein ungefähres Verständnis seiner Philosophie war gewonnen. Die »Religion innerhalb der Grenzen der bloßen Vernunft«, die den Theologen am meisten hätte interessieren müssen, wurde ausgeklammert, da Hermann ihr gegenüber deutlich kritische Akzente gesetzt hatte. Ohnehin hätte die Zeit dafür nicht mehr gereicht. Mit einer Vorlesungsprüfung über die kantische Philosophie endete dieses für mich interessanteste Semester meiner Berliner Zeit.

Neben dem Studium wurde die Stadt natürlich auch als Kulturmetropole erlebt. Mich interessierte besonders die Musik, und das Angebot in beiden Teilen der Stadt war phänomenal! Im damaligen Titania-Palast musizierten die berühmten Orchester mit ebenso berühmten Dirigenten wie Wilhelm Furtwängler, Karl Böhm, Sergiu Celibidache, Ferenc Fricsay, Eugen Jochum, Joseph Keilberth, Georg Solti und entsprechend herausragenden Solisten. Dazu kam ein ausgezeichnetes kammermusikalisches Angebot. Für einige Zeit habe ich dann noch das kulturelle Standbein verlagert und als Statist am Deutschen Theater mitgewirkt. Neben aufschlußreichen Einblicken in das Geschehen hinter der Bühne konnte ich hier Wolfgang Langhoff, den Intendanten des Theaters und großen Regisseur, bei der Arbeit erleben. Natürlich hatte das vielfältige kulturelle Angebot auch den Charakter einer Versuchung, der ich mich dann durch einen Wechsel des Studienortes entziehen mußte.

Ein Jahr zuvor war der Verlauf des Studiums ohnehin durch die politische Entwicklung unterbrochen worden. Im Zuge von Ereignissen, die sich dann im 17. Juni 1953 entluden, sahen sich Mitglieder der »Jungen Gemeinde« und der Studentengemeinde zunehmend schweren Anschuldigungen und Verdächtigungen ausgesetzt. In Studentenversammlungen, die vermutlich politisch inszeniert waren, wurde der absurde Vorwurf erhoben, es handle sich hier um die Vorhut einer vom amerikanischen Geheimdienst gesteuerten Gruppierung. In einer solchen Versammlung Ende Mai 1953 bin ich diesen Anschuldigungen entgegengetreten. Spontan wurde noch in der Versammlung mein Ausschluß aus der Universität beschlossen. Anderen Studierenden aus anderen Fakultäten war es ähnlich ergangen. Überraschenderweise wurden die beschlossenen Relegationen aber nicht realisiert, die Aktion vielmehr wenige Tage vor dem 17. Juni vom Hochschulsekretariat zurückgenommen.

Aus mehreren Gründen legte sich also allmählich ein Wechsel des Studienortes nahe. Vor allem hatte ich das Bedürfnis, das bisher mehr historisch ausgerichtete Studium der Philosophie breiter anzulegen. Da das an DDR-Universitäten wegen der ideologischen Vorgaben nicht in Betracht kam, hielt ich Ausschau nach einem Studienort in der Bundesrepublik. Zudem galt es, den sich ausweitenden kulturellen Verlockungen der Stadt einen Riegel vorzuschieben. Der neue Studienort mußte also eher eine gegen Ablenkungen gefeite Kleinstadt sein, nach Möglichkeit aber mit einem guten akademischen Ruf. Zunächst dachte ich an Tübingen, aber da Thielicke 1954 gerade von Tübingen nach Hamburg wechselte, entschied ich mich für Göttingen. Hier lehrte Friedrich Gogarten, Mitbegründer der sog. dialektischen Theologie; man konnte also noch einen Zeugen der damaligen Aufbruchsbewegung erleben.

Daneben lockten die Exegeten, allen voran Joachim Jeremias, auch Ernst Käsemann und im Alten Testamtent Walther Zimmerli.

Zum WS 1954/55 nahm ich das Studium in Göttingen auf. Beeindruckend und lehrreich waren die Vorlesungen von *Joachim Jeremias*, der mit seinem ungeheuren Wissen und seinen didaktisch-pädagogisch geradezu vorbildlich aufgebauten Vorlesungen die neutestamentlich-exegetischen Stoffmassen auf dem Hintergrund des palästinensischen Judentums zu vermitteln wußte. Demgegenüber empfand ich die Vorlesungen von *Ernst Käsemann*, der für seine Interpretation des Neuen Testaments sehr viel stärker den religionsgeschichtlichen Hintergund der Gnosis und hellenistischer Mysterienreligionen zum Zuge brachte, eher trocken und wenig mitreißend. Käsemann hielt sich beinahe wörtlich an sein Manuskript. Nur wenn er zu seinen gezielten und manchmal auch grobschlächtigen Polemiken ansetzte, vermochte er sich von seinem Konzept zu lösen und zu großer Form aufzulaufen. Auch die hohen Erwartungen in die Lehrveranstaltungen von *Friedrich Gogarten* wurden enttäuscht. In seinen Vorlesungen, die ersichtlich älteren Datums waren, las er quasi den Text seines Manuskriptes mit kaskadenartig langen Sätzen vor, die sich beim ersten Hören weder verstehen noch mitschreiben ließen. Als Gogarten in der letzten Vorlesungsstunde Ende Februar 1955 sein Manuskript vergessen hatte und von einem Studenten gebeten wurde, uns stattdessen etwas aus der Frühgeschichte der dialektischen Theologie zu erzählen, beschied er uns mit der Auskunft, daß er sich darauf erst vorbereiten müsse! Meine Enttäuschung war grenzenlos, und ich stellte mir vor, wie Karl Barth solch eine Gelegenheit genutzt hätte.

In der Philosophie bot *Joseph Klein*, ehemaliger katholischer Moraltheologe und Kirchenrechtler und 1953 gerade zur evangelischen Kirche übergetreten, ein Seminar über Kants Religionsphilosophie an. Hier konnte ich die in Berlin begonnenen Kant-Studien unmittelbar anschließen. In diesem Seminar lernte ich *Hans-Joachim Birkner* kennen, mit dem mich dann eine Freundschaft bis zu seinem Tod im September 1991 verbinden sollte. In der Systematischen Theologie las *Wolfgang Trillhaas*, der mir bis dahin völlig unbekannt war, ein Kolleg über Ethik und veranstaltete ein Seminar über die Theologie Wilhelm Herrmanns. Auf Herrmann hatte mich schon Rudolf Hermann, der über ihn promoviert hatte, aufmerksam gemacht. So bot dieses Seminar nicht nur eine willkommene Gelegenheit, das Studium der neuprotestantischen Theologie an einer weiteren bedeutsamen Gestalt, die gleichermaßen von Kant und Schleiermacher geprägt war, zu vertiefen, sondern die Teilnahme am Seminar führte auch zu einer kontinuierlichen Zusammenarbeit mit W. Trillhaas. Sie setzte sich in Lehrveranstaltungen über Schleiermacher im folgenden Semester fort, und dafür konnte ich ebenfalls an Einsichten meines letzten Berliner Semesters anknüpfen. Mit dem Studium der Glaubenslehre erschloß sich mir eine nach Ansatz, systematischer Durchführung und Problemlösungspotential theologische Position von klassischem Rang, die meinen weiteren Studien- und Denkweg nachhaltig bestimmte. Neben der Faszination, die von den Schriften Kierkegaards ausging, erfaßte ich zunehmend die überragende Bedeutung des universal angelegten Werkes Schleiermachers im Kontext der neuzeitlichen evangelischen Theologie. Freilich war mir noch nicht klar, wo die inneren Verbindungslinien dieses Interesses lagen, da in der Perspektive der dialektischen Theologie Kierkegaard und Schleiermacher als Leitfiguren für zwei gegensätzliche Verstehensweisen von Theologie standen.

Zu den Besonderheiten der Göttinger Zeit gehörte es, daß parallel zum offiziellen Lehrbetrieb auf mehr privater Ebene Arbeitsgemeinschaften angeboten wurden. So lud W. Trillhaas einen kleineren Kreis zur Sozietät in seine Wohnung ein. Ebenso versammelte *Martin Doerne*, 1954 als Prof. für praktische Theologie von Halle nach Göttingen berufen, in seiner Wohnung einige Studenten/innen und Promovenden, um mit ihnen Werke der Literatur zu lesen. Mich interessierten damals Probleme praktischer Theologie weniger, um so mehr aber die Texte, die M. Doerne mit seiner stupenden literarischen Bildung und einer bis zur Selbstverleugnung gehenden Bescheidenheit ausleuchtete und in ihren theologischen Dimensionen in den Blick brachte. Als ich mich der Runde zugesellte, wurde der »Doktor Faustus« von Thomas Mann studiert. Doerne hatte ein interpretatorisches Charisma. Aufgrund genauer Textanalysen vermochte er Hintergründe zu entdecken und Beziehungen herzustellen, die einem bisher verborgen geblieben waren. Später wurden die großen Werke Dostojewskis gelesen, Texte von Rilke, Jeremias Gotthelf und anderen. Über diesen Lesekreis habe ich dann auch Zugang zu den offiziellen Lehrveranstaltungen M. Doernes gefunden und hier sein erstaunliches Wissen nicht nur auf dem Gebiet der praktischen, sondern auch der systematischen Theologie, die er 1947–1952 in Rostock und 1952–1954 in Halle vertreten hatte, bewundert. Durch ihn ist mir der Zugang zu Luther erschlossen worden, den er vermutlich wie wenige kannte.

In Göttingen lebte damals verborgen, weil nicht im Göttinger Vorlesungsverzeichnis geführt, *Emanuel Hirsch*, dem ich als Übersetzer und

Kommentator Kierkegaards und als Verfasser der imponierenden Theologiegeschichte schon in Berlin begegnet war. Von seinen politischen und kirchenpolitischen Aktivitäten im »Dritten Reich« hatte ich eine mehr ungefähre als genaue Vorstellung. Auch Hirsch versammelte während des Semesters alle zwei Wochen einen Kreis von Studierenden in seiner Wohnung. Politische Themen wurden in dieser Runde von beiden Seiten strikt gemieden. Nach meiner und unserer Wahrnehmung ist Hirsch in politicis uneinsichtig und unbelehrbar geblieben. Umso eindrücklicher zeigte er sich in diesen Gesprächsrunden als Kenner Luthers, den wir über einige Semester lasen, und der neueren Theologie- und Philosophiegeschichte. Hier wurden die klasssischen Texte von Fichte, Hegel, Schleiermacher und Kierkegaard studiert. Viele Teilnehmer dieses Kreises haben später die akademische Laufbahn eingeschlagen. Ohne Anspruch auf Vollständigkeit nenne ich einige von ihnen: Hans-Joachim Birkner, Herbert Donner, Hayo Gerdes, Eilert Herms, Dietz Lange, Eckhard Lessing, Joachim Ringleben, Dietrich Rössler, Hans-Walter Schütte, Peter Stuhlmacher.

Im Anschluß an diese Sozietäten und Arbeitsgemeinschaften wurde oft beim Bier die Diskussion fortgesetzt und auch über jeweils eigene Arbeits- und Forschungsprojekte gesprochen. Der wichtigste Gesprächspartner hier und auch sonst wurde für mich *Volkmar Bühling*, den ich bereits aus meiner Magdeburger Schulzeit kannte. Wir haben nicht nur zusammen die Sozietäten besucht und uns wissenschaftlich ausgetauscht, sondern auch viele literarische und musikalische Gemeinsamkeiten entdeckt und in der Göttinger Stadtkantorei gesungen. Der Glanz, der in der Rückerinnerung über meiner Göttinger Studienzeit liegt, verdankt sich nicht zuletzt seiner Klugheit, Besonnenheit und menschlichen Wärme, einer Freundschaft, die mich noch heute dankbar mit ihm verbindet.

IV.

Mein Dissertationsthema ergab sich aus der spezifischen Interessenlage für Kierkegaard und Schleiermacher und einem Zufall. Geprägt durch die Sichtweise der frühen dialektischen Theologie sah ich beide Figuren in einem Gegensatzverhältnis, obwohl mich beide aufgrund ihres existentiell-theologischen bzw. subjektivitätstheoretischen Ansatzes gleichermaßen interessierten. Im Sommer 1956 las ich Kierkegaards »Begriff Angst« und stieß in der wissenschaftstheoretischen Einleitung des Buches auf Kierkegaards Zeugnis über »Schleiermachers unsterbliches

Verdienst« um die Wissenschaft der Dogmatik, speziell im Blick auf die Lehre von der Erbsünde. Mit einem Schlag brach das bisher von Barth dominierte theologiegeschichtliche Konstruktionsgefüge im Blick auf Schleiermacher und Kierkegaard zusammen. Stattdessen mußte nun nach Gemeinsamkeiten bei beiden Denkern gesucht werden, und die waren relativ schnell gefunden: Pietismus, Auseinandersetzung mit der idealistischen Philosophie und Prägung durch die Romantik. Vor diesem bildungsgeschichtlichen Hintergrund ließen sich Übereinstimmungen auch hinsichtlich prinzipiell-dogmatischer Problemstellungen ausmachen, die dann, unbeschadet gravierender Diffenrenzen, bis in die dogmatischen Einzelthemen wie etwa die Sündenlehre hineinwirkten. Aus diesen neuen Einsichten ist – nachdem im Oktober 1957 das 1. Theologische Examen bei der Hannoverschen Landeskirche absolviert war – meine theologische Dissertation hervorgegangen: *»Subjektivität und Sünde. Kierkegaards Begriff der Sünde mit ständiger Rücksicht auf Schleiermachers Lehre von der Sünde«.* Sie wurde im SS 1960 mit Gutachten von Wolfgang Trillhaas und Ernst Wolf von der Theologischen Fakultät der Universität Göttingen angenommen, das Promotionsverfahren Ende Juli 1960 abgeschlossen. Die Untersuchung, die gegen das Kierkegaard-Verständnis der dialektischen Theologie und damit auch gegen deren Offenbarungsbegriff geschrieben worden ist, bleibt diesem Ansatz im Modus der Kritik dennoch auf vielfältige Weise verhaftet. Schleiermacher und Kierkegaard sollen wohl aus ihren eigenen Denkvoraussetzungen gedeutet werden, aber heimlich geht es dabei immer auch um die Rechtfertigung eines anthropologischen bzw. subjektivitätstheoretischen Ansatzes der Theologie gegen ein strikt offenbarungstheologisches Modell. Insofern gehört diese Studie in den Kontext der damaligen Auseinandersetzung mit der dialektischen Theologie und des Prozesses einer allmählichen Befreiung aus ihrem beherrschenden Einfluß. Das macht – neben vielen anderen Unzulänglichkeiten – die Grenze dieses ersten theologischen Geh-Versuches aus, der 1963 im Druck erschien.

Neben dem Studium und der Arbeit an der Dissertation war die Zeit in Göttingen wesentlich mitgeprägt durch die Zugehörigkeit zur Göttinger Stadtkantorei. Hier habe ich meine Frau, Brigitte Pfeiffer kennengelernt, und in Göttingen haben wir Ende Dezember 1960 auch geheiratet. Über Jahre konnten wir gemeinsam u.a. die großen Oratorien von J. S. Bach, viele Schütz-Motetten, das Requiem von Joh.Brahms und Werke von Ernst Pepping singen und erleben. Für mich sind diese Jahre gemeinsamen Singens in mehrerer Hinsicht eine wunderbare Zeit gewesen, und ich habe das Musizieren unter der Leitung des auf seine Weise überwältigenden *Ludwig Doormann* quasi als ein zweites Theologiestudium auf anderer Ebene erlebt. Dennoch schien mir nach einer Zeit von sechs Jahren in Göttingen ein Ortswechsel angebracht. Die Neigung zu akademischer Arbeit befestigte sich. Statt der weiteren kirchlichen Ausbildung, die sich nach der Promotion nahegelegt hätte, wurde Umschau nach neuen Möglichkeiten akademischer Tätigkeit gehalten.

V.

Mehr zufällig bot sich eine frei gewordene Assistentenstelle an der Johannes-Gutenberg-Universität zu Mainz an. Diese Stelle war – zu meinem Glück – keinem Professor zugeordnet, sondern der Fakultätsbibliothek. Ich trat mein Amt zum WS 1960/61 an und hatte neben der Leitung der Bibliotheksgeschäfte Proseminare im Fachgebiet systematische Theologie abzuhalten. Friedrich Delekat, zuständig für die systematische Theologie, war gerade emeritiert worden. Die zweite Professur für das Fachgebiet hatte *Werner Wiesner* inne, ein Althaus-Schüler, der sich aber viel stärker der Theologie Karl Barths verpflichtet wußte. Sein Denkstil war mir nach Art und Inhalt fremd, deshalb suchte ich, soweit das innerhalb der Fakultät möglich und mit der angestrebten Habilitation vereinbar war, Distanz zu ihm zu halten. Ähnlich verhielt es sich mit *Wolfhart Pannenberg*, der 1961 als Nachfolger Delekats nach Mainz kam. Seine Reaktivierung der historischen Fragestellung innerhalb der Theologie leuchtete mir ein, aber die Begründung dieses neuen systematischen Ansatzes, wie er in seinem Aufsatz »Heilsgeschehen und Geschichte« (1959) und in den beiden Beiträgen der Programmschrift »Offenbarung als Geschichte« (1961) umrissen wurde, schien mir unhaltbar. So mußte ich auch hier versuchen, einen mittleren Kurs zu steuern. Das war umso schwieriger, als ich in meiner Habilitationsschrift ebenfalls das komplizierte Beziehungsgeflecht von Glaube und Geschichte bearbeiten wollte. Auch diese zweite akademische Qualifikationsschrift bewegt sich noch im Wirkungsbereich dialektischer Theologie. Wie gestaltet sich deren Wahrnehmung der Geschichte? Lassen sich ihre Einsichten als Reaktion auf Problemstellungen der »liberalen« Theologie verständlich machen? Als Repräsentant bot sich einerseits Ernst Troeltsch an, für den Fragen der historischen Methode und des historischen Bewußtseins im Zentrum seiner Theologie und später auch seiner Philosophie standen. Da ich in meinem bisherigen theologischen Werdegang immer wieder, u.a. auch in der Beschäftigung mit Th. Manns »Doktor Faustus«, auf interessante und originelle Thesen Troeltschs gestoßen war, ohne ihn gründlich studiert zu haben, versprach ich mir von dieser Wegbiegung weiterführende Einsichten. Je mehr ich mich in sein Werk vertiefte, desto mehr war ich von der Weite seiner Problemstellungen und der Redlichkeit seiner Einsichten und Urteile beeindruckt. Troeltsch vermochte als Diagnostiker der Moderne zugleich deren Ambivalenz in den Blick zu bringen. Die Noblesse seiner Polemik verband sich mit der Fähigkeit, sein eigenes Opus unbefangen selbstkritischer Revision zu unterziehen. In der Abfolge seiner theologischen, soziologischen und philosophischen Schriften ließ sich nach meiner Einschätzung ein kontinuierlicher und äußerst lebendiger Denkprozeß verfolgen, der durch den frühen Tod Troeltschs abrupt abgebrochen wurde.

Als Vertreter der Reaktion »dialektischer Theologie« auf die Aporien des »Historismus« kam andererseits Gogarten als Schüler Troeltschs in Heidelberg in Betracht. Er hat dessen Frage nach den Konsequenzen des historischen Bewußtseins für den christlichen Glauben aufgenommen und auf seine Weise bearbeitet. Gleichzeitig erhoffte ich mir vom systematischen Durchgang durch das Werk Gogartens eine produktive Überbietung meiner Defizit-Erfahrungen als Student in Göttingen. Diese Erwartung hat sich nicht erfüllt; vielleicht waren die studentischen Erfahrungen auch kein gutes Omen. Die neuen Problemstellungen und Lösungsvorschläge Gogartens erschienen mir oft eher gekünstelt, gewollt, doktrinal, dogmatisch-behauptend als aufklärend, dazu von einem Überbietungsanspruch und -pathos erfüllt, das ich angesichts der erzielten Ergebnisse als maßlos übersteigert empfand.

Im Modus einer Gegenüberstellung dieser beiden gegenläufigen Konzeptionen von Glaube und Geschichte sollte es in der Habilitationsschrift darum gehen, die historische Dimension der Theologie gegen die Verkürzungen einer offenbarungstheologischen Konzeption von »Urgeschichte« bei Barth wie einer existential-theologischen Konzeption von Geschichtlichkeit bei Bultmann und Gogarten wieder zur Geltung zu bringen. Das ergab durchaus Anknüpfungsmöglichkeiten an Einsichten Troeltschs, der aber selbst die Dogmatik der praktischen Theologie zugewiesen hatte und systematische Theologie nur noch in der Weise religionsphilosophischer und ethischer Problemstellungen meinte wahrnehmen zu können. Auch an das geschichtstheologische Interesse Pannenbergs ließ sich anknüpfen, allerdings befreit vom universalgeschichtlichen Anspruch und von den Überanstrengungen, die Pannen-

berg der historisch-kritischen Methode aufgebürdet hatte. Die Habilitationsschrift wurde im SS 1964 der Evangelisch-Theologischen Fakultät
der Johannes-Gutenberg-Universität unter dem Titel *»Der Historismus
und seine Folgen. Glaube und Geschichte bei Ernst Troeltsch und
Friedrich Gogarten«* eingereicht und im November des gleichen Jahres
angenommen. Unter dem Titel *»Christlicher Glaube und Geschichte.
Voraussetzungen und Folgen der Theologie Friedrich Gogartens«* ist sie
1967 in einer überarbeiteten Fassung als Buch erschienen.

Inzwischen hatte sich die Familie vergrößert und gewann zunehmend eigenständigen Rang und Bedeutung. Im Januar 1962 war unsere
Tochter Elisabeth geboren, ein Jahr später unsere Tochter Dorothea.
Unsere beiden Söhne Andreas und Matthias erblickten 1966 und 1970
ebenfalls in Mainz das Licht der Welt.

Ab SS 1965 mußte ich mich als Privatdozent in das schwierige Geschäft der Vorlesungstätigkeit einarbeiten. Der horror vacui weißer Pa-
pierblätter wurde existentiell durchlebt und durchlitten. Für den neuen
akademischen Status schwebte mir eine ruhige und kontinuierliche Ein-
arbeitungsphase in das zu vertretende Fachgebiet vor, eine Hoffnung,
die sich aber alsbald gleich in zweifacher Weise als unrealistisch erwies. Zum einen wurde ich relativ schnell nach der Habilitation um
Lehrstuhlvertretungen gebeten und mußte unter erheblichem Zeitdruck
Vorlesungen ausarbeiten. Bereits im WS 1965/66 nahm ich eine Lehrstuhlvertretung in Mainz wahr, dann im WS 1966/67 und im SS 1968.
Für das WS 1968/69 und das SS 1969 vertrat ich die systematische Professur von Edmund Schlink in Heidelberg zusätzlich zu meiner Tätigkeit in Mainz.

Geriet ich schon durch diese häufigen Vertretungen unter einen erheblichen Zugzwang, so wirkten sich gegen Ende der 60er Jahre die
Unruhen an den Universitäten hemmend auf die Lehr- und Forschungs-
tätigkeit aus. In Mainz kam es aus besonderer Veranlassung zu einer
völligen Polarisierung, in deren Verlauf wissenschaftliches Arbeiten
weithin durch Fakultätspolitik ersetzt werden mußte. Unmittelbar vor
Ausbruch dieser Querelen konnte ich 1970 noch eine kleine Studie über
Kierkegaards Christologie veröffentlichen, die in einem lockeren Zusammenhang mit Fragestellungen der Dissertation und auch der Habilitationsschrift steht.(*»Die Christologie des Paradoxes. Zur Herkunft
und Bedeutung des Christusverständnisses Sören Kierkegaards«*).
Nach meinem Urteil verliert die Paradox-Christologie Kierkegaards,
wie sie vor allem in den *»Philosophischen Brocken«* entwickelt wird,
durch den Rückbezug auf Lessings Geschichtsphilosophie und deren

nachweisbare Bedeutung für Kierkegaard einiges von ihrem befremdlichen Konstruktivismus und läßt sich überdies leichter an das neuzeitliche Problembewußtsein anschließen. Nach dieser Publikation standen in Mainz für die folgenden Jahre völlig andere Probleme auf der hochschulpolitisch bestimmten Tagesordnung.

VI.

Deshalb war ich erleichtert und hoffnungsfroh, als mich im Oktober 1973 neben einem Ruf an die Hochschule der Bundeswehr in München eine Woche später ein weiterer Ruf auf die Professur für Systematische Theologie am Fachbereich Evangelische Theologie der Universität Hamburg erreichte. Ich entschied mich für Hamburg und begann im SS 1974 mit meiner Lehrtätigkeit. Wenngleich auch hier zunächst noch Ausläufer der Studentenunruhen spürbar blieben, konnte man sich doch wieder auf die eigentliche Arbeit konzentrieren, jetzt freilich – als Folge der neuen Hochschulgesetzgebung – belastet durch einen enorm gestiegenen Zeitaufwand für die akademische Selbstverwaltung.

Noch während meiner Mainzer Zeit eröffnete sich mir mit Vorbereitungen für eine kritische Gesamtausgabe der Werke Schleiermachers ein neues bereicherndes Arbeitsfeld außerhalb der Universität. Nach ersten Planungen für solch eine Ausgabe 1961 in der Heidelberger Akademie der Wissenschaften, an denen ich beteiligt war, die sich aber zerschlugen, wurde Ende 1972 auf einer von der DFG veranstalteten Konsultation erneut über das Projekt beraten und eine Kommission gebildet, die später als Herausgeberkommission der Kritischen Gesamtausgabe (= KGA) in Funktion trat. Sie bestand zunächst aus den Herren Hans-Joachim Birkner (Kiel), Gerhard Ebeling (Zürich), Heinz Kimmerle (Bochum) und mir; 1979 ist Kurt-Victor Selge (Berlin) in die Herausgeberkommission gewählt worden. H.-J. Birkner wurde zum geschäftsführenden Herausgeber der KGA bestellt und hat die Arbeit an der Ausgabe als ihr spiritus rector bis zu seinem Tode kundig und effektiv geleitet. Nach seinem Tode ist mir die geschäftsführende Aufgabe übertragen worden. Die Herausgebersitzungen dieses Kreises waren ein Labsal und eine erwünschte Abwechslung zu den fakultätspolitischen Querelen in Mainz. Zusätzlich zur KGA, von der seit 1980 14 Bände erschienen sind, wurde mit dem Internationalen Schleiermacher-Kongreß 1984 in Berlin das Schleiermacher-Archiv gegründet, zu dessen geschäftsführendem Herausgeber ich von der Herausgeberkommission der KGA bestellt wurde. Von diesem die Kritische Edition begleitenden Organ sind inzwischen 18 Bände erschienen.

Zusätzlich zu diesen Aktivitäten kam die Mitarbeit in der 1974 gegründeten Wissenschaftlichen Gesellschaft für Theologie, auf deren Gründungskongreß 1974 in Göttingen ich zum Vorsitzenden, Theodor Strohm zum stellvertretenden Vorsitzenden der Fachgruppe Systematische Theologie gewählt wurde. Mit diesem Amt, das ich von 1974–1979 innehatte, war neben der Organisation der Fachgruppe, der Vorbereitung und der Leitung von Tagungen der Fachgruppe auch die Arbeit im Erweiterten Vorstand der Gesellschaft verbunden. Hier ging es im wesentlichen um die Vorbereitung der großen Europäischen Theologen-Kongresse, die die Gesellschaft in Zusammenarbeit mit der Theologischen Fakultät der Universität Wien veranstaltete. Aus dieser Arbeit ist der von mir 1978 herausgegebene Sammelband »*Anthropologie als Thema der Theologie*« hervorgegangen.

Am 17. Februar 1981 wurde in Augsburg (Haunstetten), dem Geburtsort Ernst Troeltschs, die Ernst-Troeltsch-Gesellschaft gegründet. Hier wählten die Teilnehmer der Gründungs-Versammlung Trutz Rendtorff, auf dessen Initiative und die seiner Schüler die Gründung zurückgeht, zum Präsidenten der Gesellschaft, Horst Renz zum Sekretär, Friedrich Wilhelm Graf zum Schatzmeister und mich selbst zum Vizepräsidenten. Zehn Jahre, von 1981–1991, bin ich im Vorstand dieser Gesellschaft tätig gewesen und habe mit großem Gewinn in den anregenden Vorstandssitzungen nicht nur die Kongresse mitgeplant, sondern diese Kongresse auch als hervorragende und äußerst produktive Diskussionsforen für die Themen der neuzeitlichen Theologie erlebt. Die Arbeit der Kongresse 1983, 1985, 1988 und 1991 ist in den Troeltsch-Studien (Band 3 und 4, 6 und 7) dokumentiert.

Mit dem neuen Status am Fachbereich Evangelische Theologie der Universität Hamburg wurde ein neues und für mich rundherum erfreuliches Kapitel meiner akademischen Wirksamkeit aufgeschlagen. Sie vollzog und vollzieht sich im wohltuenden Klima hanseatischer Liberalität, die sich u.a. darin dokumentiert, daß seit 1975 an diesem Fachbereich mit *Otto Hermann Pesch* ein katholischer Theologe Systematische Theologie mit dem Schwerpunkt Kontroverstheologie lehrt. Das kollegiale Verhältnis ist durch ein hohes Maß an Loyalität bestimmt und unterscheidet sich darin wohltuend von theologischen Fakultäten, die in dieser Hinsicht ganz anderen Belastungen ausgesetzt sind. Die relative Homogenität des Lehrkörpers erklärt sich aus der allen gemeinsamen grundsätzlichen Offenheit für die Fragestellungen neuzeitlicher Theologie und dem liberalen Umgang mit denselben. Darin weiß ich mich besonders mit meinen Fachkollegen *Traugott Koch* und *Jörg Dierken*, der jüngst an den Fachbereich berufen worden ist, eines Sinnes. Solche Gemeinsamkeit hat sich in mehreren disziplinübergreifenden Veranstaltungen niedergeschlagen. Im WS 1979/80 führte der Theologische Fachbereich der Universität Hamburg aus Anlaß des Augustana-Jubiläums eine Ringvorlesung durch, die 1980 unter dem Titel *»Das ‹Augsburger Bekenntnis‹ von 1530 damals und heute«*, von Bernhard Lohse und Otto Hermann Pesch herausgeben, im Druck erschien. Im WS 1986/87 hat erneut eine Ringvorlesung stattgefunden, dieses Mal anläßlich des 100. Geburtstages von Paul Tillich, der wiederholt eine Gastprofessur an der Hamburger Universität wahrgenommen hatte. Diese Vorlesungsreihe habe ich 1989 unter dem Titel *»Paul Tillich. Studien zu einer Theologie der Moderne«* zum Druck gebracht.

Zu den beglückenden Erfahrungen meiner Hamburger Lehrtätigkeit zählt auch, daß sich seit etwa zehn Jahren ein Kreis von sehr begabten jungen Nachwuchswissenschaftlern zusammengefunden hat, mit dem ich auf hohem Niveau Probleme der neuzeitlichen Philosophie und Theologie am Leitfaden anspruchsvoller klassischer Texte in Doktoranden-Sozietäten habe erörtern können, seit einigen Jahren zusammen mit meinem Fachkollegen Jörg Dierken. Zu dieser Sozietäts-Runde gehörten und gehören: Dr. Christian Albrecht, Dr. Johann Hinrich Claussen, Dr. Thies Gundlach, Anton Knuth, Dr. Matthias Lobe, Ulrike Murmann-Knuth, Dr. Martin Rössler, Privatdozent Dr. Arnulf von Scheliha, Dr. Volker Stümke, Dr. Markus Schröder. Der anregende wissenschaftliche Austausch in diesem Kreis hat für mich um so mehr Gewicht, als ich die gegenwärtige deutsche Universität – mit den Worten des derzeitigen Präsidenten der Berlin-Brandenburgischen Akademie der Wissenschaften, Dieter Simon, gesprochen – für »im Kern verrottet« halte. Dafür lassen sich einmal, mit kontinuierlichen »Überlast«-Verpflichtungen der Universität bei gleichzeitigen Sparzwängen, *äußere* Gründe geltend machen. Nicht weniger folgenreich sind aber auch *inneruniversitäre* Gründe, sofern die Universität selbst zum schleichenden Abbau wissenschaftlicher Standards und zur Perhorreszierung des Elite-Begriffs und -Bewußtseins beigetragen hat. Um so erstaunlicher ist es deshalb, daß sich unter Voraussetzung solch gravierender Einschränkungen und verspielter Möglichkeiten gleichwohl strahlende Begabungen zu entfalten vermögen. Das läßt auf eine grundlegende Revision und Reformation der deutschen Universitäten in der Zukunft hoffen.

Für die Lehrtätigkeit ergab sich ein eigener Schwerpunkt durch das Hamburger Modell des theologischen Propädeutikums, das ein nach meinem Urteil gut abgestimmtes Konzept von Einführungsveranstaltungen für die Anfangssemester beinhaltet. Zu deren Programm gehört u.a. auch eine von der systematischen Theologie verantwortete »Orientierungsvorlesung« über »Theologische Positionen der Gegenwart«. Aus dieser Vorlesung, die ich wiederholt zu halten hatte, ist eine kurze Darstellung der systematischen Theologie im 20. Jahrhundert hervorgegangen, veröffentlicht in dem von Georg Strecker hg. Sammelband *Theologie im 20. Jahrhundert«* (Tübingen 1983). Aufgrund einer neuen Bearbeitung der damaligen und zusätzlich neuer Beiträge, nun in der 10–bändigen Reihe »Grundkurs der Theologie« im Kohlhammer-Verlag, konnte 1992 eine erheblich erweiterte Fassung unter dem Titel *»Systematische Theologie. Konzeptionen und Probleme im 20. Jahrhundert«* erscheinen. In diesem Buch habe ich ein vorläufiges Resümee der grundlegenden Entwicklungen und Einsichten innerhalb der protestantischen Theologie des 20. Jahrhunderts zu ziehen versucht und einige Themenkomplexe skizziert, an denen es nach meiner Einschätzung weiterzuarbeiten gilt.

Dafür scheinen mir nicht nur die substantiellen Einsichten der sog. liberalen bzw. neuprotestantischen Theologie leitend zu sein, sondern auch das Problembewußtsein, das sich in der Aufbruchsbewegung der sog. dialektischen Theologie ausgesprochen hat. Gegenüber mancherlei Tendenzen in der deutschsprachigen systematischen Theologie, die dialektische Theologie, vor allem in Gestalt der christologischen Offenbarungstheologie Karl Barths, *ungebrochen* fortzusetzen und zu einer Barth-Scholastik zu verfestigen, bin ich ebenso skeptisch wie gegenüber dem umgekehrten Versuch, diesen Ansatz als glatten Irrweg (»Wendetheologie«!) zu verwerfen und *unmittelbar* an das Problemgefüge der neuprotestantischen Theologie anzuknüpfen. Beiden Tendenzen gemeinsam ist der Abbruch von Fragestellungen und die Profilierung des eigenen Denkweges durch dezidierte Abgrenzungen, und das bedeutet immer auch das Eingeständnis, das Ausgegrenzte und also den vernünftigen Gehalt der (theologie-)geschichtlichen Entwicklung nicht begriffen zu haben. Im Ergebnis zeitigt das wechselseitige Wahrnehmungsblockaden und führt zur Hemmung eines produktiven Umgangs mit dem immer auch vernünftigen Gehalt des Verneinten. Für beide Arten des Abbruchverfahrens gilt, was der junge Hegel, selbst der Aufklärung verpflichtet, einst ironisch gegen den Umgang der aufgeklärten Vernunft mit der überlieferten Dogmatik ausgeführt hatte: »Allein diese

Erklärungsart setzt eine tiefe Verachtung des Menschen, einen grellen Aberglauben an seinen Verstand voraus«. Denn das jeweilige System des Glaubens, zu dem man sich in Gegensatz stellt, »kann nicht lautere Dummheit gewesen sein«(Theol. Jugendschriften, hg. v. Herman Nohl, 1907,144).

Gegenüber einer in sterilen Alternativen denkenden und sich profilierenden Theologie halte ich eine Konzeption von Theologie für produktiv und weiterführend, die, wahrhaft dialektisch denkend, den Gegensatz als ein notwendiges Element des Satzes zu exponieren und insofern als einen unter bestimmten Voraussetzungen integrierbaren Gehalt des eigenen Verständnisses zu verdeutlichen vermag. Das ist nach meiner Einschätzung im 19. Jahrhundert Schleiermacher mit seiner Wesensbestimmung des Christentums und des Protestantismus, im 20. Jahrhundert Paul Tillich mit seiner korrelativen Beziehung von menschlicher Frage und offenbarungstheologischer Antwort bzw. von Philosophie und Theologie vorbildlich gelungen. Ihre Konzeptionen scheinen mir deshalb im Blick auf Problembewußtsein und Problemlösungspotential auch für das nächste Jahrhundert wegweisend zu sein.

Martin Honecker

I.

Herkunft und frühe Erfahrungen prägen oft mehr als man selbst glaubt. Ein Rückblick ruft manches in Erinnerung, das im Gedächtnis nur noch verschattet aufscheint. 1934 wurde ich in ein evangelisches Pfarrhaus hineingeboren. Mein Vater hatte als Pfarrverweser eine evangelische Kirche im Blautal zu betreuen. Das Blautal, zwischen der einstmals freien Reichsstadt Ulm und der Kreisstadt Blaubeuren gelegen, die württembergisch war, war im Gegensatz zum Umland katholisch geblieben. Die Orte Ehrenstein, Klingenstein, Herrlingen und Arnegg waren bis zum Wiener Kongreß kleine Territorien: Klosterbesitz, ein verarmtes Rittergut, Deutschordensbesitz. Evangelische Christen kamen erst durch die Industrialisierung ins Blautal; Textilindustrie, bedingt durch die Nutzung des kleinen Flüßchens Blau, und Steinbrüche entstanden. Die Bevölkerung war, von wenigen Unternehmern abgesehen, arm.

Ich bin also in der Diaspora aufgewachsen, von Kind an vertraut mit katholischem Leben. Der Bau der evangelischen Kirche bot in der Weltwirtschaftskrise während der Massenarbeitslosigkeit Beschäftigung; daran erinnerte sich mancher noch nach dem 2. Weltkrieg. Denn es war alles Handarbeit. Die Kirche lag abgelegen. Das Dorf Klingenstein, zu dem wir als Einwohner gehörten, war etwa einen halben Kilometer entfernt und nur über einen Holzsteg zu erreichen, der in der Nachkriegszeit dem Hochwasser nicht standhielt. Die ersten Häuser in Ehrenstein und Herrlingen lagen etwa einen Kilometer entfernt; die unbefestigte Straße zwischen beiden Orten führte zudem ein Stück weit durch den Wald. In der Nachkriegszeit zogen die Maiprozessionen an dem evangelischen Pfarrhaus zwischen Ehrenstein und Klingenstein hin und zurück. Nachbarn hatten wir nicht. Ich bin der Älteste von 8 Kindern – der

jüngste Bruder war 17 Jahre jünger; er kam 1997 bei einem Autounfall
um. Aufgewachsen bin ich im Geschwisterkreis. Pfarrerskinder sind auf
dem Dorf zumeist an sich schon in einer Sonderstellung; herausgehobe-
ne Position und die Ferne zum Alltagsleben der Gleichaltrigen bedingen
sich gegenseitig. In einer armen, katholischen Arbeitergemeinde zeigt
sich dies gesteigert.

1943 kam ich als Neunjähriger auf das Humanistische Gymnasium
in Ulm, an dem ich 1952 mit dem Abitur abschloß. Das sieht nach einer
einfachen Schulkarriere aus. Neun Jahre war ich freilich Fahrschüler,
oft unter den widrigen Bedingungen der Nachkriegszeit. 1945 gab es
keinen offiziellen Bahnverkehr, danach immer wieder nur sporadisch
Züge, ohne richtigen Fahrplan. Meine Geburtsstadt Ulm war in der In-
nenstadt ein großer Trümmerhaufen. Zwischen dem Wechsel auf das
Gymnasium und dem Schulabschluß liegen Erlebnisse am Ende des
2. Weltkrieges – das von Brandbomben am 3. Advent zerstörte Pfarrhaus in Klingenstein, die Notunterkunft im Gemeindesaal unter der Kirche, die Zerstörung des Gymnasiums, fast ein völlig schulfreies Jahr.
Der Vater war seit 1939 Soldat und geriet bei Kriegsende als Wehr-
machtspfarrer in Norwegen in Gefangenschaft. Gottesdienste wurden
bis zur Rückkehr des Ortspfarrers 1946 von Lektoren und Pfarrern aus
dem Blaubeurer Dekanat gehalten. Die übrige Gemeindearbeit, vor
allem den gesamten Unterricht und die Kirchenmusik, übernahm die
Pfarrfrau, meine Mutter. Die Eltern verkörperten unterschiedliche
kirchliche und theologische Richtungen. Mütterlicherseits gab es pietistische, auch neupietistische Einflüsse, der Vater war Michaelsbruder,
also von Berneuchen bestimmt. Weder dem Pietismus noch der liturgischen Bewegung bin ich gefolgt. Der Ulmer Tradition einer Synthese
von christlicher Frömmigkeit und Aufklärung fühle ich mich seit meiner Schulzeit zugehörig. Der Großvater mütterlicherseits war Dekan,
im Kirchenkampf in dieses Amt berufen und bis in die 50er Jahre aktiv
tätig. Das Amt absorbierte ihn vollständig. Ein inzwischen verstorbener
Klassenkamerad war Sohn eines Jugendpfarrers, der als Deutscher
Christ Ende der 30er Jahre, auch auf Betreiben meines Großvaters, vom
Evangelischen Oberkirchenrat in Stuttgart disziplinarisch belangt und
beurlaubt wurde. In den Nachkriegsjahren gab der Schulkamerad als
Beruf des Vaters an: »Pfarrer und Nachtwächter«.

Die Schuljahre ab Ende 1945 waren von Behelfs- und Aushilfsunter-
richt, von andauernder Unregelmäßigkeit gekennzeichnet. Im Religionsunterricht der Oberstufe des Gymnasiums wurden uns bereits die
Ergebnisse der historisch-kritischen Bibelauslegung vermittelt. Eine

Zeitlang war Studienrat Erwin Nestle Religionslehrer; er betreute die kritische Ausgabe des Novum Testamentum Graece, des »Nestle«, ehe die Edition an die Textforschungsstelle nach Münster in Kurt Alands Zuständigkeit kam. Dem persönlich überaus bescheidenen Lehrer bewahre ich ein achtungsvolles Angedenken. Während des Entnazifizierungsverfahrens war er beurlaubt. Wegen seines sozialen Gewissens hatte er nämlich das Winterhilfswerk in seinem Viertel betreut. Er war aber alles andere als Nationalsozialist, mußte wegen der formalen Mitgliedschaft in einer NS-Gliederung nach Kriegsende freilich als Hilfsarbeiter bei einem Zimmermann arbeiten. Mit meinen Altersgenossen war ich Objekt der »Reeducation« in der amerikanischen Zone. Kriegsende und Nachkriegszeit haben nicht allein mich desillusioniert und zu skeptischer Vorsicht erzogen. Bei Erwin Nestle lernte ich ferner in Privatstunden Hebräisch und legte nach etwa 25 Stunden Privatunterricht das Hebraicum 1951 im Evangelischen Seminar Urach ab. In Urach am Seminar, der ehemaligen Klosterschule, legte ich ein Jahr später als Externer – von den Seminaristen wurden wir Externe »Landeschristen« genannt – den sogenannten Konkurs ab. Mit dem Bestehen des Konkurses .erwarb man das Anrecht auf einen Freiplatz im Tübinger Stift. (Mädchen waren freilich zur Konkursprüfung damals noch nicht zugelassen). Für den Ältesten einer großen schwäbischen Dorfpfarrerfamilie war ein Stipendium in den 50er Jahren die einzige Möglichkeit, überhaupt zu studieren.

Ein Lehrer, Naturwissenschaftler, riet mir allerdings ausdrücklich vom Theologiestudium ab: Wer intelligent sei, könne doch nicht die üblichen theologischen Behauptungen vertreten. Durch den Religionsunterricht im Gymnasium war ich freilich gegen diesen Einwand gewappnet; kritisches Denken und Glaube schlossen sich für mich nicht aus. Für die Klausur im Fach »Religion«, die für den Konkurs zusätzlich zu den Abiturklausuren in Urach zu schreiben war, bereitete ich mich selbständig vor anhand von zwei Büchlein von Friedrich Loy »Die Christuswahrheit, eine evangelische Glaubenslehre« und »Glaube und Leben, eine evangelische Ethik«. Die beiden anspruchsvollen Schriften waren für »die kirchliche Unterweisung unserer evangelisch gebildeten Jugend« und für Erwachsene gedacht, die »um erneutes Verständnis der christlichen Wahrheit sich mühen«. In Bayern waren die Bücher im Unterricht in der gymnasialen Oberstufe im Gebrauch; in der Nachkriegszeit waren Lehrbücher rar. Der Unterricht beruhte häufig auf Diktaten. So war es ein Gewinn, daß ich diese beiden Schriften zur Verfügung hatte. Sie waren gediegene Arbeiten, die vom Erlanger Luthertum, in abgemildeter Form, insbesondere von Paul Althaus, wesentlich bestimmt waren. Nach Jahrzehnten nahm ich diese beiden Texte erneut zur Hand und entdeckte in ihnen vergessene theologische Wurzeln und Gedanken. Mit dem theologischen Profil meines Elternhauses war diese Theologie verträglich: Karl Heim und Adolf Schlatter waren die theologischen Lehrer und Leitsterne meines Vaters. Das württembergische »Spruchbuch« mit seinen Bibelworten in der Grundschule und der Konfirmandenunterricht haften bis heute, manchmal unbewußt, im Gedächtnis.

II.

1953 begann ich als Stiftler mit dem Theologiestudium in Tübingen. Zwischen Schule und Studium mußte ein Dienstjahr absolviert werden. Noch nicht 18jährig arbeitete ich im April 1952 ein halbes Jahr in einer Dreschmaschinenfabrik in Ehrenstein. Bis zum 18. Geburtstag erhielt ich als Hilfsarbeiter einen Stundenlohn von 0,99 DM, danach 1,01 DM; dies war damals Tariflohn. Die Arbeit war körperlich anstrengend – Kohle schippen, Verladearbeiten. Die Lebenswelt außerhalb des Pfarrhauses war neu. Die zweite Hälfte des Dienstjahres leistete ich als Hilfspfleger im Altersheim der Diakonissenanstalt Schwäbisch Hall ab. Auch hier hatte ich es fast nur mit Sozialfällen, Alten und Gebrechlichen zu tun. Das Studium in Tübingen eröffnete mir daher eine völlig neue Perspektive, der ich mich nicht nur neugierig, sondern auch sehr vorsichtig näherte. Vieles konnte ich zunächst nur mit Staunen, sozusagen mit offenem Mund, zur Kenntnis nehmen. Im ersten Semester, im Sommer 1953, hörte ich Albrecht Alt als Gastprofessor, der aus Leipzig kam, über die Geschichte Israels –, das waren unvergeßliche Stunden. Im Auditorium Maximum hörte ich auch während der ersten vier Semester bei Hanns Rückert Kirchengeschichte I bis IV. Die vom Repetenten abgehaltenen, verpflichtenden philosophischen »Loci« im Stift habe ich gerne und interessiert absolviert. Neben Alt und Rückert zog der Philosoph Walter Schulz mein Interesse an. In der Exegese hat mich erst später Ernst Käsemann fasziniert, den ich während meiner Zeit als Assistent hörte, freilich da schon mit mancherlei eigenen kritischen Begleitgedanken. Die drei dem Stiftler gewährten Auswärtssemester habe ich vom Sommer 1955 bis Sommer 1956 in Basel verbracht. Wohnen und Leben in Basel selbst wäre zu teuer gewesen – die Devisenbewirtschaftung in der Bundesrepublik Deutschland war noch nicht vollständig abgeschafft. Also fuhr ich täglich von Lörrach nach Basel, bis auf einen Wintermonat, mit dem Fahrrad, genoß die vom Krieg unzerstörte Stadt Basel, ihre überschaubare Universität und die Basler Fakultät. Karl Barth und Karl Jaspers mußte man einfach hören. An Barths Seminaren und an der Sozietät konnte ich teilnehmen; das galt als Auszeichnung. Neben Barth waren die anderen theologischen Dozenten Sterne zweiten Ranges. Den Niederländer Hendrik van Oyen, Fritz Buri, die Privatdozenten Eduard Bueß und Felix Flückiger und ein Semester lang den neuen Privatdozenten Heinrich Ott haben wir Schwaben gemeinsam in den Vorlesungen gehört; die Schwaben waren eine eigene kleine Kolonie neben der großen Heerschar der Rheinländer und neben den wenigen Schweizer Studenten. Das Spektrum des Angebots in der Systematischen Theologie in Basel war groß und höchst anregend. Zwei Semester habe ich mich nach der Basler Zeit noch in Tübingen auf das kirchliche Examen vorbereitet, das ich im 9. Semester im Sommer 1957 23jährig ablegte. Sofort nach dem Examen wurde ich ordiniert und begann dann ab September ein Vikariat in Ludwigsburg an der Erlöserkirche und teilweise an der Stadtkirche. Außer einem zweiwöchigen Einführungskurs habe ich keinerlei Predigerseminarausbildung erlebt. 1961 habe ich als Repetent auch das 2. Theologische Examen abgelegt. Eine Anleitung im Vikariat gab es in der Großstadtgemeinde nicht. Vom ersten Tag des Vikariats an hatte ich wöchentlich 12 Stunden Unterricht zu erteilen. War der Gemeindepfarrer im Urlaub oder abwesend, dann waren alle Amtshandlungen – vor allem Beerdigungen, aber auch Trauungen – vom Vikar zu übernehmen. Man wurde in Ludwigsburg gefordert. Bei der Begrüßung hatte mir der Kirchenpfleger bereits angekündigt: »Bei uns in Ludwigsburg brauchen sie keine Bücher, bei uns wird nämlich geschafft«. Als Vikar fühlte ich mich in dieser Lage verständlicherweise gelegentlich hilflos und ratlos. In dieser Situation entstand der Plan, mit Hilfe eines Stipendiums des Lutherischen Weltbundes Pastoral- und Kirchensoziologie als Austauschstudent für ein Jahr in den USA kennenzulernen. Ich bekam ein Stipendium für Chicago; auch die Übernahme der nicht unbeträchtlichen Reisekosten durch ein Fulbrightstipendium war gesichert. Aus meinem Vorhaben wurde allerdings nichts. Zwei Monate vor der Abreise erhielt ich unerwartet einen Brief von Hermann Diem, der mit 57 Jahren 1957 Professor in Tübingen geworden war und der mich vom Examen (und aus einer Lehrveranstaltung) kannte und mir eine Assistentenstelle in Tübingen anbot. Die Stelle war unerwartet frei geworden und mußte sofort besetzt werden. Diems Brief war so persönlich gehalten, daß ich nicht einfach schrift-

lich absagen wollte, sondern nach Tübingen fuhr. Das Ergebnis des
Gesprächs war, daß ich das Angebot annahm. An eine wissenschaftliche
Karriere hatte ich bis dahin nicht gedacht. Die Reise nach Amerika sagte
ich ab. Mit der Übernahme der Assistentenstelle nahm mein Leben wohl
eine entscheidende Wende. 1958 bis 1961 und 1964 bis 1966 war ich in
Tübingen Assistent am Lehrstuhl bei Hermann Diem – zeitweise neben
Lothar Steiger und Uvo A. Wolf, dem Sohn von Ernst Wolf. Hermann
Diem arbeitete sich damals mühevoll nach Jahrzehnten im Gemeinde-
pfarramt in die Systematische Theologie ein, er vertrat außerdem drei
Semester lang den vakanten praktisch-theologischen Lehrstuhl, so daß
ich auch homiletische Seminare mitzubegleiten hatte, und wechselte
kurz vor der Emeritierung auf den Lehrstuhl für Kirchenordnungen.
Diems theologisches Konzept war enzyklopädisch. Die Spannweite seiner Theologie reichte von Sören Kierkegaard bis Karl Barth. Sein besonderes Interesse galt dem Dialog zwischen und der Versöhnung von
Exegese und Dogmatik, damals der Vermittlung zwischen Barth und
Bultmann in einer beiden gemeinsamen Wort-Gottes-Theologie. Zwischen 1961 und 1964 war ich Repetent am Tübinger Stift. Es waren dies
besonders erfüllte Semester. Klaus Scholder, Jörg Baur, Martin Brecht,
Rolf Schäfer, Hans Vorster und andere Repetentenkollegen saßen mit
am Repetententisch. Man lernte im Gespräch, im kritischen und freundschaftlichen Disput. Der Repetentenzeit verdanke ich viel. Zurück in
das Jahr 1958!

III.

Mit dem Wintersemester 1958/1959 begann meine Assistententätigkeit
in Tübingen. Hermann Diem war nach mancherlei Schwierigkeiten
Ebelings Nachfolger geworden. Gerhard Ebeling habe ich in meinen
Anfangssemestern 1955/1956 gehört, neben Rückerts glanzvoller Vorlesung. Zwischen Diem und Ebeling gab es erhebliche Unterschiede,
die mich jedoch nicht berührten. Nach dem Intermezzo in Ludwigsburg
war ich von 1958 bis 1969 in Tübingen und hatte mir ein wissenschaftliches Vorhaben zu wählen. Diems Leitfrage war damals: »Was heißt
schriftgemäß?« Das Schwergewicht lag für ihn auf hermeneutisch-dog-
matischen Fragestellungen, beispielsweise dem Kanonverständnis,
dem Verhältnis von Kerygma und Dogma, der Bedeutung des Textes für
die Predigt. Er beteiligte sich Ende der 50er Jahre deswegen auch an der
Debatte um den irdischen (historischen) Jesus und um seine Bedeutung

für den gepredigten Christus, später in den 60er Jahren an der in Tübingen besonders intensiv geführten Diskussion um den Frühkatholizismus. Diese Fragen haben mich zwar alle irgendwie auch beschäftigt. Aber sie waren nicht eigentlich mein eigenes Thema. Die Erfahrungen des Vikariats hatten mir vielmehr das Kirchenverständnis dringlich gemacht. Das führte zum Dissertationsthema: »Kirche als Gestalt und Ereignis«, mit dem Untertitel »Die sichtbare Gestalt der Kirche als dogmatisches Problem«. Ich suchte für mich nach einer Brücke zwischen empirischer Wahrnehmung der wirklichen Kirche und theologischem Urteil. In ihrer ursprünglichen Fassung enthält die Dissertation ein langes Kapitel, in dem die Erkenntnisse und Ergebnisse der gerade neu aufgekommenen Kirchensoziologie referiert wurden. Von der Tübinger Fakultät angenommen und veröffentlicht wurde freilich die Arbeit ohne dieses Kapitel. Neben der vorkonziliaren Ekklesiologie, vor allem anhand der Enzyklika »Mystici corporis«, stellte ich Dietrich Bonhoeffers »Sanctorum communio«, Emil Brunners »Das Mißverständnis der Kirche« und vor allem Karl Barths Aussagen zur Kirche dar. Mein Doktorvater tolerierte großzügig meine kritischen Anfragen an Barth, die er selbst so nicht teilte. Ich sehe inzwischen meine damals mit jugendlichem Eifer überscharf formulierte Kritik an Ernst Troeltsch, vor allem an dessen »Soziallehren der christlichen Kirchen und Gruppen«, anders. Die Thematik der Ekklesiologie hat mich seit meinen Anfängen nicht losgelassen. In einem »Fremdenführer« für Christen aus einer anderen Konfession, »Zu Gast beim anderen« habe ich 1983 versucht, anhand der Beschreibung eines evangelischen Kirchenraumes gemeinverständlich in evangelische Glaubensvorstellungen und Glaubenspraxis einzuführen; neben meinem evangelischen Beitrag hat mein Bonner Kollege und Freund Hans Waldenfels den katholischen Beitrag verfaßt. Die überarbeitete 2. Auflage erschien 1997 im Bonifatius-Verlag. Die Artikel »Kirche, ethisch« und »Kirche und Welt« in der TRE sind so etwas wie eine Langzeitfolge der Promotion.

Auf der Suche nach einem Habilitationsthema stieß ich im Tübinger Stift als Repetent auf die noch wenig ausgeschöpften Bestände der alten Bibliothek, die auch einen reichen Schatz an Werken der altprotestantischen Orthodoxie enthält. Kurze Zeit erwog ich, der im Vorfeld des 2. Vatikanischen Konzils in Gang gekommenen Erörterung des Verhältnisses von Schrift und Tradition im konfessionellen Zeitalter in einer historischen Studie nachzugehen. Das Vorhaben erwies sich als äußerst schwierig, allein schon aufgrund der Quellenlage. Die Vor- und Nachgeschichte des Trienter Konzils wäre zunächst einmal aufzuarbeiten gewesen, und der kontroverstheologische Gegner Johann Gerhards, der Kardinal Robert Bellarmin, war sowohl biographisch wie theologisch schwer zu fassen. So gab ich dieses Vorhaben auf und folgte einer Anregung des Kirchenrechtlers Martin Heckel, der empfahl, einmal den theologischen Ansatz des Kirchenrechts der altprotestantischen Orthodoxie zu untersuchen. Ausgangspunkt dazu ist die Dreiständelehre. Die Habilitationsschrift »Cura religionis magistratus Christiani. Das Kirchenrecht bei Johann Gerhard«, die in der Reihe Jus ecclesiasticum publiziert wurde, geht dieser Thematik nach. Hermann Diem bemühte sich in diesen Jahren darum, dem Kirchenrecht – er sprach lieber von »Kirchenordnung« – einen festen Platz in der evangelisch-theologischen Fakultät zu schaffen. Er hat mir die Augen dafür geöffnet, wie fragwürdig Rechtsfremdheit und Institutionenblindheit evangelischer Theologen und Pfarrer ist. An sich beabsichtigte ich daher, kirchenrechtliche Fragen zu meinem Hauptarbeitsgebiet zu machen – freilich nicht aus der Perspektive des positiv geltenden partikularkirchlichen Rechts, sondern unter theologischer Perspektive. Kirchengliedschaft, Amt, Taufvollzug, Taufaufschub, Taufverweigerung, Abendmahlszulassung, ökumenische Gastfreundschaft, Kirchengemeinschaft, Union und Bekenntnis, Eheverständnis, kirchliche Trauung, Visitation, Lehrzuchtordnung, Disziplinarrecht, synodale Abstimmungen über Lehrfragen usw. sind auch theologisch zu bedenken. In meiner Antrittsvorlesung 1966 sprach ich über Schleiermachers Bedeutung für das evangelische Kirchenrecht. Es ist dann freilich anders gekommen als gedacht und geplant. Die Wende zur Ethik kam von außen. Durch die Mitarbeitertagungen der Zeitschrift für evangelisches Kirchenrecht und die Teilnahme an Tagungen der »Essener Gespräche zum Thema Staat und Kirche« blieb ich jedoch sporadisch in Kontakt zur kirchenrechtlichen Diskussion. Der Artikel »Kirchenrecht, evangelisch« in der TRE enthält eine Art Bilanz meiner Bemühungen um das Kirchenrecht. Der in den 60er Jahren herrschenden Rechtstheologie, mit den großen Konzeptionen von Johannes Heckel, Erik Wolf und Hans Dombois, bin ich wegen theologischer und ekklesiologischer Bedenken nicht gefolgt. Der Preis, der für die scheinbare Überwindung der Trennung zwischen Geistkirche und Rechtskirche bei Rudolph Sohm zu zahlen ist, war mir zu hoch. Die Überwindung eines doppelten oder doppelschichtigen Kirchenbegriffs durch einen einheitlichen »rechtstheologischen« Kirchenbegriff wird bezahlt mit einem doppelten Rechtsbegriff: Das Recht soll demnach in der evangelischen Kirche von ganz anderer Art sein als das weltliche Recht, nämlich ein Liebesrecht, eine »lex charitatis«, ein »bekennendes« Recht, ein Gnadenrecht. Allein schon die Rückfrage, wie denn solches Recht juristisch praktikabel werden soll und rechtsstaatlichen Anforderungen genügen könne, weckte, nicht nur bei mir, Zweifel am doppelten Rechtsbegriff der Rechtstheologie. Theologisch spielte für mich außerdem die reformatorische Unterscheidung – nicht Trennung! – von Gesetz und Evangelium auch in der Grundlegung evangelischen Kirchenrechts eine zentrale Rolle. Evangelisches Kirchenrecht ist dann jedoch menschliches Recht, ius humanum, opus hominis; es steht freilich im Dienst der Verkündigung und Weitergabe des Evangeliums und ist in diesem Sinne »antwortendes« Kirchenrecht. Die »Antworten« des Kirchenrechts haben freilich theologischer Prüfung standzuhalten. Sie können aber nicht unabhängig von Zeit und Ort, von Kairos und Kontext gegeben werden. Aus der Geschichtlichkeit der irdischen Kirche folgt die Geschichtlichkeit des Kirchenrechts. Das ist die Begründung für meine These, wonach positives, positiviertes, geltendes Kirchenrecht das Ergebnis einer Vermittlung zwischen Kirchenpolitik und Theologie sei. Geltendes Kirchenrecht entsteht durch Akte der Rechtssetzung, also durch kirchenpolitische Entscheidungen. Aber die bloße formale Geltung ist nicht zureichend für die theologische Verbindlichkeit evangelischen Kirchenrechts. In diesem Sinne ist m.E. von einer »theologischen Begründung« des Kirchenrechts zu sprechen, nicht jedoch im Sinne einer logischen Ableitung, einer Deduktion des Kirchenrechts aus theologischen Sätzen, aus »biblischen Weisungen«, Bekenntnissätzen oder Axiomen.

In die Anfänge meiner akademischen Tätigkeit fallen zwei weitere, die eigene Position profilierende Ereignisse. Während meiner Tätigkeit als Werkstudent in Ulm in der Firma Käßbohrer, die Omnibusse und Lastwagen herstellte, erlebte ich erstmals auf der Ebene des Betriebes die Tätigkeit der Evangelischen Akademie Bad Boll in den 50er Jahren. Eberhard Müller und seine Mitarbeiter veröffentlichten 1961 einen Sammelband mit dem programmatischen Titel »Seelsorge in der Gesellschaft«. Inhalt und Titel des Buches reizten mich zu Kritik und Widerspruch. Die Evangelischen Akademien expandierten damals personell und finanziell. Eberhard Müllers Motto lautete »Die Welt ist anders geworden«. In seinem Programm der Gesellschafts- und Kirchenreform mischten sich eigentümlich Impulse der Volksmission, Konzepte einer Gesellschaftsseelsorge, kulturpolitische Bestrebungen und politische Optionen. In Ulm erlebte ich die Konfrontation auf einer Betriebsversammlung zwischen einem kommunistischen Kandidaten für die Betriebsvertretung mit einem den »christlichen« Standpunkt Bad Bolls

vertretenden Kandidaten. Als Assistent von Hermann Diem, der die
Verkündigung als Grund der Kirche betonte, erhob ich später dagegen
Einwände und Bedenken. Die Kritik führte für mich überraschend zu
einer heftigen Polemik mit Eberhard Müller, der in seiner Replik auf
meinen Beitrag nicht zimperlich verfuhr, den er als »realitätsferne
Schreibtischtheologie« bezeichnete. Die Schärfe der Kritik verdanke
ich synodalen Anfragen an den Akademiehaushalt, in denen mein Aufsatz erwähnt worden war. Diese Auseinandersetzung habe ich damals
bewußt nicht weiter verfolgt, da ich als wissenschaftlicher Anfänger
nicht in der Rolle des Kritikers der Akademie debütieren wollte. Nach
Jahrzehnten rückblickend scheint es mir, als hätte ich in einem Gemisch
aus Einsicht und Einseitigkeiten einige fragliche Punkte des Akademie-
konzepts in Bad Boll durchaus getroffen, z.B. die volksmissionarische
Absicht einer Rechristianisierung der Gesellschaft, eine Tendenz zur
Neutralisierung gesellschaftlicher Konflikte und damit verbunden zur
Formierung einer die Gesellschaft durchdringenden christlichen Ordnung; der Ansatz bei der reinen Verkündigung führte mich freilich dazu,
gesellschaftliche Aufgaben auszublenden und die Teilnahme am gesellschaftlichen Dialog und die Gesellschaftsdiakonie zu unterschätzen.

Einen anderen Impuls brachte die Aufforderung zur Teilnahme an
der Arbeit der Eideskommission der EKD. Die Frage des Eides und seiner theologischen Bewertung führt in das Schnittfeld von Bibelver-
ständnis, Ethik und Recht. Nach den Erfahrungen mit dem Eid und vor
allem seinem Mißbrauch im Totalstaat führten politische Entscheidungen (Wiederbewaffnung, Restauration christlicher Positionen) seit den
50er Jahren zu kritischen Rückfragen von evangelischen Christen. Es
gab Mitte der 60er Jahre ein gesellschaftskritisches Wetterleuchten aus
der protestantischen Ecke. Diese kritischen Anfragen sollten in einem
Votum der Evangelischen Kirche überdacht werden. Dabei stand der
Soldateneid im Vordergrund; es ging aber auch um den Beamteneid und
um die religiöse Form des Zeugeneides. In der Arbeit der Kommission
habe ich viel gelernt. Schließlich führte die Arbeit zur Eidesfrage nach
einem umstrittenen »evangelischen« Ergebnis zu gemeinsamen evan-
gelisch-katholischen Thesen. Ein umfangreicher Aufsatz entstand als
Vorarbeit für die Kommission, in dem historische, rechtliche und gesellschaftliche Analysen methodisch mit theologischen Wertungen zu verbinden waren.

IV.

Bislang war von Ethik als meinem Hauptarbeitsgebiet seit 30 Jahren noch nicht die Rede. Durch einen Zufall kam ich überhaupt zur Ethik. Ethik und Sozialethik spielten während meines Studiums in Tübingen und Basel keine Rolle. Im 1. theologischen Examen 1957 hatte ich mich zwar einer Klausur und einer mündlichen Prüfung im Fach Ethik zu unterziehen. Den Stoff lernte man freilich anhand von Arbeitshilfen, welche frühere Prüflinge erstellten und überlieferten. Ernst Steinbach hatte in Tübingen ein Institut für christliche Gesellschaftslehre gegründet. Aber im Theologiestudium spielte das Institut und dessen Lehrangebot faktisch keine Rolle. Bis Anfang 1966 blieb Ethik im wesentlichen außerhalb meines Gesichtsfelds, sieht man davon ab, daß durch Friedrich Loy für das Abitur mir die Zuordnung von Glaube und Leben nahegebracht worden war, und daß in philosophischen Loci, die man als Stiftler zu besuchen verpflichtet war, auch in die philosophische Ethik eingeführt wurde, vor allem anhand von Kants »Grundlegung zur Metaphysik der Sitten«. In den 50er Jahren war auch in der Philosophie Ethik kein Thema; von »Rehabilitierung der praktischen Vernunft« war erst 1972 die Rede. So traf mich die Bestellung zum Prüfer im Fach Ethik durch den Tübinger Dekan am Tag nach der öffentlichen Antrittsvorlesung reichlich unerwartet und unvorbereitet. Ich hatte sofort Korrekturen der Klausuren zu übernehmen und mündliche Prüfungen abzuhalten. Das hieß zunächst einmal, sich selbst einarbeiten, viel lesen. Da ich als Prüfer den Prüflingen eine Rätselgestalt war, bemühte ich mich darum, das Rätsel etwas aufzulösen zu helfen, indem ich Ethikvorlesungen anbot. 1967 und 1968 hatte ich dann die Disziplin Ethik in Bonn als Lehrstuhlvertreter zu verantworten. Aus diesem Weg in die Ethik, in die ich gleichsam als ein ins Wasser geworfener Dozent geraten bin, erklärt sich die Eigenart meines eigenen ethischen Ansatzes. Um einen Ansatz zu finden, bin ich manche Umwege, vielleicht auch Fehlwege gegangen. Einen Lehrer im Fach theologische Ethik kann ich nämlich nicht nennen. Einer Schule gehörte ich nicht an. In Münster hatte Heinz-Dietrich Wendland ein Institut aufgebaut, aus dem Trutz Rendtorff, Hermann Ringeling, Günter Brakelmann, Karl-Wilhelm Dahm und Theodor Strohm hervorgingen. Helmut Thielicke in Hamburg wirkte nicht eigentlich schulbildend. In Göttingen lehrte Wolfgang Trillhaas. In Heidelberg sammelte sich seit Mitte der 60er Jahre um Heinz Eduard Tödt ein Kreis von Nachwuchsstheologen, die sich mit Ethik befaßten. Nirgendwo fand ich mich jedoch zugehörig. 1969 nach Bonn berufen, wur-

de ich mir meiner Außenseiterrolle allmählich bewußt. Nach meiner
Habilitation vollzog sich allmählich, gar nicht bewußt und gezielt intendiert, eine Wendung zur Analyse, zur Wahrnehmung der Wirklichkeit,
zur empirischen Betrachtung, zur phänomenologischen Sicht. In Bonn
geriet ich in der Fakultät in eine eigenartige Konstellation. Ich war der
Kandidat der Exegeten und Historiker, nicht der Systematiker. Walter
Krecks prophetischer Gestus, sein Pathos des Bekennens und seine Neigung, Fronten aufzubauen und Abgrenzungen aufzurichten, gingen gegen mein Temperament und meine Weltsicht. Mit Gerhard Gloege, der,
als ich nach Bonn kam, bereits emeritiert war und bald starb, konnte ich
mich hingegen gut verständigen. 1969 trieben die studentischen Protestbewegungen, die Demonstrationen gegen die Notstandsgesetze und
die kulturrevolutionäre Veränderung der Universität dem Höhepunkt
zu. Damit konnte ich nicht viel anfangen. Begriffen habe ich damals jedoch, wie man von der Machtergreifung 1933 in Kirche und Politik
mitgerissen werden konnte. Die Achtung vor meinen Eltern stieg, die in
den 30er Jahren den nationalen Rausch nicht mitmachten. Ihr Beispiel
mahnte zur Nüchternheit. Wer nüchtern bleiben wollte, machte sich damals in Theologie und Kirche nicht unbedingt beliebt. Der rheinische
Barthianismus, getragen von einer kirchlichen Bruderschaft, die eine
feste geschlossene Theologie mit politischem Protest verband, blieb mir
fremd. So durchlebte ich turbulente Anfangsjahre in Bonn. Daß ich
meinen eigenen Weg in der Ethik unbeirrt weiterging, auch in Bonn,
verdanke ich einmal der Berufung in die Kammer für öffentliche Verantwortung der EKD 1970, der ich bis 1991 angehörte. Die Mitarbeit in
der Kammer war anregend und stellte mancherlei Gesprächskontakte
her. Anfang der 70er Jahre entdeckte ich überdies, daß ich mit meiner
Fragestellung keineswegs allein und isoliert dastand. Auf den Jahrestagungen der Societas Ethica lernte ich beispielsweise Knud E. Løgstrup,
den katholischen Kollegen Bruno Schüller und vor allem den Zürcher
Kollegen Arthur Rich kennen, der mir zum väterlichen Freund wurde.
Arthur Richs Wirtschaftsethik mit ihren Distinktionen und ihrem sorgsamen Abwägen von Argumenten ist mir vorbildlich geworden, auch
wenn ich Akzente da und dort anders setze. Von diesen und anderen europäischen Kollegen habe ich Wichtiges gelernt. Von besonderer Bedeutung wurde für mich in Bonn mein verstorbener katholischer Kollege Franz Böckle, mit dem ich häufig zusammen als Gespann zu Veranstaltungen eingeladen wurde. Wie seine »Fundamentalmoral« entstand,
konnte ich aus der Nähe verfolgen. Dieses Konzept einer »autonomen
Moral« oder einer »theonomen Autonomie« hat meine Sympathie.

Konfessionelle Besonderheiten sind freilich zu beachten, nämlich ob man gegen den Gehorsamsanspruch des kirchlichen Lehramtes, vor allem in der Sexualmoral, die Evidenz der Vernunft und das Recht selbständigen Denkens ins Feld führt, oder ob man sich gegen die Proklamation des status confessionis, der Königsherrschaft Christi in der Friedensdebatte und eine prophetische Geschichtsdeutung abgrenzt, ist nicht belanglos. 1974 wurde ich Mitherausgeber der ZThK und fand dort Anschluß an Gerhard Ebelings Denken. Gerhard Ebelings Theologie ist seitdem ein Bezugspunkt des eigenen Ansatzes theologischer Ethik geworden. Das Bestehen auf einer Unterscheidung von Politik und Glaube, die Ablehnung eines Usus politicus evangelii, d.h. einer unmittelbaren politischen Anwendung des Evangeliums, brachten Klärungen, ebenso die Einübung weiterer Fundamentalunterscheidungen. Die eigene Fragestellung nenne ich bewußt Ethik, theologische Ethik, und nicht nur Sozialethik. Gewiß ist Sozialethik zum Hauptarbeitsgebiet geworden. Aber ich teile die These nicht, alle Ethik sei heute Sozialethik. Sollte damit nämlich lediglich gemeint sein, daß der Mensch nie als vereinzeltes Individuum existiert, sondern »von Natur« ein soziales Wesen ist, dann ist die These trivial. Besagt sie hingegen, daß sich Ethik heute ausschließlich als gesellschaftliches Programm, Veränderung von Strukturen, Aufforderung zu politischem Handeln zu artikulieren habe, ist sie in Frage zu stellen. Das Selbstverhältnis der Person, das eigene Gewissen, das Subjekt von Verantwortung sind genauso Gegenstand der ethischen Reflexion. Die personale Relation hat daher ihr Eigenrecht. Sozialethik begreife ich als Sozialstrukturenethik, als Ethik der Institutionen.

V.

Erfahrungen und Auseinandersetzungen mit Anfragen, denen ich mich zu stellen hatte, haben zur Niederschrift meiner Bücher geführt. Nach der Berufung 1969 nach Bonn mußte ich meine eigene Position in der damaligen sozialethischen Diskussion klären. Das Buch »Konzept einer sozialethischen Theorie«, 1971, betont bereits im Titel »Konzept« den Charakter eines »Entwurfs«. An drei Themenkreisen kommen »Grundfragen evangelischer Sozialethik« zur Sprache. Unter der Fragestellung »Gesellschaftliches Handeln und evangelischer Glaube« wird zunächst die Frage nach der Bedeutung der Vernunft in der ethischen Urteilsbildung erörtert. Anlaß war die Inanspruchnahme eines

spezifisch christlichen »prophetischen« Auftrags zur Gesellschaftsge-
staltung. Die Abgrenzung gegenüber anderen Positionen wird im 2. Teil
»Die Hoffnung auf das Reich Gottes und die Sozialethik« ausgeführt.
Die Orientierung evangelischer Sozialethik am Leitbild des Reiches
Gottes als Gestaltungsprinzip erschien mir zutiefst fragwürdig. Sollte
evangelische Ethik »angewandte« Eschatologie betreiben? Den Spuren
der Reich-Gottes-Ethik ging ich im religiösen Sozialismus bei Leon-
hard Ragaz, im Kulturprotestantismus bei Immanuel Kant, Richard Ro-
the, Albrecht Ritschl nach, um am Ende bei einer Kritik von J. Molt-
manns ethischer Anwendung in seiner »Theologie der Hoffnung« in der
Gegenwart anzulangen. Der »Geist der Utopie« war mir in Gestalt des
greisen Philosophen Ernst Bloch noch persönlich begegnet, als dieser
von Leipzig nach Tübingen übergesiedelt, »emigriert« war. Obwohl
faszinierend in der Darstellung, hat mich gleichwohl Blochs Synthese
aus Reich, Messias, Atheismus und Politik nicht überzeugt. Gegen eine
»Theologie der Revolution« und gegen die Verifikation des christlichen
Glaubens aus der politischen Praxis stand meine tief verwurzelte Skepsis: Muß ein Christ sozusagen Berufsrevolutionär werden? Die Gegen-
position eines rationalen Umgangs mit gesellschaftlichen Sachverhal-
ten veranschaulichte ich im Schlußkapitel »Brennpunkte sozialethischer Diskussion« an drei aktuellen Themen: Eigentum, Demokratie,
»Theologie der Revolution«. Die Überlegungen zur Demokratie, 1971
publiziert, haben längst vor der Demokratie-Denkschrift der EKD,
1985, zu zeigen versucht, daß und wie zwischen demokratischem Ethos
und evangelischem Verständnis des Glaubens eine Affinität besteht.
Grundlegend ist freilich der 1. Teil mit seiner Differenzierung zwischen
Glauben und Vernunft, und der Einführung des Begriffs der »Motivation«. Intendiert ist damit eine fundamentalethische und theologische
Grundlegung der Ethik; zugleich ist dies ein Beitrag zur damaligen Diskussion um ein christliches Proprium oder Spezifikum theologischer
Ethik. Der Begriff der Motivation ist in der Kritik freilich gelegentlich
mißverstanden worden im Sinne einer beliebigen Austauschbarkeit von
Motiven. Hinter der Einführung des Wortes Motivation stehen jedoch
anthropologische Überlegungen. Denn man hat in der ethischen Theoriebildung zu unterscheiden zwischen der Bewertung einer Handlung
anhand der Kriterien richtig oder falsch und der Grundausrichtung einer
Person unter der Perspektive von gut und böse. Für die Bewertung einer
Handlung ist im allgemeinen die Vernunft zuständig. In vernünftiger
Diskussion verständigen sich Menschen über die Bewertung von Hand-
lungen und Entscheidungen. Handeln soll für alle einsichtig sein. Das

begründet den Anspruch auf Universalisierbarkeit ethischer Urteile. Von den Bewertungskriterien normativer Ethik zu unterscheiden ist jedoch die Lebenseinstellung eines Individuums oder einer Gruppe, eines Kollektivs, die man auch »Ethos« nennen kann. Die Unterscheidung von Vernunft und Motivation hat damit einen dreifachen Zweck: Einmal unterscheidet sie zwischen normativen ethischen Aussagen und Einstellungen, also dem, was katholische Moraltheologie die »optio fundamentalis«, die Grundorientierung eines Menschen, »seinen Charakter« nennt. Zum anderen setzt die Unterscheidung voraus, daß ethisches Handeln nicht einfach das Ergebnis eines logischen Schlusses, der Ermittlung des Vernünftigen ist. Es bedarf vielmehr eines zusätzlichen Beweggrundes, einer Motivation. So ist Liebe nicht Folge, nicht Produkt eines rationalen Schlusses. Die Macht der Affekte, von Liebe und Haß, von Mitleid und Verachtung, ist stets mitzubedenken. Eine ethische Handlung ergibt sich nicht einfach aus einem Vernunftkalkül. Deshalb habe ich theologische Ethik nie »sola ratione« zu begründen und plausibel zu machen versucht. Die Affektbindung, die Einbeziehung des Gewissens als »Urteilskraft des Gemüts«, der Wille, aber auch Erfahrung als eigene Lebenserfahrung und in der Aufnahme einer gelebten Kultur haben ein eigenes Gewicht. Eine rein rationalistische Sicht des Menschen ist insofern als Fundament der Ethik ungeeignet. Die fundamentalethische Grundlegung hat das Spannungsfeld von Vernunft, Affekt und Erfahrung wahrzunehmen. Solche fundamentalethische Überlegung hat zugleich theologische Bedeutung. Sie kann nämlich an reformatorische Fundamentalunterscheidungen anschließen, wie die Unterscheidung von Glaube und guten Werken, von Person und Werk, von dem, was vor Gott gilt (coram deo) und dem, was man den Mitmenschen schuldet (coram hominibus), zwischen iustitia spiritualis und iustitia externa, weltlicher Gerechtigkeit, usw. Die theologische Absicht ist daher, eine »weltliche« Gestaltung normativer Ethik mit dem evangelischen Verständnis von Rechtfertigung als Ermächtigung zur Freiheit und als Befreiung des sündigen Menschen zur Liebe zu verbinden. Luthers Definition des Menschen durch »hominem fide iustificari« kann dabei zum Orientierungspunkt der Ethik werden.

Das Buch »Sozialethik zwischen Tradition und Vernunft«, 1977, führt diesen Ansatz weiter. In dem umfangreichen Beitrag »Zweireichelehre und Sozialethik« wird die fundamentaltheologische Fragestellung eines reformatorischer Theologie verpflichteten Ansatzes der Ethik weiter entfaltet. Die Bezeichnung »reformatorisch« ist bewußt gewählt. Die eigene Verortung in der »lutherischen« Herkunft will sie nicht verleugnen. Aber im Gespräch mit dem verstorbenen Kollegen Gerhard F.W. Goeters ist mir in Fragen der Ethik, gerade auch politischer Ethik, bewußt geworden, wieviel es an Gemeinsamkeiten zwischen lutherischer und reformierter, von Calvin geprägter Weltdeutung, gibt, die keineswegs eine »reformierte« Lehre von der Königsherrschaft Christi gegen die »lutherische« Zweireichelehre auszuspielen erlaubt. In dem Aufsatzband wird sodann das Verhältnis von politischer Ethik und Ekklesiologie, die Legitimation öffentlicher Stellungnahmen der Kirche und das demokratische Ethos thematisiert. Mit dem Öffentlichkeitsauftrag der Kirche und mit deren politischem Mandat habe ich mich immer wieder befaßt, zuletzt in den Artikeln »Öffentlichkeit« und »Politik und Christentum« in der TRE.

In dem Band »Sozialethik zwischen Tradition und Vernunft« finden sich außerdem zwei Beiträge: »Aporien in der Menschenrechtsdiskussion« und »Grundwerte und christliches Ethos«, mit denen ich mich an gesellschaftspolitischen Diskussionen beteiligt hatte. Menschenrechte sind ein Paradigma dafür, daß und wie unterschiedliche Interpretationen von individuellen und sozialen Rechten und sogenannten Rechten der Dritten Generation (Recht auf Frieden, auf Umwelt, Rechte künftiger Generationen) zueinander in Spannung stehen. Menschenrechte sind sodann zugleich ein Testfall für die Vereinbarkeit des Universalitätsanspruchs eines Menschenrechtsethos mit den partikularen Wahrheits- und Lebensdeutungsansprüchen von Religionen, nicht nur des Islam und des Buddhismus, sondern auch des Judentums und des christlichen Glaubens. In dem aus einem Studienbrief hervorgegangenen Taschenbuch »Das Recht des Menschen«, 1978, habe ich diese Fragen ausführlicher dargestellt. Die Grundwertedebatte der 70er Jahre, die durch die Aufnahme des diffusen Begriffes »Wert« mit vielerlei Mißverständnissen und Mißdeutungen belastet war, wurde ebenfalls ein Anstoß nachzudenken, wie ethisch-politische Grundvorstellungen in einer religiös und weltanschaulich pluralistischen Gesellschaft und in einem religiös-neutralen Staat (mit einer eher konturlosen »Werteordnung«) und christlicher Glaube miteinander in einen Diskurs kommen können und was dabei der besondere Beitrag der Kirche sein könnte. Der christliche Beitrag kann keine christliche Werteordnung sein. Christliche Sonderwege sind vielmehr weder begehbar, noch führen sie zu Zielen. Christliche Ethik kann deshalb kein »aliud«, keine Kontrastethik der allgemeinmenschlichen Ethik entgegensetzen. Das entlastet nicht aus der Verpflichtung, nach einem »Plus« christlicher Ethik – zumindest – zu fragen.

Meine Mitarbeit in Kommissionen, die evangelisch-katholische Stellungnahmen erarbeiteten, ist auch unter diesem Aspekt zu sehen. Miterarbeitet habe ich Erklärungen, »gemeinsame Worte« der Kirchen, nämlich »Grundwerte und Gottes Gebot«, »Verantwortung wahrnehmen für die Schöpfung«, »Gott ist ein Freund des Lebens« und zuletzt 1997 in Vorbereitung der Woche für das Leben »Wieviel Wissen tut uns gut? Chancen und Risiken der voraussagenden Medizin«. In diesem Zusammenhang zu erwähnen ist außerdem die Herausgebertätigkeit für die 7. Auflage des »Evangelischen Soziallexikons« (1980) und des »Lexikons der Wirtschaftsethik«, 1993, das von katholischen Kollegen im Herderverlag veröffentlicht wurde; für beide Lexika habe ich zentrale Artikel verfaßt.

Die Zusammenfassung der Arbeit an der theologischen Ethik liegt inzwischen in zwei Lehrbüchern vor: »Einführung in die theologische Ethik. Grundlagen und Grundbegriffe«, 1990, und »Grundriß der Sozialethik«, 1995. Intention und Inhalt der beiden als Studienbücher verfaßten Überblicke ist hier nicht im einzelnen vorzustellen. Nur soviel: Als Theologe war mir in der »Einführung« nicht nur das Gespräch mit der nicht-theologischen Ethik wichtig, sondern ebenso die Darstellung der Grundlagen der Ethik im christlichen Glauben, wie beispielsweise im Verständnis der Sünde, Gesetz und Evangelium, Gute Werke, Nachfolge, Liebesgebot. Mit einem Ausblick auf »Grenzen der Ethik« schließt das Buch betont theologisch: Leiden, Tod, Schicksalsschläge, die Rätsel der Theodizeefrage und Schuld setzen menschlichem Handeln Grenzen. Ethik ist nicht nur Theorie menschlichen Handelns. Der »Grundriß« gibt einen Überblick über Lebensbereiche. Er behandelt Institutionen, Ordnungsstrukturen menschlichen Zusammenlebens. Den sterilen Gegensatz innerhalb der deutschen evangelischen Ethik der 50er und 60er Jahre zwischen Ordnungstheologie (lutherisch!) und »christologischer Begründung« (barthianisch!) will ich, genauso wie Dietz Lange, vermeiden und überwinden. Es gibt keine zeitlosen Ordnungsstrukturen; aber Lebenswirklichkeit und Lebensbereiche sind uns immer vorgegeben und haben insofern ihr eigenes Recht und ihre eigene Gestalt nicht erst aufgrund theologischer oder gar »christologischer« Begründung. Lebensbereiche überliefern Kulturgüter und Gestaltungsaufgaben. Die Bereichsethik habe ich folglich als Güterlehre konzipiert. Als Bereichsethiken erörtere ich: die medizinische Ethik (Leben und Gesundheit), Ehe, Familie und Sexualität; Natur und Umwelt (ökologische Ethik), Politik (Ethik des Politischen), Wirtschaft (Wirtschaftsethik) und Kultur (Kulturethik). Den Abschluß bildet das Kapitel »Kirche in der Gesellschaft« mit einem Blick auf Ort, Aufgabe und ethische Analyse der wirklichen, »sichtbaren« Kirche in Gesellschaft und Politik. Durchweg sind in den abschließenden Erwägungen Ekklesiologie und Ethik verklammert. Die »real existierende« – und zugleich theologisch zu beurteilende – Kirche ist der vorgegebene Kontext – nicht die Norm! – christlicher und theologischer Ethik.

VI.

Einen besonderen Arbeitsschwerpunkt bildet schließlich seit dem Sommer 1969 die medizinische Ethik (und auch die Bioethik). Der Anlaß war wiederum völlig kontingent, zufällig. Im Sommer 1969 fand in Bonn in der Chirurgischen Klinik die erste Leberübertragung von einem toten Spender in Deutschland statt. Die spektakulären Umstände dieser ersten Lebertransplantation fanden in der Öffentlichkeit und in sensationellen Berichten einen Widerhall. Gegen den transplantierenden Klinikchef wurde Strafanzeige erstattet (wegen eines Tötungsdelikts) und zivilrechtlich Schadensersatz geltend gemacht. Er veranstaltete angesichts solcher Kritik ein Symposium. Als neuberufener Lehrstuhlinhaber für Ethik an der Evangelisch-theologischen Fakultät wurde ich von Kollegen der Fakultät für das Podium benannt. Damals lernte ich Franz Böckle kennen. Von 1969 bis heute hat mich das Thema Organtransplantation mit unterschiedlicher Intensität und unter wechselnden Fragestellungen – man denke nur an die Hirntoddebatte – beschäftigt. Themen wie Lebensverlängerung und Sterbehilfe, aber auch Schwangerschaftsabbruch und pränatale Diagnostik kamen hinzu. Mit den Problemen der In-vitro-Fertilisation, der Genomanalyse und der Gentherapie wurde ich ebenfalls durch Anfragen aus kirchlichen Kreisen konfrontiert. Als Mitglied habe ich intensiv mitgearbeitet in der Benda-Kommission, die als Arbeitsgruppe des Bundesministers für Forschung und Technologie und des Bundesministers der Justiz 1984 eingesetzt wurde, und in der vom Bundesminister für Forschung und Technologie eingesetzten und von Franz Böckle geleiteten Kommission »Die Erforschung des menschlichen Genoms. Ethische und soziale Aspekte«, deren Ergebnis 1991 veröffentlicht wurde (als Band 26 der Reihe Gentechnologie). Mit ethischen Fragestellungen von Reproduktionsmedizin und Genforschung bin ich bis heute befaßt. Während der letzten Jahre kam die Auseinandersetzung um die Bioethik-Konvention des Europarates hinzu, die in der Endfassung die Überschrift erhielt: »Übereinkommen zum Schutz der Menschenrechte und der Menschenwürde im Blick auf die Anwendung von Biologie und Medizin«. In der Bioethik-Konvention verknüpfen sich exemplarisch Fragestellungen des Menschenrechtsschutzes mit denen des medizinischen Fortschritts und der wissenschaftlichen Forschung. Diese Fragestellung spitzt sich zu bei der Streitfrage, ob ausnahmsweise Forschung an nichteinwilligungsfähigen Patienten (z.B. Säuglingen, Bewußtlosen) zulässig sei, sogenannte »fremdnützige Forschung«. 1996 wurde ich in den Ethikbeirat des Gesundheitsministeriums berufen. In derartigen Kommissionsarbeiten geht es mir darum, den Ansatz theologischer Ethik gemeinverständlich zur Sprache zu bringen. Dabei sind einmal die strittigen Sachverhalte so sorgfältig und sachlich wie mögliche auf ihre Möglichkeiten, Chancen und Gefahren, ihre Risiken, wie auf ihre Ziele und unerwünschten Nebenfolgen hin zu überprüfen; das kann nur in einem rationalen Diskurs erfolgen. Für die Verständigung über einen gesellschaftlichen Konsens spielen religiöse und konfessionelle Gesichtspunkte zunächst explizit keine Rolle. Die katholische Moraltheologie kann in diesen Diskussionen an die Tradition naturrechtlicher Argumentation anknüpfen. Evangelische Ethik, welche die ethische Forderung als Gesetz im weltlichen Gebrauch (usus politicus seu civilis legis) bedenkt und damit als allgemeinmenschlich verbindlich beansprucht, ist genauso diskursfähig. Zum anderen hat evangelische Ethik freilich daran zu erinnern, daß es bei den grundmenschlichen Erfahrungen von und mit Leben und Tod, mit Gesundheit und Krankheit, mit Heil, Heilung und Leiden immer auch noch um mehr geht. Gerade angesichts von Leiden, Sterben und Tod sind theologische Aussagen angefragt. Die Grundsicht des Glaubens von Gott, Mensch und Welt gibt und vermittelt eine Wirklichkeitsdeutung, welche die wissenschaftlichen Einzelerkenntnisse überschreitet und transzendiert.

VII.

Vollständigkeit hinsichtlich der Darstellung meiner vielfältigen Arbeitsgebiete und Veröffentlichungen war und ist nicht sinnvoll. Neben der medizinischen Ethik wären beispielsweise anzuführen Publikationen zur Wirtschaftsethik, zur Ethik der Wirtschaftsordnung, zu Arbeit und Arbeitslosigkeit, zum Geld (vgl. den TRE-Artikel »Geld«), ferner die Erörterung von Grundfragen politischer Ethik. Neben den Menschenrechten habe ich das Staatsverständnis, die theologische Sicht von

Nation und Volk, ethische Aspekte des Friedens, die Thematik von Macht und Gewalt erörtert. In der Nordrhein-Westfälischen Akademie der Wissenschaften, in die ich 1979 gewählt wurde und in der ich auch Ämter innehatte und habe, habe ich zweimal in Vorträgen zu aktuellen Fragen Stellung genommen, nämlich »Evangelische Theologie vor dem Staatsproblem«, 1981, und »Die Barmer Theologische Erklärung und ihre Wirkungsgeschichte«, 1995. Die Wahl gerade dieser Themen vor einem nicht-theologischen Publikum sollte einem Anliegen Rechnung tragen, das in allen Bemühungen um eine theologische Ethik für mich leitend ist. Ein evangelischer Theologe hat gegenüber jedermann Rechenschaft und Auskunft zu geben über den Grund evangelischen Glaubens und christlicher Hoffnung. Dies nötigt zum Bemühen, sich verständlich zu machen. Ein sprachloser Glaube wäre Zeichen eines gleichgültigen, belanglosen Christentums, gerade auch in ethischen Debatten. Allerdings sollte man sich als Theologe nicht das Ansinnen auflasten lassen, »ex cathedra« die Lösungen für alle Aporien und Probleme zu bieten. Der christliche Glaube verfügt weder über Antworten auf alle gegenwärtigen ethischen Verlegenheiten, noch ist er gar der Inbegriff einer besseren, einer »höheren« Moral. Er kann vielmehr nur soweit raten, beraten, als er selbst die verwirrende Problemlage verstanden hat. Theologische Beratung kann hingegen dazu beitragen, nüchtern und sachlich mit ethischen Herausforderungen umzugehen, Verantwortungsmöglichkeiten zu entdecken und wahrzunehmen und sittlich vertretbare Kompromisse zu finden. Ethik von Christen trägt damit zur Lebensorientierung bei, die dem Menschen dienlich ist. Theologische Ethik hat insofern nicht allein Bedeutung für Christen in der Kirche, die sich ausdrücklich für Kirchliches interessieren, sondern sie nimmt teil an der allgemeinen Verantwortung für die Kultur des Zusammenlebens in der Gesellschaft. Lebensorientierung und gesamtkulturelle Verantwortung sind zentrale Motive meines eigenen Engagements in der Ethik.

1997 habe ich als Bensheimer Heft 80 unter dem Titel »Profile – Krisen – Perspektiven« Position »Zur Lage des Protestantismus« bezogen. Traditionsvergewisserung, Klärung von Aufgaben und kritische Reflexion der Lage des Protestantismus sind nach meinem Dafürhalten notwendig. Die Entwicklung in der kirchlichen Organisation sehe ich zunehmend mit kritischer Distanz und Skepsis. Angesichts innerkirchlicher Finanz-, Konzeptions-, Struktur- und Kompetenzkrisen ist eine Besinnung notwendig auf das, was »Protestantismus« ist. In meiner eigenen theologischen Arbeit und Entwicklung entdecke ich, bei allen

Wandlungen im einzelnen, gleichwohl einen durchgehenden Leitfaden, nämlich den einer verständlichen, kritischer Prüfung offenen und lebensbezogenen Darstellung und Auslegung evangelischen Glaubens und Selbstverständnisses. Die beiden Lehrbücher zur »Ethik« geben Auskunft über die eigene Stellung in den gegenwärtigen ethischen Diskussionen. Das Studienheft zum »Protestantismus« gibt Rechenschaft über das, was als Orientierung und Zielvorstellung für mich im ökumenischen Dialog, in kulturellen und gesellschaftlichen Debatten und in der derzeitigen theologischen Unübersichtlichkeit leitend ist.

Je länger ich das Fach Ethik unterrichte, desto mehr bestätigt sich mir die Sentenz von A. Schopenhauer: »Moral predigen ist leicht, Moral begründen ist schwer.« Überdies wurde mir im Lauf der Jahre die Unterscheidung von Glauben und Moral, von Gesetz und Evangelium, von Glauben und Werken immer wichtiger. Die Werke – Moral und Gesetz – sind für das menschliche Zusammenleben sicherlich unverzichtbar. Nur im reinen Empfangen des Glaubens werden wir jedoch inne, wieviel im eigenen Leben Gnade ist. Darum ist theologisch entschieden am »allein aus Glauben«, am sola fide der iustificatio impii, festzuhalten.

EBERHARD JÜNGEL

Biographische Skizze

Was an meiner Person im Rahmen einer »Systematischen Theologie der Gegenwart in Selbstdarstellungen« interessieren kann, ist allein meine theologische Existenz. Und deshalb muß ich den geneigten Leser nicht mit alldem behelligen, was nach meiner Geburt am 5. Dezember 1934 in Magdeburg in den Jahren meiner Kindheit und Jugend geschah. Es genügt zu wissen, daß in meinem Elternhaus »Religion« nicht gefragt war. Mein Wunsch, Theologie zu studieren, stieß auf die besorgte Verwunderung meiner Mutter und die entschiedene Ablehnung meines Vaters. Daß ich dennoch bei meiner Absicht blieb und sie dann auch realisierte, ist nicht nur Folge der zweifellos pubertären Opposition des Sohnes gegen die väterliche Autorität. Es gab eine tiefer reichende Erfahrung, die für meine Entscheidung ausschlaggebend war und von der ich bis zum heutigen Tag bestimmt werde. Und das war die Entdeckung der evangelischen Kirche als des einzigen mir damals zugänglichen Ortes innerhalb der stalinistischen Gesellschaft, an dem man ungestraft die Wahrheit hören und sagen konnte. Vielleicht galt das auch noch für das Kabarett, zumindest für ein besonders mutiges und besonders hinterlistiges. Das Kabarett und die Kirche haben in der sozialistischen Gesellschaft ja so etwas wie eine Narrenrolle gespielt. Und der Narr ist mitunter der einzige, der in einer verlogenen Gesellschaft auf närrische Weise die Wahrheit zu sagen vermag.

Die Wahrheit hören und sagen zu können, das war eine befreiende Erfahrung angesichts der in der Schule herrschenden ideologisch-politischen Tyrannei! Freunde wurden verhaftet, ich selbst wurde mehrfach vom Staatssicherheitsdienst verhört und mit dem – freilich nicht erreichten – Ziel vor Gericht gebracht, einen Klassenkameraden zu belasten – und das alles nur deshalb, weil wir zu sagen wagten, was wir dachten.

Unmittelbar vor dem Arbeiteraufstand 1953 wurde ich einen Tag vor dem Abitur als »Feind der Republik« vom Gymnasium relegiert. Die Mitschüler wurden aufgefordert, jeden Kontakt mit mir abzubrechen. Als ich die Aula der Magdeburger Humboldt-Schule verließ, wendeten sich die aufrechten unter den Lehrerinnen und Lehrern in hilflosem Schweigen ab. In der christlichen Kirche war man hingegen so frei, das erdrückende Schweigen und den sich immer stärker bemerkbar machenden Zwang zur Lüge zu durchbrechen. Hier wagte man es, die Wahrheit des Evangeliums zu bezeugen, und zwar konkret in der politischen Situation so zu bezeugen, daß die befreiende Kraft dieser Wahrheit auch sehr weltlich, auch sehr politisch erfahrbar wurde. Ihr werdet die Wahrheit erkennen, und die Wahrheit wird euch frei machen (Joh 8, 32). Dieser Satz des Neuen Testamentes ist mir seitdem einer der liebsten.

Aufgrund jener Erfahrungen mit der Kirche, in denen mir diese als Institution befreiender Wahrheit begegnet war, wurde ich Theologe und habe dies bis heute nicht ernsthaft bereut. Als Johann Baptist Metz, Jürgen Moltmann und Dorothee Sölle später das Unternehmen einer »politischen Theologie« starteten und zu großer Wirkung brachten, bestand ich aufgrund jener Erfahrungen darauf, daß die politische Relevanz des christlichen Glaubens zuerst und zuletzt in dessen Wahrheitsfähigkeit und Wahrheitsverpflichtung besteht. Die der Kirche aufgegebene politische Tat hat vor allem das Ziel, der Wahrheit zum Recht zu verhelfen.

Doch zurück zu den Anfängen meiner theologischen Existenz! Aufgenommen habe ich mein Studium an der Kirchlichen Hochschule in Naumburg. Es führte mich später an die Kirchliche Hochschule Berlin und an die Universitäten Zürich und Basel. Zu den ersten Lehrern, die mich geprägt haben, zählt der Philosoph Gerhard Stammler, der mich in Logik unterrichtete. Und dann war da mein neutestamentlicher Lehrer und Doktorvater Ernst Fuchs, der mich mit Rudolf Bultmann zusammenbrachte und zum Studium der Texte Heideggers anregte. In einem »illegal« außerhalb der DDR verbrachten Semester hörte ich – zwischen Zürich, Basel und Freiburg hin- und herpendelnd – dann in Freiburg Heidegger selbst. Er war damals »unterwegs zur Sprache«. Als ich ihn gegen Ende seines Lebens besuchte, hat er mir auf meine Frage, ob es nicht die Bestimmung des Denkens sei, unterwegs zu Gott zu sein, geantwortet: »Gott – das ist das Denkwürdigste. Aber da versagt die Sprache …« Nun, dieser Auffassung war ich ganz und gar nicht. Hatte mich doch damals in Zürich Gerhard Ebeling in das Denken Luthers eingeführt, während Karl Barth in Basel mich mit seinem eigenen Denken vertraut machte. Und weder Luthers Bemühen um

einen eigenen modus loquendi theologicus noch Barths breit dahin-
fließende, eher an einer Überargumentation leidende Theologie er-
weckten den Eindruck einer versagenden Sprache. Karl Barth war es,
der mich zunächst für eine Art Spion der Bultmann-Schule hielt, dann
aber nach einer unvergeßlichen Sitzung seiner Sozietät, in der ich seiner Bultmannkritik leidenschaftlich widersprach und zugleich einen
Abschnitt aus seiner Anthropologie zu seiner Zufriedenheit interpre-
tierte, spätabends zu einem weiteren Disput bei einer Flasche Wein
einlud. Zumindest darin bin ich bis heute sein Schüler geblieben: bei
einem guten Tropfen wird oft bis in die tiefe Nacht mit jüngeren Theologen intensiv disputiert. Einige Tage nach jenem denkwürdigen
Abend ließ Barth mir zu meiner freudigen Überraschung seine ganze
»Kirchliche Dogmatik« mit der Widmung »Eberhard Jüngel auf den
Weg in Gottes geliebte Ostzone« zukommen.

Das Opus magnum meines großen Lehrers war mir später, als ich
selbst dogmatische Vorlesungen zu halten hatte, eine große Hilfe.
Barths Theologie war autochthon. Von ihr konnte man lernen, daß die
sachliche Konzentration auf die in der Bibel bezeugte Wahrheit die beste Voraussetzung ist, um der gegenwärtigen Welt geistlich und weltlich
das Ihre zu geben und um des Himmels willen der Erde die Treue zu
halten. Mir eröffnete sich ein neuer Umgang mit der Überlieferung, der
gegenüber respektlose Kritik genausowenig in Betracht kam wie kritikloser Respekt. Barths Theologie hat mich angeregt, Gott vom Ereignis
seiner Offenbarung, das heißt vom Ereignis seines Zur-Welt-Kommens
her zu denken: mithin also als einen Gott, der uns immer tiefer noch in
die Welt hineinführt – als einen Gott, dem nichts Menschliches fremd ist
und der der Menschheit in der Person Jesu näher gekommen ist, als die
Menschheit sich selber nahe zu sein vermag.

Am Beginn meiner Hochschullaufbahn standen allerdings nicht dogmatische Vorlesungen. Hochschullehrer bin ich buchstäblich über
Nacht durch den Bau der Berliner Mauer geworden. Als Erich Honecker
im Auftrag Walter Ulbrichts die Berliner Mauer hochziehen ließ, waren
die in Ostberlin wohnenden Studenten der Kirchlichen Hochschule von
ihren in Westberlin residierenden Professoren abgeschnitten. Um den
dadurch entstandenen Notstand zu beheben, berief mich der spätere Bischof Scharf in das theologische Lehramt. Ich war erst wenige Wochen
zuvor in Westberlin aufgrund einer Dissertation über »Paulus und Jesus« zum Doktor der Theologie promoviert worden und hatte nun in den
Jahren 1961–63 die neutestamentliche Disziplin an der Kirchlichen
Hochschule in Ostberlin zu vertreten. 1962 habilitierte ich mich mit

Analogie-Studien im Fach Systematische Theologie, dem Fach, das ich dann ab 1963 zu unterrichten hatte.

Ich mußte, ohne mich gründlich darauf vorbereiten zu können, vom Studium sozusagen subito auf das Katheder. Es begann die Zeit harter Lukubrationen. Akademische Nächte sind lang. Damals wurden sie besonders lang. Ich begann nun auch intensiv selbst die Theologie Martin Luthers zu studieren, dessen »Traktat von der Freiheit eines Christenmenschen«, dessen Galaterbriefauslegung, dessen Auseinandersetzung mit Erasmus über den unfreien Willen und dessen Schriften zum Abendmahlsstreit mich mit einem Problembewußtsein versorgten, das fruchtbar verarbeitet zu werden verlangte und noch immer verlangt. Daneben wollten große philosophische Texte wahrgenommen und theologisch ernstgenommen werden: Parmenides, Heraklit, Platon, Aristoteles, Descartes, Leibniz, Hegel, Schelling, Kierkegaard, Wittgenstein und immer wieder Kant und Heidegger. Ich begriff freilich auch, wie recht Luther mit seiner Devise hatte: »Viel lesen macht nicht gelehrt, aber dasselbe oftmals und immer wieder lesen, das macht gelehrt und fromm dazu«.

In den Jahren 1965/66 kamen zusätzliche Pflichten als Rektor der Kirchlichen Hochschule auf mich zu. Die Theologie, die in dieser Zeit entstand, würde man heute wohl »kontextuell« nennen. Sie war es insofern, als ich mich fragte, wie die Rede von Gott in der atheistisch geprägten Situation ihre Wahrheit erweisen kann. Nicht den Atheismus einfach zu verteufeln oder als Pseudoreligion zu entlarven, sondern den Atheismus besser zu verstehen, als dieser sich selbst verstand, darum war es mir zu tun. Mir ging es und geht es noch heute darum, im Atheismus ein Wahrheitsmoment zu entdecken, das zumindest genauso stark ist wie das der theistisch verfaßten Metaphysik. Einer Apologetik, die den Atheismus als defizienten Modus des Menschseins denunziert, kann ich nicht beipflichten. Wer der Überwindung der Gottlosigkeit durch Gott das Wort zu reden hat, tut vielmehr gut daran, im Atheisten eine besonders ausgereifte Gestalt des homo humanus ernst zu nehmen. Daß die menschliche Gottlosigkeit dadurch überwunden wurde, daß sich in der Person Jesu Christi Gott selbst für uns dem Tod ausgesetzt hat – dem Tod, der der Sünde Sold ist (Röm 6,23)! –, das ist das Zentrum der Theologie, die zu vertreten ich mich berufen weiß. Wer darüber mehr erfahren will, der darf auf das Buch »Gott als Geheimnis der Welt« verwiesen werden.

Zum WS 1966 wurde ich auf das Ordinariat für Systematische Theologie und Dogmengeschichte an der Theologischen Fakultät der Universität Zürich berufen. Seit 1969 bin ich Ordinarius für Systematische Theologie und Religionsphilosophie an der Evangelisch-theologischen Fakultät der Universität Tübingen und leite dort das Institut für Hermeneutik.

Als akademischer Theologe bemühte und bemühe ich mich, in Forschung und Lehre den Glauben an Gott denkend so zu verantworten, daß es zur Aufklärung im Lichte des Evangeliums kommt: zuerst und vor allem in der verkündigenden Sprache, eben deshalb aber stets aufs neue in der theologischen Reflexion. Und so bin ich denn Theologe: nicht nur als Wissenschaftler, sondern auch als Prediger. Und beides nach wie vor mit Vergnügen und Leidenschaft.

»Meine Theologie« – Kurz gefaßt[1]

I.

Meine Theologie – hier stock' ich schon. Bevor ich der mir gestellten Aufgabe zu genügen versuche, »meine Theologie« so knapp wie möglich darzustellen, muß ich erst eine gewisse Verlegenheit überwinden, die mir das besitzanzeigende Fürwort *mein* neben dem Wort *Theologie* bereitet.

Theologie ist Rede von Gott. Deren Näherbestimmung durch ein Possessivpronomen erscheint vermessen, und zwar in doppelter Hinsicht. Wer ist schon das von Gott redende *menschliche Ich*, wenn es darum geht, *von Gott* zu reden? Gewiß nicht nichts. Aber kann es eigentlich sehr viel mehr sein als eine unerhörte Problematisierung der Theologie? Steht es mit *seiner Rede* von Gott der Rede *von Gott* nicht unentwegt im Wege? »Dieu parle bien de Dieu«[2]. In der Rede von »meiner Theologie« scheint sich eine maßlose Überschätzung des Theologen und – schlimmer noch! – eine völlig unangemessene Unterschätzung dessen, was Theologie ist, auszudrücken. Soll die Rede gleichwohl einen guten Sinn haben, so muß dieser allererst freigelegt und eigens herausgestellt werden.

[1] Mit freundlicher Genehmigung des Gütersloher Verlagshauses abgedruckt aus: *E. Jüngel*, Wertlose Wahrheit. Zur Identität und Relevanz des christlichen Glaubens. Theologische Erörterungen III (Beiträge zur evangelischen Theologie, Bd. 107), 1990, 1–15.
[2] *B. Pascal,* Pensées et opuscules, hg. von L. Brunschvicg, 1946, 700 (Pensées Nr. 799*)* = Oeuvres complètes, hg. von J. Chevalier (Bibl. de la Pléiade 34), 1969, 1317 (Nr. 743).

Meine Theologie – als Privatsache oder Privatbesitz? Wohl kaum. Theologie hat immer Öffentlichkeitscharakter und kann deshalb schlechterdings nicht als »Hobby« betrieben werden. Die Rede von Gott geht alle an oder keinen. Sie geht uns unbedingt an oder gar nicht. Sie geht aufs Ganze oder ins Leere. Sie kann also Privatsache auf keinen Fall sein. Und Privatbesitz ebenfalls nicht. »Ist doch die Lehre nicht mein!«[3]

Theologie beansprucht, wahre Rede von Gott zu sein. Man kann Gott nicht ehren, ohne der Wahrheit die Ehre zu geben. Die Wahrheit im Blick auf Gott aber kann man nicht *besitzen*. Sie ist weder Privat- noch Kollektivbesitz. Man kann sie überhaupt nicht *haben*. Wenn man mit ihr zu tun bekommt, dann so, daß sie uns ergreift und wir sozusagen zu ihrem Reich gehören (Joh 16,13). Ich kann nicht Theologe sein, ohne von der Wahrheit, die es zu durchdenken und nachzubuchstabieren gilt, ergriffen zu sein. Habe ich eine Theologie, dann im Sinne eines uns verliehenen Talentes (Mt 25,15), aus dem ein jeder nun allerdings seinerseits das Beste zu machen hat. Vermutlich haben die Väter dasselbe gemeint, als sie die Theologie einen habitus θεόσδοτος nannten.

Meine Theologie – als Ausdruck der Originalität eines Christenmenschen? Auch das dürfte sich mit dem Wesen theologischer Wahrheit schlecht vertragen. Die Wahrheit der Rede von Gott ist zwar allemal ein Original: sie ist ursprünglich und eben deshalb alle Morgen frisch und neu. Weh dem, der sie trivialisiert! Doch wer der Ursprünglichkeit dieser Wahrheit denkend verpflichtet ist, dürfte andere Interessen haben als die, auch selber noch möglichst originell zu sein. Originell sein zu *wollen* ist ohnehin ein Selbstwiderspruch, der immer dann gedeiht, wenn charakterlose Subjektivität sich auf Kosten der Substanz zu profilieren sucht. Die Selbstprofilierungssucht neuzeitlicher Theologen – in jüngster Zeit ihr Schielen nach den Medien! – wächst denn auch in demselben Maße, in dem die theologische Substanz verlorengeht. Theologie, die nur oder vor allem deshalb von Interesse wäre, weil sie meine – oder meines Kollegen – Lehre wäre, bliebe empfindlich hinter dem für die Rede von Gott wesentlichen Anspruch auf Wahrheit zurück. Nicht weil sie zu unbescheiden ist, sondern weil sie nicht hoch genug greift, ist die Rede von »meiner Theologie« so problematisch.

---

[3] *M. Luther,* Eine treue Verwahrung zu allen Christen … 1522, WA 8, 685,6 = BoA II, 308,6f.

Meine Theologie – als Ausdruck persönlicher Verantwortung für sachgemäße und zeitgemäße Rede von Gott gewinnt die Wendung einen guten Sinn. Und in diesem Sinn ist sie sogar unverzichtbar. Denn unter Theologie verstehen wir genauerhin diejenige menschliche Rede von Gott, in der Gott auf verantwortliche Weise gedacht und zur Sprache gebracht wird. Das kann zwar ganz gewiß nicht in splendid isolation geschehen. Im Zusammenhang des Christentums ist Theologie eine allen Glaubenden gemeinsam gestellte Aufgabe, die sich nur in Gestalt einer *gegenseitigen Förderung* des Verstehens der Glaubenswahrheit lösen läßt. Gegenseitige Förderung bedeutet aber immer auch *gegenseitige Kritik*. Theologische Arbeit ist der Zusammenschluß zu solcher Gegenseitigkeit im Dienste wachsenden Einverständnisses der Glaubenden mit der Wahrheit des Glaubens und so auch untereinander. Wo man Gott als *unseren* Vater anruft, kann sich die der Rede von Gott geltende menschliche Verantwortung nicht in individualistischer Borniertheit vollziehen. Theologie ist ein sozietäres Ereignis. Sie ist kirchliche Theologie. Aber gerade so ist sie nun doch zugleich Ausdruck meiner sehr persönlichen Beteiligung am Verstehenswillen und an der Verstehensfähigkeit aller Glaubenden.

Auch gemeinsam wahrgenommene Verantwortung hört nicht auf, die Verantwortung des Einzelnen zu sein. Das menschliche Ich wird bei seinen Versuchen, verantwortlich von Gott zu reden, nicht ausgelöscht: weder von dem in menschlichen Worten zur Sprache kommenden Gott noch von der eine gemeinsame Sprache findenden Gemeinschaft der Glaubenden. Die communio sanctorum trägt keine Uniform. Ihr Denken und Reden spiegelt vielmehr mit wachsendem Einverständnis den Reichtum ihres Gegenstandes. Als »Haushalter der bunten Gnade Gottes« (1Petr 4,10) sind die Theologen jedenfalls erklärte Feinde eines pseudoorthodoxen »Grau in Grau«. Jeder Theologe ist persönlich von der Wahrheit ergriffen, die er denkend, redend und selbstverständlich auch handelnd zu verantworten hat. Theologie trägt insofern immer auch die individuellen Züge einer Lebensgeschichte. Sie ist ein Stück weit theologische Biographie. Wird gar, wie Joh 8,32 verheißen, die Wahrheit als Befreiung erfahren, so kann es gar nicht anders sein, als daß die unverwechselbar eigene Erfahrung das Ganze der theologischen Arbeit mitbestimmt. Dem Mut, sich seines eigenen Verstandes zu bedienen, entspricht in der Theologie die Freiheit, seine eigenen Erfahrungen befreiender Wahrheit mitauszusagen: nicht so sehr in Gestalt einer eigenen Aussage als vielmehr in der Art und Weise, wie nun eben gerade ich Theologie treibe. In diesem Sinne ist mit *Schleiermacher* zu behaupten, daß es »jeder evangelischen Dogmatik gebührt …, Eigentümliches zu enthalten«[4].

So verstanden mag denn auch der Versuch, »meine Theologie« darzustellen, zumindest kein von vornherein verfehltes Unternehmen sein. Ich tue es im folgenden in der auf Vollständigkeit gar nicht erst reflektierenden Gestalt theologischer Confessiones, merke dazu aber vorsorglich an, daß der geneigte Leser sich irgendwelches Vergleichen besser gleich aus dem Kopf schlägt.

II.

1. Ich glaube, darum rede ich. Nicht von mir und meinem Glauben – das jedenfalls nur, sofern es nun einmal dazugehört. Ich glaube, darum rede ich von dem Gott, an den ich glaube, und von seiner befreienden Wahrheit. Ich glaube, darum rede ich von dem Gott, der als Mensch zur Welt gekommen ist und sich in der Person Jesu Christi zu unserem Heil als Gott offenbart hat. Ich glaube, darum rede ich von Jesus Christus als der Wahrheit Gottes, die frei macht. Solche Rede von Gott, denkend verantwortet, ist Theologie. Sie ist – mit *Ernst Fuchs* formuliert – Sprachlehre des Glaubens.

Glaube lebt von der ursprünglichen Einheit von Wahrheit und Freiheit in Gott. Das unterscheidet ihn von jedem menschlichen Vermögen, vom Wissen und seiner Wahrheit ebenso wie vom Tun und seiner Freiheit. Deshalb ist der Glaube und die ihm geltende Theologie weder der Metaphysik oder ihren erkenntniskritischen Erben noch der Moral zuzuordnen. Im Glauben kommt der Mensch vielmehr zu einer von ihm selbst weder durch Wissen noch durch Handeln zu gewinnenden Ganzheit seines Seins, die allein der Begegnung mit der ganz machenden ursprünglichen Einheit von Wahrheit und Freiheit in Gott sich verdankt. Glaubend findet der Mensch Ganzheit, nicht nur für sich, sondern Ganzheit als »unmittelbare Gegenwart des ganzen ungeteilten Daseins«[5]. Die Bibel nennt diese Ganzheit shalom und unterscheidet sie dadurch vom totalitären Begriff eines Ganzen, das, wenn überhaupt, nur erzwungen werden kann und das deshalb sein Merkmal darin hat, daß de

---

[4] *F. Schleiermacher,* Der christliche Glaube nach den Grundsätzen der evangelischen Kirche im Zusammenhange dargestellt (1830), Bd. 1, hg. von M. Redeker, 7. Aufl. 1960, 142 (§ 25).

[5] *H. Steffens,* Von der falschen Theologie und dem wahren Glauben, zitiert nach *F. Schleiermacher,* Der christliche Glaube I, 17 (§ 3,2).

facto ein zwingender Teil für das zu erzwingende Ganze steht. Gegenüber diesem totalitären »pars pro toto« redet der Glaube von einer ganz machenden Ganzheit, die als ursprüngliche Einheit von Wahrheit und Freiheit *die Liebe* ist, als die sich Gott selbst bekannt gemacht hat.

Demgemäß gibt sich der Glaube mit keiner Wahrheit zufrieden, die nicht befreiend wirkt. Er weiß wohl, daß es »Wahrheiten« gibt, die der Freiheit im Wege stehen. Und er weiß auch, daß es »Freiheiten« gibt, die der Wahrheit Gewalt antun. Von den Wahrheiten des Wissens und den Freiheiten des Handelns ist der Glaube aber auch dann fundamental unterschieden, wenn die Wahrheit des Wissens und die Freiheit des Tuns Hand in Hand gehen oder zumindest einander suchen und suchend sich aufeinander zu bewegen. Denn der Glaube sucht nicht. Er findet. Er lebt von gefundener Liebe, deren befreiende Wahrheit er dann freilich zu verstehen und immer noch besser zu verstehen sucht. So wie ein glücklicher Finder allererst durch den Fund, den er macht, zum glücklichen Finder wird, so wird der Glaube auch erst durch die Liebe, die Gott selber ist, zum Glauben. Der Liebe, die Gott selber ist, ist es wesentlich, sich entdecken zu lassen. Sie ist selber das primäre Subjekt ihrer Entdeckung, insofern ihre Funken als Funken des Geistes Gottes auf ein menschliches Subjekt überspringen und den Glauben als das Entdecken Gottes hervorrufen. Im Heiligen Geist kommt Gott so zum Menschen, daß der Mensch zum Glauben kommt. Gott findend findet der Glaube dann auch sich selbst. Gott entdeckend entdeckt der Mensch sich als Glaubenden. Glaubend macht der Mensch eine unvergleichliche Erfahrung, die die Reihe der weltlichen Erfahrungen elementar unterbricht und sich doch auf sie bezieht: eine Gotteserfahrung, die als solche eine Erfahrung mit der Erfahrung ist und auf keinen Fall verschwiegen werden will. Ich glaube, darum rede ich.

Der vom Apostel (2Kor 4,13) zitierte alttestamentliche Satz (Ps 116,10) formuliert die bezwingende Erfahrung befreiender Wahrheit, aus der die christliche Theologie hervorgeht und der sie gilt. Theologie ist Rede von Gott, dem Herrn. Aber die Notwendigkeit, von diesem Herrn zu reden, ist im Unterschied zum gewaltsamen Zwang, der knechtet, die bezwingende Kraft befreiender Wahrheit. Gottes Herrschaft befreit. Denn sie ist die Herrschaft der von den Lebenslügen, in die der Mensch sich selbst und andere verstrickt, befreienden Wahrheit. Sie befreit von der Sünde, mit der der Mensch sich selber entmündigt und fesselt. Sie befreit zu einem Gott entsprechenden Leben in Gottes kommendem Reich, das als Reich der Freiheit sein Licht schon jetzt vorauswirft. Theologie kann deshalb gar nichts anderes sein als die denkend verantwortete Rede vom in seiner Wahrheit befreienden Gott: Theologie der Befreiung.

2. Ich glaube, darum höre ich. Der Glaube kommt aus dem Wort, in dem Gott zur Sprache kommt (Röm 10,17). Es ist ein dem Menschen und seiner Welt zugute kommendes Wort, in dem Gott sich aussagt und zusagt: Evangelium. Wer glaubt, kennt Gott als den, der sich im Evangelium aussagt und zusagt, so daß die Bedeutung des Wortes »Gott« entstellt und verfehlt wird, wenn sie nicht durch das Evangelium definiert wird. Auch als Wort des Gesetzes hat »Gott« nur dann eine berechtigte Bedeutung, wenn diese durch das Evangelium definiert wird. Im Evangelium aber kommt Gott als der zur Sprache, der in der Person des Menschen Jesus zur Welt gekommen ist, um so, in der Einheit mit diesem nach kurzer, aber unvergeßlicher öffentlicher Wirksamkeit sein Leben am Galgen verlierenden jüdischen Menschen, seine wahre Gottheit zu definieren. Im Evangelium kommt Gott als der zur Sprache, der er von Ewigkeit zu Ewigkeit ist.

Wohlgemerkt: Gott kommt selbst zur Sprache. Er nimmt selber das Wort. Ja, zu seinem Sein gehört von Ewigkeit her ansprechende Sprache. Kein Mensch kann von sich aus reden. Gott ist der von sich aus Redende. Sein Wort ist ursprünglicher Ausdruck seines Seins und ursprüngliche Anrede und in der Einheit von beidem aus Nichts schaffendes Wort. Der Glaube hört dieses Wort. Er weiß sich selber durch es geschaffen. Er verdankt sich ihm. Er tritt vernehmend ins Dasein. Und er kommt immer wieder auf das ihn schaffende Wort zurück. Ich glaube, darum höre ich auf den von sich aus redenden Gott.

Der Glaube hört auf Gott selbst. Nicht auf menschliche Gottesgedanken, nicht auf die Vorstellungen, die sich selbstverständlich auch die Glaubenden von Gott machen, sondern allein auf Gott selbst. Denn der Glaube ist die kühne Gewißheit, Gott selber kennengelernt zu haben: den zur Welt gekommenen, den Mensch gewordenen, den zur Sprache kommenden Gott. Vom Feuer seines Heiligen Geistes – und sei es auch nur von einem Funken desselben – erfaßt, ist der Glaubende selber Feuer und Flamme für die vernommene Wahrheit.

Ein gefährliches Feuer! Der auf Sicherheit bedachten Welt mag es als eine Torheit erscheinen, sich von ihm entzünden zu lassen – so wie der auf ihre eigene Klugheit bedachten Vernunft das Wort von dem als Mensch zur Welt und in ihr zu Tode gekommenen Gott als Torheit erscheint (1Kor 1,18). Der Glaube nimmt sich gleichwohl die Freiheit, auf es zu hören. Narrenfreiheit? Sei's drum! Die Glaubenden sind »Narren um Christi willen« (1Kor 4,10). Theologie wird deshalb in dem Maße, in dem sie Theologie des Wortes Gottes ist, sich immer wieder in eine Narrenrolle versetzt sehen: in die Rolle eines Kathedernarren im Hause der Wissenschaft. Doch wenn sie der Wahrheit dient, wird sich die Theologie dieser Rolle nicht zu schämen haben.

Der Glaube kann freilich auf Gott selbst nur hören, indem er auf menschliche Worte hört. Gott kommt menschlich zur Sprache. Er wählt sich menschliche Zeugen, in deren oft nur allzu menschlichen Worten sich Gottes Geist ausspricht. Der Glaube erkennt alle diejenigen menschlichen Worte, die die Geschichte des Zur-Welt-Kommens Gottes ursprünglich bezeugen, als Ursprungsworte des Glaubens und sammelt sie als Texte Heiliger Schrift, um auf die Wahrheit zu hören, die sie zu sagen haben. Theologie ist Auslegung der Heiligen Schrift.

3. Ich glaube, darum staune ich. Und wie! Glaubend erfährt der Mensch Gott als sein und aller Dinge unerschöpfliches Geheimnis: als das schlechthin Überraschende, das sich gleichwohl von selbst versteht oder doch verstehen sollte; als ein schlechthin singuläres Ereignis, das doch von unüberbietbarer Allgemeinheit ist; als ewiges Sein und doch voller Werden; als das Allerkonkreteste, das als solches das concretissimum universale ist; als den Vater im Himmel, der sich im Menschenbruder auf Erden offenbart. Glaubend erfährt der Mensch den als Mensch zur Welt gekommenen, gekreuzigten und von den Toten auferstandenen Gott als das beziehungsreiche Wesen, das sich als Vater, Sohn und Geist von sich selbst unterscheidet und als Gemeinschaft gegenseitigen Andersseins auf sich selbst bezieht. Glaubend erfährt der Mensch das Geheimnis des dreieinigen Gottes, der die Beziehungslosigkeit des Todes an sich selber erträgt, um in der Einheit von Leben und Tod zugunsten des Lebens das beziehungsreiche Wesen der Liebe zu sein. Es ist das Geheimnis einer inmitten noch so großer trinitarischer Selbstbezogenheit immer noch größeren Selbstlosigkeit. Im Glauben an den dreieinigen Gott erschließt sich die Tiefe des Wortes vom Kreuz. Ich glaube, darum staune ich über das mysterium trinitatis als Summe des Evangeliums: Gott von Ewigkeit her und also an und für sich ist der *Gott für uns*.

Geheimnis ist Gott also nicht im Sinne eines unerkennbaren mysterium logicum oder arcanum naturae oder im Sinne eines zu verschweigenden secretum politicum, sondern als sich mitteilendes mysterium salutis. Geheimnis ist Gott nicht im Sinne eines sich dem Erkennen verschließenden und dem Verstehen entziehenden Dunkels, sondern als das sich nur von sich aus erschließende ewigreiche Sein des Vaters, Soh-

nes und Heiligen Geistes, als Fülle des Lichts. Die Türen des Geheimnisses tun sich nur von innen auf. Wenn sie sich aber auftun, dann gibt
das Geheimnis sich zu erkennen, ohne dadurch aufzuhören, Geheimnis
zu sein. Das Mysterium büßt seinen Charakter als Mysterium nicht ein,
wenn es sich mitteilt. Ganz im Gegenteil: Je tiefer man es erkennt, desto
geheimnisvoller wird es.

Gott ist dieses Geheimnis. Sein Sein ist nicht dunkel, sondern unerschöpfliches Licht: Lebenslicht, das den Tod überwindet. Ist Gott verborgen, dann ist er es im Lichte seines eigenen Seins (1 Tim 6,16). Offenbarung ist das Eingehen dieses Lichtes in die selbstverschuldete Finsternis der Welt, also die Verwandlung der schlechthinnigen Verborgenheit Gottes in seine präzise Verborgenheit sub contrario, so daß das
ewige Sein Gottes als Geschichte in Raum und Zeit identifizierbar wird:
als Geschichte des die es verbergende Finsternis besiegenden und ver-
treibenden Lichtes. Vermögen wir auch nicht in dieses Licht zu blicken,
so können wir doch die Helligkeit wahrnehmen, die es erzeugt und in
der sich das göttliche Geheimnis kundtut (1 Tim 3,16). Offenbarung als
schlechthinnige Unverborgenheit Gottes, die es uns erlaubt, ins Licht
des göttlichen Seins nicht nur zu sehen, sondern zu gehen, ereignet sich
erst, wenn Gott alles in allem sein wird, also alles in seinem Lichte erscheint und durch es gerichtet und verherrlicht sein wird.

Theologische Erkenntnis beginnt mit dem Staunen über das in der
präzisen Verborgenheit eines menschlichen Lebens und Sterbens sich
offenbarende Geheimnis Gottes. Ihr Ziel ist – im Unterschied zur Philosophie – nicht etwa das μηδὲν θαυμάζειν, sondern die verständige Artikulation des Staunens, das um so größer wird, je besser der Glaube das
sich offenbarende göttliche Geheimnis versteht. Theologie kommt aus
dem Staunen nicht heraus.

4. Ich glaube, darum denke ich. Der Glaube gibt zu denken. Man
kann an Gott nicht glauben, ohne ihn zu denken. Der Glaube ist leidenschaftlich darauf bedacht, sich selbst und damit Gott zu verstehen.
Glaube ist wesentlich fides quaerens intellectum.

Daß von Gott gleichwohl gedankenlos geredet wird, ja daß auch die
Gottesgedanken der menschlichen Vernunft an Gott selbst, wenn sich
die Vernunft nicht von dem zur Welt kommenden Gott mitnehmen und
so auf den Denkweg bringen läßt, vorbeigehen, zeigt, wie sehr der Glaube vom Aberglauben bedroht und wie leicht Gott mit Abgott verwechselt wird. Schon deshalb kann der Glaube nicht von Gott reden, ohne
ihm nachzudenken und so zu bedenken, wer oder was in Wahrheit Gott
genannt zu werden verdient.

Glauben und Denken sind also einander keineswegs feind, sondern spannungsvoll aufeinander bezogen. Zur Gegnerschaft wird ihre spannungsvolle Beziehung erst dann, wenn die Vernunft so unvernünftig wird, dem Glauben die Gedanken vorzuschreiben, die er zu denken hat, oder gar ihm und damit Gott selbst jedwede Denkwürdigkeit abzusprechen. Denn dann wird die Vernunft zum Glaubensersatz. Dann fordert der Glaube das Denken zum Umdenken auf, um Gott aufs neue denken zu lernen. Dann gilt es, das Denken selber neu zu denken.

Auf problematischen Wegen sieht der Glaube das abendländische Denken, dem sich doch auch die christliche Theologie verdankt, sofern dieses die Vernunft auf die Tätigkeit des Verstandes und seine Muster von Rationalität beschränkt, in denen die vernehmende Vernunft der Selbsttätigkeit und Selbstsicherung des erkennenden Subjektes zum Opfer fällt. Die Privilegierung des Wirklichen vor dem Möglichen und der Substanz vor der Relation in der Ontologie, des Bewußtseins gegenüber der Sinnlichkeit in der Erkenntnistheorie, des apophantischen Aussagesatzes und der propositionalen Wahrheit in der Semantik sind nur drei – von Jürgen Habermas ähnlich reklamierte[6] – Beispiele für eine sich um ihren eigenen Reichtum betrügende Vernunft, der der äußere Reichtum des allemal erfolgreicheren, weil sich als Technik triumphal verwirklichenden Verstandes wichtiger ist als die Auslotung des ganzen Vermögens der Vernunft. In der Eindimensionalität der modernen Lebenswelt – sei sie nun kapitalistischer oder sozialistischer Provenienz –, in der das objektivierend-instrumentelle Denken notwendig amoralisch sein muß und keine Moral der Welt der Objekte zu Hilfe kommen kann, weil die im Blick auf sie geforderte Verantwortung, im Horizont der überlieferten Moral gedacht, so weit nicht zu greifen vermag – denn sie müßte weit über die alte Nächsten-Ethik hinausgreifen –, manifestiert sich die Aporie, in die das abendländische Denken auf seinem die Ganzheit, den shalom des Lebens verfehlenden Denkweg geraten ist. Es ist friedloses Denken.

Wie aber sollte es, wenn es »die unmittelbare Gegenwart des ganzen ungeteilten Daseins« nicht zu denken vermag, Gott denken können? Es kann Gott nur so denken, daß es, wenn es seinen Gottesgedanken zu Ende denkt, auf den Gedanken vom Tode Gottes verfallen muß. Doch gerade diesen Gedanken kann es nicht zu Ende denken. Es kann Gott

---

[6] *J. Habermas,* Untiefen der Rationalitätskritik, in: Die Zeit vom 10. 8. 1984; erneut in: *ders.,* Die Neue Unübersichtlichkeit, Kleine Politische Schriften V (edition suhrkamp NF 321), 1985, 132–137, 136.

und den Tod so wenig zusammendenken wie Leben und Tod. Denn es
kann den Gott nicht denken, der in der Einheit von Leben und Tod zugunsten des Lebens die Liebe ist. »Deus, qualem Paulus creavit, Dei
negatio«[7].

Der Glaube, der zu denken gibt, gewinnt den Gottesgedanken aus
der Härte des Todes Jesu Christi. Er verlangt Gott deshalb als den zu
denken, dessen schöpferische Allmacht und Freiheit etwas anderes ist,
als es der Gedanke göttlicher Absolutheit souffliert, dessen Ewigkeit
und Aktuosität etwas anderes ist, als es die Axiome von der Zeitlosig-
keit und Apathie des Ewigen erheischen. Ist Gott Liebe, dann ist in
Wahrheit die Liebe allmächtig, dann ist sie der harte Kern aller wahren
Macht. Und die Macht hat dann ihr Wahrheitskriterium darin, daß sie
mitzuleiden vermag, um so das Leid zu überwinden. Gottes Sein wird
dann als eine sich dem Nichts aussetzende Existenz zu denken sein,
deren Wesensreichtum sich als a se in nihilum ek-sistere vollzieht.
Und Gottes Schöpfung wird dann als Akt ursprünglichen Anfangens
zu denken sein, der einen Akt ursprünglicher Selbstbeschränkung
(Zimzum nannte das die jüdische Mystik) impliziert. Der sein Geschöpf bejahende und ins Sein rufende Schöpfer begrenzt sich selbst
durch das Sein seiner Geschöpfe. Der Gedanke seiner Allgegenwart
wird dementsprechend neu zu denken sein als Begriff seines alle Kreatur erreichenden und sein lassenden Kommens. Im selben Sinne werden alle überlieferten göttlichen Attribute kritisch zu prüfen und gegebenenfalls neu zu denken sein. Gott wird dann nicht mehr als weltlich
notwendig, Kontingenz wird nicht mehr als unwesentlich gedacht
werden können. Gott ist mehr als notwendig – wie alle wahre Freiheit,
die das Gegenteil von Beliebigkeit ist. Gott ist zu denken aus dem Ereignis seines Advents: als ein Sein, das im Kommen ist und schon an
ihm selbst die ewige Geschichte des beziehungsreichen Zu-sich-
selbst-Kommens Gottes als Vater, Sohn und Heiliger Geist ist. Theologie denkt dem Kommen Gottes nach. Sie ist die dem Glauben entsprin-
gende Nachfolge des Denkens.

Als dem Kommen Gottes nachdenkende Erkenntnis gewinnt die
Theologie ihre Methode, indem sie die Bewegung des zur Welt kommenden Gottes denkend nachvollzieht. Sie wird Gott und Welt so streng
wie möglich zu unterscheiden haben, indem sie Gott auf die Welt so eng
wie möglich bezieht. Denn Gott unterscheidet sich von der Welt, indem

---

[7] *F. Nietzsche*, Der Antichrist, Werke, KGA VI/3, hg. von G. Colli und M. Montinari,
1969, 223 (Nr. 47).

er sich ihr mitteilt. Seine Attribute sind nicht incommunicabilia, sondern kommunikable Attribute. Nicht die metaphysische Differenz eines der Welt gegenüber immer nur immer noch größeren Gottes, nicht ein abstraktes »deus semper maior«, sondern die soteriologische Differenz eines der Welt unüberbietbar nahe kommenden Gottes – »Nichts ist so klein, Gott ist noch kleiner, Nichts ist so gros, Gott ist noch grösser«[8]! – führt zur konkreten Unterscheidung von Gott und Welt. Die Methode, die Gott entsprechende Rede von Gott ermöglicht, ist deshalb die Analogie des Advents.

Dem als trinitarische Gemeinschaft gegenseitigen Andersseins existierenden und inmitten noch so großer Selbstbezogenheit immer noch selbstloseren Gott, dem Gott, der Liebe ist, entspricht diejenige Analogie, die eine inmitten noch so großer Unähnlichkeit immer noch größere Ähnlichkeit zwischen Gott und Welt aussagt – Gott kommt der Welt näher, als diese sich selber nahe zu sein vermag. Und er kommt in der Kraft seines Geistes einem menschlichen Ich näher, als dieses sich selber nahe zu sein vermag.

Die das Denken Gottes und die Rede von ihm methodisch leitende Analogie des Advents ist primär am Anrede- und Erzählcharakter – und erst sekundär am Benennungscharakter – der Sprache orientiert, die dadurch ansprechend wirkt, daß sie sich als ein ebenso unentwegtes wie präzises μεταφέρειν von Bedeutung vollzieht. Der Begriff stellt fest, die Metapher aber versetzt das zu Sagende in eine ansprechende Bewegung. Die Wahrheit der Sprache des Glaubens ist, weil dessen Sprache ansprechende Sprache ist, metaphorische Wahrheit. Als solche ist sie freilich nicht weniger eigentlich als die univoke Sprache des Begriffs. Rede von Gott ist ansprechende Rede, oder sie redet nicht eigentlich von Gott. Gott denken heißt deshalb: die Rede von Gott so zu ordnen, daß sie uns unbedingt angeht, indem sie uns gleichermaßen auf Gott und auf uns selbst anspricht.

Gleichermaßen auf Gott und sich selbst angesprochen, gewinnt der Glaubende ein neues Verständnis seiner selbst und damit auch seiner Welt und dessen, was er – wenn überhaupt – bisher Gott genannt hat. Gott selber denken ist insofern ein das Gottesverhältnis, das Weltverhältnis und das Selbstverhältnis des Menschen revolutionierendes Ereignis, eine »Revolution der Denkungsart«[9], die freilich nicht nur mit

[8] *M. Luther,* Vom Abendmahl Christi. Bekenntnis. 1528, WA 26, 339,39f = BoA III, 404,33f.
[9] *I. Kant,* Kritik der reinen Vernunft, B XI, Akademie-Textausgabe III, 1911, 9.

Gedanken, sondern ebenso mit Worten und Werken verwirklicht zu werden verlangt. Wem der Glaube zu denken gibt, der weiß sich gebieterisch zum Handeln verpflichtet.

5. Ich glaube, darum unterscheide ich. Glauben ist ein Akt ursprünglichen Unterscheidens.

So wie Gott durch einen Akt ursprünglichen Unterscheidens anderes, geschöpfliches Sein geschaffen und innerhalb des geschaffenen Seins wohltuende Unterscheidungen zwischen Himmel und Erde, Tag und Nacht, Wasser und Land, Mann und Frau usw. geschaffen hat, so weiß sich der auf Gott vertrauende Glaube zu ursprünglichem Unterscheiden angehalten. Er unterscheidet zuerst und vor allem zwischen Gott und Welt, zwischen Schöpfer und Geschöpf, um so die rechte Beziehung einer unüberbietbaren Nähe zwischen beiden zur Geltung zu bringen.

Wer glaubt, hat Ursprung und Ziel seines Seins, er hat den tragenden Grund seiner Existenz in Gott und nur in Gott gefunden. Er weiß sich in seiner schöpferischen Liebe ewig geborgen, in ihr allein. Er weiß sich durch Gottes Gnade gerechtfertigt, durch sie allein. Er kennt Jesus Christus als den Weg und die Wahrheit und das Leben, ihn allein. Er hört, wenn es um die Wahrheit seines Gottesgedankens und um sein Heil geht, auf die Heilige Schrift und nur auf sie. Wer glaubt, kennt den Glauben und nur den Glauben als die schöpferische Passivität, in der das Nehmen-Können seliger ist als das Geben-Können. Wer aber *allein* sagt und *nur*, der ist schon dabei, in ursprünglicher Weise zu unterscheiden, was auf keinen Fall vermengt werden darf. Er kennt die Sünde als die Anmaßung, wie Gott sein zu wollen, und ihren verderblichen Zwang, wie Gott sein wollen zu müssen. Wer glaubt, der weiß, daß Gott Mensch geworden ist, um Gott und Mensch wohltätig und definitiv voneinander zu unterscheiden: »Wir sollen Menschen und nicht Gott sein. Das ist die summa«[10]. Wer glaubt, existiert im Unterschied. So wahrt er den Beziehungsreichtum des Lebens. Wer unterscheidet, hat mehr vom Leben.

Der Glaube unterscheidet allerdings auch im Blick auf Gott selbst, den er als den von sich aus Redenden kennt. Der Glaube unterscheidet zwischen dem Wort, mit dem Gott uns fordert, und dem Wort, in dem Gott sich uns gibt. Er unterscheidet zwischen Gesetz und Evangelium. Und er unterscheidet zwischen einem dem Evangelium entsprechenden rechten Gebrauch des Gesetzes und einem gesetzlichen Gebrauch des Gesetzes, der in Wahrheit ein abusus theologicus legis ist. Er unterscheidet zwischen der heilsamen Forderung des Gesetzes, die den von

---

[10] *M. Luther*, WA. B 5, 415,45 = BoA VI, 310,25f.

Gott befreiten Menschen für Gott in Anspruch nimmt, und der heillosen Überforderung durch das Gesetz, die den Menschen als Summe seiner eigenen Leistungen versteht. Wer glaubt, unterscheidet zwischen Person und Werk und erkennt in der ohne des Gesetzes Werke, also vorgängig zu aller »Selbstverwirklichung« von Gott anerkannten Person den menschlichen Menschen. Wer glaubt, unterscheidet die Werte des Handelns von der Würde der Person. Wer hingegen auch die Person der – Aufwertungen und Abwertungen implizierenden – Kategorie des Wertes unterwirft und demgemäß die Menschlichkeit des Menschen durch Selbstaufwertung in Gestalt von Selbstverwirklichung gewinnen zu müssen meint, verwirkt in Wahrheit die Menschlichkeit des Menschen. Er verkennt den Unterschied zwischen Mensch und Gott. Der Glaube ist hingegen ein ständiges Unterscheiden, ist die beharrliche Kritik der Götzen produzierenden Verwechslung und Vermischung des Geschöpfes mit seinem Schöpfer und der daraus folgenden Verwechslung und Vermischung des innerhalb der Geschöpfwelt wohltätig Unterschiedenen. Das dem Glauben folgende Denken ist demgemäß von Haus aus unterscheidendes, es ist eminent kritisches Denken.

Kritisch ist es allerdings auch in dem heute kaum noch geläufigen Sinn, daß es das Bessere nicht als Feind des Guten, sondern als dessen Steigerung und also in ihm auch das Gesteigerte zur Geltung bringt. Statt um des Besseren willen das Gute schlecht zu machen, prüft das wirklich kritische Denken bisheriges Gut auch dann, wenn es in eine Krise gerät, daraufhin, ob seine Güte nicht weiterhin Bestand hat. Respektlose Kritik der Überlieferung ist ihm deshalb genauso fremd wie kritikloser Respekt.

Auch Gottes Offenbarung ist nur dann wirklich als Krisis aller natürlichen und geschichtlichen Selbstverständlichkeiten und insofern eben als »Revolution der Denkungsart« begriffen, wenn begriffen wird, daß aus der ihr korrespondierenden Erfahrung der Krise, in der sich nichts mehr von selbst versteht, die Unterscheidung erwächst zwischen dem, was nunmehr in der Tat obsolet geworden ist, und dem, was sich ὡς διὰ πυρός als selbstverständlich bewährt. Im Rahmen einer kritischen Hermeneutik des Selbstverständlichen kann der Satz des Thomas von Aquin seinen guten Sinn gewinnen: gratia non tollit, sed perficit naturam[11]. Gerade indem sie so streng wie möglich unterscheidet, kommt

---

[11] Vgl. *Thomas von Aquin*, S. th. I, q. 1 a. 8 ad 2; vgl. *O. H. Pesch*, Theologie der Rechtfertigung bei Martin Luther und Thomas von Aquin. Versuch eines systematisch-theologischen Dialogs (WSAMA.T 4), 1969, 409. 519ff.

die Theologie von der Offenbarung Gottes auf die Phänomene der Welt, von der Gnade auf die Natur zurück. Gerade indem sie dem Vater im Himmel die Ehre gibt, bleibt sie der Erde treu. Gerade als Theologie der Offenbarung plädiert sie für eine sehr viel natürlichere Theologie, als es die sogenannte natürliche Theologie zu sein vermag. Theologisches Denken gilt der »Rettung der Phänomene«.

6. Ich glaube, darum hoffe ich. Glaube wird notwendig zur Hoffnung. Denn er weiß sich in einer Geschichte gegründet, die die Zukunft in sich hat. Wer glaubt, ist sich der letzten, über die Weltgeschichte im ganzen und über jede einzelne Lebensgeschichte in ihr entscheidenden Zukunft als einer in Jesu Christi Kreuz und Auferstehung schon entschiedenen Zukunft gewiß. Er hat Grund zu hoffen. Er hofft auf seine eigene Auferstehung von den Toten und ein ewiges Leben in der Gemeinschaft mit Gott.

Hoffnung ist für den Glauben also keine vage Hoffnung, an die man sich klammert, weil ohne sie das elende Leben kaum oder gar nicht mehr zu ertragen wäre. Hoffnung ist Hoffnung auf Gott und sein kommendes Reich und als solche in der Gewißheit des Glaubens gegründet. Es ist die schon geschehene, aber im Modus präziser Verborgenheit geschehene Offenbarung Gottes, die ihre eigene Überbietung durch den erneut, nun aber in Herrlichkeit zur Welt kommenden und sich ihr und allen Menschen unmittelbar offenbarenden Herrn verheißt und verbürgt. Deshalb hofft der Glaubende auf den Tag des Herrn, der, von keiner Nacht mehr begrenzt, alles zu Tage bringen wird, weil an ihm der Retter der Welt alles in *sein Licht* und damit ins rechte Licht rücken wird. Es wird gerade als richtende Erhellung des Gewesenen rettendes Licht sein. Ich glaube, darum hoffe ich, daß nicht die Weltgeschichte das Weltgericht sein wird, in dem allemal die Mörder über ihre Opfer triumphieren würden, sondern daß Jesus Christus kommen wird, zu richten die Lebenden und die Toten, um in diesem seinem Gericht sich erneut als der die Sünde beim Namen nennende und so den Sünder von ihr befreiende Retter zu offenbaren.

Hoffnung auf ihn ist aber zugleich Hoffnung auf das mit ihm kommende Reich, in dem der befreiende Gott und der befreite Mensch sich ungetrübt der Freiheit freuen. Wer glaubt, hofft auf das Reich, in dem Frieden und Gerechtigkeit sich küssen (Ps 85,11). Der christlichen Hoffnung ist also Gottes kommendes Reich keineswegs unanschaulich. Der Rückblick auf die in der Person Jesu Christi eröffnete Gemeinschaft der Glaubenden mit Gott und untereinander gibt Ausblicke frei, die den Gegenstand der Hoffnung anschaulich machen, ohne die

Pointen solcher eschatologischen Anschauung zu Vorstellungen gerinnen zu lassen. Ästhetik hat in solcher Hoffnung ihren theologischen Ort. Ihre fast völlige Vernachlässigung in der gegenwärtigen Theologie verrät, daß es mit der derzeitigen Theologie der Hoffnung nicht zum besten bestellt ist.

7. Ich glaube, darum handle ich. Denn aus der Hoffnung auf Gottes kommendes Reich schöpft der Glaubende auch weltliche Hoffnung für die Zukunft, die wir selber zu machen haben. Hoffen ist das Motiv allen Handelns. Die Anschaulichkeit der Hoffnung auf Gottes kommendes Reich aber macht der Hoffnung ein bestimmtes Handeln zur Pflicht. Denn im Ausblick auf das kommende Reich der Freiheit, des Friedens, der Gerechtigkeit und der Liebe erkennt der Hoffende, was unter den Bedingungen der Welt zu tun und zu lassen ist. Er hofft, wenigstens entfernte – sehr entfernte – Gleichnisse des Reiches Gottes auf Erden als Ziele menschlichen Handelns der menschlichen Vernunft plausibel machen zu können, und ist entschlossen, an der Verwirklichung dieser Ziele so gut wie möglich mitzuwirken.

Dabei ist wiederum streng zu unterscheiden zwischen der Eindeutigkeit des himmlischen Politeuma, in dem die das Leben eindeutig machende Liebe herrscht, und der Ambivalenz alles irdischen und also auch des politischen Handelns. Auf Erden *herrscht* die Liebe noch nicht. Aber sie kann die herrschenden Mächte mäßigen und dadurch die Ambivalenzen und Zweideutigkeiten des Lebens in den Reichen dieser Welt erträglicher machen. Die Ambivalenz, deren sich der politisch Handelnde nicht zu schämen braucht, kann, wenn nicht aufgehoben, so doch durch Annäherung an die eindeutig machende Herrschaft der Liebe verringert werden. Sie kann zur auf Eindeutigkeit ausgerichteten Vieldeutigkeit werden.

Der Hoffende wird also, weil er zwischen Gottes und unserem Tun zu unterscheiden sich verpflichtet weiß, nichts Unmögliches fordern. Aber die Theologie der Hoffnung hat ein politisches Ethos, das dem Glaubenden gebietet, für das Mögliche sein Möglichstes zu tun. Weil ich als Glaubender Grund zur Hoffnung habe, deshalb handle ich.

8. Ich glaube, darum bin ich – nämlich eine neue Kreatur und als solche eine zur Darstellung des Seins Jesu Christi in der Gemeinschaft der Heiligen berufene, als Glied der Kirche Jesu Christi existierende Person. Wer glaubt, der weiß sich dazu berufen, den Grund seines Glaubens vor der Welt durch ein Gott entsprechendes Leben *darzustellen*, um der Welt den auch sie tragenden Grund zu bezeugen und ihr anzusagen, woher sie kommt und wohin sie geht. Der Grund des Glaubens ist der

Grund allen Seins: der sich in Jesus Christus als Gemeinschaft gegenseitigen Andersseins offenbarende dreieinige Gott. Solches Sein läßt sich aber nur gemeinschaftlich darstellen.

Glaube ist deshalb ein eminent sozietäres Ereignis. Wer glaubt, existiert in der Gemeinschaft der Glaubenden, die als Gemeinschaft mit Christus an seinem Tisch ihren tiefsten Ausdruck findet. Dort findet die trinitarische Gemeinschaft gegenseitigen Andersseins ihre eindrücklichste irdische Entsprechung.

Kirche unterscheidet sich von anderen menschlichen Gemeinschaften dadurch, daß sie von der Vergebung der Sünden lebt. Sie ist eben deshalb heilig, weil sie weiß, daß sie von der Vergebung der Sünden lebt. So stellt sie Gott als den dar, der Sünden vergibt, indem er an seiner Heiligkeit Anteil gibt. So stellt sie Gott als den dar, der von selbstverschuldeter Knechtschaft und Unmündigkeit befreit, indem er an seiner Freiheit Anteil gibt. So stellt sie Gott als den dar, der den sich selbst belügenden Menschen wahrmacht, indem er an seiner Wahrheit Anteil gibt. So stellt sie Gott als den dar, der die Liebe ist, die den sich selbst entstellenden Menschen liebenswert macht. So stellt sie Gott als den dar, der die Welt versöhnt, indem er an dem Frieden seines die tiefsten Gegensätze vereinenden Lebens als Vater, Sohn und Heiliger Geist Anteil gibt.

Theologie wacht über die Reinheit dieser gottesdienstlichen Darstellung in der liturgischen Feier und im Alltag der Welt. Theologie fragt deshalb nach dem Gott entsprechenden Menschen, der in der Gemeinschaft der una sancta catholica et apostolica ecclesia seine Verwirklichung findet. Theologie ist wesentlich kirchliche Theologie.

Kann sie es sein, ohne zugleich die schärfste Kritik einer Christenheit zu sein, die sich in miteinander streitende Glaubensgemeinschaften spaltet? Theologie hätte ihren Sinn verfehlt, wenn sie die Wahrheit des Glaubens nicht *ökumenisch* zur Geltung bringen würde. Daß dabei, wie einst ein Apostel dem anderen, ein Glaubender dem anderen, wenn dieser der Wahrheit des Evangeliums zuwiderhandelt, ins Angesicht widersteht (Gal 2,11ff), kann der Einheit der Kirche nur bekömmlich sein. Paulus hat Petrus nicht exkommuniziert. Daran sollte man sich heute mutig erinnern. Die Zeit für eine im Streit um die Wahrheit geeinte Kirche ist reif.

9. Ich glaube, darum leide ich. Wer glaubt, leidet mit den Leidenden, weil er sich mit ihnen freuen wollte und in ihrem Leid immer auch die ihnen vorenthaltene Freude vermißt. Wer glaubt, leidet an dem Mangel an Liebe und Hoffnung, der aus Unfreiheit, Ungerechtigkeit und Un-

frieden hervorgeht. Er leidet als Glaubender aber, wenn er in die vom Tod und den Schergen des Todes schmerzlich gezeichnete Welt blickt, zugleich und zutiefst an der in ihr erfahrenen Verborgenheit des göttlichen Wirkens.

Wie verträgt sich die elende Wirklichkeit des Lebens mit der herrlichen Wahrheit, daß Gott die Liebe ist? Wie kann Gott ein erfreuliches Wort sein, wenn seine Geschöpfe sein allmächtiges Wirken so erfahren, daß es sich in grauenhaften Welterfahrungen verbirgt? Der Glaube leidet an der Diskrepanz zwischen der Definitivität der Offenbarung Gottes im Evangelium und der schrecklichen Verborgenheit der göttlichen Weltregierung, zwischen dem offenbar gewordenen Sein Gottes und diesem seinem zutiefst verborgenen Tun, zwischen dem deus revelatus und seinem opus absconditum. Der Glaube erfährt sich gerade aufgrund des Reichtums seiner Gottesgewißheit als *angefochtener Glaube*. Und möchte verstummen. Ich glaube, darum schweige ich?

Wer glaubt, wird in der Tat oft nur noch schweigen können. Wenn sein Schweigen dennoch keine letzte Möglichkeit ist, wenn es für den Glauben kein endgültiges Verstummen gibt, dann deshalb, weil der Glaube Gott selbst als die Wahrheit kennengelernt hat. Ihm darf man deshalb auch die traurige, die schmerzende Wahrheit nicht schuldig bleiben. Das betroffene Schweigen wendet sich notwendig zur Gott die Wahrheit sagenden Klage, und sei es auch nur in Gestalt eines de profundis laut werdenden Schreis.

Theologie hat sich des Schreis nach Gott nicht zu schämen, der auch die gewisseste Rede von Gott muß begleiten können, wenn sie verantwortliche Rede von Gott sein soll. Theologie hat die Anfechtungen des Glaubens nicht nur beim Namen zu nennen, sondern so durchgehend mitzubedenken, daß sie als ganze eine Theologie der Anfechtung ist: tentatio facit theologum. Als Theologie der Anfechtung wahrt sie die Sensibilität des Glaubens, ohne sie zur larmoyanten Verliebtheit in den eigenen oder fremden Schmerz verkommen zu lassen. Denn als Theologie des Kreuzes lenkt sie den angefochtenen Glauben auf seinen Ursprung, auf den für uns leidenden Gott zurück, der, weil er durch sein Leiden der den Tod überwindenden Liebe zum Siege verholfen hat, der leidenden Menschheit einziger Trost ist. Er hat die Bosheit und Sünde für immer zum Scheitern verurteilt.

Nicht unsere Leidensgeschichte, sondern Christi Passionsgeschichte als Evangelium zur Sprache zu bringen ist denn auch die erste und letzte Aufgabe rechter Theologie, die in allem doch immer nur das eine geltend zu machen hat: daß der von seinen menschlichen Geschöpfen verneinte und gekreuzigte Gott zu uns und so auch zu sich selbst ein für allemal *Ja* gesagt hat (2Kor 1,19f).

Auch »meine Theologie« kann und will nichts anderes sein als der denkende Versuch, dieses göttliche Ja nachzubuchstabieren. Quod Deus bene vertat!

GERHARD SAUTER

Am 4. Mai 1935 wurde ich als erstes Kind des Pfarrers Hermann Sauter und seiner Ehefrau Adelheid, geb. Rohde in Kassel geboren. Meine Familie stammt väterlicherseits von Schweizer Mennoniten ab, die im 17. Jh. aus ihrer Heimat vertrieben worden waren, sich in der Pfalz niedergelassen hatten und anfänglich von Kriegsdienst und Eidesleistung befreit waren. Der Vater meiner Mutter war ein ausgeprägter Kurhesse, wurde Missionar der Basler Mission in China und hat den Boxeraufstand miterlebt; seine Frau kam aus einer württembergischen Missionarsfamilie, die vor allem in Afrika tätig war.

Ich wuchs in einer kleinen nordhessischen Stadt auf. Im Mittelalter war sie Mittelpunkt der deutschen Glasindustrie gewesen, im 19. Jh. entwickelte sich dort eine bedeutende Tonindustrie (mit der Produktion feuerfester Steine), allerdings um den Preis wachsender sozialer Spannungen. So habe ich schon früh die Folgen von Ausbeutung und Verelendung kennengelernt. (In der letzten Klasse des humanistischen Gymnasiums, das ich in Kassel besuchte, schrieb ich eine Jahresarbeit über »Christentum und soziale Frage« anhand der Schriften Johann Hinrich Wicherns, Adolf Stoeckers und Friedrich Naumanns, die mein Interesse für Kirchengeschichte und Sozialethik weckten.) Zu den Begleiterscheinungen gehörten auch Sektenwesen und Spaltungen innerhalb christlicher Gruppen. In dieser Kleinstadt mit ca. 3500 Einwohnern, von denen manche ältere nie weit über den Umkreis ihres Heimatortes hinausgekommen waren – es sei denn als Soldaten –, gab es in meiner Kindheit eine evangelische Gemeinde, in der drei Parteien, zwei davon mit unterschiedlich pietistischer Prägung, einander verbissen bekämpften, außerdem eine methodistische und baptistische Gemeinschaft, Anhänger der Pfingstbewegung und weitere Gruppen mit eigenen Predigern. Vielleicht ist mir deshalb die Frage nach der Einheit der Kirche in Fleisch und Blut übergegangen.

Politische Auseinandersetzungen kamen hinzu. In meiner Heimatstadt befehdeten sich Anfang der 30er Jahre Kommunisten und Nationalsozialisten aufs heftigste, und dieser radikale Antagonismus schwelte auch während des Dritten Reiches weiter. Mein Vater gehörte der Bekennenden Kirche an, wurde in seiner Arbeit erheblich behindert, denunziert und war mehrmals von Verhaftung bedroht. Dies und die Kämpfe in der Gemeinde haben seine Kräfte verzehrt. Im Januar 1945 brach er, erst 45jährig, tot zusammen. Drei Monate später wurde beim Rückzug der deutschen Truppen das Pfarrhaus fast völlig zerstört. Daß meine kranke Mutter, meine Geschwister und ich mit dem Leben davonkamen, verdanken wir Nachbarn, die uns aufgenommen hatten.

An die Arbeit meines Vaters (z.B. war er vom Bruderrat der Hessischen Bekennenden Kirche mit einem Gutachten über Rudolf Bultmanns Entmythologisierungsprogramm beauftragt worden, das in »Kerygma und Mythos«, Bd. II, 1952, 41–65 abgedruckt worden ist, allerdings nicht wortgetreu) habe ich naturgemäß nur wenige Erinnerungen. Später haben mir seine Freunde viel von ihm vermittelt, vor allem der Schriftsteller und Verleger Otto Salomon (Pseudonym Otto Bruder, 1889–1971). Er war Judenchrist, hatte eine Enkelin Christoph Blumhardts (des »jüngeren Blumhardt«) geheiratet, leitete zeitweise den Christian Kaiser Verlag München und konnte 1938 in letzter Minute in die Schweiz emigrieren; später war er in Zürich Verlagsleiter des Zwingli-Verlages (heute Theologischer Verlag Zürich). Er hat mich bis zu seinem Tode entscheidend geprägt, nach meinem Eindruck mehr als meine theologischen Lehrer. In ihm war der Geist der Propheten lebendig – »nur wer erschüttert ist, bleibt unversehrt«, sagte er –, er glühte in der Erwartung des kommenden Christus und war ein scharfsichtiger Kritiker jeder kirchlichen Selbstzufriedenheit. Er hat mir auch die Schriften Johann Christoph Blumhardts und seines Sohnes Christoph erschlossen und mir unveröffentlichte Quellen aus dem Archiv in Bad Boll und von anderen Orten zugänglich gemacht.

Beim Schulabschluß im Friedrichs-Gymnasium in Kassel habe ich mir überlegt, ob ich nicht Altphilologie und neuere Geschichte oder Musikwissenschaft studieren und mich weiter im Klavier- und Orgelspiel ausbilden lassen sollte. Ich habe mich dann für die Theologie entschieden, doch die Musik ist weit mehr als ein Hobby geblieben. Theologie ohne Musik kann ich mir nicht vorstellen, und manche meiner Mitarbeiterinnen und Mitarbeiter wissen ein Lied davon zu singen; in vielen Gesprächen nimmt die Musik einen ebenso großen Raum ein wie die Theologie. Das schönste Kompliment, das ich jemals für meine

Lehrtätigkeit erhalten habe, kam von einem älteren Musiker, der mir sagte, er höre meine Vorlesungen streckenweise wie Kompositionen von Johann Sebastian Bach.

1954–1956 studierte ich Theologie und (im Rahmen des Studium Universale) Philosophie in Tübingen, 1956–1959 in Göttingen. In Tübingen war ich auch in der Fachschaft Evangelische Theologie und in der Evangelischen Studentengemeinde tätig; in Göttingen schloß ich mich der Kirchengemeinde St. Albani als Kindergottesdiensthelfer an. 1956 wurde ich in die Studienstiftung des deutschen Volkes aufgenommen.

Im Rückblick auf die beiden Tübinger Jahre denke ich besonders dankbar an die behutsame Einführung in die historisch-kritische Exegese durch Arthur Weiser und seinen Assistenten Otto Kaiser, an die Förderung durch Hanns Rückert, bei dem ich reformatorische Theologie aus der Perspektive der Holl-Schule kennenlernte, an die Vorlesungen des Existenzphilosophen Otto Friedrich Bollnow und des Philosophiehistorikers Erwin Metzke. Ich gewann erste Eindrücke von außerkanonischen jüdischen Schriften, die ich in Göttingen unter dem Einfluß von Joachim Jeremias vertiefen konnte, und gehörte einem Kreis an, in den Wolfgang Nauck und Heinz Liebing Studierende aus ihren Proseminaren zur kursorischen Lektüre philosophischer und theologischer Schriften einluden; aus diesen Leseabenden entwickelten sich Studienfreundschaften, z.B. mit Peter Stuhlmacher und seiner späteren Frau; zu einem anderen Freundeskreis gehörten Eckhard und Helga Lessing, die mir in Mainz wieder begegneten.

In Göttingen hat mich das Zusammenwirken exegetischer Einsichten und systematisch-theologischer Fragestellungen bei Walther Zimmerli, Ernst Käsemann und Otto Weber angezogen. Kirchen- und Dogmengeschichte studierte ich bei Ernst Wolf; seine von der Dialektischen Theologie bestimmte Auffassung wirkte nach Hanns Rückerts Sicht wie ein Wechselbad. Bei Joseph Klein lernte ich die thomistische Philosophie kennen. Von Martin Doerne empfing ich viele Impulse aus den Schriften Blaise Pascals und aus Theologie und Literatur des 19. Jh. Otto Weber wurde mein Lehrer nicht nur in Dogmatik, sondern auch in Homiletik. Er betreute meine Dissertation über »Die Theologie des Reiches Gottes beim älteren und jüngeren Blumhardt«, mit der ich 1961 promoviert wurde.

Für die in meiner Studienzeit vorherrschende Aufnahme der Philosophie Martin Heideggers in die Theologie konnte ich mich nicht erwärmen. Deshalb habe ich vorwiegend philosophiegeschichtlich studiert

und erst während der Vorbereitung meiner Habilitation stärker systema-
tisch-philosophisch gearbeitet. In jenen Jahren war »Geschichtlichkeit«
ein magisches Wort im theologischen Studium, ähnlich wie später »so-
zio-kulturell«, »Situation« oder »Kontext«. Wie sich selber rückhaltlos
»geschichtlich verstehen«? Den eigenen Standort überblicken, statt so
gut wie möglich weiterzugehen? Dies ist mir immer ein Rätsel geblieben, zu lösen wohl nur durch einen totalitären Denk- und Einordnungs-
zwang. In der Auseinandersetzung mit dieser suggestiven Forderung
habe ich mich jedoch mit dem Einfluß des Historismus auf die Theologie beschäftigt; er erschien mir wie ein schleichendes Gift, wirksamer
und gefährlicher noch als die Monotonie des Existentialismus. Im
Rückblick nehme ich an, daß die Allergie, die die manische Berufung
auf »Geschichtlichkeit« hervorrief, einer der Beweggründe für mein
Interesse an der Eschatologie geworden ist; darüber und über andere
Forschungsschwerpunkte (Wissenschaftstheorie, theologische Anthropologie) habe ich in der Selbstdarstellung »Eschatologische Rationalität« berichtet, zu der ich für den Band »Entwürfe der Theologie« (hg.
von Johannes B. Bauer, 1985) gebeten worden war; wieder abgedruckt
in meinem Aufsatz »In der Freiheit des Geistes« (1988).

1961/62 war ich Vikar in der Evangelischen Landeskirche von
Kurhessen und Waldeck; in dem Pfarramt, dem ich zugewiesen wurde,
habe ich zeitweise selbständig gearbeitet, weil mein »Vikarsvater« zahlreiche außergemeindliche Verpflichtungen hatte. Im Herbst 1962 wurde
ich zum Pfarrer ordiniert und zur wissenschaftlichen Weiterarbeit beurlaubt. Diesen Status habe ich beibehalten und verstehe meine Tätigkeit
in theologischer Forschung und Lehre als ministerium verbi divini.

Seit Frühjahr 1962 bin ich mit der Lehrerin Annegrete, geb. Voigt
verheiratet. Wir haben drei Töchter. Von der Berufsarbeit meiner Frau,
die sie wegen der Familie nicht kontinuierlich ausüben konnte, möchte
ich ihren Religions- und Konfirmandenunterricht an einer Schule für
körperlich behinderte Kinder hervorheben, über den wir uns oft ausgetauscht haben. Meine Frau hat meine Arbeit treu begleitet und mich u.a.
in der Redaktion von Zeitschriften, zuletzt von »Verkündigung und Forschung«, unterstützt.

Schon vor meiner Ordination war von Göttingen aus meine Habilitation im Fach Systematische Theologie angeregt worden. Sie wurde
mir durch ein Stipendium der Deutschen Forschungsgemeinschaft ermöglicht. 1962–1964 arbeitete ich an einer Untersuchung über »Zukunft und Verheißung. Das Problem der Zukunft in der gegenwärtigen
theologischen und philosophischen Diskussion«. Sie verlangte u.a. aus-

gedehnte Studien zur Philosophie Ernst Blochs. Diese bildete allerdings nicht den Anstoß für meine Beschäftigung mit Fragestellungen der Eschatologie, die ich als unerledigt oder revisionsbedürftig ansah. Mit Bloch konnte ich damals auch persönlich in Verbindung treten. Meine Analyse seiner einschlägigen Schriften erkannte er an und äußerte zugleich Befremden über eine zu weitreichende Rezeption seiner Gedanken im theologischen Tagesgespräch jener Zeit. Er wunderte sich darüber, daß die Erwartung Jesu Christi als des Kommenden keine lebendige Hoffnung in der Christenheit mehr sei. Diese Erwartung war mir von beiden Blumhardt her vertraut. Dennoch habe ich damals versäumt, meine Überlegungen zur Eschatologie stärker christologisch zu entfalten; die Parole »christologische Begründung« im Umkreis Karl Barths, jedoch auch bei Schülern Rudolf Bultmanns war mir auf die Nerven gegangen. Das Verhältnis von Christologie und einem Messianismus, wie er von Bloch repräsentiert wurde und auf Theologie und Kirche übergeschwappt ist, zu klären: dies erscheint mir je länger desto mehr als eine dringliche Aufgabe.

Zur selben Zeit wie ich an »Zukunft und Verheißung« schrieb Jürgen Moltmann, damals in Wuppertal, an seiner »Theologie der Hoffnung«. Während Moltmann sich anschließend einer politischen Hermeneutik der Theologie zuwandte, beschäftigte mich nach wie vor die Begründung eschatologischen Redens im Blick auf Gottes Verheißungen, und zwar als Paradigma für theologische Aussagen überhaupt. Die Schwierigkeiten, von Künftigem zu reden, führten mich später zu sprachanalytischen Studien und wissenschaftstheoretischen Überlegungen. – Im nachhinein mag es interessant sein zu verfolgen, warum zwei Schüler Otto Webers zur gleichen Zeit unabhängig voneinander Beiträge zu dem damals recht vernachlässigten Lehrstück »Eschatologie« vorlegten und dabei verschiedene Wege gingen. Als weitere Berührungspunkte – neben der Lektüre von Ernst Bloch, aber mit divergierenden Folgerungen – wäre vor allem Hans Joachim Iwands Aphorismus zu nennen, Gottes Wort habe »Ruf-Charakter«, sei »Tatwort«, kein »Deutewort« wie der apophantische Logos (Nachgelassene Werke, Bd. I: Glauben und Wissen, 1962, 200 f.). Auch die Pneumatologie des Holländers Albert Arnold van Ruler hat uns beide angeregt. Im Laufe der Jahre habe ich mich immer stärker an der Kategorie »Verheißung« orientiert, wie sie die reformatorische Theologie charakterisiert: als Zuspruch des heilbringenden, Glauben schaffenden Handelns Gottes. Wird »Verheißung« zugleich als die Zusage vernommen, mit der Gott Zukunft gewährt, dann weist diese eschatologische Ausrichtung auf das Ganze der Verheißungen, die Gott in Jesus Christus bestätigt hat (2. Kor 1,20), und zwar so, daß uns das Alte Testament eröffnet wird, damit wir es neu lesen lernen. Die Verheißungen des Lebens mit Gott, der Gerechtigkeit, des Friedens, der Gottesruhe und der Gotteserkenntnis haben in der Geschichte Jesu Christi eine neue Gestalt gewonnen: Gerechtigkeit als Glaubensgerechtigkeit, Friede als Einheit im Glauben und als Versöhnung, mit der Gott ein unrettbar zerstörtes Verhältnis neu schafft. »Verheißung« ist deshalb weder nur Zuspruch noch bloß Ansage oder gar Voraussage. Für nach wie vor wegweisend halte ich die außerordentlich fruchtbare Debatte über das Verhältnis von Altem und Neuem Testament Mitte der 50er Jahre, insbesondere Walther Zimmerlis Exegese von »Verheißung und Erfüllung«, auch als Schlüssel zum jüdisch-christlichen Gespräch.

Im Frühjahr 1965 wurde die Habilitation in Göttingen vollzogen. Das Erstgutachten für meine Habilitationsschrift hatte Ernst Wolf übernommen, weil ich mich für die Systematische Theologie, nicht für Reformierte Theologie habilitieren wollte, die Otto Weber vertrat. Einige Monate später wurde ich zum Universitätsdozenten ernannt.

1968 erhielt ich einen Ruf an die Kirchliche Hochschule Wuppertal und an die Johannes-Gutenberg-Universität Mainz (dort als Nachfolger Wolfhart Pannenbergs). Ich nahm den Ruf nach Mainz an und blieb dort bis zum Winter 1972/73. 1972 stand ich vor der Frage, nach Hamburg oder Bonn zu wechseln. Ich entschied mich für den Bonner Lehrstuhl, den zuvor Hans Joachim Iwand, Gerhard Gloege und Hans-Georg Geyer innegehabt hatten. 1976 wurde ich außerdem Direktor des Bonner Ökumenischen Institutes; mein Lehrgebiet erweiterte sich auf »Systematische und Ökumenische Theologie«.

Die Mainzer Jahre waren durch starke hochschulpolitische Konflikte belastet; darauf wirkte sich auch die Nachbarschaft zu Frankfurt und der »Frankfurter Schule« (Max Horkheimer, Theodor W. Adorno, Jürgen Habermas) aus. Ich erlebte die rapide Krise der historisch-kritischen Methode und das Vordringen von Sozialphilosophie, Soziologie und Psychologie in allen theologischen Fächern. Mit dieser Entwicklung versuchte ich mich 1969/70 in der Schrift »Vor einem neuen Methodenstreit in der Theologie?« auseinanderzusetzen. Dieses Buch half eine wissenschaftstheoretische Klärung anzuregen; sie war nach dem folgenlosen Anstoß, den Heinrich Scholz Anfang der 30er Jahre an die Adresse Barths gegeben hatte, aus dem Blickfeld geraten. Bei meinen Ansätzen zu einer Theorie der Theologie fand ich einen Gesprächspartner in Wolfhart Pannenberg, wenn wir auch hinsichtlich der Begründung der Theologie grundverschieden dachten (vgl. die gemeinsame

Publikation »Grundlagen der Theologie – ein Diskurs«, 1974). Pannenbergs Buch »Wissenschaftstheorie und Theologie« erschien 1973 fast gleichzeitig mit dem Band »Wissenschaftstheoretische Kritik der Theologie. Die Theologie und die neuere wissenschaftstheoretische Diskussion«, den meine Mitarbeiter und ich verfaßt hatten. Daß dieses Buch eine Gemeinschaftsarbeit wurde, ist kein Zufall. In Göttingen hatte ich Studierende aus meinen Seminaren eingeladen, ähnlich wie seinerzeit in Tübingen kursorisch Texte zu lesen, u.a. von Friedrich Nietzsche, Edmund Husserl, Ludwig Wittgenstein. In Mainz und den ersten Bonner Jahren beschäftigten uns Hegel, Marx und die Theoriebildung in Soziologie und Psychologie. Später habe ich mit meinen Doktoranden und Doktorandinnen, Mitarbeiterinnen und Mitarbeitern und ausgewählten Studierenden andere Formen kontinuierlicher Gespräche ohne didaktische Rücksichten erprobt und immer wieder auch eigene größere Projekte zur Diskussion gestellt; dieser Zusammenarbeit verdanke ich sehr viel.

Meine wissenschaftstheoretischen Interessen wurden durch die Begegnung mit Vertretern des sog. Neopositivismus und seines deutschen Ablegers, des »Kritischen Rationalismus«, verstärkt. 1969 und 1974 war ich eingeladen, die Theologie bei den Alpbacher Hochschulwochen zu vertreten. Diese Sommerakademie war in einem kleinen Tiroler Dorf nach dem Zweiten Weltkrieg begründet worden, um totalitärem Denken in europäischem Geist entgegenzuwirken. Beim Alpbacher Forum kamen die Natur-, Wirtschafts- und Sozialwissenschaften stärker als bei vergleichbaren Tagungen zu Wort; philosophisch beherrschend waren Karl Raimund Popper, Hans Albert und ihre Freunde. Hier lernte ich einen völlig anderen Denkstil kennen, als ich ihn von meiner historisch-hermeneutischen Ausbildung gewohnt war – eine Denkweise, die ihre Absage an die Tradition des Deutschen Idealismus nicht selten durch einen rationalistischen Fundamentalismus erkauft. Die Gespräche in Alpbach haben mich trotzdem angeregt, Vorzüge und Grenzen eines analytischen Denkstils in der Theologie zu erproben. Dazu rechne ich eine möglichst detaillierte Beschreibung theologischer Argumentationsgänge, sorgsame Rechenschaft über die Schritte theologischer Urteilsbildung, Unterscheidungsvermögen für Diskursebenen (Objektsprache/Metasprache), Sensibilität für den Wechsel zwischen analytischer Sondierung, hermeneutischer Einfühlung, dogmatischer Präzision (»Dogmen« aufgefaßt als axiomatisch tragfähige Grundsätze, nicht als traditionelle Lehrsätze) und »direkter Rede« in der theologischen Gedankenführung.

Dies alles kann auch die theologische Propädeutik bereichern, die ich in meinem Studium vor allem für die Systematische Theologie vermißt hatte. Proseminare und Seminare in diesem Fach waren von denen in Historischer Theologie eigentlich nur dadurch unterschieden, daß in ihnen stärker systematisch strukturierte Texte oder Abhandlungen neueren Datums behandelt wurden. Doch wie können theologische Schriften, und zwar nicht nur solche aus der Feder von Dogmatikern oder Ethikern, systematisch gelesen und erörtert werden? Was charakterisiert eine systematisch-theologische Analyse? Mit solchen und ähnlichen Fragen beschäftigte ich mich seit Beginn meiner Lehrtätigkeit und war deshalb auch für eine Studienreform aufgeschlossen, längst bevor sie hochschulpolitisch hochgespielt und dann leider auch zerredet und blockiert wurde. In Bonn führte ich systematisch-theologische Proseminare mit methodologischer Anleitung ein und verfaßte dafür gemeinsam mit dem Kölner katholischen Kollegen Alex Stock 1975/76 das Studienbuch »Arbeitsweisen Systematischer Theologie«.

Drei Konsultationen über »Doing theology today« im Ökumenischen Institut Bossey (Schweiz) in den Jahren 1972–1974 haben mir auch die östlich-orthodoxe Theologie nahegebracht, später vertieft durch die Verbindung mit der griechisch-orthodoxen Metropolie in Bonn. In Bossey wurde ich auf den Zusammenhang von Liturgie und Theologie aufmerksam und zu patristischen Studien angeregt (speziell zur Christologie und zur Trinitätslehre mit ihren anthropologischen Implikationen). Später konnte ich mich mit Alois Grillmeier (Frankfurt) über die Verknüpfung von Patristik und Dogmatik austauschen. Außerdem lernte ich bei einem Umbruch ökumenischer Theologie – in Bossey fand gleichsam eine Wachablösung statt – die Grenzen europäischer theologischer Denkerfahrungen kennen. Andererseits traf ich auch auf Tendenzen, die den wuchernden theologischen Pluralismus durch Einheitsformeln zähmen wollten, solcher Einheit aber den Sinn für Wahrheit unterordneten. »Was ist Wahrheit in der Theologie?«: diese Frage führte mich zum Consensus-Begriff in der Geschichte der Theologie und läßt mich seiner Bedeutung für theologische Wahrheitsfindung weiter nachgehen.

Seit den Mainzer Jahren hat die Zusammenarbeit mit römisch-katholischen Kollegen immer größere Bedeutung für mich gewonnen: in Mainz mit Karl Lehmann, in Bonn mit Wilhelm Breuning, mit Hans Jorissen (besonders im Blick auf den ökumenischen Rang der Rechtfertigungslehre) und Josef Wohlmuth. Zweimal habe ich im Ökumenischen Studienjahr der Dormition Abbey in Jerusalem gelehrt.

Eine andere Horizonterweiterung verdanke ich zwei international besetzten Arbeitsgruppen, die sich seit Mitte der 70er Jahre mit Unterstützung einer Stiftung mit religionstheoretischen Fragen und der Beziehung von Religion und Sprache beschäftigten. Die erste veröffentlichte ihre Diskussionsergebnisse in dem Band »Religion als Problem der Aufklärung. Eine Bilanz aus der religionstheoretischen Forschung« (hg. von Trutz Rendtorff, 1980); meinen Beitrag – eine Kritik der »Sinnfrage« als fehlgeleiteter Orientierungsbedürftigkeit, die zum Rechtfertigungsbedürfnis verleitet – erweiterte ich 1982 zu einem philosophisch-theologischen Traktat (»Was heißt: nach Sinn fragen?«); ihm liegt auch ein Briefwechsel mit dem Systemtheoretiker Niklas Luhmann zugrunde. Im zweiten Arbeitskreis kamen vorwiegend katholische Religionsphilosophen und Philosophen in Paris einmal jährlich mit Emmanuel Levinas und Paul Ricœur zusammen.

1976/77 war ich Dekan der Bonner Fakultät. Mir fiel die Aufgabe zu, ein erstes gemeinsames Seminar der Theologischen Fakultäten Bonn und Oxford vorzubereiten. Daraus entstand eine ständige Partnerschaft, die sich stetig vertieft hat. Der Austausch mit den Oxforder Kollegen und Studenten hat mir eine Vorgehensweise und ein Gesprächsverhalten nahegebracht, die Sachverhalte nicht durch Meinungsbildung verdecken, sondern in aufmerksames Aufeinander-Hören einüben, unterschiedliche Aspekte achten und sich in alledem von der ingrimmigen, ideologieträchtigen Schärfe hierzulande wohltuend unterscheiden. Darum freute es mich besonders, daß die Oxforder Faculty of Theology mich 1990 zum auswärtigen Mitglied ernannte. 1994–1997 betreuten mein Oxforder Freund John Barton und ich ein gemeinsames Forschungsprojekt »Revelation and Story«: Beiträge zur Kunst des Bibellesens.

Im Dekanatsjahr begannen außerdem Verhandlungen der Bonner Universität mit Hochschulen in Warschau, nachdem durch die »Ostverträge« der Bundesregierung ein stärkerer Austausch auf wissenschaftlichem Gebiet möglich geworden war. Der Wunsch nach einer Partnerschaft der beiden Hauptstadtuniversitäten kam aus Warschau; seine Erfüllung gestaltete sich jedoch sehr schwierig, weil der Bonner Universitätssenat zur Bedingung machte, daß die beiden theologischen Fakultäten in den Vertrag einbezogen werden sollten. Nach zähem Feilschen gelang dies auch, und der Austausch konnte 1978 beginnen. Mir wurde die Verantwortung für den evangelisch-theologischen Part übertragen. Diese Aufgabe, die mich regelmäßig zu z.T. längeren Aufenthalten in allen Teilen Polens führte (auch auf Einladungen katholischer Kollegen), hat meine Arbeit ebenfalls nachhaltig bestimmt. Sie wurde ergänzt durch Besuche in Ungarn und regelmäßige Reisen in die DDR, vor allem nach Halle, wo sich eine enge Freundschaft mit Reinhard Turre und Michael Beintker entwickelte und wo ich Friedrich Schorlemmer kennenlernte. Mich beeindruckte die Form theologischen Denkens und theologisch-kirchlicher Zusammenarbeit, die in der DDR entwickelt wurde: sachbezogen, auf Wesentliches konzentriert, viel weniger durchsetzt mit persönlichen Eigenheiten und Eitelkeiten als in westdeutschen Hochschulen und theologischen Zirkeln. Daß diese Form und die damit verbundenen Erfahrungen nach 1989/90 auch im Publikationswesen kaum erhalten werden konnten, halte ich für ein schwerwiegendes Versäumnis im Prozeß des Zusammenwachsens von Ost- und Westdeutschland.

Seit 1977 bahnten sich auch erste Begegnungen mit der nordamerikanischen Theologie an, eingeleitet durch einen Besuch von Prof. Frederick Herzog von der Divinity School der Duke University in Durham, North Carolina. Daraus ist seit 1978 eine Partnerschaft, u.a. mit einem Studentenaustausch, erwachsen, für die ich bis vor kurzem verantwortlich war. Ein Gastsemester in Durham (1979) hat mir wichtige Eindrücke von neueren theologischen Entwicklungen in ihrer Verflechtung mit der amerikanischen Gesellschaft vermittelt; in Durham kam ich auch mit den Rassenproblemen des amerikanischen Südens in Berührung. Seit 1988 konnte ich viermal jeweils ein halbes Jahr am Center of Theological Inquiry in Princeton, New Jersey arbeiten. Diese Paralleleinrichtung zum Princetoner Institute for Advanced Study, das von Albert Einstein mitbegründet worden war, gibt jeweils zwölf fellows aus verschiedenen Wissenschaften Gelegenheit, Projekte zu entwickeln, von denen viele interdisziplinär gestaltet sind, anfänglich mit dem Schwerpunkt des Dialogs zwischen Theologie, Philosophie und Naturwissenschaften. Princeton wurde für meine Frau und mich zur zweiten Heimat. Ich habe hier viele Anregungen – in hilfreicher Distanz zu Europa – empfangen und konnte größere Arbeiten in ständigem Meinungsaustausch weiter gestalten.

1990 wurde ich durch den Ruf des Princeton Theological Seminary, einen neuen Lehrstuhl für Systematische Theologie (Theology and Science) aufzubauen, vor die Frage gestellt, mein Arbeitsfeld zu verlegen und meine wissenschaftstheoretischen Arbeiten durch den Dialog mit Naturwissenschaftlern, der in den USA und England viel intensiver geführt wird als in Deutschland, zu erweitern. Es reizte mich sehr, die Aussagen und Orientierungskraft evangelischer Theologie, wie ich sie seit nunmehr 33 Jahren zu vertreten versuche, unter ganz anderen kirchlichen, geistigen und gesellschaftlichen Umständen zu erproben: eine Dogmatik, geformt durch die Rezeption der reformatorischen Theologie im deutschen Luthertum, mit reformierten Einflüssen, mit Ansätzen einer unierten Theologie seit dem 19. Jh. – dies alles beispielhaft geprägt im Konsens der »Barmer Theologischen Erklärung« (1934) und von Anfang an in lebendiger Auseinandersetzung mit der Tradition römisch-katholischer Dogmatik. Die engere Wechselbeziehung zwischen Kirche und Theologie, wie sie mir in Princeton begegnete, aber auch die drohende Ablösung der Theologie durch Religionswissenschaft und religiöse Gesellschaftslehre an vielen nordamerikanischen Ausbildungsstätten erschienen mir als eine Herausforderung, die sich auch produktiv für die Forschungslage in Europa auswirken könnte, wenn auch vielleicht mit gewisser zeitlicher Verzögerung.

Ein wesentlicher Grund dafür, daß ich die verlockende Einladung nach Princeton schließlich doch nicht angenommen habe, war der politische und geistige Umbruch in Mittel- und Osteuropa. Verpflichtungen, die ich für die Christlich-Theologische Akademie Warschau – die Ausbildungsstätte für alle nicht-katholischen Studierenden in Polen – eingegangen war: Nachwuchsförderung, Intensivkurse und Übersetzungen von Lehrbüchern, hätte ich aus der Ferne nicht mehr erfüllen können. Auch die Verbindung mit meinem Freund Ervin Vályi-Nagy (Budapest), der jahrelang in seiner Lehrtätigkeit erheblich behindert worden war, und mit seinem Schülerkreis lag mir am Herzen; diese Beziehung hat sich nach Vályi-Nagys Tode (1993) noch vertieft. Eine Stiftung ermöglichte es mir, ein dreijähriges Forschungsprojekt über die Kriterien theologischer Entscheidungen in der Reformierten Kirche Ungarns im Zeitraum 1967–1992 und zwei thematisch damit verwandte Konsultationen mit Teilnehmern aus mittel- und osteuropäischen Ländern durchzuführen. Dabei spielte die Auseinandersetzung mit der Vergangenheit in theologischer Verantwortung – also nicht als »Vergangenheitsbewältigung«, die ich für ein Unding halte – eine maßgebende Rolle: in der Frage nach dem Bekenntnis der Schuld in der Bitte um Vergebung.

Wie ist ein Neuanfang möglich, der nicht einfach durch eine Kehrtwendung um 180°, durch einen kollektiven Entschluß, »es künftig anders zu machen«, zu erreichen ist? Diese Frage hatte mich seit 1984 ständig beschäftigt, veranlaßt durch den Auftrag, eine theologische Auslegung der »Stuttgarter Schulderklärung« (1945) zu schreiben, die zusammen mit einem historischen Forschungsbericht von Gerhard Besier 1985 unter dem Titel »Wie Christen ihre Schuld bekennen« erschien. Weitere historische und theologische Studien zu diesem Thema schlossen sich an. Als die Warschauer Akademie mir 1995 den theologischen Ehrendoktor verlieh und dies auch mit meinem Beitrag zur Versöhnung zwischen dem polnischen und dem deutschen Volk begründete, hat mich dies tief bewegt, und als ich kürzlich ein Studienbuch »›Versöhnung‹ als Thema der Theologie« herausgab, standen viele Erlebnisse in Polen und die daraus hervorgegangenen Denkerfahrungen im Hintergrund.

Beim Studium der Quellen zur »Stuttgarter Schulderklärung« wurde ich mit Hellmut Traub (1904–1994) näher bekannt, und in den letzten Jahren seines Lebens haben wir in einem überaus intensiven Gedankenaustausch gestanden. Traub, der national-liberal erzogen worden war, wurde Anfang der 30er Jahre Mitarbeiter Karl Barths in Bonn und stand ihm seitdem auch persönlich nahe. Mit seiner reichen Personalkenntnis war er nicht nur ein vorzüglicher Zeitzeuge, er hat mir mit seiner theologischen Scharfsicht und seinen bohrenden Fragen auch geholfen, manche Entwicklungen in der deutschen evangelischen Kirche in diesem Jahrhundert besser zu verstehen. Karl Barths Theologie brachte er mir facettenreicher nahe als diejenigen meiner theologischen Lehrer, die von Barth beeinflußt waren. Manches, was mir bei Barth problematisch erschienen war, konnte er mir aus seiner intimen Vertrautheit mit Barths Denkweise erklären. Bei anderem trafen sich unsere Bedenken: etwa bei Barths Überzeugung, es müsse immer eine für alle Christen verbindliche ethische Weisung geben, oder im Blick auf »Entsprechungen« zwischen göttlichem und menschlichem Handeln. Die vielen Gespräche mit Hellmut Traub und mit Hinrich Stoevesandt, dem Leiter des Basler Karl-Barth-Archivs, der sich Ende der 70er Jahre über meiner Edition von Barths »Prolegomena zur christlichen Dogmatik« (1927) mit mir befreundet hatte, haben mich auf die Bewegung des Denkens aufmerksam gemacht, die Barths Dogmatik auszeichnet, ausgerichtet auf Gottes Bewahrheitung theologischer Rede und Gegenrede. Die Anfänge der Dialektischen Theologie hatten mich fasziniert, auf manche frühe Äußerungen Barths, aber auch Friedrich Gogartens, war ich durch beide Blumhardt vorbereitet. Auch Barths »Ansatz« zur Dogmatik hat mir immer mehr als andere Positionen eingeleuchtet, auch wenn ich ihn nicht allein auf weiter Flur sehe und etwa Martin Kählers »Wissenschaft der christlichen Lehre« für ebenso wegweisend halte, oft sogar für besser durchdacht, wenn auch schwerer zugänglich. Mit Barths Ausführung seines Programms hatte ich allerdings in mancher Hinsicht

Schwierigkeiten, vor allem mit seiner Darstellung theologischer Sachverhalte. Hier versuchte ich dann selber einzusetzen, habe aber die Dialektische Theologie nie als eine Episode eingeschätzt und halte etwa die Kritik Wolfhart Pannenbergs an ihr für im ganzen nicht sachgerecht.

Monographien habe ich jahrelang zurückgestellt und mich auf Aufsätze zur Vorbereitung größerer Arbeiten beschränkt, weil mir editorische und verschiedene organisatorische Aufgaben angetragen worden waren. Von Anfang der 70er bis Mitte der 80er Jahre war ich theologischer Berater des Chr. Kaiser Verlages München. Nach dem Tode von Ernst Wolf wurde mir 1971 die Herausgeberschaft der von ihm begründeten »Theologischen Bücherei« übertragen, vier Jahre später die Verantwortung für die Rezensionszeitschrift »Verkündigung und Forschung«, zu deren Herausgebern ich seit 1970 gehöre. Seit 1971 bin ich Mitherausgeber der Zeitschrift »Evangelische Theologie« und war 1983–1987 ihr geschäftsführender Herausgeber – in einer für das theologische Profil der Zeitschrift kritischen Phase, von der der Jahrgang 1984 und darin besonders das Heft 2 Zeugnis ablegen. 1986 begründete ich mit anderen die Zeitschrift »Glaube und Lernen. Zeitschrift für theologische Urteilsbildung« und arbeitete dort bis 1990 mit. Ich gehöre zum Editorial Board der »Studies in Historical Theology« (The Labyrinth Press Durham, N.C.) und begann 1995 die Reihe »Beiträge zur theologischen Urteilsbildung«. Neben einigen Textbänden und Studienbüchern in der »Theologischen Bücherei« habe ich in der Karl Barth-Gesamtausgabe zusammen mit Frau Nelly Barth die Predigten des Jahres 1913 und dann den ersten Band der »Christlichen Dogmatik im Entwurf« (1927) herausgegeben. Mit diesen textkritischen Editionen und mit Ausgaben von Schriften von Hans Joachim Iwand, Karl Ludwig Schmidt und Georg Eichholz wollte ich zur Vermittlung theologischer Überlieferung an eine Generation beitragen, der die Form und Intensität theologischer Arbeit aus der ersten Häfte des 20. Jh. weithin fremd geworden ist. – Schließlich habe ich die »Wissenschaftliche Gesellschaft für Theologie« 1973 mitbegründet und 1979–1981 der Sektion Systematische Theologie dieser Gesellschaft vorgestanden.

Ein Bereich meiner theologischen Arbeit, der mir immer wieder sehr viel bedeutet, sind Meditationen zur Vorbereitung und zur Begleitung von Predigten. 1966 bat Georg Eichholz mich, für den erkrankten Kornelis Heiko Miskotte einzuspringen und eine Meditation für die von ihm betreute Reihe »hören und fragen« zu schreiben. Dies war der Beginn einer ständigen Mitarbeit in dieser Reihe, später auch in »Neue Calwer Predigthilfen« und in deren weiteren Folgen sowie in den »Göttinger

Predigt-Meditationen«. Ich versuche, mich von einem Predigttext während einiger Monate auf den Weg bringen zu lassen, ihm exegetisch, predigtgeschichtlich, systematisch-theologisch nachzugehen, ihn als ein Wort zu vernehmen, das heute an uns ergeht und darum von neuem wahrnehmen läßt, was wir als unser »Heute« ansehen, die Perikope auch zu predigen, bevor ich an die Niederschrift der Meditation gehe, und aus Gesprächen nach der Predigt zu lernen. Diese Aufgabe hilft mir, biblisch-theologisch zu denken und mich in der »indirekten Mitteilung« (Søren Kierkegaard) von Glaube und Hoffnung zu üben.

Meditationen sind ein Bindeglied zum Leben der Kirche. Als Fakultätsvertreter bei der Synode der Evangelischen Kirche im Rheinland 1969–1973 und 1993–1996 erhielt ich hinreichend Gelegenheit, kritische Solidarität zu erproben. Ich habe mich u.a. an der Diskussion um die Erneuerung des Verhältnisses von Christen und Juden und um Sexualität und Lebensformen beteiligt. Seit Anfang der 70er Jahre arbeitete ich regelmäßig bei Kursen im Studienseminar der VELKD in Pullach bei München mit. Die Fortbildung von Pfarrern und Pfarrerinnen lag und liegt mir besonders am Herzen, und ich bedaure es sehr, daß in der zweiten theologischen Ausbildungsphase der Kontakt zum Universitätsstudium oft abreißt. Darum richtete ich als Dekan mit Oberkirchenrat Hans Strauß (Düsseldorf) eine theologische »Werkstatt« ein, in der während einiger Jahre Bonner Assistenten, Studienleiter von Predigerseminaren sowie Pfarrer und Pfarrerinnen, die Vikare und Vikarinnen ausbilden oder im Pastoral Clinical Training tätig sind, ihre Erfahrungen und Probleme erörtern konnten. Seitdem bin ich auch häufig eingeladen worden, zum theologischen Verständnis seelsorgerlicher Gespräche zu sprechen.

Diese und andere Erfahrungen haben mich auf die Spur zu dogmatischen Grundfragen im Leben der Kirche und in christlicher Existenz gebracht bzw. zu Fragen nach den inneren Gründen kirchlichen Handelns veranlaßt. Dies in Verbindung mit einer sprachanalytischen Klärung theologischer Denkpraxis ist der Inhalt eines Buches mit dem Arbeitstitel »Zugänge zur Dogmatik – Elemente theologischer Urteilsbildung«, das mich über fünfzehn Jahre beschäftigt hat, dessen Vorstudien und verschiedene Fassungen ich mit Mitarbeiterinnen und Mitarbeitern immer wieder überarbeitete und das ich soeben in eine druckfertige Fassung bringen konnte.

Als meine Freunde mir zum 60. Geburtstag eine Festschrift mit dem Titel »Rechtfertigung und Erfahrung« widmeten, haben sie ein Spannungsfeld umrissen, das mich seit langem in Atem gehalten hat und weiter halten wird. Von Martin Luther habe ich gelernt, daß Theologie weder erdacht noch handlungsmäßig hervorgebracht werden kann, sondern erfahren werden will. Doch den Tod und seine Überwindung hat Jesus Christus allein erfahren, und indem wir in seine Geschichte versetzt werden, kommt Gottes richtendes und rettendes Urteil über die Wirklichkeit unseres Tuns und Lassens zum Zuge: das Urteil, welches als Verheißung über unserem Leben und Sterben steht. Kann dies nicht allein so »zur Erfahrung kommen«, daß das Schema der Welt vergeht (1. Kor 7,31) – und daß damit auch die Schematismen, die unsere Erfahrungswelt strukturieren, durchbrochen und verwandelt werden, damit wir die Wirklichkeit wahrnehmen, wie Gott sie uns bereitet hat?

CHRISTOFER FREY

I. Theologie und Biographie

Auf Grünewalds Kreuzigungsgemälde weist Johannes der Täufer mit ausgestrecktem Finger von *sich* weg auf den Grund christlicher Theologie, den Gekreuzigten. Diese Geste weist auch in die Theologie ein und erschwert jede Art von Selbstdarstellung. Soll sie aber gewagt werden, dann muß sie vor allem Rechenschaft von einem Gegenstand sein, der die eigene Person unendlich überschreitet.

Bislang ist es mir nicht gelungen, meine systematischen Anliegen in eine geschlossene schriftliche Darstellung einzubringen; sowohl persönliche Lebensumstände als auch die Aufgaben des Berufs ließen das nicht zu. Hochschullehrer zu sein bedeutete seit den siebziger Jahren für viele, mit immer neuen Anforderungen an wechselnde Didaktik konfrontiert zu werden, die schnell zum eigenen Nachteil gereichen konnten. Hinzu kamen Einordnungen und Etikettierungen, die aus dem Kampf um die Ablösung von theologischen Paradigmen aus der Tradition der Barmer Theologischen Erklärung hervorgingen. Vielleicht wurde ich darüber so vorsichtig, daß ich die Öffentlichkeit der Wissenschaft zu wenig beachtete. Das Folgende will eine sachliche Rechenschaft dessen sein, was mir als zentrale Aufgabe systematischer Theologie erscheint.[1]

Jeder theologische Denkweg folgt einer Biographie; sie sollte jedoch nicht das heimliche Hauptthema des eigenen theologischen Denkens sein. Deshalb wird sie im Folgenden nicht in den Vordergrund treten. Wenn Gott – und nicht Religion – die »Sache« auch des wissenschaftli-

---

[1] Manche der hier festgehaltenen Gesichtspunkte sind in meinen Veröffentlichungen noch nicht deutlich genug hervorgetreten. Sie warten noch darauf, in Veröffentlichungen einzugehen. Nahezu fertiggestellt ist aber ein eigener Entwurf theologischer Ethik, der von der Verantwortung des Glaubens für die nicht mehr selbstverständliche Vernunft ausgeht.

chen Diskurses sein soll, gebietet er wissenschaftliche Bescheidenheit. Die neuere Diskussion um das Narzißmusphänomen kann zur Einsicht verhelfen, wie schwer gerade die Selbstbeschränkung ist. Sie hat vielleicht mit Luthers Abschied vom alten Ich und dem Geschenk eines neuen zu tun, einer Identität, die sich nicht durch die Welt, aber in der Welt ereignen kann. Ich habe am nachhaltigsten Theologie gelernt, wenn ich mich relativierenden Erfahrungen nicht nur im Umfeld der eigenen Herkunft aussetzte.

II. Herkunft und Zugang zur Theologie

Aus meiner Biographie möchte ich nur so viel mitteilen, wie es für einige meiner Generation typisch sein könnte, die auf einem lebenslangen mühsamen Weg zur Kirche sind. Geboren wurde ich 1938 in eine an die Textilindustrie gebundene Familie in Reichenbach/Schlesien. Die Folgen des Krieges führten sie an verschiedene Orte Nordwestdeutschlands. Von der familiären Herkunft war ich durch Reste eines eher liberalen und doch konservativen Protestantismus auf der einen, protestantischen Säkularismus auf der anderen Seite nur bedingt auf die Theologie vorbereitet. Wegweisend war eine Jugendarbeit, die allerdings für ihre Gemeinde wenig zählte, weil sie deren Traditionen nicht entsprach.

Einer langweiligen Provinzstadt entfliehend begann ich mein Theologiestudium an der Kirchlichen Hochschule in Berlin, wo sich um den charismatischen Neutestamentler Ernst Fuchs eine große Zahl traditionsgeprägter schwäbischer Pfarrerssöhne sammelte. Sie konfrontierten mich mit einer noch ungebrochenen Pfarrhauskultur, die mir – dem Ersten zumindest in der väterlichen Linie, der zum akademischen Studium kam – Respekt abgewann. Meine Schulbildung erschwerte es mir, in diese Traditionen einzudringen. Die Schule war zwar vom Konservatismus der Adenauer-Zeit geprägt, aber wache Schüler ließen sich nicht einfach auf ihn ein. Damalige Schulpolitik weckte ihren eigenen Widerstand; sie wollte die Schüler auf den Weg in die affirmative, aber rückwärtsgewandte Kultur moderner Konvertiten zum Katholizismus führen und das Programm des Novalis, »Die Christenheit oder Europa«, noch einmal beleben. Aber die Ökonomie entwickelte eine Dynamik, die alle Mittelalter- und Ganzheitssehnsucht nur zur Ideologie stempeln konnte. Kritischen Schülern war es bewußt, daß sie Lasten ihrer Elterngeneration abzuarbeiten hatten; weil Demonstrationen und Institutionenkritik noch nicht eingeübt waren, lag kritische Kultur als Antwort auf die Vergangenheit nahe. Wir bemühten uns aus eigener Initiative um Sartre, Brecht und andere Kritiker ihrer Zeit.

Konnte sich diese Perspektive mit der damals noch lebendigen Pfarrhauskultur unter Theologiestudenten an der Berliner Kirchlichen Hochschule treffen? Da ich neben Fabriken groß geworden war, wußte ich, daß es auch eine andere, der Kirche weitgehend verschlossene Welt gibt. Ich möchte jedoch bezweifeln, daß es der Kirche als Institution immer gelungen ist, Menschen, die aus der säkularen Welt zur Theologie kamen, auch für ihre – der Kirche – Sache einzusetzen. Manche Freunde haben sich nicht ohne Grund von der Theologie verabschiedet.

Ich habe immer einen tiefen Graben zwischen der voraufgehenden und meiner Generation gespürt. Ich nehme aber einige theologische Lehrer aus, die sich ernsthaft mit der jüngsten deutschen Geschichte auseinandersetzten, sie weder verdrängten noch die Zeit des Kirchenkampfes glorifizierten.

Eine Episode meiner Kindheit kann diese Distanz verständlich machen: Ich wuchs zunächst in einer mittelschlesischen Kleinstadt auf. Gegen Kriegsende wurden an unserem Haus täglich lange Kolonnen elender russischer Kriegsgefangener vorbeigetrieben. Manchmal scherten einzelne aus dem Strom der zerlumpten Gestalten aus und liefen in die Gärten, um auf dem Komposthaufen nach Eßbarem zu suchen. Hinter ihnen liefen Männer mit dem Gewehr im Anschlag her und holten sie wieder heraus. Ich werde nie vergessen, daß meine Mutter ihren inneren Konflikt nicht verbarg; sie wollte von dem knappen Brot etwas abgeben, aber war indirekt von den Gewehren bedroht. Seitdem stand für das Kind fest, daß diese Welt eine unheimliche, ja unmenschliche Seite hat; ich habe nicht nur die äußere Gefahr erkannt, die sich ohnehin beim Luftschutzalarm auf dem Schulweg zeigte, sondern eine innere Fremdheit verspürt. Nicht diese Erfahrungen – andere haben sie viel schrecklicher machen müssen –, sondern die Art, wie sie verarbeitet wurden und werden, könnte mich von vielen vor mir trennen. Ein bekannter Theologe berichtet in seiner Autobiographie, daß seine Frau an den Zaun eines Lagers ging, um von russischen Kriegsgefangenen selbstgeflochtene Strohschuhe gegen Brot zu tauschen. Der Autor wandert nicht einmal in Gedanken hinter den Zaun und fragt erst recht nicht, wie es den Gefangenen ging; stattdessen beklagt er Unrecht, das zuerst seiner Frau und dann ihm, vor allem ihm selbst als Beamten widerfuhr – nur eine behördliche Maßregelung. Daß andere, daß Fremde herausfordern, ist mir zu einer frühen Erfahrung geworden – und mit ihr auch ein

Empfinden, wie falsch das Bild des Nächsten im christlichen Liebespatriarchalismus werden kann. Deshalb kann ich Lévinas' Philosophie des anderen intuitiv nachvollziehen. Ich will mich mit dieser Mitteilung nicht über das beklagen, was damals Kindern widerfuhr, aber die Frage stellen, ob eine oberflächlich sichere Theologie überhaupt sensibel für Folgen des Zerbrechens der bürgerlichen Welt machen konnte. Mich befremdet, wie aus Pfarrhäusern stammende Theologen angestrengt nach der modernen Welt suchen und in Schleiermachers Ausbruch aus dem Herrnhuter Milieu und Übergang in die Welt idealistischer Bildung ein Vorbild sehen; denn wo ist diese Welt geblieben?

III. Erste Anregungen im Studium

Weil ich eher von außen her zur Theologie gekommen bin, haben mich zunächst eher randständige Positionen gefesselt. Erst viel später habe ich erkannt, daß in der Zeit meines Studiums (zunächst in Berlin 1958 und dann in Tübingen 1960) zwei tragende Motive des politischen Protestantismus auseinandertraten: das nationale und das antikommunistische Element. Das zweite fügte sich dem Streben nach einer Westbindung in der Adenauerzeit, das erste verband sich dem Wunsch nach Neutralität eines vereinten Deutschlands; es konnte später in die Option für den Sozialismus übergehen. Das letzte gilt für Helmut Gollwitzer, dessen Lehrveranstaltungen ich mich im zweiten Semester zuwandte; unter anderem nahm ich an einem Seminar zur Bergpredigt teil. Er war ein traditioneller und doch ungewöhnlicher Lehrer; dem Studenten des zweiten Semesters mutete er zu, eine Recherche in Angriff zu nehmen, die eigentlich der Arbeit eines Doktoranden entsprochen hätte; sie galt der Stellung der Täufer der Reformationszeit zur Bergpredigt. Hochschullehrer wagten damals noch, Studierende zum Guten zu überfordern. So studierte ich Quellen des 16. Jahrhunderts und stieß auf die heiklen Punkte der Eides- und der Kriegsdienstverweigerung. Christlich und nüchtern zugleich wiesen die Täufer auf, daß der Staat reine Menschensache ist und die christliche Gemeinde den Auftrag haben kann, den Mächten in höchst aktiver Passivität entgegenzutreten. Ein wirkliches Verständnis für den linken Flügel der Reformation war der vorherrschenden Theologie nicht gegeben. Wenn zugleich die sogenannten »Festspiele« (mit Ebeling und Fuchs) an der Kirchlichen Hochschule stattfanden, wurde die fundamentaltheologische Unterscheidung von Gesetz und Evangelium so eingeübt, daß die Täufer auf die

Seite einer unevangelischen ›nova lex‹ geraten mußten. Bonhoeffers
Frage nach der billigen und der teuren Gnade wurde nicht laut.[2] Trotzdem verfehlte Ebelings Lutherauslegung ihren Eindruck auch auf mich
nicht.

Auf damals geweckte Fragen habe ich mir später eigene Antworten
erarbeitet. Sie deuten sich in meinem – nur der Einführung, nicht der
systematischen Darlegung gewidmeten – Arbeitsbuch zur theologischen Ethik an.[3] Ethik reflektiert in meiner Sicht nicht nur Handlungs-
konstellationen und Folgen, sondern richtet sich auf die mitbetroffene
Identität von Menschen in ihrem jeweiligen sozialen Zusammenhang
aus.[4] Wer etwa die Feindesdefinition eines anderen aufnimmt, um reziprok dessen Feind zu werden, stabilisiert unheilvolle soziale Festlegungen. Vor diesem Hintergrund lernte ich allerdings auch verstehen, warum es Luther mit der Bergpredigt ernst war, ohne daß er sie als Sammlung literal aufzunehmender Einzelansagen oder nur im Sinne des ›usus
theologicus‹ verwenden wollte. Die Zwei-Reiche-Aussagen können
deshalb nicht einen Dualismus von Innerlichkeit und Welthandeln in-
tendieren, sondern müssen die Wirklichkeit des »Vorletzten« (Bonhoeffer) angesichts des letzten Wortes Gottes ernst und den ganzen Menschen in den Dienst nehmen. Ich konnte meinen Standort nur zwischen
den Positionen einer zur Dichotomie von Innerlichkeit und äußerlichem
Leben tendierenden Zweireichelehre und einer »Theologie der Gesellschaft« finden.

IV. »Existenz« oder »Wort Gottes«

Das Studium war für mich eine Zeit der Suche, die sich allerdings nicht
in Identitätssuche erschöpfte. Sie spielte vielleicht bei der Prüfung tragfähiger theologischer Konzeptionen mit: Die fundamentaltheologische
Dialektik von Gesetz und Evangelium schien mir in der theologischen
Bestimmung der Existenz einen theologischen Schutzraum zu errich-
ten, der sich gegen die vermeinte Objektivität moderner Wissenschaften
abschirmen ließ. Einige ahnten damals schon, daß die Biologie eines
Tages das Thema der Selbstbezüglichkeit des Menschen und damit auch
die Ethik okkupieren werde. Tillich stellte sich in einem seiner Vorträge

---

[2] D. Bonhoeffer, Nachfolge, München [7]1961, S. 13 ff.
[3] Ch. Frey, Theologische Ethik, Neukirchen 1990.
[4] Ich nannte das eine Verantwortung für unsere Selbstbilder und Weltauffassungen, aaO.,
S. 16.

als Theologe vor, der am liebsten Architekt geworden wäre und nun seine Leidenschaft in der Theologie verfolgte. (Diesem Wunsch fühlte ich mich besonders nah, denn ich wäre gern auch Architekt geworden.) Seine Korrelationstheorie schien geeignet, in der modernen Welt zu bestehen. Half seine Sprache, all jene abzuholen, die fernab von Modellen kirchlicher Sozialisation leben?

Um mich selbst zu prüfen, faßte ich den Entschluß, mich mit dem Fremdesten und Widerständigsten auseinanderzusetzen, das mir damals begegnete, mit dem Entwurf Barths. Ich ordnete Barth keiner kirchlichen Binnenkultur zu. Das brachte mich dann auch in eine gewisse Distanz zu Hermann Diem, dessen theologisches Engagement mich aber bis heute beeindruckt. Von Anfang an wollte ich Barth nicht durch Vermittlung einer ihn nur nachsprechenden Gemeinschaft verstehen, sondern mir sein Denken dank eigener Initiative erschließen. Barthianismus ist mir immer fremd geblieben.

Dazu bedurfte es der Vorbereitung. Klarheit erschien mir wichtig, zumal ich beobachtet hatte, daß die dunkelsten Passagen in den Vorlesungen von Fuchs am meisten faszinierten. Da Heideggers Denken und die Existenztheologie Bultmanns den Hintergrund bildeten, sah ich mich veranlaßt, nun intensiv Philosophie zu studieren. Zum Lehrer wurde mir in Berlin Wilhelm Weischedel, der seine philosophische Theologie vortrug, danach in Tübingen Walter Schulz. Ihn bewegte das Thema des Gottes der neuzeitlichen Metaphysik und die damit verbundene Frage nach der Selbstsetzung der Subjektivität.[5] Er regte mich an, Kant, Fichte und vor allem Hegel zu studieren. Wenn Schulz zeigte, daß Fichtes absolutes Subjekt den Gottesgedanken absorbierte, so ging es für einen suchenden Studenten auch um die Möglichkeit der Gottesrede *heute* oder – und das wurde ein Schlüssel zur »Kirchlichen Dogmatik« Barths – um die Möglichkeit einer Kritik der zur Absolutheit aufgeblähten Subjektivität im Interesse einer »ganz anderen« Rede von Gott. Eine Theorie des Absoluten hat mir nie eingeleuchtet, wohl aber eine Theorie der Endlichkeit, die nicht wie Hegels Denken die Negation der Endlichkeit auf den Weg zur Affirmation des Absoluten bringt. Der Atheismus bewies bereits damals, daß es ihm an Substanz gebrach; er kam über die ihm eigene Negation nicht hinaus. Zwei Wege sind mir verschlossen geblieben: der zum Moralismus neigende Barthianismus und die seit den 70er Jahren laut werdende Rede vom Subjekt, die Schleiermachers Theologie zu vereinnahmen begann und dabei seine frühromantischen

---

[5] W. Schulz: Der Gott der neuzeitlichen Metaphysik, Pfullingen 1957.

und transzendentalphilosophischen Hintergründe sowie seine Geschichtskonzeption einebnete.

V. Lernen in der Ökumene

Mein Selbstversuch an Barths Dogmatik fand einen ersten Abschluß, als ich 1962 an ein Seminary in Chicago ging, einen wissenschaftlich vielleicht nicht besonders qualifizierten Ort, der mir jedoch völlig neue Erfahrungen vermittelte. Hatte ich mich zuvor als Bau- und Gießereiarbeiter versucht, so lernte ich nun im Programm »Church and Urban Society« die verschiedenen Facetten multikulturellen Lebens im damaligen Chicago kennen. Seitdem empfehle ich Vikaren, ihre erste Gemeinde zu Fuß zu erwandern, um auf soziale Milieus und mögliche religiöse Bindungen zu schließen.

Reichtum, Fremdheit, aber auch Elend verschiedener Kulturen waren eine neue Erfahrung. Multikulturalität und der »American way of life« erzeugten eine Spannung, in der die rassistische Strategie einer Maklerfirma verheerend wirkte: Sie heuerte schwarze Frauen an, die mit Kinderwagen durch weiße Viertel zogen und durch ihr bloßes Auftreten das Gerücht nährten, daß demnächst Schwarze einziehen würden. Dann suchte sie Auszugswillige, kaufte deren Haus zum Mehrfachen des Wertes auf, um Schwarze einziehen zu lassen. Die Häuserpreise brachen ein, Weiße zogen panisch aus, Schwarze in doppelter Zahl zu überhöhten Mieten ein. So wurden Slums produziert. Einzelne christliche Gemeinden versuchten, bei den Menschen zu bleiben; aber je elender deren Leben war, desto stärker flüchteten sie in ihren Gottesdiensten in Charismatikertum und stimulierte Gefühle. Jetzt erst konnte ich die Stimme der dialektischen Theologie der 20er Jahre als Kulturkritik auch an der Kirche begreifen. Kapitalismuskritik war bereits vor 1968 angebracht und wurde auch hier und da laut. Am Ende des Studienjahrs in Chicago verlor sich meine gelegentlich überhebliche Einstellung gegenüber der amerikanischen Theologie.

VI. Erste Schritte in die Richtung der Sozialethik

Seitdem wußte ich mich von Disziplinen herausgefordert, die von der hermeneutischen Theologie wenig beachtet wurden, den heute leider so verflachten, damals aber sehr lebendigen Sozialwissenschaften. Solange theologisches Denken um das Thema der »Existenz« kreiste, versuchte es offenbar, einen exemplarischen Bereich vor »objektivierenden« Wissenschaften zu schützen. Bis heute wirkt eine Polemik gegen die sog. Subjekt-Objekt-Spaltung nach. Ich eignete mir später – vor allem durch eigene Lektüre – Kenntnisse bis hin zur Statistik an, um das Ineinander von Hermeneutik (Interpretation) und Empirie in den Sozialwissenschaften zu verstehen. Nach 1968 kam unter manchen Kollegen der Verdacht auf, die Sozialwissenschaften und die ihr nahestehende Sozialethik hätten die Ereignisse der Jahre 1967 oder 1968 mitprovoziert. Wer jedoch die intensive theoretische Reflexion über sozialwissenschaftliche Forschung, zum Beispiel den Streit um Popper, verfolgte, mußte zu einem anderen Urteil kommen und konnte sich des Gegenstandsbezuges der eigenen Theologie nicht mehr so sicher sein, auch wenn er durch »Existenz«, später durch »Erfahrung« oder andere Konzepte gesichert werden sollte. Seitdem ist die theologische und die humanwissenschaftliche Anthropologie ein Thema meiner Arbeit.[6] Die damals aufblühende kritische und erkenntnistheoretische Reflexion der Sozialwissenschaften wurde in der Theologie im wesentlichen verpaßt – mit Ausnahme von Annäherungen an die Systemtheorie Luhmanns, die daran interessiert waren, das Individuum exempt zu stellen.[7]

Mein Studium fand seinen ersten Abschluß in Göttingen (1963–64). Eigene Neigungen zur Philosophie kamen immer wieder zum Durchbruch; deshalb habe ich Theologie seltener in Hörsälen studiert, um so nachdrücklicher tat ich es dann über Büchern. Dennoch zähle ich Otto Weber und Ernst Wolf zu meinen geschätzten Lehrern in Göttingen. Wolf trug eine theologische Kritik neuzeitlicher Subjektivität vor; später habe ich seine »Sozialethik« als Manuskript kennengelernt; seine Institutionenlehre und Anthropologie öffneten mir einen theologischen Weg, der Anliegen Luthers und Barths zu verstehen erlaubte.

VII. Ein anderer Weg zur Kirche

Bevor ich in den kirchlichen Dienst trat, promovierte ich unter Anleitung von Heinz Eduard Tödt, einem im Dialog großen Lehrer, der es vermied, seine eigene Position thetisch und undiskutiert gegenüber sei-

---

[6] Mir schwebt eine Neufassung meines »Arbeitsbuchs Anthropologie«, Stuttgart u.a. 1979, vor, die einen eigenen Entwurf einschließen würde.

[7] Welche Chancen in einer Diskussion lagen, habe ich im Artikel »Gesellschaft, IV« in der TRE zusammenzufassen versucht.

nen Schülern zu vertreten. Als er vom Neuen Testament zur Sozialethik überging, stellte er sich einer wichtigen Auseinandersetzung mit Heinz-Dietrich Wendland[8] und widersprach einer »Theologie der Gesellschaft«. Sein Anliegen war eine theologische Sozialethik, die sich im »Vorletzten« ansiedelt und Gesellschaft wie Politik nicht unmittelbar der Theologie unterstellt. Sie sollte die abschließende theologische Wirklichkeitsdeutung und einen scheinbar alles überblickenden Entwurf vermeiden. Tödt bildete im strengen Sinn keine Schule, seine Schüler konnten sich nicht unter ein in Begriffen kodifiziertes Kernprogramm stellen. Als ich nach 1964 nach Heidelberg wechselte, arbeitete er an verschiedenen Interpretationen des Reich-Gottes-Gedankens auch in der liberalen Theologie. Seine Erfahrungen im Zweiten Weltkrieg und in russischer Kriegsgefangenschaft hielten ihn davon ab, die Universalgeschichte oder die moderne Gesellschaft theologisch zu konstruieren, sondern verwiesen ihn immer wieder auf Bonhoeffers Ansatz in der von Widersprüchen gezeichneten Christuswirklichkeit.

Sein Verfahren, Dissertationsthemen zu vergeben, war an eigenen Forschungsabsichten orientiert. Ich sollte den Einfluß der französischen katholischen Theologie auf das Zweite Vatikanische Konzil systematisch aufarbeiten. Das Thema erschien mir zuerst wenig attraktiv, aber wurde mir im Zuge der Arbeit wichtig. In Paris und Le Saulchoir lernte ich Theologen kennen, die zu ihrer Kirche hielten, obwohl das römische Lehramt Reformen blockierte und deren Sprecher zum Schweigen verurteilte. Aber Congars, Chenus oder auch de Lubacs Liebe zur Kirche war ungebrochen. Der französische Sozialkatholizismus gewann aus der Theologie der Kirche die Kraft, auch in widrigen Zeiten Reformen zu fördern. Ein protestantisches Defizit wurde mir deutlich. Meine Arbeit wurde zur ersten Bestandsaufnahme der »Nouvelle Théologie«. Ihr Schlußteil wurde von dogmatischen Forderungen des Korreferenten diktiert, ein Faktum, das mich von der Richtigkeit mancher Diagnosen der Universität nach 1968 überzeugte. Ich habe mir vorgenommen, nie mehr die eigene Stellungnahme so zurückzunehmen.

---

[8] H. E. Tödt: Theologie der Gesellschaft oder theologische Sozialethik?, in: ZEE 5 (1961), S. 211 ff.

VIII. Im Dienst der Kirche

Im württembergischen Gemeindedienst (1967–69) lernte ich einen Protestantismus kennen, der vor den Toren der Kirche auf eine veränderte Gestalt der Gemeinde wartet. Bis heute empfinde ich die kurze Zeit meines Dienstes in der Kirche als fast unentbehrliche Voraussetzung für ein akademisches Lehramt. Einen guten Zugang zur Gemeinde verdankte ich der Theologie Barths; sie hatte mich gelehrt, vom Moralisieren Abstand zu nehmen. In der Ethik, genauer: der Moral, Ersatz oder Evidenz für Gott zu suchen, ist nicht im Sinne biblischen Zeugnisses, auch wenn sie für viele nach einer ersten Begegnung mit Feuerbach als letzter Ausweg erschien. Ein entschieden theologischer Ansatz hatte mich ferner gelehrt, daß sich die Ethik nicht zuerst mit Chaos abwehrenden Ordnungen befassen soll, sondern nach den *Aufgaben der Gestaltung* im »Vorletzten« suchen wird. Welche Grenzen menschlichen Absichten gezogen sind, lehrten mich Leiden und Versagungen auch in meiner nächsten Umgebung. Deshalb kann die Moral nie den Glauben beerben.

IX. Wieder an der Universität

Um mich mit den Gefahren eines theologischen Triumphalismus auseinanderzusetzen, habe ich als Assistent in Heidelberg (seit 1969) ein altes Projekt wieder aufgenommen, ich bedaure, daß ich es in den folgenden unruhigen Jahren nicht angemessen zu Ende führen konnte. Anregungen vor allem des Philosophen Walter Schulz ließen mich kritisch nach der Selbstkonstitution der Subjektivität unter dem Gesichtspunkt der Reflexion fragen – ein Thema, das an Luthers »homo curvus in se«[9] erinnert. Hegels Früh- und Hauptschriften wiesen mir den Weg zu einem kritischen Verständnis der Reflexion, das im Blick auf die Selbstkonstitution des Absoluten zu befragen war. Vernunft in der Geschichte läßt sich nicht nicht durch eine umfassende Entfaltung der Logik alles Seins bestätigen. Eine Kritik der konstruktiven Prinzipien der Hegelschen Theorie des objektiven Geistes betrifft auch die Grundlegung der Sozialethik. Diese Fragestellungen beschäftigen mich bis heute: Mein Entwurf einer *theologischen* Ethik beginnt mit der Frage, ob

---

[9] WA 56, 518 u.a.

die Vernunft in der Geschichte zu sich selbst komme; eine vorsichtige Bejahung wirkt sich bis in die »Theorie des neuzeitlichen Christentums« hinein aus. Ob sich die Vernunft im Rücken der Unvernunft durchsetzen werde (Kant) oder sich die Geschichte an das höchste Gut annähere (Schleiermacher), ist angesichts der Ereignisse des 20. Jahrhunderts mehr als zweifelhaft. Einer der neueren Anhänger Schleiermachers hat mir einmal entgegnet, daß die beiden Weltkriege der Menschheit erspart geblieben wären, hätte sie sich nur an Schleiermacher gehalten. Aber wer kann den unerbittlichen Lauf der Geschichte übersehen? Sie hat gerade die »Spätgeborenen« eingeholt und in Schuldzusammenhänge gestellt, die sie selbst nicht gesucht haben. Die Situation am Ende des 20. Jahrhunderts ist fern von jenem Logos, der sich in der Geschichte entfalten und diese im Geist Gottes integrieren soll. Die Ethik kann nicht übersehen, daß die Grundlage der menschlichen Gesellschaften, ihres Rechts und ihrer staatlichen Verfassung schwankt und die Menschen abgründige Wesen sind; beides spricht gegen die These, daß sich die praktische Vernunft selbst durchsetzen werde. Jedoch darf diese Einsicht nicht auf einen isolierten dunklen Gott zurückgeführt werden. Einem vergleichbaren Problem ist später die Schöpfungstheologie in der Ökologiedebatte verfallen, als sie den Menschen zum dunklen Gott machte, der die Heiligkeit des Lebens bedroht. Remythisierungen dieser Art fordern bis heute zu deutlicher Theologie heraus; gerade die Ethik muß wissen, wie Sünde zu erkennen ist; deren zum Dasein Jesu Christi gegenläufige Bestimmung – nach Barth – kann vor neueren Dualismen bewahren. Irrationale oder neuromantische Antworten verbieten sich; der Auftrag an die Theologie müßte lauten, der bedrängten und gar nicht so objektiv gewordenen Vernunft zur Hilfe zu kommen.[10]

X. Die mystifizierten 68er Jahre

Die Programme der Studentenbewegung zur revolutionären Rettung der Welt standen dieser Sicht entgegen. Sie mieden das Thema des »objektiven Geistes« und ließen ihre Ideale von einem gelobten Land zum

---

[10] Das war die Absicht meines Habilitationsprojekts: Reflexion und Zeit, Gütersloh 1973. Kürzere und präzisere Auskunft gibt mein Artikel »Georg Wilhelm Friedrich Hegel«, in: Gestalten der Kirchengeschichte. Die neueste Zeit I, hg. v. M. Greschat, Stuttgart u.a. 1985, S. 116 ff.

anderen wandern, von Jugoslawien über China nach Albanien. Heidelberger Studenten waren für ihre Radikalität bekannt; sie fochten ihre Programme nicht in den Veranstaltungen der als konservativ eingeschätzten Kollegen durch, sondern suchten die »Scheißliberalen« heim. Dialogversuche überschritten oft die Grenzen der persönlichen Schmähung; wer sie trotzdem nicht abreißen ließ, fand sich von manchen Kollegen auf die andere Seite eingeordnet – vielleicht im Sinne der Selbstverteidigung, kamen doch die lautesten Revolutionäre oft aus sehr konservativen Pfarrhäusern. Diese Zeit darf nicht verklärt werden, aber sie könnte verdeutlichen, daß die Theologie nach der Aufklärung gerade deren Dialektik ernst nehmen muß; sich gegen Barth zu wenden und zu Schleiermacher zurückzukehren, reicht als Parteinahme für die schwache Vernunft nicht aus. Der Glaube muß sich selbst theologisch durchsichtig und so zum Diskurs befähigt werden, um nicht neuen Formen einer Mystagogie nachzugeben; und diese empfahlen sich später unter wechselnden Stichwörtern – als Erfahrung, Ganzheit oder Gefühl.

Seit diesen Jahren bedeutete der gute Wille zur Hochschulreform oft den Verzicht auf wissenschaftliches Arbeiten. Das konnte ich in verantwortlichen Ämtern – später vor allem an der Bochumer Universität – erfahren. Als die universitäre Lehre mit ihren Ordnungen meine Aufgabe wurde, waren die Anforderungen der Studierenden hoch, ihr Engagement für Änderungen währte indessen oft nur kurz. Neue Generationen von Studierenden bewiesen ein anderes Lernverhalten, das zu einer mediengesättigten Welt paßt; andere Begabungen strömten an die Universitäten. Ich habe diese Veränderungen nie als Bedrohung meiner Rolle angesehen, sondern als eine Chance, die immer wieder neu anzueignende Sache der Theologie anders als bisher zur Sprache zu bringen.

XI. Akademische Lern- und Lehrzeit

In der Zeit der Etikettierungen war eine Berufung schwer, aber Lebensunterhalt notwendig, deshalb dienten viele Veröffentlichungen nur dem Unterhalt. Zeit zur Selbstinszenierung blieb mir nicht. Viele Jahre war ich Schriftleiter der »Zeitschrift für Evangelische Ethik« und traf auf auseinanderstrebende Tendenzen, die häufig fehlenden Dialog und Pluralismus beklagten. Ich deute sie als Ausdruck der meist impliziten Frage nach theologischen und ethischen Konsequenzen aus der jüngeren deutschen Geschichte. Orientieren sich diese eher an der Barmer Theologischen Erklärung oder an der volkskirchlichen Mittelpartei des Kirchenkampfes? Der Dissens ist abgeflaut, aber der Anlaß im Hintergrund scheint mir bis heute nicht hinreichend aufgearbeitet zu sein.[11]

In meiner Heidelberger Zeit (1969–1978) war ich an einem Forschungsprojekt zur Sozialisation beteiligt. Es stellte sich unter anderem die Frage, wie weit ein selbstkritisch gemeintes Denken die tragenden, oft verschleierten Motivschichten erreicht und die ambivalenten Wirkungen von Religiosität bearbeiten kann. Bis heute könnte es wie ein Sakrileg erscheinen, die eigene »Existenz« oder »Subjektivität« humanwissenschaftlichen Fragen auszusetzen. Eine etwas kurzschlüssige Erkenntnistheorie unterschöbe dann den Humanwissenschaften eine Tendenz, ihren jeweiligen Gegenstand mit Hilfe ihrer Erkenntnis bewältigen zu wollen, statt sich auf dem Weg zum Gegenstand zu verstehen. Defensiv ist auch ein Moralismus, der nicht selten den Barthianismus beerbt hat; auch er schafft sich Reservate und Evidenzen, die sich nicht einer selbstkritischen Theologie öffnen; ich denke vor allem an protestantische Ansprüche auf den jüdischen Glauben, die Lévinas als Angriff auf das Eigenste eines anderen verstehen müßte. Angesichts defensiver und dabei häufig moralisierender Theologie habe ich Rahners Entwurf schätzen gelernt, weil er wissenschaftlichen Verstand noch einmal mit transzendentaler theologischer Vernunft überholen will; jedoch kann ich deutliche Spuren natürlicher Theologie oder eines christologischen Finalismus darin nicht übersehen.

XII. Neue Wege zur theologischen Ethik

Damit deute ich Gründe an, die nach meiner Einsicht eine Verbindung von Dogmatik und Ethik empfehlen. Normative Aussagen aus dogmatischen Aussagen zu deduzieren ist nicht möglich. Um mir Klarheit über Formen des Argumentierens zu verschaffen, habe ich mich mit der analytischen Philosophie befaßt und auch das jetzt deutliche Ende der analytischen Moralphilosophie vorausgesagt.[12] Eine Verbindung von Dogmatik und Ethik ist nicht mit hermeneutischer Willkür zu gewinnen, sondern sie orientiert sich an einer Wirklichkeitsanalyse, die auf anthropologische Grundelemente zurückgeht. Das »wie dich selbst« des Liebesgebots verlangt eine Verständigung darüber, in welcher Gestalt über-

---

[11] Er bricht in Fragen auf, ob beispielsweise Barth ein Totengräber der Demokratie, die liberale Theologie hingegen ihre letzte Bastion in der Kirche der Weimarer Republik gewesen sei.
[12] Ch. Frey, Zwischen Intuition und Goldener Regel, in: ZEE 19 (1975), S. 215 ff.

haupt wir den anderen als den anderen wahrnehmen können; und das erfordert ein das Menschliche aufschließendes »Menschenbild«. Dessen transzendentale und geschichtliche Seite geben ein Problem auf, das ausgiebiger theoretischer Erörterung bedarf; denn formale Grundsätze der Generalisierung (alle müßten so handeln können) bzw. der Universalisierung (jeder andere in einer hinreichend ähnlichen Situation an meiner Stelle müßte so entscheiden) können nur im Kontext gelebter Normen zur Geltung kommen. Jedoch hat die evangelische Ethik häufig das Thema der Normen verkannt. Wenn der Kommunitarismus heute die Genese normativ bestimmter Lebenszusammenhänge ernst nehmen will, so wäre sein Anliegen seit den 70er Jahren meiner Zustimmung im voraus sicher gewesen.

Eine kurze Zeit der Lehrtätigkeit in Erlangen (1978–1981) ermöglichte mir ein stetiges und erfüllendes theologisches Gespräch mit den Kollegen in der Systematischen Theologie, Wilfried Joest, Friedrich Mildenberger und Joachim Staedtke. Alle waren sich darin einig, daß kirchliche Lehre nicht ohne Konsequenzen in Gestalt gesellschaftlicher Stellungnahmen bleiben könne. Einmütigkeit unter Kollegen bedeutet längst noch nicht Einmütigkeit in der Kirche. Deshalb sei als Beispiel für eine konfliktreiche öffentliche Stellungnahme der Auftritt der damaligen Erlanger Theologischen Fakultät auf dem Nürnberger Kirchentag erwähnt. Sie diskutierte ein Thema, das im Zusammenhang der damals aufgebrochenen Holocaust-Debatte nicht mehr schweigend übergangen werden konnte, das Verhalten der Fakultät zu Beginn des Dritten Reiches und vor allem Althaus' und Elerts Stellungnahme zum Arierparagraphen in der Kirche. Das war für viele ein Sakrileg. Noch mehr provozierten Folgerungen im Blick auf den gegenwärtigen Rassismus in der Welt, vor allem in Südafrika; heftige Einwände waren allerdings fünfzehn Jahre später gegenstandslos! Einige ließen mich gern und ohne ein Gespräch an die Ruhr-Universität in Bochum gehen.

XIII. Ausblick

Als ich 1981 einen Ruf nach Bochum annahm, verband ich dessen Annahme mit dem nachdrücklichen guten Willen, im bildungspolitischen Neuland auch einen neuen Anlauf zu wagen. Die Bochumer Universität hat sich nicht nur als vermutlich einzige der Neugründungen in die Reihe der alten Hochschulen gestellt, sie demonstriert auch deutlicher als andere, was an die Stelle der längst verblaßten Humboldtschen Ideale tritt: ein nicht zu bestreitender, aber durchaus verständlicher Pragmatismus des Studienaufwands. Die Motive sind nicht verwerflich, sondern entsprechen der sozialen Ausweitung des akademischen Bildungsangebots; aber sie treffen auf Professoren, denen die Einheit von Forschung und Lehre noch ein Anliegen ist. Der alte Grundsatz, eine Welt studierend in sich hinein zu bilden, um dann eine Welt aus sich heraus zu bilden, müßte heute neu bestimmt werden: Theologinnen und Theologen sollten gerade dann ihre Sache zur Sprache bringen können, wenn ein größerer Anteil der Gesamtbevölkerung durch eine akademische Ausbildung gegangen ist. Vielleicht wird zukünftigen Pfarrern immer noch eine vordergründige kirchen- und religionskritische Rationalität im Stile des »Spiegel« begegnen, die trotzdem Mythen und individuellen Daseinsäußerungen Raum gewähren kann. Der notwendige Prozeß sprachlicher Umsetzung droht daran zu scheitern, daß theologische Lehrer ihren Studenten an falscher Stelle entgegenkamen und viele mit einer appellierenden Moral in die Gemeinden entließen, wo sie sich dann zur Rede über die eigene Befindlichkeit verflüchtigte. Vielleicht drängt erst die Knappheit der kirchlichen Finanzen zur Antwort auf die Frage, warum wir noch evangelische Theologen sind. Mit einer glaubwürdigen Antwort steht die Erkenntnis des Gegenübers Gottes auch in der Ethik auf dem Spiel, fand doch Luther alle Gebote im ersten erfüllt[13] und bestimmte Barth das erste Gebot als theologisches Axiom.[14] Die besondere christliche Perspektive der Lebensführung muß zuerst anschaulich werden, um dann universale Perspektiven zu eröffnen. Gesichtspunkte eines ethischen Kommunitarismus werden sich mit denen eines theologisch begründeten Universalismus verbinden.

Die gegenwärtige Philosophie diskutiert das Begründungsproblem so, daß sie es entweder stillstellt, daß sie auf transzendentale Gründe zurückgeht, oder es in einem Holismus auffängt. Die Ethik fragt darüber hinaus nach der Freiheit zu menschenfreundlichem Verhalten und vor allem nach einer Gewißheit in Schuld und Zweifel, die nicht Wissen, sondern Hoffnung auf einen eschatologischen »Holismus« erlauben. Fragen der Grundlegung der Ethik rufen nach erneutem Nachdenken über das Verständnis der Offenbarung, die nicht allein als Widerfahren sinnhafter Vergewisserung, auch nicht *als* Geschichte, sondern *in* einer Geschichte vernommen wird, die kaum noch als Einheit in so vielen einander widersprechenden Geschichten zu erfahren ist. Dogmatik und

---

[13] M. Luther: Von den guten Werken, in: WA 6, 202 ff.
[14] K. Barth, Das erste Gebot als theologisches Axiom, in: ZZ 11 (1933), S. 297 ff.

Ethik sind noch immer vom Niedergang einer Teleologie betroffen, wie sie einst in Natur und Geschichte gefunden wurde.[15] Die Steigerung der Komplexität der Lebensverhältnisse bis hin zur Moderne läßt weder Sinn noch Ziel der Veränderung erkennen. Welches Verständnis Gottes ist evangelischem Glauben zwischen pantheisierenden Angeboten – vor allem in der ökologischen Ethik – und der die Inkarnation relativierenden, platonisierenden Transzendenz in einer Theologie der Religionen angemessen? Die theologische Deutung der Lebenswelt, ihre humanwissenschaftliche Ausleuchtung und naturwissenschaftliche Versuche, Aspekte der Welt nomologisch zu erfassen, werden in einer gewissen Spannung zueinander bleiben: ein begrenzter Dualismus der Erkenntnis ist auszuhalten. Hingegen könnte der Holismus die Versuchung darstellen, die Endlichkeit der uns geschenkten Zeit durch eine neue Form der Gnosis zu übertrumpfen und die Versöhnungstat Gottes überflüssig zu machen.

Hinweis: Eine von meinem jetzigen Mitarbeiter, P. Dabrocla und meinem ehemaligen Mitarbeiter, W. Maaser, verfaßte Einleitung zu Ch. Frey, Konfliktfelder des Lebens, Göttingen 1998, S. 11–29, sagt mit bewundersnwerter Klarheit und Konsequenz, was die Grundlanliegen meiner ethischen und vor allem auch theologischen Arbeit sind.

---

[15] Auf dieses Problem geht mein bisher nicht zur Veröffentlichung gekommener, aber ausgearbeiteter Ethikentwurf ein.

Hermann Timm

Nachdem auch der zweite Weltkrieg *made in Germany* verlorengegangen, bin ich siebenjährig getauft worden, im Schleiwasser, zu Hause, gemeinsam mit zwei jüngeren Brüdern. Anschließend verzog mein Vater, ein Schulmeister, mit uns an die Nordsee. Wir waren eine nahezu sprachlose Familie, an einem langen Tisch. Das Wichtigste, was es da zu lernen gab, hieß Gerechtigkeit in Gestalt von Mutters distributiver Phantasie beim Austeilen des Essens: Jedem das Seine.

In der Jugend habe ich viel Glück gehabt. Zuvorderst mit der Natur: dem faszinierenden Himmelsbild an der See, der Konstanz des Windes, fast permanent aus Nordwest, und dem periodischen Rhythmus der Gezeiten, wenn bei der Entenjagd im Wattenmeer das Wasser an den Gummistiefeln ab- und aufstieg. Viel Glück sodann mit den Lehrern an der Hermann-Tast-Schule in Husum, humanistisch gesonnen. Bei ihnen habe ich das Deutsch eines Lessing, Goethe, Hölderlin, Rilke ... kennengelernt und die klassischen Altsprachen, die ein Absentieren in die Gräcomanie ermöglichten. Das Land der Griechen mit der Seele gesucht und als Tramper gefunden. Am Königsplatz in München die ersten Originale: die Vasen in der Antikensammlung und die Skulpturen in der Glyptothek, parischer Marmor, reiner Widerspruch zum Schlick, unvergeßlich. Als in Brindisi, wo Vergil gestorben, das Schiff um Mitternacht ablegte, ist mir die Armbanduhr über die Reling gefallen, daß ich sie im Wasser nicht einmal habe aufschlagen hören. War es ein profanes Mißgeschick oder das Omen des ewig jugendlichen Mittelmeers? »Gruß dir, du Gruß von drüben, wo einst die Welt geschah« (Günter Eich). – Wer sich seinen Privatmythos zurechtlegt, kommt unter Providentialisierungsdruck, daß er hoffen muß, von der Frage ob Dichtung oder Wahrheit hinlänglich dispensiert zu werden. Tröstlich, daß es niemanden gibt, der es besser wissen könnte.

I. Genesis

Am Areopag in Athen, halbwegs zwischen der Akropolis rechts oben (Parthenon) und der Agora links unten (Sokrates) steht die Rede des Apostels Paulus aus Apostelgeschichte 17: »Gott ist nicht fern von uns. In ihm leben, weben und sind wir, wie auch einige von euren Dichtern gesagt haben: Wir sind seines Geschlechts«. Mit Mühe in die graue Stadt am Meer zurückkehrt, fiel während des Abiturs die Wahl auf das Studium der Theologie. Ob es aus theoretischer Neugier geschah, des altphilologischen Eros wegen, oder um dem Dienst in der Bundeswehr zu entgehen – was bei der Alternative: klassische Archäologie zweifelhaft war – läßt sich nicht mehr ermitteln.

Die Entscheidung habe ich nie bereuen müssen, weil mir das Glück mit den Lehrern auch an der Universität treu blieb: in Kiel, Berlin, Göttingen und geballt an der Ruberto Carola in Heidelberg. Primär waren es die Bibliker, die zu faszinieren wußten, die Leselehrer des Alten und Neuen Testaments: Ernst Fuchs, Rolf Rendtorff, Walter Zimmerli, Joachim Jeremias, Hans Conzelmann, Günther Bornkamm und – allen voran – Gerhard von Rad, dem ich zu Füßen gesessen und an den Lippen gehangen. »Die Lehrer werden leuchten wie des Himmels Glanz« (Daniel).

Es geschah Mitte der 60er Jahre, in einer Denkphase, die sich mir rückblickend als epochal darstellt. Von Rad hatte seine zweibändige »Theologie des Alten Testaments« – Generalthese: Eschatologisierung der Heilsgeschichte durch die Propheten – abgeschlossen und zog nun scharenweise die Hörer in »der Vaterlandstädte ländlichschönste« (Hölderlin), weil er den Schriftbeweis für das nachzuliefern schien, was neckaraufwärts in Tübingen von Ernst Bloch gelehrt wurde: die hegelmarxistische Exodusreligion Richtung Wüste, das Prinzip Aufbruch, Hoffnung, Zukunft. Vom Meister beiseite genommen und ins Vertrauen gezogen mußte ich erfahren, daß ihn die Erwartung nicht nur freudig stimmte. Es ging ihm wie Goethes Zauberlehrling: »Die ich rief, die Geister, werd ich nun nicht los …« Gottes Sein im Werden und seine Offenbarung als evolutionäre Geschichtsapokalypse denken zu sollen, widerstrebte seiner scheuen Natur. Das war ihm zu laut. Deshalb legte er die »Theologie« beiseite und wandte sich den Libri poetici zu, insbesondere den Texten der gottgeliebten Weisheit (*sophia*), dem personifizierten Geheimnis der Welt. Diese zwischentestamentliche Literatur sollte sein Herzensthema: das Einheitsverständnis des »Buchs der Bücher« auf stillem, salomonischem Weg ins Ziel bringen.

Die kosmologisch-sophianische Wende des Alttestamentlers konvergierte in meinen Ohren mit einem zweiten, ähnlich faszinierenden,
wenn auch noch unzugänglicheren Lehrer der philosophischen Nach-
barfakultät: dem Weltweisen Karl Löwith. Er war seiner »nichtari-
schen« Abstammung wegen von der Unheilsgeschichte rund um den
Globus gejagt worden, ohne daß er es für wert hielt, darüber am Katheder ein Wort zu verlieren. Sein Generalthema lag in der per Säkularisierung aus der biblischen Anthropotheologie – unterschieden von antiker
Kosmotheologie – hergeleiteten Welt-, Natur- und Raumvergessenheit:
ein modern verabsolutiertes In-der-Zeit-Sein, für dessen realen aber
verhängnisvollen Fortschritt über die Grenzen der *conditio mundana*
hinaus er beiläufig den Wettlauf zum Mond apostrophierte. Man befand
sich ja im Jahrzehnt der Astronautik.

Für das Zusammenhören von Karl Löwith und dem späten Gerhard
von Rad wurde während der 70er Jahre, in der grünen Dekade, das ökologische Motiv nachgeliefert (»Grenzen des Wachstums«). Mich selbst
hat die Synopse zuvor in die Philosophie geführt, was damals in Heidelberg hieß: hin zur sprachgeleiteten Hermeneutik von Hans-Georg Gadamer und zur genetischen Idealismusforschung Dieter Henrichs. Mein
Zweitstudium galt von vornherein der goethezeitlichen Religionsphilosophie mit ihrem rätselhaften Anschub durch die Spinozarenaissance.
Benedictus Spinosa nämlich, der von der Synagoge exkommunizierte
Marane und meistverschriene Atheist der Aufklärung (»Deus sive natura«), war mir aus der Geschichte der Bibelwissenschaft wohlvertraut.
Wie hatte er, der sprichwörtliche »Maledictus«, in der Wolfenbütteler
Bibliothek, bei Lessing, zum Theoretiker der einzig wahren Gottesliebe
(»amor Dei, quo Deus se ipsum amat«) verklärt, wie in Weimar, auf dem
sächsischen Olymp, von Herder und Goethe zum »theissimus et chri-
stianissimus« umgewertet und wie in der Berliner Romantikerkommu-
ne durch Schleiermacher und Friedrich Schlegel zum Vordenker für den
»höheren Realismus« der Religion jenseits von Metaphysik und Moral
ausgelobt werden können? Maledictus → Benedictus?

Im Verfolg dieser Frage ist mir der Sukkurs einer dritten Fakultät
sehr zugute gekommen: der der Germanisten. Arthur Henkel, Peter
Pfaff und Gerhard vom Hofe wußten nicht nur der poetischen Lieb-
schaft neue Nahrung zuzuführen. Sie hatten als Literaturwissenschaft-
ler auch intellektuelle Kulturbestände geltend zu machen, die in den
Theologie- und Philosophiegeschichten bestenfalls anmerkungsweise
Erwähnung fanden. Ich meine die im Sprachraum der pietistisch durch-
seelten Lutherbibel ausgebildete Dichtertheologie, vom »poetischen

Messias« Klopstock und Textmagier Hamann (»Gott – ein Schriftsteller«) bis zu den anti-theologischen Parabeln eines Nietzsche, Kafka und Bertolt Brecht. Das »heilige Original« in unser geliebtes Neudeutsch übersetzt? Die germanistisch sensibilisierte Fragwürdigkeit hielt Kontakt zur formgeschichtlich-literarischen Exegese, verortete das religiöse Schriftprinzip des Protestantismus in der nachaufklärerischen Moderne und bewahrte mich – wofür ich bleibende Dankbarkeit empfinde – vor der Meinung, daß man sich im Denken entweder an Kant (moralpädagogische Funktionalisierung) oder Hegel (Metaphysik des Absoluten) orientieren müsse. *Tertium datur!*

Viel Glück habe ich schließlich auch mit dem Mentor gehabt, der mir über die akademischen Hürden half: Heinz Eduard Tödt. Mit ihm hielt das »ethische Zeitalter« in Heidelberg Einzug, das mir zwar wenig behagte, weil die auf Albrecht Ritschl und Ernst Troeltsch blickende Denkungsart beengend wirkt, aber Tödt konnte protegieren und Stipendien vermitteln für lange Jahre einer inneren Emigration. Zudem wußte er, der selbst im Neuen Testament promoviert worden war, hochzuhalten, was in Ethik wie Dogmatik alsbald rar werden sollte: hermeneutische Kompetenz, verbunden mit einem Theologieverständnis, das alle Fächer zu integrieren sucht.

Das Einzige, was ich an der »DEM LEBENDIGEN GEIST« geweihten *alma mater* nur stiefmütterlich fand, war eine methodische Wahrnehmungsschulung, um auch das Sehen, Hören, Schmecken, Riechen und Fühlen der Vernunft zu lernen. Mit der Unterweisung im »Buch der Natur« – neben dem »Buch des Lebens« zweiter Quellstrom für die Doppellektüre der Wahrheit – hat das Glück gegeizt. Den Appetit auf physiognomische Anschauung, originäre Sachforschung und eine szenisch verdichtete Beschreibungskunst – »Und siehe da …« – mußte ich literarisch pflegen, ohne Anleitung durch einen zünftigen Phänomenologen. Das hat mich zu Rudolf Ottos Klassiker »Das Heilige« und der ihm folgenden Religionsphänomenologie geführt, zu Edmund Husserls, von den Wissenssoziologen weitergeführten Deskription lebensweltlicher Alltäglichkeit – »Wer mehr sieht hat recht!« – und zum kosmogenen Erstaunen über die Anschauung des Globus im Rückspiegel der Astronauten, ehe dann in den 80er Jahren, dem ästhetischen Jahrzehnt, der Inkarnationstrieb des Geistes allenthalben auf fruchtbaren Boden fiel.

Über dem Mannheimer Gymnasium, in dem ich dank der Badischen Landeskirche als Religionslehrer mein erstes ehrliches Geld für die dazugekommene Familie verdienen und mir den Rest von Heidelbergs kirchenkämpferischem Antireligionismus abschminken konnte, stand der humanistische Merkvers: »NON SCHOLAE SED VITAE DIS-CIMUS«. Der Kreis hatte sich geschlossen.

II. Konzeption

An der Ludwig-Maximilians-Universität in München, wo ich Systematische Theologie lehre, umschrieb Max Weber den Beruf zur Wissenschaft mit Disziplin und Leidenschaft, innovativer Eingebung und erhoffter Kurzlebigkeit: »Sie will überboten werden ... Jeder von uns in der Wissenschaft weiß, daß das, was er gearbeitet hat, in 10, 20, 50 Jahren veraltet ist. Das ist das Schicksal, ja: das ist der Sinn der Arbeit der Wissenschaft.« Dem folgend sei der eigene Entwicklungssinn auf die Kurzformel: vom »Wort Gottes« zur Semiotheologie gebracht. Sie verbleibt im hermeneutischen Wissenschaftsverständnis, das den Fortschritt der Theologie des 20. gegenüber der des 19. Jahrhunderts ausmacht, will aber die Enge der reinen Gottesreligion hinter sich lassen. Semiotheologie (*semeion*) heißt nicht Semitheologie, sondern soll im Gegenteil die theoretische Wahrnehmung auf das Bedeutungsganze der geistreligiösen Zeichenwelt ausdehnen. Geweckt wurde das Verlangen über intermediale und interlinguale Studiengehalte, so daß eine Parallelformulierung lauten könnte: von der *philologia sacra* zum Geist der Liebe.

1) Skripturalistische Wende. Den Ersteindruck von Systematik habe ich aus den schwergewichtigen Bänden von Karl Barths Kirchendogmatik davongetragen. Ein rauschhaftes Leseerlebnis war es, wie bei den großen Epen der Literatur, weil die gesamte Stoffülle von Schrift und Tradition hineingewoben wurde ins verabsolutierte Personal- und Reflexivpronomen, daß die Seiten tausendfach vom »ICH bin, der ICH bin« widerhallten: »Gott zunächst in sich selbst«. Heinrich Vogel, Ernst Wolf und Otto Weber, die die Lektüre empfahlen, wußten das Faszinosum nur mit der Predigt zu erklären: Barth denke von der »viva vox evangelii« aus. Die literarische Rhetorik des Kirchenlehrers war für sie kein Thema eigenen Rechts.

Ein ähnliches Reflexionsmanko stellte sich bei den Exegeten ein, wo mit Martin Kähler, Martin Dibelius und Rudolf Bultmann vom »Kerygma« oder im Anschluß an Martin Heidegger von Gottes »zur Sprache Kommen« und seinem ereignishaften »Wortgeschehen« die Rede war, wie beim direkten Tête à tête. Faktisch aber blickte man nicht nur auf

Geschriebenes, die Schriftlichkeit barg auch das Innovationspathos des Forschens und Lehrens jener Jahre. Die Worttheologie trat ins Buchzeitalter ein, entdeckte die Offenbarung *in statu scribendi* und wurde so genötigt, ihre textinterpretierende Hermeneutik um eine textproduzierende Poetik zu erweitern (*Deus dixit – Deus scripsit*). Ich denke an die Kompilation der Vätergottgeschichten im Pentateuch; an die schriftprophetische Kodifizierung der Jahwe-Worte für künftige Leser (= Eschatologisierung); an die Entdeckung von Markus als Autor des Urevangeliums durch Willi Marxen; an Günther Bornkamms Analyse der Neubearbeitung desselben unter der Feder des Matthäus; an Hans Conzelmanns Darstellung der Erzählstrategie im Doppelwerk des Lukas; oder an die um Bultmanns Johannes-Kommentar kreisende Entmythologisierungsdebatte. Streitfrage: Hat der mutmaßliche Originaltext mit seiner strikten Präsenzeschatologie oder die kirchlich zensierte, um die Futurik ergänzte Zweitauflage als »Kanon im Kanon« zu gelten?

Das waren die Innovationen der 60er Jahre, alle schrift-theologischen Inhalts, während mündlich weiterhin das »Wort Gottes« dominierte, als ob man immer noch beim *linguistic turn* der 20er Jahre, bei der oralistischen Formgeschichte und bei Martin Bubers Ich-Du-Dialogik stünde. Diese Diskrepanz zwischen *dictum* und *scriptum* sollte zur Inkubation meiner »Eingebung« werden. Von den Literaturwissenschaftlern – »Geist und Zeichen« – ist sie genährt und von Jacques Derridas »Grammatologie« maieutisch entbunden worden, ohne dessen antithetischem Skripturalismus (anstelle der Logozentrik) zu folgen. Denkwürdig wurde das Doppelprinzip von Sage und Schreibe (*solo verbo – sola scriptura*), kombiniert mit dem dialektischen Grundsatz des Paulus: »Der Buchstabe tötet, (sein) Geist aber macht lebendig«. *Deus dixit – Moses scripsit*. Was ist eher, das Wort oder die Schrift? Nimm und lies Johannes 1,1: »Im Anfang war das Wort« der Schrift.

2) Semantische Sukzession. Philologisch freigesetzt worden ist auch mein Interesse am Phänomen des Übersetzens, um die exegetisch-historischen mit den systematisch-praktischen Fächern zu verbinden (Geistesgeschichte – Geistesgegenwart). Übersetzen heißt Üb' ersetzen! heißt Üb' er setzen! Die graphische Polysemantisierung der Homophonie ist mehr als eine Sage-und-Schreibe-Spielerei. Sie manifestiert den Ernst der Identitätsbildung im Lauf von Raum und Zeit. Das Christentum ist die Schriftreligion unter den Buchreligionen. Sie hat dazu werden können, weil ihr Doppelkanon der sprachlichen Homogenität entbehrt. »Eines hat Gott geredet, zwei aber sind's, die ich gehört« (Psalm 62,12).

Was geschah als JHWH's hebräische Selbstvorstellung »ähejäh« zum septuagintagriechischen »ego kyrios« (Ich-Herrgott) wurde? Jesus mußte es nur getreulich zitieren: »ego eimi«, um der Blasphemie geziehen und gekreuzigt zu werden. Und was ist geschehen, als, parallel zum Johannes-, im Matthäus- und Lukasevangelium die von Jesaja für Jerusalem verheißene Messiasgeburt durch die junge Frau (*almah*) durch die Jungfrau (*parthenos*) aus Nazareth in Bethlehem erfüllt wurde? Mit dieser Transkription fängt alle Jahre wieder die Christenwelt von vorne an, so daß Alt- und Neutestamentler gleichermaßen in der Pflicht stehen, dies Pleroma des »Buchs der Bücher« zu erklären. »Das habt zum Zeichen«.

Weiter: Was geschah, als das »en arché én ho logos«, das die Mission des Evangeliums im Hellenismus ermöglichte, von Hieronymus mit »in principium erat verbum« wiedergegeben wurde? Nähergelegen hätte die Latinisierung von *logos* mit *ratio*, wie im Fall von Aristoteles' Definition des Menschen als »zoon logon echon« = »animal rationale« geschehen. Aber: bei Rationalisierung statt Verbalisierung hätte es keinen Augustin (»De spiritu et littera«) und keinen »Christenmenschen« gegeben, weil erst das Verbalapriori der Vulgata den okzidentalen Grundakkord von Glaubensdenken (*logos → ratio*) und Glaubenssprache (*logos → verbum*) zur Welt brachte. In der ostkirchlichen Orthodoxie kann man den Logos bis heute im unübersetzten Originalton hören, so daß das hermeneutische Pensum dort deutlich geringer ausfällt.

Weiter: Was geschah, als der Augustinermönch im hyperboräischen Wittenberg das römische »vox Dei vox populi« kurzerhand mit »dem Volk aufs Maul schauen« verdolmetschte, weil er Gott in deutscher Zunge besser fand als in lateinischer, griechischer und hebräischer? Deshalb interpolierte seine »Biblia deutsch« in Römer 3,28 das kirchenspaltende »*allein* durch den Glauben ohne des Gesetzes Werke«, was zwar verbaliter dem Original nicht entspricht, die Theologen- und Kirchenwelt aber seither in Atem hält.

Weiter: Was ist 300 Jahre später im benachbarten Weimar geschehen, wo Faust nach vollbrachtem Osterspaziergang Luthers »Im Anfang war das Wort« mit »… war die Tat« fortschrieb? Nicht einem handgreiflich-geistlosen Aktionismus zuliebe geschah es, sondern um das Tätigkeitswort (Verb) vor dem Hauptwort (Nomen) semantisch auszuzeichnen, seiner schöpferisch performativen Bedeutungskraft wegen (*verbum efficax*). Dieser Verbcharakter wurde von Wilhelm von Humboldt später »Energie« der Sprache genannt, unterschieden vom bloßen »Ergon«. Das hat sich als fruchtbarste Einsicht der Geisteswissenschaft erwiesen, mit Auswirkungen bis zum »cultural-linguistic approach« heutiger Religionstheorie.

Und weiter schließlich: Was geschieht hier und heute in unserer eigenen Gegenwart? Das über die hebräisch-griechisch-lateinisch-deutsche Sprachenfolge in Germanien inkulturierte Christentum schickt sich an, weitertranskribiert zu werden in eine neue Zweisprachigkeit, wie an der »Natur« hörbar. Die realisierte Endlichkeit des Biokosmos reaktiviert *urbi et orbi* die »Schöpfung«, das Erstwort des schriftreligiösen Vokabulars, nur daß es deutschimperativisch »Schöpfung bewahren« heißt, während die englischsprachige Ökumene indikativisch von »integrity of creation« spricht. An dieser lexikalischen Metamorphose wird ablesbar, wie das Religionserbe hierzulande neu auf den Prüfstand kommt. Übersetze den altdeutschen »Erdgeist« (Schleiermachers »Weihnachtsfeier«) in die ökumenisch-ökologisch-ökonomische Sprachwelt/Weltsprache der Zukunft.

3) Inkarnierung des Wortes. Das Personalpronomen der ersten Person sigular rangiert vor allen anderen Wörtern, weil mit ihm der Sprecher primär sich selbst positioniert, daß den anderen Schweigen auferlegt wird, um sie zu »Hörern des Wortes« (Karl Rahner) zu machen: Ich will sagen … Das Machtwort des jahwistischen ICH-Gottes aus der Dornbuschszene (»ähejäh aser ähejäh«) wurde griechisch mit »ego eimi ho on« übersetzt: ICH bin der Seiende, das Sein schlechthin. Darauf hat die Wort-Gottes-Lehre der Weltkriegszeit zurückgreifen können, um die allgemeine Sprachkrise der Jahrhundertwende (Mallarmé, Nietzsche, von Hofmannsthal …) aufzuheben in die egoontologische »Selbstoffenbarung« des Dreieinigen: *Deus dixit Deus!*

Was das große ICH Gottes in der »Dogmatik« ist das kleine Ich des Menschen in der »Glaubenslehre«. Auch das Credo setzt nämlich das Subjektspronomen voran: »Ich glaube …«, so daß es – reflexiv bedacht – den Gegensinn des Urwortes aktualisiert und die Antagonie zwischen Gott und Mensch auslöst: »Ich glaube, hilf meinem Unglauben«. Wer ist der Herr der Sprache, daß er im Prioritätsstreit obsiegt? Wem kommt das konstitutiv erste Wort zu, dem ICH oder Ich? Gott ist eher als der Mensch, denn er hat ihn geschaffen, aber der Mensch ist eher als der Theo-Loge, der dies erkennend ausspricht (Egomachie – Theomachie).

Dogmatik und Glaubenslehre zeichnen sich durch große Geschlossenheit aus, müssen aber ihren einsilbigen Letztgrund (ICH, ich, Gott, Mensch, Wort, Selbst, Sein, Nichts) mit der Verengung des Blicks auf das anthropo-theologische Bewußtseinsverhältnis bezahlen, ohne daß der dritte im Bunde: die Welt eigenständig zu Gesicht käme. Zweifellos ist das Ich-Selbst von eminenter Wichtigkeit, denn es gilt in eigener Person zur Sache zu gehen. Seine Aktionsform eignet sich aber nicht als denkerische Unterlage (Subjektivation) für den Gesamtsachverhalt dessen, was die Systematik zu erfassen hat. Deshalb muß das Ego über das alter Ego in die Länge, Breite, Höhe und Tiefe der Geisteswelt verkörpert werden (Egologik -> Ordologik).

Kanonisch eingefädelt wurde die Inkarnierung vom Sichversprechen, -verschreiben und -verlesen des Logos (Kenosis). Die alttestamentliche Weisheit hat den Weg vorgezeichnet mit ihrer Verdoppelung des göttlichen Ego (»Von Ewigkeit bin ich«, die Selbstoffenbarung der Schöpfung) und so die Bahn für das Evangelium der Neuschöpfung bereitet: das vierte, die Synoptiker erfüllende Geistevangelium des Johannes (Paraklet). Es beginnt mit dem archäologischen »Wort bei Gott«, um mit dem eschatologischen Postskript: »Wollte man alles festhalten, glaube ich der ganze Kosmos würde die Bücher nicht fassen, die geschrieben werden müßten« enden zu können.

Die hierarchiefreie »Ecclesia spiritualis« des Mittelalters ist diesem *evangelium aeternum* gefolgt, das reformatorisch gebildete »Priestertum aller Gläubigen« und die neuprotestantische Geistreligion seit Pietismus und Aufklärung. Diese Tradition gilt es typologisch in die nahende Zukunft zu übersetzen, denn das dritte tausendjährige Reich wird – trinitarischer Ökonomie zufolge – dem Geist gehören, dem *spiritus sanctus* (Gotteswissenschaft, Glaubenswissenschaft, Geisteswissenschaft). Es soll – so will es der *spiritus creator sive spiritus vivificans* – im Zeichen der Lebensfrage stehen. Was heißt im Leben wahrhaft zugegen sein?

4) Lebenssymbolik. Mein System der Semiotheologie ist betitelt »Phänomenologie des heiligen Geistes« und gliedert sich in drei Teile: Lebendigsein, Gesichtetsein, Gerundetsein. Es beginnt mit dem mundanen, auf den Radius der ästhetischen Wahrnehmung verendlichten Weltgeist (Kosmologie), erbaut aus den vier Elementen Erde (unten), Licht (oben), Luft (bewegt) und Wasser (flüssig). Dies Achsenquadrat (+) bildet den Grundhaushalt der Kosmovitalität und es steht zu erwarten, daß sein ABCD von aller Kreatur künftig mit pfingstlicher Vielstimmigkeit buchstabiert wird (Neuschöpfung). Der zweite Teil enthält die prosopomorph fokussierte Anthropologie: das Augenpaar auf gleicher Höhe, vom vertikalen Nasenrücken getrennt (˙¡˙). Die Menschwerdung des schöpfungsmittlerischen Logos erfolgte auf dem Antlitz Christi. Ostkirchliche Ikonik und westkirchliche Leben-Jesu-Bildung haben es ökumenisiert, und in Gestalt der Menschenwürde verkörpert es das humanistische Votum vom Ansehen der Person. Der dritte Teil schließlich soll die korporative Rundungssymbolik (O) behandeln: den Zyklus des Leibeslebens im generativen Umlauf von Erde zu Erde, den Festkreis von Kirchen- und Naturjahr als ritualisierte Enzyklopädie der Lebenswahrheit und das Buch der Bücher, dessen auf- und abschlußfähige Totalität ein Weltleben speist, wie es dichter nicht gedacht werden kann.

III. Schriften

Theorie und Praxis in der Theologie A. Ritschls und W. Hermanns 1967.
Friedrich Naumanns theologischer Widerruf 1967.
Glaube und Naturwissenschaft in der Theologie Karl Heims 1968.
Das Buch der Bücher. Altes Testament 1970 (hg. mit H.-M. Lutz und E. Chr. Hirsch).
Das Buch der Bücher. Neues Testament 1972 (hg. mit G. Iber).
Gott und die Freiheit. Studien zur Religionsphilosophie der Goethezeit. Die Spinozarenaissance 1974.
Geist der Liebe. Die Ursprungsgeschichte der religiösen Anthropotheologie. Johannismus 1978.
Die heilige Revolution. Das religiöse Totalitätskonzept der Frühromantik 1978.
Fallhöhe des Geistes. Das religiöse Denken des jungen Hegel 1979.
Zwischenfälle. Die religiöse Grundierung des All-Tags 1983.
Phänomenologie des heiligen Geistes. Bd. I. Das Weltquadrat. Eine religiöse Kosmologie 1985.
Was aber bleibet stiften die Dichter? 1986 (hg. mit G. vom Hofe und P. Pfaff).
Diesseits des Himmels. Von Welt- und Menschenbildung 1988.
Das ästhetische Jahrzehnt. Zur Postmodernisierung der Religion 1990.
Geerdete Vernunft. Von der Lebensfrömmigkeit des Okzidents 1991.
Phänomenologie des heiligen Geistes. Bd II. Von Angesicht zu Angesicht. Sprachmorphische Anthropologie 1992.
Wahr-Zeichen. Angebote zur Erneuerung religiöser Symbolkultur 1993.
Sage und Schreibe. Inszenierungen religiöser Lesekultur 1995.
Sprachenfrühling. Perspektiven evangelisch-protestantischer Religionskultur 1996.
Dichtung des Anfangs. Die religiösen Protofiktionen der Goethezeit 1996.
Wie kommen wir ins nächste Jahrtausend? Die Religion vor dem Millennium des Geistes 1998.

WOLF KRÖTKE

I.

Wäre »meine Theologie« anders, wenn ich ein anderes Leben geführt hätte, wenn ich an irgendeiner der vielen Wegkreuzungen einen Schritt in die andere Richtung gestoßen worden wäre oder gemacht hätte? Zu dem, was ich jetzt denke, wenn ich zu irgendeiner theologischen Frage Stellung beziehe, hätte ich ganz gewiß auch auf vielen anderen Wegen kommen können. Nach meiner Überzeugung wäre ich auch ein schlechter Theologe, wenn ich die Wahrheit, für die ich einzutreten versuche, aus den vielen Wechselfällen meines Lebens erklären wollte. In einer bestimmten Hinsicht bin ich sogar froh, daß mich gerade »meine Theologie« davon entlastet, diesen Versuch zu unternehmen. Denn die Wahrheit, um die es in der Theologie geht, liegt ja immer noch vor uns und es vergeht kein Tag in diesem spannenden Beruf, an dem ich nicht herausgefordert bin, sie als etwas Fremdes, Neues, auf mich Zukommendes zu entdecken. Eine Wahrheit, die sich aus dem Leben eines Theologen gleichsam aufspulen läßt, ist vermutlich keine *theologische* Wahrheit mehr.

Und doch ist unzweifelhaft, daß die Art und Weise, wie sie auf mich wirkt, wie ich sie aufnehme und vertrete, viel mit meinem Leben zu tun hat. Aber kann man mich nur verstehen, wenn ich darüber aufkläre? Weiß ich das überhaupt selbst, was mich wirklich geprägt hat? Vieles von dem, was sich durch die Jahre hindurch meiner Seele eingeschrieben hat, ist ja auch für mich selbst ein Geheimnis. Außerdem gibt es mehr als genug in einem menschlichen Leben, das nur vor Gott und die nächsten Menschen gehört, weil es mit einer Freude und mit einer Traurigkeit zu tun hat, die man nur mitteilen kann, wenn andere sie teilen. Das aber ist die Öffentlichkeit nicht, in der ich hier rede. Ich verzichte darum auf den Versuch, in einem tiefgreifenden Sinne das eigene Leben aufzurufen, um die Art und Weise, wie ich theologisch bei der Sache bin, zu erhellen. Vielmehr ich will mich mit ein paar Schlaglichtern auf meine Lebenszeit begnügen, die meinem Namen ein paar Konturen geben.

Als ich am 5. 10. 1938 geboren wurde, leistete mein Vater Wolf-Dietrich Krötke, gerade den Militärdienst ab. Er war ein aus Berlin stammender Berlin-Brandenburgischer Pfarrer, der zur Zeit meiner Geburt seine erste Pfarrstelle in der Neumark inne hatte. Ich habe nur ganz schemenhafte Erinnerungen an ihn. Denn er war von 1939 an im Kriege und kam diese sechs Jahre lang nur zu kurzen Urlaubsbesuchen nach Hause. Ende April 1945 ist er im Lazarett in Wismar seinen Kriegsverletzungen erlegen. Sein Grab und den ganzen dortigen Soldatenfriedhof hat die DDR beseitigt. Meine Mutter Gisela Krötke hat die Nachricht von seinem Tode erst im Spätsommer 1945 in Berlin erhalten. Denn wir mußten das nun zu Polen gehörende Gebiet verlassen. Sie war – wie mein Vater offenbar auch – ein Mensch voll ungewöhnlicher Lebensfreude und Lebensenergie. Aber sie hatte in den letzten Kriegsmonaten Entsetzliches durchgemacht, das mir in einer Mischung aus eigenem Erleben und ihrem Erzählen noch immer gegenwärtig ist. Ich bin mit ihr zusammen nur knapp dem Tode entronnen. Meine Schwester dagegen hat den Typhus, an dem wir erkrankten, nicht überlebt. Ich wundere mich, wenn ich an diese frühe Kindheit zurückdenke, tatsächlich sehr, daß Menschen, mit denen ich zusammengelebt und zusammengearbeitet habe, mich immer als einen ausgesprochen fröhlichen Menschen in Erinnerung behalten haben. Das frühe Erleben von Tod, Zerstörung und Gewalt hat vielleicht so etwas wie Dankbarkeit dafür, daß ich überhaupt da bin, zu einem hellen Grunde meines Lebens gemacht.

Im Jahre 1947 heiratete meine Mutter wieder. Mein Stiefvater, der Dessauer Pfarrer Werner Bast, hat mich wie seinen eigenen Sohn geliebt und alles dafür getan, daß ich eine im Grunde ganz unbeschwerte Kinder- und Jugendzeit haben konnte. Er besaß eine außerordentlich umfassende humanistische Bildung, die das Elternhaus zu einer Art zweiter Schule neben dem ideologisch durchgeformten sozialistischen Schulwesen werden ließen, dem ich nun von der Grundschule bis zum Abitur ausgesetzt war. Die Fähigkeit, zwischen wahr und falsch zu unterscheiden, wurde mir deshalb schon sehr früh gewissermaßen zur alltäglichen Praxis. Aber es war keinesfalls so, daß ich unter dieser Schule gelitten habe. Im Gegenteil, nach der Grundschulzeit konnte ich in Dessau die Oberschule Philanthropinum besuchen, die den Hintergrund der von Basedow gegründeten aufklärerischen Bildungsanstalt zu bewahren versuchte und die mir viel gegeben hat. Dort wurde Mitte der fünfziger Jahre sogar noch Griechisch und Lateinisch unterrichtet. Die meisten meiner Mitschüler durften nach dem Abitur jedoch nicht studieren, weil sie aus »bürgerlichen« Elternhäusern kamen. Viele sind darum in den Westen gegangen. Ich jedoch bekam einen Studienplatz, weil ich mich zu dem wenig begehrten Studium der Theologie an der Karl-Marx-Universität Leipzig beworben hatte.

Eigentlich gab es dafür keinen guten inneren Grund. Ich wußte einfach nicht, was ich unter den DDR-Bedingungen werden sollte und ich wollte auch keine Grenze zwischen meinen Eltern und mir haben. Das Berufsziel Pfarrer zu werden, hatte ich sicherlich nicht. Denn der Zustand der Gemeinden in Mitteldeutschland war erschreckend. Ich habe fest damit gerechnet, daß es dort in absehbarer Zeit überhaupt keine Kirche mehr geben werde. Auch waren es sicherlich nicht Gründe der Frömmigkeit, die mich zu diesem Studium trieben. Ich war zwar im Elternhaus von einer beinahe pietistisch zu nennenden Atmosphäre umgeben, die ich auch gerne mochte. Aber ein Grund, dieses Studium aufzunehmen, war das nicht. Und was mir mein Vater von den Möglichkeiten einer sog. »wissenschaftlichen Laufbahn« erzählte, hat mich auch nicht sehr begeistert. So bin ich also mit ziemlich unklaren Vorstellungen nach Leipzig gegangen und habe mich dort in sehr lässiger Weise mit den Anfangsgründen der Theologie vertraut gemacht. Doch diese Existenz wurde schlagartig unterbrochen.

Im Frühjahr 1958 erschien der Staatssicherheitsdienst bei mir und lud mich zwecks »Klärung eines Sachverhalts« in ein Auto und verschwand mit mir hinter Gefängnismauern. Dort hielt man mir ein paar gekrakelte Knüttelverse auf einem Zettel vor, mit denen ich für mich eine unsägliche Vorlesung im Fache »Marxismus-Leninismus« zu Papier gebracht hatte. Ich hatte den Hefter, in dem das lag, in der Universität liegen lassen. Jemand hat es gefunden und zur »Stasi« gebracht. Ich wurde aufgrund dessen wegen der angeblichen Tatbestände der »Hetze und staatsgefährdenden Propaganda« sowie der »Herstellung und Verbreitung von Hetzschriften« zu 21 Monaten Zuchthaus verurteilt, die ich in dem berüchtigten Zuchthaus Waldheim verbrachte. Ich will über diese Zeit als solche hier nichts sagen. Nach meiner Entlassung wurde mir mitgeteilt, daß die Universität mich relegiert hatte. An ein Weiterstudium war nicht zu denken und es entstand die Frage, ob ich, wie so viele, nun einen Neuanfang in der Bundesrepublik suchen sollte. Es gibt eine Reihe von Gründen, warum ich das nicht getan habe. Darunter ragte jedoch in verhältnismäßig großer Klarheit ein Grund hervor, der dann entscheidend für meinen ganzen Weg wurde. Es war die Zeit, in der die Menschen und mit ihnen die Christen massenhaft die DDR verließen. Ich hatte diesen Staat am eigenen Leibe von seiner finstersten Seite her kennengelernt. Aber ich hatte zugleich auch die Erfahrung gemacht, welch ein menschlich machender Reichtum gerade in solcher Situation schon in einem einzigen Psalm, in einem Lied, in einem Gedanken steckt, der dem christlichen Glauben entspringt. Ich habe mit Menschen hautnah zusammenleben müssen, bei denen dergleichen gar nicht mehr vorkam und die innerlich kaum etwas hatten, was sie ihrer entwürdigenden Unterdrückung und Entmündigung entgegenzusetzen hatten. Ich dachte mir in aller Naivität: Wenn das, was ich da erlebt habe, ein Grundzug dieser Gesellschaft ist, dann sind Christen hier auf alle Fälle nötig, dann ist auch der Beruf des Pfarrers gerade hier unerläßlich. Darum wollte ich jetzt diesen Beruf in dieser Gesellschaft ausüben. Am Ende ist es dann eine der wunderbarsten Erfahrungen in meinem Leben gewesen, daß die Kirche im Jahre 1989 bei der Umwälzung der gesellschaftlichen Verhältnisse gerade die Rolle spielen durfte, die ich mir persönlich – menschlich gesehen ganz aussichtslos – zugesprochen hatte.

Die Verwirklichung dieses Berufsplanes war dann gar nicht so kompliziert. Ich begann mit dem Studium neu am »Katechetischen Oberseminar« in Naumburg, einer Kirchlichen Hochschule, die aber vom Staat nicht als solche anerkannt wurde und sich wie das »Sprachenkonvikt« in Berlin gewissermaßen einen Decknamen zulegen mußte. An dieses »Sprachenkonvikt« wechselte ich im Herbst 1961 und dieser Wechsel wurde dann zur theologisch prägenden Zeit für mich. Eigentlich war diese Einrichtung nur ein Wohnheim für Studenten, die an der Kirchlichen Hochschule in West-Berlin studieren wollten. Das wollte ich auch, aber das ging nicht mehr. Denn am 13. August 1961 wurde die Berliner »Mauer« errichtet und das »Sprachenkonvikt« mußte sich faktisch innerhalb eines Monats als eigenständige theologisch-akademische Ausbildungsstätte konstituieren. Man ernannte einfach einige Assistenten zu Dozenten und versuchte eilig einen Lehrkörper zusammen zu bekommen.[1] Für die Studenten war das eine einmalige Situation. Sie waren mit dafür verantwortlich, daß diese Hochschule überhaupt leben konnte. Sie hatten Lehrer, die nur wenig älter waren als sie und sie in ihr

---

[1] Vgl. hierzu Rudolf Mau, Das »Sprachenkonvikt«. Theologische Ausbildungsstätte der Evangelischen Kirche in Berlin-Brandenburg (»Kirchliche Hochschule Berlin-Brandenburg«) 1950–1991, in: Der Wahrheit Gottes verpflichtet. Theologische Beiträge aus dem Sprachenkonvikt Berlin für Rudolf Mau, hg. von Matthias Köckert, Berlin 1993, S. 11–25.

eigenes Lernen hineinnahmen. Ich konzentrierte mich zunächst auf die Exegese. Christoph Demke und Eberhard Jüngel brachten mir den Geist der Bultmann-Schule nahe, wie er an der Kirchlichen Hochschule in Westberlin auf besondere Weise von Ernst Fuchs repräsentiert wurde. Hans Jürgen Hermisson prägte mich mit seiner an Gerhard von Rad orientierten alttestamentlichen Arbeit. Als Eberhard Jüngel in die Systematik überwechselte, habe ich auf intensive Weise an seinem Versuch Anteil genommen, den Streit zwischen Karl Barth und Rudolf Bultmann ins Freie zu führen. Daß die Theologie in der Strenge des Denkens auf die Verkündigung der Kirche in der Gesellschaft bezogen ist, indem sie die Frage nach der Wahrheit unbeirrt durchhält, ist mir in dieser Zeit selbstverständlich geworden.

Nach Abschluß des Studiums habe ich mit Hilfe eines kleinen Stipendiums der EKU meine Dissertation über »Karl Barths Lehre vom Nichtigen und von der Sünde«[2] geschrieben. »Dissertation« ist eigentlich übertrieben. Denn wir hatten ja keine Hochschulrechte. Der Bund der Evangelischen Kirchen hatte darum ein kirchliches Qualifikationsverfahren eingerichtet, bei dem keine Titel vergeben wurden, das aber ein solennes Promotionsverfahren war und von der ersten demokratisch gewählten DDR-Regierung auch als solches anerkannt wurde. Von dieser Arbeit her ist mir Karl Barths Theologie auf meinem ganzen theologischen Weg wichtig gewesen. Ich meine damit vor allem gar nicht das, was man heute sein »System« nennt. Auch sehe ich die Grenzen dieser Theologie in vieler Hinsicht wohl. Aber es geht mir einfach so, daß Barths Texte immer wieder in einer solchen Lebendigkeit zu mir sprechen, der mich zu eigenem Denken von Neuem anregt und ermutigt, so daß es geradezu töricht wäre, auf diesen Reichtum an Entdeckerfreude zu verzichten.

Nach Abschluß des Qualifikationsverfahren war ich Vikar und Hilfsprediger in einem kleinen Dorf bei Naumburg (Saale), d.h. ich habe praktisch ein Pfarramt geführt. Die Eindrücke, die ich dort von der Gemeinde gewonnen habe, stehen mir bleibend vor Augen, wenn ich theologisch zu denken habe. Daß die Kirche alle ihre Kräfte darauf konzentrieren muß, den christlichen Glauben in die Lebenswelt der Menschen zu bringen, darauf kommt es an. Denn zu Menschen, die nicht mehr zur Kirche kommen, muß die Kirche gehen – das ist ihre einzige Chance, um in diesem »Mutterlande der Reformation« nicht von der Landkarte zu verschwinden. Ich bin sehr gerne Pfarrer gewesen, weil ich bemerkt

[2] Vgl. Sünde und Nichtiges bei Karl Barth, Berlin 1970, Neukirchen ²1983.

habe, daß die Situation der Entfremdung vom Glauben und von der Kirche beileibe kein Grund zur Resignation ist, sondern eine Chance des Neuanfangs darstellt. Leider bin ich in diesem Dorf nur drei Jahre gewesen.

Dann wurde ich fast genötigt, mich zur Wahl als Studentenpfarrer in Halle (Saale) zu stellen. Auch dieses Pfarramt habe ich drei Jahre lang wahrgenommen und ich bin auch dort nur mit großem Bedauern weggegangen. Denn die Studentengemeinden in der DDR hatten eine ganz wichtige Funktion. Sie sammelten den akademischen Nachwuchs der Kirche, der zu verantwortlicher Gemeindeleitung fähig ist. Sie behandelten Themen, die an der sozialistischen Universität nicht vorkamen und hatten in den Universitätsstädten darum auch eine wesentlich Bildungsaufgabe. Ich habe mich dort neben der sozusagen christlichen Fundamentalbildung intensiv der Fragen angenommen, die sich von den Naturwissenschaften, aber auch von den anderen empirischen Wissenschaften her an den christlichen Glauben stellen. Ich habe mit den Studenten philosophische Texte aller Art gelesen, wobei die Auseinandersetzung mit dem Marxismus-Leninismus natürlich eine hervorgehobene Rolle spielte. Ich stieß dabei auf einen großen Bildungshunger und eine Bereitschaft, einen anderen Horizont zu bekommen, so daß diese Arbeit trotz der Repressionen, mit denen die sozialistische Staatsmacht nicht sparte, die reine Freude war.

Im Jahre 1973 wurde ich dann Dozent des kirchlichen Lehramtes für systematische Theologie am Sprachenkonvikt in Berlin. Wir haben dort unter Bedingungen ein akademisches Studium angeboten, die heute schon fast unvorstellbar sind. Ich meine damit nicht nur die Behinderungen von seiten des Staates, die uns bis Mitte der 80er Jahre fürchten ließ, wir würden verboten. Eine »Ausrüstung« gab es faktisch nicht und die Mühseligkeiten der Literaturbeschaffung waren unsäglich. Das alles erklärt, warum die wissenschaftliche Forschung nicht in der Weise zum Blühen kommen konnte, wie das an einer westlichen Universität der Fall sein kann. Alles, was man in der DDR veröffentlichen wollte, wurde darüber hinaus zensiert und die Publikationsvorhaben im Westen standen unter der Aufsicht des »Büros für Urheberrechte«. Es war darum mühselig, sich am öffentlichen wissenschaftlichen Gespräch zu beteiligen. Diesen Nachteilen standen freilich große Vorzüge gegenüber. Unter DDR-Verhältnissen hatte ich den freiesten Beruf, den man sich nur denken kann. Die Ausbildung vollzog sich in sehr engem Kontakt mit den Studierenden, die man alle persönlich genauer kannte. Die Beziehungen unter den Kolleginnen und Kollegen waren von der lebendigen Überzeugung getragen, daß wir alle für eine gemeinsamen Sache arbeiten. Für mich ist das nie ein gewissermaßen nur äußerer Rahmen meines theologischen Denkens gewesen. Theologie, so ich sie verstehe, braucht einen Lebenskontext, der nicht nur durch den abstrakt-allgemeinen Bezug auf die Kirche gewahrt werden kann, sondern sich in der Beziehung auf Menschen, die gemeinsam in einer besonderen Situation stehen, vollzieht. Weil meine theologische Existenz immer in solchen Beziehungen beheimatet war, weiß ich darum auch gar nicht so genau zu sagen, wieviel von dem, was ich für »meine Theologie« halte, sich dem Geiste anderer verdankt.

Als sich in der DDR im Jahre 1989 die großen gesellschaftlichen Umwälzungen vollzogen, ist von vielen Seiten die Frage an mich herangetragen worden, ob ich die Politik nicht wie viele meiner Freunde, Kollegen und Studenten zu meinem Beruf machen sollte. Diese Frage war berechtigt, weil es nun an der Zeit war, für die humanisierenden Konsequenzen der Wahrheit der Theologie in der Gesellschaft auch ganz einzutreten. Doch wieviel ich mich auch im einzelnen beteiligte, so war mir doch klar, daß meine Sache die Theologie ist und daß diese Theologie gerade in den gesellschaftlichen Umbruchszeiten, die im Grunde bis heute andauern, nötig sein würde.[3]

1991 wurde das Sprachenkonvikt dann leider von der Kirche aus finanziellen Gründen geschlossen und mit der sich neu konstituierenden Theologischen Fakultät der Humboldt-Universität fusioniert. Ich war fast drei Jahre lang deren erster Dekan und habe in dieser Funktion viel Zeit und Kraft an den schwierigen und konfliktreichen Aufbau dieser Institution gewendet. Sehr viel davon wird heute schon wieder kräftig abgebaut, so daß ich an der Weisheit der Hochschulpolitik der Bundesrepublik meine Zweifel habe. Für mich persönlich bedeutet die Wahrnahme einer Professur an dieser Universität eine – aus DDR-Sicht – fast unglaubliche Verbesserung meiner Arbeitsbedingungen. Sorge macht mir dagegen, ob die Theologie an diesem Ort wirksam eine lebendige Funktion der Kirche zu sein vermag, wie das F. Schleiermacher gerade der Berliner Fakultät bis heute gültig eingeprägt hat. Für mich ist es jedenfalls selbstverständlich, gerade hier das zu tun, was ich in diesem Beruf mein ganzes Leben lang getan habe: in der Ausbildung und in der Forschung dafür zu sorgen, daß die Kirche in einer noch so schwierigen

---

[3] Vgl. hierzu meine Beiträge aus jener Zeit in dem Band »Die Kirche im Umbruch der Gesellschaft. Theologische Orientierungen im Übergang vom »real existierenden Sozialismus zur demokratischen, pluralistischen Gesellschaft, Tübingen 1994.

Situation nicht aufhört, eindeutig für die Wahrheit einzutreten, die sie allein leben läßt.

II.

Das Stichwort »Wahrheit« ist nicht zufällig am Anfang und am Ende der Hinweise auf meinen Lebensweg gefallen. Viele denken dabei heute ja in irgend etwas Abstraktes, das noch dazu auf verbohrte, engstirnige Weise vertreten wird. In der pluralistischen Gesellschaft gewöhnt man sich darum immer mehr an, von der Wahrheit im Plural zu reden. Es gibt auf der weiten Welt und in den mannigfachen Kulturen viele Wahrheiten und niemand kann entscheiden, welches denn nun die eine Wahrheit ist, auf die wir unser Leben zu gründen vermögen. Das scheint einleuchtend zu sein, wenn bloß die Überzeugung von der Relativität aller Wahrheiten nicht praktisch die Konsequenz hätte, daß es dann in unserem Leben überhaupt nicht mehr um die Wahrheit geht und sich das leere Gefühl einstellt, daß es mit uns und allem, was ist, letztlich nichts auf sich hat.

Richtig ist, daß niemand die Wahrheit besitzen kann. Das war ja die große Fehlannahme des Marxismus-Leninismus, daß er sich der Erkenntnis und des Besitzes einer »objektiven Wahrheit« in der Natur und vor allem in der Geschichte sicher wähnte, der gegenüber alle andere Wahrheitserkenntnis als ein zu bekämpfendes Werk des »Klassenfeindes« angesehen wurde. Damit wurde nicht nur die Unterdrückung anderer Meinungen in der Gesellschaft gerechtfertigt, sondern auch die Indoktrination der ganzen Gesellschaft mit der »allein wahren« Lehre des historischen und dialektischen Materialismus. Dieses Wahrheitsverständnis, das bei all seinen richtigen Aspekten der Beurteilung der naturgesetzlichen und vor allem der sozialen Wirklichkeit am Ende das bewußte und unbewußte Lügen zu einem Grundzug der Gesellschaft machte, hat so viel widersinnige Qual bereitet, daß für mich nie die Versuchung bestanden hat, es auch in der Theologie zu installieren. Die Wahrheit, der sich der christliche Glaube verdankt und welche die christliche Verkündigung zu bezeugen hat, ist auf alle Fälle dadurch ausgezeichnet, daß sie das Wirkliche, wie es ist, ins Licht stellt und sehen läßt, statt es zu verbergen und wegzulügen.

Die Kirche und auch die Theologie haben sich zwar in der Vergangenheit leider den Verdacht zugezogen, mit dem Glauben an Gott Illusionen über die Wirklichkeit zu erzeugen. Der Widerstand der Kirchen gegen die aufkommenden Naturwissenschaften, gegen die Menschenrechte, gegen die Demokratie usw. geben der Religionskritik bis heute

Recht, die darauf den Finger legt. Die Erfahrungen in der DDR mit einer säkular-totalitären Wahrheitstheorie jedoch führten dazu, daß gerade die viel gescholtene Kirche zum durchhaltenden Anwalt der Wirklichkeit wurde, wie sie sich im Lichte der Wahrheit des christlichen Glaubens zeigte. »Anwalt der Wirklichkeit« – das bedeutet zunächst, das Wirkliche zulassen und aussprechen, wie es in seinen vielen Aspekten und Facetten begegnet. Eine Ideologie der Wahrheit vermag das nicht. Sie erfaßt zwar in der Regel eine durchaus richtige Dimension der Wirklichkeit und bringt sie auf den Begriff. Aber indem diese Dimension nun als das alles bestimmende Ganze verstanden wird, schreibt jetzt der Begriff der Wirklichkeit gewaltsam vor, wie sie zu sein hat. Dadurch machen Ideologien für die Vielfalt der Wirklichkeit blind – auch religiöse Ideologien.

In der täglichen Begegnung mit dem ideologischen Wahrheitsanspruch einer Weltanschauung war es deshalb eine befreiende Erfahrung, daß die Wahrheit des christlichen Glaubens, die in der Unverrechenbarkeit des Kommens Gottes in menschliche Geschichte begründet ist, keine religiöse Ideologie ist und daß sie theologisch auch nicht dazu verarbeitet werden darf. Die Kirche neigt dazu, dies zu tun. Denn ihr muß ja daran gelegen sein, in sich selbst und in Bezug auf die Gesellschaft möglichst eindeutig darzustellen, wie das Profil der Wahrheit aussieht, das sie zu vertreten hat. Sie ist darum in der Gefahr, die Fähigkeit zu verlieren, »mit dem Anfang anzufangen« und statt dessen irgendein erstarrendes Prinzip – und wenn es das Prinzip des Wahrheitspluralismus ist – für ihren Lebensgrund zu halten. Aus diesem Grunde ist eine kritische Theologie für die Kirche lebensnotwendig. Sie sorgt für die Unterscheidung der unverfügbaren und uns doch konkret angehenden Wahrheit, mit der man immer nur neu anfangen kann und den Verarbeitungen, die sie in der kirchlichen Wirklichkeit und ihrer Verankerung in der Gesellschaft immer schon erfahren hat.

Für das, was ich unter Theologie verstehe, hat deshalb das biblische Wahrheitsverständnis eine grundlegende Bedeutung. Wahrheit ist im Alten Testament das, worauf man sich schlechterdings verlassen kann. Sie ist als Wahrheit Gottes »Schirm und Schild« in allen Gefährdungen des Lebens (vgl. Ps 91,4). Sie reicht so weit die Wolken gehen (vgl. Ps 36,6) und währt ewig (vgl. Ps 100,5; 117,2). Darum sind die »Werke« der »Hände« Gottes (vgl. Ps 111,4; Dan 4,34) und vor allem sein Wort (vgl. Ps 119,160; Ps 33,4; II. Sam 7,28) auch durch die Wahrheit ausgezeichnet. Dem, was der »Gott der Wahrheit« (Dt 7,9) tut, kann man darum vertrauen und »in seiner Wahrheit wandeln« (Ps 25,5; 26,3), d.h.

von einem schlechthin verläßlichen Grunde her leben. Über diesen Grund verfügt Israel nicht. Er *ereignet* sich aber als Gottes Treue zu seinem Bundesvolk immer aufs neue und bleibt insofern auch der Horizont der Zukunft dieses Volkes.

Im Neuen Testament hat besonders das johanneische Zeugnis auf diesem Hintergrund Jesus Christus selbst als den »Weg, die Wahrheit und das Leben« (Joh 14,6) verstanden. Sein Dasein ist selbst ein Ereignis der Wahrheit Gottes. Gottes Verläßlichkeit, Beständigkeit und Treue ist in ihm darum gegen das gerichtet, was keinen Bestand hat und worauf Menschen sich nicht verlassen können. Das ist die Lüge, die Joh 8,44 regelrecht mit dem »Teufel« identifiziert wird. Das Böse vermag nicht in der Wahrheit »zu stehen«. Es ist ihr gegenüber das Zerfallende, Vergehende und Zerstörende, ja ich sage, das Absurde. Es kann darum im Unterschied zur Wahrheit nicht im Licht sein. Es muß im Dunkeln wirken, d.h. es muß seine Wirklichkeit verschleiern.

Wahrheit dagegen drängt wesentlich ins Licht und läßt damit das Wirkliche, das bestehen kann, *offenbar* werden. Wahrheit hat wesentlich *Offenbarungscharakter*. In Jesus Christus geschieht also die Wahrheit Gottes, in der Menschen bestehen können, indem die Wirklichkeit erhellt und d.h. zwischen dem Bösen, das nur vergehen kann, und dem, was »aus der Wahrheit« ist, unterschieden wird. In diesem Sinne kann man sagen, daß Gottes beständige Wahrheit in ihrem konkreten geschichtlichen Offenbarsein dasjenige Sein von Menschen begründet, das eigentlich wirklich zu heißen verdient. Strahlt *Gottes Klarheit*, wie ich im Anschluß an M. Luther den biblischen Begriff Doxa übersetze, in Jesus Christus in Einheit mit seiner Gnade »voller Wahrheit« in die Welt (vgl. Joh. 1,14), dann *schafft* sie Wirklichkeit, die im Licht stehen kann,

Zu theologischer Wahrheitsgewißheit kommt es darum einerseits immer im Zuge des *Entdeckens von Neuem*, das sich nicht aus dem Gefüge der durch menschliche Erkenntnis und menschliches Handeln schon zurechtgestellten Wirklichkeit ergibt. Das bedeutet andererseits aber nicht, daß die immer wieder neue Wahrheit Gottes relationslos in die Welt hineinplatzt. Gerade indem die Wahrheit Ereignis ist, schafft und ordnet sie einen alten Wirklichkeitszusammenhang neu. Das gilt in erster Linie für die Existenz von Menschen, die sie betrifft. Menschen werden in eine neue Beziehung zu Gott und damit zu sich selbst, zu anderen Menschen, ja zu aller irdischen Wirklichkeit gesetzt. Sie werden *selber wahr*, d.h. sie werden so offenbar und verläßlich im Hinblick auf Gott und auf die Welt, daß sie sich nicht mehr in eine lügenhaft zurechtgestellte Wirklichkeit zurückziehen müssen. Sie können alles, was ist, im Lichte Gottes in ihren schöpfungsgemäßen Relationen begegnen lassen und gewinnen Kraft, sich in diesen Relationen hoffend auf die Zukunft als neuem Ereignis der Wahrheit Gottes zu beziehen und in Entsprechung zu Gott in der Welt schöpferisch tätig zu werden.

Gottes offenbare Wahrheit läßt Menschen deshalb niemals vor sich erstarren, wie es der im Anschluß an eine Äußerung D. Bonhoeffers erhobene Vorwurf des »Offenbarungspositivismus« einer Theologie und Verkündigung unterstellt, die sich in jeder Hinsicht auf Gottes offenbare Wahrheit konzentriert. Sie ist nicht ein bloßes »Enthüllen« der göttlichen Wirklichkeit an sich und schon gar nicht eine Mitteilung »übernatürlicher« Sachverhalte, mit denen Menschen dann im Grunde allein bleiben. In ihr ereignet sich vielmehr eine rettende, schöpferische Beziehung Gottes auf die Menschenwelt, welche sie ihrerseits *wahr werden* läßt. Offenbarung als Wahrheitsgeschehen hat darum in ihrem Wesen *soteriologische* Qualität, indem sie eine Geschichte des *Wahrmachens* unseres Lebens in Gang setzt. Wenn Menschen beginnen, an dieser Geschichte teilzunehmen, dann erfahren sie, daß ihr Leben in Wahrheit wirklicher, d.h. im Ganzen *beständiger und offenbarer* wird, als alle ihre Versuche, sich selbst Beständigkeit zu geben und die Wahrheit der Wirklichkeit selbst festzuschreiben.

Diese Einsichten gewinnen für mich ihre konkrete Bedeutung in Bezug auf die Situation des massenhaften Atheismus der Bevölkerung, wie wir sie im Osten Deutschlands auch durch die Änderung der gesellschaftlichen Verhältnisse hindurch ungebrochen antreffen. Das Wort »Atheismus« bezeichnet die Erscheinung, um die es hier geht, aber im Grunde unzureichend. Denn »Atheismus« ist von seinen Ursprüngen in Europa her ja eigentlich eine Freiheits- und Emanzipationsbewegung, die dem Menschen sein menschliches Wesen zurückgewinnen sollte, von dem er sich in der Religion und mit Hilfe der Religion entfremdet hat. Der Atheismus der Massen, mit dem wir es im Osten Deutschlands zu tun haben, aber ist weit davon entfernt, eine kämpferische Freiheitsbewegung zu sein. So wie er sich über 60 Jahre hin unter dem Einfluß von zwei Weltanschauungsdiktaturen ausgebildet hat, handelt es sich um ein gewohnheitsmäßiges und selbstverständliches Leben ohne Gott. Ich nenne diese Erscheinung im Anschluß an einen Begriff F. Schleiermachers *Gottesvergessenheit*. Im Grunde hat sie auch D. Bonhoeffer in seinen Gefängnisbriefen ganz zutreffend als »Religionslosigkeit« beschrieben.[4] Doch Bonhoeffer billigte dieser Religionslosigkeit immer-

---

[4] Vgl. zum Folgenden: Gottes Kommen und menschliches Verhalten. Aufsätze und Vorträ-

hin noch das Anliegen der »Mündigkeit« der menschlichen Lebensver-
wirklichung zu. Davon kann bei jener gewohnheitsmäßigen Gottesvergessenheit jedoch nicht die Rede sein. Der christliche Glaube hatte dem
kämpferischen Atheismus ja immerhin noch die großen Themen des
Menschseins mit auf den Weg gegeben. Senkt sich aber über Menschen
jene bloß nebelhafte Gottesvergessenheit, dann greift so etwas Platz wie
ein Sog der Erschlaffung an den großen Emanzipationsaufgaben des
Menschseins. Das Leben reduziert sich auf das Besorgen der Lebensfri-
stung in dem Umkreis, der einen gerade angeht.

Mit Menschen, die so leben, hat es die christliche Gemeinde vor allem zu tun. In einer Situation gänzlicher Interesselosigkeit für die Fragen des Glaubens an Gott muß sie Menschen für den Glauben gewinnen. Sie muß das, weil es ihr Auftrag ist, Menschen die Wahrheit Gottes
zu bezeugen und weil ihr Dasein in der Welt nur dadurch gerechtfertigt
ist. Sie muß das, weil sie sich als Partnerin Gottes in der Welt nicht damit
abfinden darf, daß Menschen in der Illusion leben, ein Leben ohne Gott
könne sich schon selbst einen Horizont schaffen, der trägt. Die gottesvergessene Lebensführung belegt das nicht. Nach einem heute in der
evangelischen und katholischen Theologie weit verbreiteten Konsensus
ist es darum vor allem wichtig, von den Fundamentalfragen des
Menschseins, also von der Anthropologie her einen Weg zum Gottesglauben oder mindestens einen Weg zu einem »Gottesgedanken« zu
bahnen. Menschen sollen daran erinnert werden, daß sie sich wesentlich
auf einen Horizont hin überschreiten, der ihnen bleibend ein Geheimnis
ist. Die Frage nach dem Sinn des Lebens und die Reflexion auf das für
jeden Menschen unerläßliche »Urvertrauen« sollen z.B. einprägen, daß
Menschen »von Natur aus religiös« sind, so daß ihnen die ausdrückliche
Aufnahme einer Gottesbeziehung als geradezu naheliegend erscheinen
kann. Auf die *Begegnung* mit der Wahrheit zu setzen, wie ich sie skizziert habe, gilt dagegen als ein Vorgehen, das Menschen bloß »autori-
tär«, ja »totalitär« einen unverständlichen Brocken vorsetzt, den sie gar
nicht verstehen können. Mir hat diese Alternative jedoch weder theologisch noch praktisch je eingeleuchtet und ich wundere mich, daß die
Polemik, mit der in der gegenwärtigen Theologie in dieser Sache von
allen Seiten nicht gespart wird, sich derart abstrakt in einen solchen
Gegensatz hinein ideologisiert hat.

---

ge zum Problem des theologischen Verständnisses von »Religion« und »Religionslosigkeit«,
AVTRW 80, Berlin 1984 und: Der Mensch und die Religion nach Karl Barth, ThSt 125, Zürich
1981.

Es ist ja kein Zweifel, daß zur Menschlichkeit des Menschen in der Tat jene Transzendierungsfähigkeit gehört und daß Menschen, die dazu nicht mehr fähig sind, gewissermaßen tote Augen bekommen. Es ist auch richtig, daß Menschen, indem sie alles Gegebene und Vorhandene zu überschreiten vermögen, dies letztlich in eine Dimension des Unverfügbaren und des Geheimnisses hinein tun. Wenn es zur Begegnung mit Gott in seiner wahrmachenden Wahrheit kommt, dann kann und muß das alles in der Tat in Anspruch genommen werden. Dabei soll auch verstehbar gemacht werden, daß der Glaube an den unverfügbaren und unsichtbaren Gott in seiner Wirklichkeitsweise als Geist uns nicht etwas zumutet, was sich mit unserem Menschsein überhaupt nicht verträgt. Es ist vielmehr grundmenschlich, an Gott zu glauben! Nur ob die Dimension des Unverfügbaren für sich und als solche aus der Situation der Gottesvergessenheit heraus als »Gott« identifizierbar ist und deshalb tragende Verbindlichkeit für das menschliche Leben, ja für das Verstehen der Wirklichkeit im Ganzen beanspruchen kann, ergibt sich keinesfalls zwingend. Was sich da auftut, könnte vom Menschen her gesehen auch das Nichts sein, so wie denn auch nicht wenige Menschen ihr Leben im Akzeptieren dieses Nichts führen.

Viel häufiger ist freilich, daß sich jene Fähigkeit faktisch in einem pseudoreligiösen Verhalten niederschlägt, das irgend etwas in der Welt wie einen Gott verehrt. In diesem Sinne war der Marxismus-Leninismus mit seinen Absolutheitsansprüchen zweifellos auch eine Pseudoreligion. Entsprechendes gilt von der ganzheitlichen Orientierung von Menschen am Konsum und an der sonstigen Befriedigung von Bedürfnissen. Sie macht – wie M. Luther in der Auslegung des 1. Gebots im Großen Katechismus klassisch gezeigt hat – aus weltlichen Dingen einen »Abegott« (vgl. BSLK, 560f.). Ohne die Öffnung von Menschen für den »rechten einigen Gott« (ebd.) verhärtet sich diese Art von Religion gerade in der Gottesvergessenheit, indem sie die Reduzierung von Menschen auf bloß greifbare Weltzusammenhänge wie eine Religion zelebriert.

Anders als *religionskritisch* kann sich die christliche Verkündigung darum gar nicht auf die faktischen Phänomene von Religion und auf die Funktion von Religion in der Gesellschaft beziehen. Das gilt selbstverständlich auch für die Weisen von Religion, die in der Kirche immer schon ausgebildet worden sind und im Namen Gottes auf eine allzu weltliche Weise bloß weltlich-menschliche Interessen besorgen. Ein selbstkritisches Verhältnis zur Religion in der Kirche ist deshalb die Voraussetzung der Kritik aller religiös zu nennenden Verhaltensweisen außerhalb der Kirche. Diese Kritik jedoch vollzieht sich von dem beschriebenen Wahrheitsgeschehen her in der Weise, daß die eigentlich menschlichen Möglichkeiten im Unterschied zu dem, was Menschen schon aus ihnen gemacht haben, zum Leuchten gebracht werden. Zu diesen Möglichkeiten gehört auch jene Transzendierungsfähigkeit, die in der Gottesvergessenheit so verkümmert. Sie wird durch das Reden von der konkreten geschichtlichen Wahrheit Gottes praktisch in Anspruch genommen, so daß sie aufleben kann und es selbstverständlich wird, sie in der Beziehung zu Gott zu betätigen.

Demgegenüber ist überhaupt nicht einzusehen, was das Herumbohren in jener menschlichen Fähigkeit als solcher, das – wie alle theologia naturalis – zunächst einmal vom Glauben absieht, für einen Gewinn bringen soll. Praktisch ist das Reden von Gott, das hier angestrebt wird, in einem gottesvergessenen Umfeld genauso neuartig und fremd wie das schriftbezogene Gotteszeugnis auch, so daß in dieser Hinsicht gar nichts gewonnen ist. In der Pointe aber zielt es auf eine aus dem Menschsein heraus konstruierte allgemeine Gottesidee, die, wenn sie nicht geradezu vom christlichen Glauben wegführen soll, mit der Wahrheit des geschichtlich begegnenden Gottes erst noch zusätzlich vermittelt werden muß. Die Gefahr, daß die Kirche, die im Grunde alle ihre Kräfte auf das Entstehen des Glaubens bei den Menschen konzentrieren muß, auf diese Weise ausdauernd in einem unverbindlichen religiösen Vorfeld des Glaubens stecken bleibt, ist dabei mit Händen zu greifen. Darum muß das Vorurteil überwunden werden, die konkrete, geschichtliche *Beanspruchung* durch die Wahrheit stehe im Gegensatz zur Offenheit für alles, was bei Menschen, ja in der Geschichte und in der Natur für die Wahrheit, die Gott ist, spricht. Es ist im Gegenteil so, daß diese Beanspruchung allererst dazu *befähigt*, von der Frage nach der Wahrheit im eigenen Leben bewegt zu sein. Alleine schon mit dem Wort »Gott«, das gottesvergessene Menschen erst wieder aussprechen lernen müssen, wird sich dann die Vorstellung verbinden, daß hier ein freier Blick auf alles Wirkliche geöffnet und alle Fragen ernst genommen werden, die sich im menschlichen Leben stellen. Das biblische Zeugnis setzt in dieser Hinsicht alles auf die Tagesordnung, was ein menschliches Leben, ja die Wirklichkeit überhaupt ausmacht und läßt es in einem neuen Lichte erscheinen.[5] Ich kann darum die Meinung nicht teilen, die Rückbeziehung auf diese Texte blockiere geradezu ein Verstehen des

---

[5] Vgl. hierzu meine Beiträge in dem Band: Die Universalität des offenbaren Gottes. Gesammelte Aufsätze, BzEvTh 94, München 1984.

christlichen Glaubens an Gott. Wird ein sachkritischer Umgang mit diesen Texten eingeübt, die alle um das Ereignis der Wahrheit Gottes in der Geschichte von Menschen »herumgeschrieben« sind (E.Fuchs), dann nehmen diese Texte vielmehr in ein Bewegtsein des ganzen Lebens, der Emotionalität und der Vernunft, von Gott her und zu Gott hin mit.[6] Es geht hier um eine Einladung zum Mitentdecken und Mitreden, bei der jeder Mensch inspiriert werden soll, sich nach seinen Möglichkeiten am Großmachen der Wahrheit Gottes für sein Leben und das Leben anderer Menschen in der Schöpfung und im Horizont des Reiches Gottes zu beteiligen.

Das hat nach meinem Verständnis unmittelbare Konsequenzen für das Verständnis der Kirche und ihrer Zukunft, so daß sich die zentrale Aufgabe von Gott zu reden notwendig mit der Arbeit an einem bestimmten Profil der Kirche und der Gemeinden verbindet. Wenn der Sog der Gottesvergessenheit, der zweifellos dabei ist, auch das bißchen Rest-Religion bei den Menschen noch aufzusaugen, nicht obsiegen soll, dann bedarf es einer Kirche, die mit ihrer Verkündigung und ihren Vollzügen so intensiv wie möglich an den Lebenszusammenhängen der einzelnen Menschen teilnimmt. Denn die Menschen sind zwar massenhaft aus der Kirche ausgetreten, sie werden aber nur je als einzelne zurückzugewinnen sein, indem ihnen die Wahrheit Gottes in ihrem eigenen Leben wichtig wird. Ohne das eigene Ausprobieren des Verstehens dieser Wahrheit im Kontext der besonderen Erfahrungen der eigenen Lebensführung und ohne das Aufgerufensein zu eigener Verantwortlichkeit für die Geltung dieser Wahrheit wird das nicht geschehen können und wird es also im Osten Deutschlands keine wachsenden Gemeinden mehr geben.

Das ist seit langem bekannt. Es ist jedoch in der DDR-Zeit trotz mancher Ansätze nicht gelungen, die Kirche im Sinne dieser Aufgabe umfassend zu reformieren. Vielmehr blieb sie in ihrer Struktur und Arbeitsweise eine »Volkskirche«, die so organisiert war, als gehöre das ganze Volk zur Kirche und warte nur darauf, mit einer bestimmten Art von Religion versorgt und bedient zu werden. Zwar muß es die Kirche auch als Institution geben, die sich als Ganzes im Gegenüber zur Gesellschaft und in einem kritischen Eingehen auf die Gesellschaft öffentlich darstellt und insofern auch in verschiedener Hinsicht eine gesellschaftliche Funktion hat. Doch in dieser Funktion erreicht die Kirche Menschen, die Gott massenhaft vergessen haben, nicht mehr. Das wurde spätestens

---

[6] Vgl. hierzu: Beten heute, München 1987.

nach der Wende offenbar, als sich zeigte, daß das klappernde Gerüst der im ganzen Lande präsenten Volkskirche und ihrer Institutionen nicht mehr bezahlbar ist. Folglich werden die Gemeindegebiete immer größer und die für die Verkündigung Verantwortlichen immer weniger. Statt alles darauf zu konzentrieren, daß die Wahrheit Gottes in den konkreten Lebensvollzügen der Menschen vor Ort vorkommt, entfernt sich diese Kirche faktisch immer mehr von den Menschen. Es muß sehr viel geschehen, damit sich das ändert und damit alle Kräfte, die zur Verfügung stehen, der Auferbauung der Gemeinden von unten her, traditionell gesprochen vom »Priestertum aller Gläubigen« her, zu gute kommen.[7] Das ist in erster Linie eine Frage der geistlichen Lebendigkeit der Kirche, die alleine das Anklammern am Gewordenen zu überwinden vermag.

Die Theologie aber, wie ich sie verstehe, prägt in kritischer Auseinandersetzung mit der kirchlichen Wirklichkeit und ihrer gesellschaftlichen Verhaftung die Möglichkeiten ein, die sich für den nötigen Aufbruch der Kirche vom Reichtum der Wahrheit des menschgewordenen Gottes her auftun. Für das Zutrauen zu diesen Möglichkeiten kann angesichts von so viel Verzagtheit in der Kirche gar nicht genug getan werden. Im Grunde ist jeder Tag meiner theologischen Existenz ein Tag, an dem es darauf ankommt.

---

[7] Zur Bedeutung, die dabei den theologischen Einsichten der Bekennenden Kirche zukommt, vgl.: Bekennen – Verkündigen – Leben. Barmer Theologische Erklärung und Gemeindepraxis, AVTRW 81, Berlin 1986.

FALK WAGNER

CH: Herr Wagner, in der Regel verschwindet die Person des Theologen hinter seinem Werk. Das finden wir als Herausgeber dieses Buches bedauerlich. Deshalb würden wir gerne von Ihnen Ihre Lebensgeschichte erfahren.

FW: Ja, Herr Henning, in der Tat ist es bei mir so, daß mein Lebenslauf und das wissenschaftliche Engagement eng verzahnt sind. Und dabei erinnere ich mich an ein Märchen, das ich schon einmal unmittelbar nach meiner Habilitation 1972 in München unter theologischen Gesichtspunkten neu erzählen sollte. Das ist das Märchen vom Hans im Glück, und vielleicht ist es gar nicht schlecht, sich an dessen Stationen zu orientieren.

Ich bin am 25. Februar 1939 in Wien geboren, weil mein Vater nach dem Anschluß Österreichs an das Deutsche Reich der Naziherrschaft nach Wien versetzt worden ist. Mein Vater war bei der Reorganisation des Handwerks in Österreich tätig. Wir sind aber mit meiner Familie nur von 1938 bis Anfang 1941 in Wien geblieben. Mein Vater ist dann im Zuge des Krieges nach Krakau versetzt worden, und dort haben wir von 1941 bis 1944 in der Nähe Krakaus gewohnt, nämlich in Zakopane, in der Hohen Tatra. Zakopane mußten wir im Sommer 1944 verlassen und sind nach Berlin, von Berlin ins Elbsandsteingebirge, vom Elbsandsteingebirge nach Breslau, von Breslau wieder nach Berlin, von Berlin nach Sachsen in der Nähe von Zwickau geflohen. Dort haben wir den Einmarsch der Amerikaner 1945 erlebt und sind, bevor die Russen die Amerikaner abgelöst haben, nach Niedersachsen gelangt. Bei Hildesheim haben wir in einem Dorf namens Hackenstedt gewohnt, wo ich auch die Volksschule von 1946-1949 besucht habe. Ende 1949 sind wir nach Wiesbaden gezogen. Dort habe ich die Gymnasialzeit durchlaufen. Wiesbaden hat zudem für mich eine besondere Bedeutung erlangt.

Mein Vater hatte sich nach 1945 selbständig gemacht. Aber seine Firma, die er gegründet hatte, ging in Konkurs. Dieses Ereignis hat dazu geführt, daß ich aus der familiären Idylle als Junge der Vorpubertätszeit herausgefallen bin. Vor dem Hintergrund der Geschichte vom Hans im Glück läßt sich das mit dem Bild vom in den Graben stürzenden Pferd verbinden. Für mich war die behütete Zeit der Kindheit mit einem Schlag beendet. Ich hatte die harte Realität des Lebens kennengelernt. Meine Mutter hat mich zudem eingeweiht in die Hintergründe dieser häuslichen Misere. Das hat mich sehr belastet. Die Kompensation kam dadurch zustande, daß ich schon in der Sexta des Gymnasiums einer Jungschar des Evangelischen Jungen- und Jungmännerwerks in Hessen-Nassau/Wiesbaden beigetreten bin und etwas später der sogenannten Kernschar dieses Jugendwerkes, nämlich der Heliand-Pfadfinderschaft, die es nur im Kirchengebiet in Hessen und Nassau gibt. Ich möchte dieses Ereignis wieder mit dem Märchen vom Hans im Glück verbinden, und zwar mit dem Bild des Tausches des Pferdes gegen die Kuh. Es war die »Milch der frommen Denkungsart«, an der ich mich in jener Zeit gelabt habe. Die Heliand-Pfadfinderschaft war eine spezifisch geprägte evangelische Jugendarbeit: soldatisch, militärisch, preußisch einerseits, pietistisch andererseits. Es lag eine Verbindung von Pietismus und Soldatentum vor, von Spener, Francke, Zinzendorf als Leitfiguren einerseits und von Friedrich Wilhelm I. und Friedrich II. von Preußen andererseits. Es handelte sich also um die Kombination einer Frömmigkeit, die nicht pietistisch-süßlich, sondern durchaus soldatisch geprägt war. Sie ist so tief in mir verwurzelt, daß ich noch heute in der Lage wäre, eine Kompanie nach den Regeln der Kunst in Marsch zu setzen. Es war ein Christentum nicht des schönen Redens, sondern der Tat. Diese Pfadfinderarbeit – ich war dann ab der Mittelstufe des Gymnasiums Pfadfinder- und Sippenführer – hat mich zutiefst geprägt. So stark, daß ich mich wegen der häuslichen Schwierigkeiten in ihr geborgen gefühlt habe; sie ist mit der zunehmenden Verantwortung als Führer auch mein wesentlicher Lebensinhalt gewesen.

Es war aber auch eine Jugendarbeit, in der so getan worden ist, als habe es die Jahre von 1933 bis 1945 nicht gegeben. Es ist weitgehend an die Zeit vor 1933 unmittelbar angeknüpft worden. Zucht und Ordnung waren zentral und wurden übermäßig betont, verbunden mit einer Jesusfrömmigkeit im Sinne einer persönlichen Jesusnachfolge und eines praktischen Christentums der Tat.

So habe ich sehr früh Verantwortung für eine Gruppe von etwa dreißig jüngeren oder fast gleichaltrigen Jungen übernommen und war in fast allen Ferien meiner Gymnasialzeit unterwegs auf Fußwanderungen oder Radfahrten und im Sommer auf Ferienlagern. Die Schule hat mich nur sekundär interessiert. Das ist in der Oberstufe in eher schwachen Schulleistungen zum Ausdruck gekommen. Das blieb so bis in die Anfänge der Oberprima hinein. Ich war ein Spätentwickler und vom Charakter eher etwas introvertiert. Ich muß Probleme zunächst für mich selbst klären, bevor ich sie äußere.

Die erste entscheidende Wende vollzog sich dann in der Oberprima. An unsere Schule kam ein Religionslehrer, der vorher Assistent an der Mainzer Evangelisch-theologischen Fakultät gewesen war: Dr. Dr. Walter Matthias, ein philosophisch gebildeter »Barthianer«. Er war vielen Lehrern haushoch überlegen. Ihm war bekannt, daß ich Theologie studieren wollte. Dieser Entschluß stand für mich seit der Oberstufe des Gymnasiums infolge der Prägung durch die Heliand-Pfadfinderschaft fest. Aber Walter Matthias hat mich attackiert wegen meiner Frömmigkeitsart. Er hat mich richtig vorgeknöpft und geschimpft: Wenn ich so weiterredete wie bisher, dann würde ich noch mit dreißig Jahren auf der Kanzel nur diese undurchdachten frommen Redensarten von mir geben. Die Kritik hat mich zunächst sehr irritiert, bis bei mir der Groschen fiel und ich kapiere, daß diese Art der Heliand-Frömmigkeit zu hausbacken und unreflektiert war.

Der so vollzogene Umbruch läßt sich vielleicht wieder mit dem Märchen vom Hans im Glück verbinden, nämlich mit der Metapher des Schweines und damit zusammenhängend mit der Unterscheidung von rein und unrein. Ich habe plötzlich die paulinische-lutherische Rechtfertigungslehre verstanden und mittels ihrer mich selber von der Pädagogik und der Frömmigkeit der Heliand-Pfadfinderschaft distanziert, da diese nach dem äußerlichen Leistungsprinzip von Zucht und Ordnung organisiert waren, das zum damaligen gesellschaftlichen Umfeld paßte: zum geistig-kulturellen Klima der Restauration in der Adenauer-Ära. Die jüngeren Lehrer, die noch den Zweiten Weltkrieg mitgemacht hatten und oft mit Kriegsverletzungen zurückgekommen waren, haben uns kritische Distanz gegenüber den Ereignissen zwischen 1933–1945 vermittelt.

Direkt nach dem Abitur im März 1960 bin ich dann aus der Heliand-Pfadfinderschaft ausgeschieden. Gleichwohl war ich in diesem Jugendwerk noch die ersten Semester meines Studiums in der offenen Gemeindejugendarbeit tätig. Einflußreich wurde für mich dann zunehmend die Frankfurter Philosophie und Soziologie Theodor W. Adornos, den ich zuerst am Anfang meines Studiums in Frankfurt gehört habe. Denn die

ersten beiden Semester meines Studiums habe ich 1960/61 in Frankfurt/
Main verbracht, um insbesondere die alten Sprachen nachzulernen.

Im ersten Semester bin ich allerdings krank geworden. Ich hatte eine
Gelbsucht und habe mir deshalb das Hebräische und dann auch das
Griechische weitgehend autodidaktisch beigebracht. Ich war zwar in
ein Sprachkonvikt in Frankfurt eingetreten, das ich jedoch dann bald
wieder verlassen habe, weil es mir zu verschult vorkam. Was den lang-
samen Einfluß der Frankfurter Schule betrifft, so muß ich feststellen,
daß ich in den ersten beiden Semestern von Adorno kaum etwas verstanden habe. Ich fand seine Ausführung trotzdem äußerst interessant. Ich
habe dann während meiner Mainzer Zeit mehr oder weniger alles von
Adorno gelesen, was ich bekommen konnte. Einen Anstoß für meinen
weiteren Bildungsgang ging überdies vom »Endspiel« von Samuel
Beckett aus, durch das ich die sozio-politische Realität zum ersten Mal
wirklich zu verstehen meinte. Das »Endspiel« von Samuel Beckett habe
ich 1960 in einer Wiesbadener Aufführung gesehen und mir auch den
Text gekauft.

Die ersten Studiensemester bedeuteten für mich eine Zeit des Umbruchs und des Übergangs, die allmählich abgelöst wurde durch den
Aufbau eines eigenen Standpunktes in der Theologie. Das ist natürlich
ein längerer Prozeß gewesen.

1961 bin ich von Frankfurt nach Mainz gegangen, um dort 7 Semester lang sehr intensiv Evangelische Theologie zu studieren. Das metho-
disch-wissenschaftliche Arbeiten habe ich zunächst in den exegetischen
Disziplinen gelernt. Ich habe sehr viele alttestamentliche Seminare und
Oberseminare bei Hans Walter Wolff besucht und war auch Senior des
Seminars; das war eine unbezahlte Hilfsassistententätigkeit. Ich habe
mehrere Seminararbeiten, vor allem im Alten Testament geschrieben,
und auch im Neuen Testament bei Herbert Braun sehr viel gelernt.
Schon wenn ich diese beiden Namen nenne, sieht man, daß ich mich
bewußt den Gegensätzen der Mainzer Fakultät ausgesetzt habe: Hans
Walter Wolff, ein typischer Vertreter nicht nur Gerhard von Rads und
seiner Schule, sondern zugleich auch des Barthianismus, und Herbert
Braun, Linksaußen wenn man so will, der Bultmann-Schule. Für meine
eigene geistige Entwicklung bedeutete das zunächst einmal das Erler-
nen des methodischen Rüstzeugs. Die inhaltlichen Gesichtspunkte sind
mir dann primär durch das Studium bei Wolfhart Pannenberg in der Systematischen Theologie vermittelt worden, der ja als ganz junger Mann
1961 nach Mainz gekommen war und mit seinem damals bekannten
Programm »Offenbarung als Geschichte« aufgetreten ist. Wolfhart Pan-

nenberg hat von seinen Studenten sehr viel verlangt, sowohl an Lektüre als auch an Beschäftigung mit den theologischen Klassikern, aber nicht nur den Klassikern des 19. und 20. Jahrhunderts, sondern mit denen der gesamten christlichen Tradition. Er hat auch vorausgesetzt, daß man sich in Philosophie und verwandte Disziplinen, etwa in die Sozialwissenschaften eingearbeitet hat. Diesen Anforderungen habe ich mich ausgesetzt. So habe ich bei Wolfhart Pannenberg die systematisch-theologische und auch philosophische »Anstrengung des Begriffs« kennengelernt. Allerdings habe ich mir die inhaltliche Position seiner Geschichtstheologie niemals zu eigen machen können. Insofern war unser Verhältnis von Anbeginn auch durch gewisse Differenzen und Spannungen bestimmt. Gleichwohl hat mir Wolfhart Pannenberg sehr früh – 1963 dürfte das gewesen sein – angeboten, bei ihm zu promovieren, was übrigens kurz zuvor Hans Walter Wolff auch schon getan hatte. Ich habe mich dann allerdings – wohl: glücklicherweise – für die Systematische Theologie entschieden.

1964 hat mir Herr Pannenberg geraten, Mainz zu verlassen und mir um der Philosophie willen empfohlen, entweder nach Tübingen oder nach Heidelberg zu gehen. Ich habe dann aber, bestärkt auch durch das Urteil seines damaligen Assistenten Traugott Koch, mich für Frankfurt entschieden, wohin ich im Herbst 1964 gegangen bin. Dieser Entschluß hing auch eng mit dem Dissertationsthema zusammen, das zunächst auf die Beschäftigung mit dem Gedanken der Persönlichkeit Gottes von Spinoza bis Karl Barth zielte. Aber durch Gespräche mit Traugott Koch und anderen bin ich zu der Auffassung gelangt, dieses Thema sei zu weit. Folglich habe ich mich dann auf Johann Gottlieb Fichte und Georg Wilhelm Friedrich Hegel beschränkt.[1]

Der Beschäftigung mit diesem Dissertationsthema kommt eine Schlüsselfunktion zu, weil ich – trotz all dessen, was ich bei Hans Walter Wolff, bei Herbert Braun und vor allem bei Wolfhart Pannenberg gelernt habe – gesehen habe, daß ich mich an keine bestehende Position der damaligen Theologie hätte unmittelbar anschließen können. Ich hatte überall Vorbehalte, kritische Einwände, und ich wäre auch fast aus der Theologie herausgegangen, wenn ich nicht in Frankfurt durch einen dieser Zufälle des Lebens das Glück gehabt hätte, tief in die Philosophie, gerade die klassische deutsche Philosophie, eindringen zu können. Dieser Glücksfall bestand darin, daß ich im Herbst 1964 in ein Studentenwohnheim, das Dietrich-Bonhoeffer-Haus, einzog und dort sehr

---

[1] Vgl. Der Gedanke der Persönlichkeit Gottes bei Fichte und Hegel, Gütersloh 1971.

schnell in freundschaftlichen Kontakt mit dem Doktoranden der Philosophie Peter Reisinger kam, der mir überdies den Zugang zu den Philosophen Bruno Liebrucks und Wolfgang Cramer erleichterte. Ich habe selbstverständlich weiter bei Theodor W. Adorno gehört, sowohl philosophische Vorlesungen und Seminare als auch soziologische; aber ich habe philosophisch bei Adorno dann nicht mehr sehr viel Neues lernen können, weil ich, wie ich schon an früherer Stelle gesagt hatte, inzwischen fast sein gesamtes Oeuvre gelesen hatte. Zwar waren Adornos Vorlesungen und Seminare von höchstem Interesse, aber der Stil der Adorno-Schule war für mich eher abstoßend, weil hier viele »Antworten« von vornherein festlagen.

Richtig philosophisch gefordert worden bin ich von Wolfgang Cramer einerseits und Bruno Liebrucks anderseits. Wolfgang Cramer[2] war der seltene Vertreter einer eigenen Systematischen Philosophie in der Zeit nach dem Zweiten Weltkrieg, die er in Aufnahme des kontinentalen philosophisch-spekulativen Rationalismus, namentlich Spinozas und Leibniz', entwickelt hatte. Von Bruno Liebrucks habe ich für das Verständnis Hegels sehr viel profitiert. Beider Einfluß hat dazu beigetragen, daß ich über die eigenständige Rezeption und Aneignung der klassischen deutschen Philosophie Kants, Fichtes und Hegels zum allmählichen Aufbau einer eigenen theologischen Position gelangt bin. Oder anders ausgedrückt: diese Art der Philosophie hat eigentlich dazu beigetragen, daß ich die Theologie nicht verlassen habe. Das ist vielleicht für die Wort-Gottes-Theologie des Zwanzigsten Jahrhunderts, für die neuevangelische Wendetheologie des Wortes Gottes, wie ich sie mit etwas polemischen Unterton nenne[3], ungewöhnlich. Aber es ist so: der Umweg über diese Philosophie hat dazu beigetragen, doch bei der Theologie zu bleiben, obwohl ich auch immer wieder mit Zweifeln und skeptischen Einwänden zu kämpfen hatte. Im Zusammenhang der intensiven Vorbereitung meiner Dissertation habe ich jahrelang über der »Wissenschaftslehre« (1794) von Johann Gottlieb Fichte und über der »Wissenschaft der Logik« von Hegel gesessen, um mir Satz für Satz anzueignen. Ich habe dabei das Glück gehabt, mit meinem Freund Peter Reisinger

---

[2] Vgl. Theo-logie. Die Theorie des Absoluten und der christliche Gottesgedanke, in: H. Rademacher, P. Reisinger, J. Stolzenberg (Hgg.): Rationale Metaphysik. Die Philosophie von Wolfgang Cramer, Bd. 2, Stuttgart 1990, S. 216–255 (= Religion und Gottesgedanke, [vgl. Anm. 5] S. 181–218).

[3] Vgl. u.a. Geht die Umformungskrise des deutschsprachig-modernen Protestantismus weiter? In: Zeitschrift für neuere Theologiegeschichte (1995), Band 2, S. 225–254; Umformungskrise des Protestantismus in der modernen Gesellschaft, in: Wiener Jahrbuch für Theologie, Band 1 (1996), S. 157–182.

eine enge Arbeitsgemeinschaft zu unterhalten, in der wir diese und andere Texte auch außerhalb des universitären Lehrbetriebes gelesen haben. Diese Beschäftigung bildete die Voraussetzung dafür, daß ich die ersten Schritte zum Aufbau einer eigenen theologischen Position gemacht habe. Das läßt sich biographisch und werkgeschichtlich an zwei Punkten festmachen.

Einerseits habe ich sehr früh in einem theologischen Arbeitskreis von Kommilitonen verschiedene Referate gehalten. Das signifikanteste Referat hatte die von Hegel geprägte Figur des Todes Gottes[4] zum Thema. Dieses nicht publizierte Referat verdankte sich teilweise der Zusammenarbeit mit Peter Reisinger. Mir ist vor dem Hegelschen Hintergrund klargeworden: Die moderne Situation ist theologisch-philosophisch durch einen Umbruch gegenüber dem vorneuzeitlichen Christentum bestimmt. Sie ist nicht nur durch die Aufklärung hindurchgegangen, sondern auch den Einwänden der radikal-genetischen Religionskritik ausgesetzt; diese Einwände gipfeln, wie Hegel das schon in »Glauben und Wissen« (1802) formuliert hatte, in dem Gefühl, Gott selbst sei tot. Ich habe diese Figur nie im Sinne Nietzsches aufgenommen, sondern in der Hegelschen Bedeutung und sie so aufgefaßt, daß mit ihr der Kerngehalt des Christentums ausgedrückt werde. Nur ist in der Geschichte des Christentums – das klingt zwar etwas »pathetisch-arrogant« – faktisch kaum jemals verstanden und begriffen worden, daß das Christentum mit der – wie ich das dann später genannt habe – »Revolutionierung des Gottesgedankens«[5] steht und fällt. Das ist zunächst das eine Stichwort, auf das ich an späterer Stelle noch einmal zurückkommen werde.

Der andere Punkt bestand darin, daß ich im Spätsommer 1967 den ersten umfangreichen Entwurf meiner Dissertation von 750 Seiten Herrn Pannenberg eingereicht hatte. Wegen differenter Hegelinterpretationen konnten wir zunächst einmal nicht zueinander finden. Da ich schon im höheren Semester war, habe ich im Frühjahr 1968 kurz ent-

---

[4] Vgl. später Hegels Satz »Gott ist tot«. Bemerkungen zu D. Sölles Hegelinterpretation, in: ZW 38 (1967), S. 77–95; Die Wirklichkeit Gottes als Geist, in: Evangelische Kommentare 10 (1977), S. 81–84 (= Was ist Theologie? [vgl. Anm. 5], S. 343–350); Christentum und Moderne, in: ZThK 87 (1990), S. 124–144 (= Religion und Gottesgedanke, S. 247–268).
[5] Vgl. neben Anmerkung 4: Was ist Theologie? Studien zu ihrem Begriff und Thema in der Neuzeit, Gütersloh 1989; Zur gegenwärtigen Lage des Protestantismus, Gütersloh ²1995; Religion und Gottesgedanke. Philosophisch-theologische Beiträge zur Kritik und Begründung der Religion (Beiträge zur rationalen Theologie, Bd. 7), Frankfurt a.M. 1996; Ende der Religion – Religion ohne Ende? Zur Theorie der »Geistesgeschichte« von Günter Dux, Wien 1996 (hg. zus. mit M. Murrmann-Kahl).

schlossen das kirchlich-theologische Examen bei der evangelischen
Kirche in Hessen und Nassau in Darmstadt abgelegt. Ich hatte ja unmittelbar an das Theologiestudium das Philosophiestudium von 1964–
1968 in Frankfurt angeschlossen. Ich nenne das deshalb, weil ich im
Rahmen des Examens eine Hausarbeit schreiben mußte mit dem Thema: »Wie ist die Mission der Christenheit theologisch zu gründen?« Das
war ein mir fernstehendes Thema. Diese Hausarbeit ist dann doch so
ausgefallen, daß ich nicht einen bloßen Literaturbericht angefertigt
habe. Vielmehr habe ich die Naivität oder den Mut besessen, einen eigenen Entwurf vorzulegen, in dem schon Grundbestandteile meiner späteren spekulativ gerichteten Theologie mit den Zentren von Trinitätslehre
und Christologie enthalten sind. Ich hatte das Glück, daß diese Hausarbeit von einem aufgeschlossen-liberalen Barthianer korrigiert worden
ist, von Karl Gerhard Steck, der diese Hausarbeit zudem in die von ihm
herausgegebene Reihe »Theologische Existenz heute« aufgenommen
hat.[6] Dieser Vorgang war für mich von großer Bedeutung. Denn die Differenzen mit Wolfhart Pannenberg veranlaßten mich, über einen Wechsel in die Philosophie ernsthaft nachzudenken. Die positive Erfahrung
des theologischen Examens trug dann dazu bei, daß ich mich trotz der
inzwischen erfolgten Gespräche mit den Philosophen W. Cramer und B.
Liebrucks entschloß, in der Theologie zu bleiben. Überdies hatte ich das
letzte Kapitel zur Hegelschule aus meinem Dissertationsentwurf her-
ausgenommen und in Aufsatzform an Carl-Heinz Ratschow geschickt,
der diese Aufsätze[7] in der »Neuen Zeitschrift für Systematische Theologie und Religionsphilosophie« publizierte. Neben dem abgelegten
Examen gaben mir diese Publikationen das notwendige »Selbstbewußtsein«, im Sommer 1968 mit Wolfhart Pannenberg wieder Kontakt aufzunehmen, der zu diesem Zeitpunkt schon in München war.

Doch sollte ich noch einen Zwischenschritt erwähnen, der für meinen Werdegang nicht unwichtig ist. Bevor ich die Dissertation 1969 bei
Wolfhart Pannenberg in München eingereicht hatte, war ich außerhalb
der Universität beruflich tätig gewesen. Nach dem Examen habe ich
zunächst eine Stelle als wissenschaftlicher Mitarbeiter in Karlsruhe bei
der Evangelischen Wirtschaftsgilde übernommen. Das war ein Verband
evangelischer Unternehmer in Baden und Württemberg. Dort habe ich

---

[6] Über die Legitimität der Mission (TEH 15h), München 1968.
[7] Der Gedanke der Persönlichkeit Gottes bei Ph. Marheineke. Repristination eines vorkri-
tischen Theismus, in: NZSTh 10 (1968), S. 44–88; Zur Pseudoproduktivität von Mißverständnissen in der Hegel-Schule. Der Gedanke der Persönlichkeit Gottes bei K. Rosenkranz und K
L. Michelet, in: NZSTh 12 (1970), S. 313–337.

Papiere zur Wirtschaftsethik für mittelständische Unternehmerkreise erstellt. Zu diesem Zweck habe ich mich in Grundfragen der Volkswirtschaftslehre und der Wirtschaftsethik eingearbeitet. Darüberhinaus habe ich bei der evangelischen Arbeitsstelle für Evangelische Erwachsenenbildung mitgearbeitet. Das hing damit zusammen, daß Dr. Wolfgang Böhme der Leiter beider Institutionen war. Bei der Arbeitsstelle für evangelische Erwachsenenbildung habe ich u.a. an neuen Lehr- und Lernbüchern für Erwachsene mitgearbeitet, vor allem an einem Buch über Liebe, Ehe, Sexualität.[8]

Durch einen weiteren Zufall hat sich die Gelegenheit ergeben, daß ich von Karlsruhe an das Deutsche Institut für Internationale Pädagogische Forschung nach Frankfurt gekommen bin. Es war damals die Zeit der Studentenrevolte von 1968, die ich hautnah in Frankfurt miterlebt habe. Meine damalige Frau – ich hatte 1968 geheiratet – wurde tief von dieser Studentenbewegung geprägt, die entscheidend zur Revolutionierung der sozio-kulturellen Verhältnisse beigetragen hat. Ich sehe die Bedeutung dieser 68er nicht in ihren politischen Programmen, die v.a. der Sozialistische Studentenverband vertreten hatte. Diese Programme waren utopisch und irreal. Sie wären in der Tat, wie Jürgen Habermas das formuliert hatte, auf einen »Linksfaschismus« hinausgelaufen. Ich sehe die Bedeutung vielmehr darin, daß die soziokulturellen Verhältnisse in der Bundesrepublik Deutschland und in Mitteleuropa von Grund auf einer Veränderung zugeführt worden sind.

Um das nur an einem Punkt anzudeuten: Wer wie ich in den 1950er Jahren erzogen worden ist, sah sich etwa im Hinblick auf den Bereich der Sexualität von Verboten umstellt. Es gab noch den Kuppeleiparagraphen, der ein Beispiel und ein Indiz für den Muff der Nachkriegszeit war.

Diese soziokulturellen Umbrüche hatten auch Folgen für die kirchliche Situation. Auch das kann man sich schlaglichtartig verdeutlichen. Beispielsweise war in Frankfurt, wo es zur damaligen Zeit keine evangelisch-theologische Fakultät gab, die geistig-kulturelle Arbeit der Evangelischen Studentengemeinde sehr bedeutungsvoll. Sie stellte durchaus ein Zentrum geistiger Auseinandersetzung dar. Zudem übten die Kirchen während dieser Nachkriegszeit eine gesellschaftlich sehr einflußreiche Rolle aus. Deshalb waren mir auch während meiner Schulzeit bei der Ausübung meiner Jugendarbeit viele Lehrer sehr ent-

---

[8] Vgl. Liebe – Ehe – Sexualität. Zur Ethik modernen Sexualverhaltens (Bücherei für Erwachsenenbildung 1), Gütersloh [2]1971 (zusammen mit G. Strunk und P.v. Stern).

gegengekommen. Im Gefolge der 1968er-Umbrüche hat sich jedoch die soziale Stellung des kirchlichen Christentums stark verändert.

Diese Umbrüche haben auch zur ersten Austrittswelle aus dem Religionsunterricht beigetragen und zu den Austrittswellen aus den Kirchen überhaupt. Deshalb hatte die Synode der Evangelischen Kirche in Hessen-Nassau eine empirische Studie in Auftrag gegeben, durch die die Bedingungen zur Verbesserung des Religionsunterrichts geklärt werden sollten. Diese Studie wurde an das Deutsche Institut für Internationale Pädagogische Forschung vergeben. Diese Auftragsstudie ist wohl die größte empirische Untersuchung auf dem Gebiet des Religionsunterrichts und der Religionspädagogik gewesen, die jemals durchgeführt worden ist – mit einer Beteiligung von 50.000 Schülern aller Schularten und Altersstufen. Ich habe zusammen mit Dr. Siegfried Brill, dem Religionspädagogen, und dem Pädagogen Dr. Rudolf Raasch, das Untersuchungsinstrumentarium mitentwickelt und auf diese Weise empirische Feldforschung kennengelernt. Das war 1969/70.

Mit diesem Exkurs will ich zugleich betonen, daß ich nicht den direkten Weg einer akademisch-universitären Karriere eingeschlagen hatte. Ich bin vielmehr als ein Quereinsteiger an die Universität gekommen, nachdem ich meinen Lebensunterhalt zunächst durch die genannten außeruniversitären Tätigkeiten verdienen mußte.

Doch nach meiner Promotion im Dezember 1969 in München hat mir Wolfhart Pannenberg empfohlen, mich zu habilitieren. Deshalb bin ich im Oktober 1970 von Frankfurt nach München übersiedelt, um Assistent bei Wolfhart Pannenberg zu werden. Ich hatte dann das Glück, daß dieser, kaum war ich in München, mich aufgefordert hat, mich so schnell wie möglich zu habilitieren, weil damals vorteilhafte Universitätsstellenverhältnisse bestanden haben: Traugott Koch, der eine Universitätsdozentenstelle innegehabt hatte, hatte damals gerade einen Ruf nach Regensburg angenommen. Daher war diese Stelle wieder zu besetzen. Ich habe dann beschlossen, mich mit dem philosophischen Fundamentalwerk Schleiermachers, den Vorlesungen über die Dialektik[9], zu beschäftigen, und zwar aus einem doppelten Grund. Einerseits war das Werk in der Schleiermacherforschung seit den zwanziger Jahren durch den Einbruch der Wort-Gottes-Theologie kaum noch bearbeitet worden. Andererseits hatte das den Vorteil, daß ich dabei meine Kenntnisse der klassischen deutschen Philosophie einsetzen konnte. Daher war es mir in der Tat möglich, von März bis August 1971 das Manuskript dieser

[9] Vgl. Schleiermachers Dialektik. Eine kritische Interpretation, Gütersloh 1974.

Habilitationsschrift fertigzustellen. Ich habe es im Oktober 1971 eingereicht und wurde dann im Februar 1972 für das Fach der Systematischen
Theologie nach Probevortrag und Kolloquium habilitiert.

Ich darf vielleicht anmerken, daß diese schnelle Habilitation kein
Spaziergang gewesen ist. Es hat spätere Kollegen an der Münchner Fakultät gegeben, die mir nur eine eingeschränkte venia legendi für Religionsphilosophie zuerkennen wollten. Diese Absicht ist aber vor allem
durch das entschlossene Auftreten von Trutz Rendtorff, Christoph
Bäumler und Wolfhart Pannenberg verhindert worden.

Ab 1973 habe ich dann eine Stelle als Wissenschaftlicher Rat und
Professor übernommen, die über institutionelle Veränderungen der Jah-
re schließlich in eine Professorenstelle (C3) umgewandelt worden ist.
Ich war dann bis Ende September 1988 in München tätig.

Ich habe diese Münchener Jahre als eine sehr bedeutende und große
Zeit – wenn ich das so pathetisch sagen darf – erlebt und in Erinnerung.
Tatsächlich war es ja so, daß gerade die Systematische Theologie zur
damaligen Zeit in München hochkarätig besetzt war: Wolfhart Pannenberg, Trutz Rendtorff, Jörg Baur zunächst, dann Eilert Herms, Hermann
Timm. Ich hatte das Glück, mich in diesem erlauchten Kreis nicht nur
bewegen, sondern durchaus auch behaupten zu können. Dazu hat auch
das geistig-offene und liberale Klima der Münchner Fakultät beigetragen.

In diese Zeit fällt das, was ich wieder mit einem Stichwort, das ich
dem Märchen vom Hans im Glück entlehnen will, anzeigen möchte. Mit
dem Wort von der »Gans oder den Gänsen der Spekulation« will ich auf
den in jenen Jahren erfolgten Auf- und Ausbau einer eigenen, spekulativ
gerichteten Theologie hinweisen, den ich in der Nachfolge Hegels und
indirekt der spekulativen Theologen des 19. Jahrhunderts, von denen
ich mich allerdings auch früh distanziert habe, vorgenommen habe. Von
den spekulativen Theologen des 19. Jahrhunderts, namentlich von Karl
Daub und Philipp Konrad Marheinecke, aber auch Karl Rosenkranz und
anderen, habe ich mich deshalb abgesetzt, weil mir ihre Arbeiten doch
zu stark dem Verdacht ausgesetzt schienen, daß mittels einer bestimmten Aufnahme Hegelscher Philosopheme nur das vorneuzeitliche Dogma repristiniert werden sollte.[10] Das kam für mich nicht in Frage, weil
ich durch die Kritik der Aufklärung und namentlich durch die Reli-

[10] Vgl. Anmerkung 7 und: Die vergessene spekulative Theologie. Zur Erinnerung an Carl
Daub anläßlich seines 150. Todesjahres (ThSt 133), Zürich 1987, Die Flucht in den Begriff.
Materialien zu Hegels Religionsphilosophie, Stuttgart 1982 (hg. zus. m. F.W. Graf); Auf dem
Wege in eine säkulare Welt. Theologie im Zeichen spekulativer Rechtfertigung, in: F. Strack

gionskritik ganz und gar hindurchgegangen bin. Damit ist auch schon das Programm dieser spekulativen Theologie genannt. Es dient der Beantwortung der Frage, wie angesichts der radikal-genetischen Religionskritik, wie sie vor allem von Kant, Ludwig Feuerbach, Karl Marx, Friedrich Nietzsche, Sigmund Freud und jüngst von Günter Dux mit ihren für mich nicht widerlegbaren Einwänden vertreten wird, gleichwohl an Religion und Theologie festgehalten werden könne. Um diesen nicht widerlegten Einwänden der Religionskritik vielleicht doch die Stirn bieten zu können, habe ich dieses Programm einer spekulativen Theologie im Sinne einer Theorie des Absoluten aufgebaut. Ich meinte damals, d.h. in der Zeit zwischen Mitte der 1960er bis Ende der 1980er Jahre, daß für dieses ganze Problem eines ganz entscheidend sei: der Erweis der Geltung des Gottesgedankens. Deswegen habe ich – angeregt durch die klassische deutsche Philosophie, namentlich durch die Hegels – eine dreiteilige Theologie aufzubauen versucht.[11]

Ich bin von einem »Entdeckungszusammenhang« ausgegangen, der durch das Problem der Religionskritik im weitesten Sinne des Wortes repräsentiert wird. Das bedeutet, daß es nicht nur intellektuelle Einwände gegen die Triftigkeit von Religion und den Gottesgedanken gibt, sondern daß wir es überdies mit einer Erosion sowohl des religiösen als auch des kirchlich-christlichen Bewußtseins zu tun haben, die sich im schleichenden, aber chronischen Prozeß von Kirchenaustritten niederschlägt. Symptomatisch ist dafür z.B. die rückläufige Präsenz des Christlich-Kirchlichen in den Medien. Zwar sind seit den 70er Jahren auch Phänomene beobachtbar, die als »Wiederkehr der Religion« beschrieben werden können. Diese Wiederkehr wird aber offensichtlich maßlos überschätzt, sie hat es unter modernen Bedingungen schon am Ende des 18. und des 19. Jahrhunderts gegeben. Dabei sollte man die quantitativen Verhältnisse nicht überschätzen. Es geht um ca. 15 % der Bevölkerung, von denen Max Weber gesagt hätte, sie gehörten zu den »religiös Musikalischen«.

(Hg.), Heidelberg im säkularen Umbruch, Stuttgart 1987, S. 466–497; Die spekulative Theologie im Umkreis Hegels und die spekulative Dogmatik Baaders, in: Die Philosophie, Theologie und Gnosis F.v. Baaders. Spekulatives Denken zwischen Aufklärung, Restauration und Romantik (Philosophische Theologie. Studien zur spekulativen Philosophie und Religion, Bd. 3), hg. v. P. Koslowski, Wien 1993, S. 169–191.

[11] Vgl. Was ist Religion? Studien zu ihrem Begriff und Thema in Geschichte und Gegenwart, Gütersloh ²1991; Was ist Theologie? Studien zu ihrem Begriff und Thema in der Neuzeit, Gütersloh 1989; Religion und Gottesgedanke. Philosophisch-theologische Beiträge zur Kritik und Begründung der Religion (Beiträge zur rationalen Theologie, Bd. 7), Frankfurt a.M. 1996 und viele weitere Aufsätze.

Als Kardinalproblem hat sich für mich herauskristallisiert, daß Religion nur dann relevant sein und Geltung für sich beanspruchen könne, wenn der Grund der Religion triftig sei. Folglich bedarf die Dimension des Absoluten, des Heiligen, des Überalltäglichen, die für das religiöse Bewußtsein jeder Religion konstitutiv ist, ihrer eigenständigen Begründung. Man kann diese Dimension nicht nur – wie in der Wort-Gottes-Theologie – kerygmatisch setzen. Man verfiele solcherart dem spöttisch gemeinten Diktum Kants, der biblische Theolog beweise Gott dadurch, daß dieser in der Bibel geredet habe. Vielmehr ist die Geltung dieser Dimension vor dem Forum der philosophisch artikulierten Vernunft zu rechtfertigen.

Die Bearbeitung dieses Problems stand im Zentrum des »Begründungszusammenhangs«, den ich mit Denkmustern der Hegelschen Philosophie aufgebaut und mit theologisch-dogmatischen Figuren der christlichen Tradition verknüpft habe, vor allem mit einer spekulativ reformulierten Trinitätslehre, wodurch selbstverständlich nicht die Lehrgestalt des altkirchlichen Dogmas repristiniert werden sollte. Denn sie stellt den Versuch dar, eine Theorie des Absoluten zugleich mit bestimmten Problemstellungen der christlichen Tradition zu vermitteln. Im Ausgang von einer solchen »trinitarisch« begründeten Theorie des Absoluten war zugleich der Gedanke des Andersseins des Absoluten, des Andersseins der Welt und des Menschen mit zu thematisieren.

Der Gottesgedanke kann sinnvollerweise nur als ein Verhältnis von Gott und Welt, Gott und Mensch gefaßt werden. Gott kann nicht als ein abstraktes Jenseits dem welthaft-menschlichen Diesseits entgegengesetzt werden. Das scheitert von vornherein. Insofern ist von einem Verhältnis auszugehen, mit dem ein Doppelproblem verbunden ist: nämlich wie die Selbständigkeit des Absoluten genauso in Geltung gesetzt werden könne wie die Selbständigkeit des welthaft-menschlichen Andersseins.

Das hat innerhalb des »Realisierungszusammenhangs«, den ich inhaltlich durch Pneumatologie und Sozialethik besetzt habe, dazu geführt, daß ich den Gottesgedanken auf der Basis des stark betonten Grundgedankens des spekulativen Karfreitags, des Todes Gottes, als Struktur symmetrischer Anerkennungsverhältnisse expliziert habe. Diese Struktur stellt die Grundfigur meines Denkens dar. Zentral ist der Gedanke, ein symmetrisches Verhältnis zwischen Gott und Welt, Gott und Mensch aufzubauen, das sich zugleich trinitarisch-christologisch fassen lasse.

Quantitativ gesehen hat die Beschäftigung mit dem Begründungszusammenhang die meiste Zeit erfordert. Den Aufbau dieser trinitarisch-

christologisch vermittelten Theorie des Absoluten habe ich in immer
wieder neuen Anläufen vorgenommen. Signifikant sind dafür die Überlegungen, die in meinen Büchern »Was ist Religion?«, »Was ist Theologie?« und »Religion und Gottesgedanke« nachzulesen sind.

Der gedankliche Zielpunkt besteht jedoch im sozialethischen Reali-
sierungszusammenhang. Damit deute ich schon an, daß das Christentum und die moderne Religion des Protestantismus auf Dauer nur dann
bedeutungsvoll sind, wenn sie sich nicht nur in einer akademischen
Theologenreligion von Berufstheologen erschöpfen. Ihre Relevanz als
gelebte Religion der Individuen hat einer individuellen Lebensführung
zu entsprechen, die vom Tag der Geburt an in soziale Bezüglichkeiten
eingebettet ist.

Dabei spielt für mich immer ein Doppeltes eine Rolle. Einerseits bin
ich durch die Rezeption des Neuprotestantismus und von Problemstellungen meines Kollegen Trutz Rendtorff davon ausgegangen, daß wir
auch in der modernen, äußerlich oft christentumsfernen und vielfach
religionslosen Gesellschaft gleichwohl unter den Bedingungen der Folgen des Christentums leben. Viele Grundgehalte des Christentums stellen, sofern sie verallgemeinerbar sind, nicht nur eine Angelegenheit für
religiöse Virtuosen dar, sondern sie erscheinen als in hohem Maße sozial realisiert. Das gilt vor allem für das moderne Recht auf der Basis
einer Verfassung und eines repräsentativ-demokratischen Rechtsstaates. Dieses moderne Recht[12] läßt sich nicht monokausal auf das Christentum zurückführen; aber Geist vom christlichen ‚Geist‘ ist hier mit
am Werke, wobei ich mit ‚Geist‘ auf Spielarten eines individuellen
Selbstumgangs und eines sozialen Weltumgangs abhebe. Denn die
Grundgestalt dieses modernen demokratischen Rechts- und Verfas-
sungsstaates beruht auf symmetrischen Verhältnissen der wechselseiti-
gen Anerkennung. Ich gehe also davon aus, daß ein Grundbestandteil
des sozialethischen Programms des Christentums unter modernen Bedingungen schon realisiert ist; andererseits ist es freilich so, daß diese
Christentumsprogrammatik konterkariert wird durch die faktische Dominanz des kapitalistisch orientierten Wirtschaftssystems, in der ange-

---

[12] Vgl. Recht als Voraussetzung wirklicher Freiheit. Recht – Philosophie – Theologie, in:
U. Nembach (Hg.): Begründungen des Rechts (Göttinger Theologische Arbeiten, Bd. 9), Göt-
tingen 1979, S. 49–67; Grundwerte als Pervertierung des Rechts, in: E. L. Behrendt (Hg.):
Rechtsstaat und Christentum, Bd. II, München 1982, S. 63–92; Recht und Religion in der Sicht
protestantischer Theologie, in: Zur gegenwärtigen Lage des Protestantismus, Gütersloh 1995,
S. 114–136; Recht und Moral in der theologischen Ethik, ebd., S. 137–157; Protestantische
Kirchen zwischen Demokratie und Demokratisierung, in: ebd., S. 158–179; Naturrecht, in:
TRE, Bd. XXIV (1994), S. 153–185.

sichts der propagierten Globalisierung mehr denn je das kapitalisierte Geld herrscht.[13] Wir haben es mit einem Widerstreit zu tun: Soll die Gesellschaft nach dem Vorbild demokratisch rechtstaatlicher Anerkennungsverhältnisse oder nach dem kapitalistisch dominierter und organisierter Märkte gestaltet werden? In der Lebenswelt der Individuen gibt es einerseits plurale individuelle Spielräume, wie sie in der vormodernen Vergangenheit nie bestanden haben. Aber andererseits lassen sich diese Spielräume deshalb zu wenig nutzen, weil viele Individuen durch die Dominanz der kapitalistischen Wirtschaftweise in der Arbeitswelt und in der Kultur- und Urlaubsindustrie so bestimmt werden, daß ihre freie Entfaltung konterkariert wird durch Entdifferenzierungsvorgänge, die von der faktischen Führungsrolle des kapitalistisch organisierten Wirtschaftssystems ausgehen. Auch nach dem Sieg des real existierenden Kapitalismus sollte nicht vergessen werden, daß der Ausdruck ›Marktwirtschaft‹ nur *eine* Sphäre dieses Wirtschaftssystems bezeichnet. Der Markt ist ein Suchinstrument für den Einsatz von Ressourcen. Und die Ressourcen werden eingesetzt, damit Unternehmen Gewinn machen. Das ist und bleibt das treibende Motiv der kapitalistisch organisierten Wirtschaftsweise; wir leben nicht mehr unter den Bedingungen einer Bedarfsdeckungswirtschaft, in der man nur für den täglichen Bedarf produzierte, sondern es wird für den Markt um des Gewinnes willen produziert.

Religion, unter den Bedingungen der deutschsprachigen Verhältnisse primär die christliche Religion in ihren verschiedenen konfessionellen Ausprägungen, nimmt so an der Realisierungsaufgabe teil, die differenzierte und komplexe Stellung der menschlichen Individuen in der modernen Gesellschaft zu thematisieren und zu reflektieren. Denn der Religionsbegriff hat seine Karriere erst unter den modernen aufklärerischen und nachaufklärerischen Bedingungen angetreten. Die Begriffsgeschichte belegt, daß Aufklärungsphilosophie und Aufklärungstheologie die entscheidende Schaltstelle für das Allgemeinwerden des Religionsbegriffs darstellen, so daß wir es mit einer entscheidenden Umstellung im Religionsverständnis zu tun haben. Es handelt sich um eine

---

[13] Vgl. u.a. Geld oder Gott? Zur Geldbestimmtheit der kulturellen und religiösen Lebenswelt, Stuttgart 1985; Weltanschaulich-metaphysische Voraussetzungen im Konzept der Sozialen Marktwirtschaft von Alfred Müller-Armack, in: Theologische Aspekte der Wirtschaftsethik. III. Loccumer Protokolle 1987, S. 67–93; Religionssoziologisch-theologische Rahmenbedingungen und theologisch-sozialethische Prinzipien und Kriterien für die Konstitution und Beurteilung sozialer, insbesondere sozioökonomischer Verhältnisse, in: Theologische Aspekte der Wirtschaftsethik. IV. Loccumer Protokolle 1988, S. 73–129 (= Was ist Theologie?, S. 455–498); Der irdische Gott des Geldes, in: Religion heute 1/1991, S. 32–37.

Umstellung von der Sachdimension der Welt und des Sinnes auf die
Sozialdimension. Es kommt somit nicht länger darauf an, Religion in
Abhängigkeit der Lehrgehalte der professionellen Theologie zu beschreiben. Religion stellt vielmehr eine eigenständige »Angelegenheit«
der individuellen Lebensführung dar. Religion ist unter euroamerikani-
schen Bedingungen seit der zweiten Hälfte des 18. Jahrhunderts umge-
stellt worden auf die Thematisierung der Individualität menschlicher
Individuen.[14]

Das menschliche Individuum ist kein »im Himmel hockendes Wesen«; es darf nicht als Abstraktum genommen werden. Jedes menschliche Individuum lebt als real existierende Differenz der eigenen Personalität, des eigenen Selbst- und Ichbewußtseins und seines bewußtseinsimmanenten Erlebens auf der einen Seite und seiner sozialen Bezüglichkeiten auf der anderen Seite. Daher gehe ich davon aus, daß Religion unter modernen Bedingungen auf die Thematisierung des individuellen Schnittpunktes von Personalität und Sozialität abhebe. Was
eine Person als Individuum in ihrer Bewußtseinsimmanenz fühlt, erlebt,
vorstellt, denkt, entzieht sich der Außenbetrachtung. Daraus resultiert
die verborgene Seite von Individuen. Diese verborgene Seite könnte
man in Aufnahme Niklas Luhmanns vielleicht durch die Position der
Transzendenz besetzen. Sie ist das, was den gesellschaftlichen Zusammenhang transzendiert und aus ihm ausgeschlossen ist. Diese verborgene Seite kann nur mittels sprachlicher Kommunikation thematisiert
werden, die immer sozial vermittelt ist. Es kommt darauf an, die individuellen Freiheitsmöglichkeiten der Individuen zu stärken. In diesem
Kontext hat die christliche Religion nach wie vor eine Aufgabe, ohne
Monopolansprüche anmelden zu können. Voraussichtlich dürfte jede
nachvollziehbare Sonntagspredigt genau diesen Sachverhalt zur Sprache bringen: Die Stellung der Individuen in der modernen, d.h. komple-
xen und funktional differenzierten Weltgesellschaft, also das Individuum, das als Person eine unendliche Würde auch innerhalb seiner sozialen Bezüglichkeiten familiärer, ausbildungsmäßiger oder beruflicher
Art hat. Hier sind Einseitigkeiten zu kritisieren und abzubauen. Die Individuen haben sich, um Adorno zu zitieren, ob sie das wollen oder

---

[14] Vgl. Zur gegenwärtigen Lage des Protestantismus, Gütersloh ²1995; Geht die Umformungskrise des deutschsprachig-modernen Protestantismus weiter? In: Zeitschrift für neuere
Theologiegeschichte, Band 2 (1995), Heft 2, S. 225–254; Umformungskrise des Protestantismus in der modernen Gesellschaft, in Wiener Jahrbuch für Theologie, Band 1 (1996), S. 157–
182; Religion II. Theologiegeschichtlich und systematisch-theologisch, in: TRE XXVIII
(1997), S. 522–545.

nicht, mit Haut und Haaren nach den Vorgegebenheiten der sozialen Institutionen zu modeln.

In diesem Sinne sind die Individuen immer schon durch ihre Abhängigkeit von den sozialen Institutionen bestimmt. Hier kann die Religion ein Gegengewicht schaffen, damit die wirtschaftlich dominierten Sozialsysteme so reformiert werden können, daß sie von vornherein für die Freiheitsinteressen der Individuen aufgeschlossen sind. Freiheit ist eine soziale Kategorie. Freiheit ist ein soziales Verhältnis individueller Freiheit und der Freiheit aller, der allgemeinen Freiheit. Und diese Freiheitsverhältnisse können gar nicht in Einsamkeit gelebt werden. Für Robinson wird Freiheit erst ein Problem, als er auf Freitag stößt. Freiheit als soziale Kategorie bezieht sich auf die Grundprobleme des Rechts und der Moral. Wobei zum Stichwort ‚Moral‘ hinzuzufügen ist, daß es sich bei ihr um nicht erzwingbares Handeln und Verhalten individueller Selbstverpflichtung handelt. Daher ist für die Sphäre des Sozialen die Rechtsdimension sehr viel entscheidender, weil das Recht zugleich die Möglichkeit bietet, wechselseitig-symmetrische Anerkennungsverhältnisse gegebenenfalls durch Sanktionen zu erzwingen; das ist der individuellen Selbstverpflichtung der Moral so nicht möglich.

An der Zielsetzung dieser pneumatologisch-sozialethischen Spitze meiner Theologie habe ich bis heute festgehalten. Aber mit meinem Übergang von München nach Wien im Jahre 1988 sind doch auch allmähliche Veränderungen verbunden. Sie manifestieren sich schon in meiner Wiener Antrittsvorlesung, die ich im Januar 1989 in Wien unter dem Titel »Christentum und Moderne« gehalten habe.[15] Ich habe damals wieder stärker auf die Figur des Todes Gottes zurückgegriffen, was damit zusammenhing, daß sich bei mir bereits gegen Ende der Münchener Zeit gewisse Zweifel angemeldet hatten an bestimmten Begründungsversuchen namentlich der Hegelschen Philosophie. Mein Vertrauen in die Möglichkeiten einer spekulativ-semantischen Logik, wie sie durch Hegels »Wissenschaft der Logik« repräsentiert wird, fand sich damals zunehmend erschüttert. Das ist der eine Strang, der mich dann zu Änderungen veranlaßt hat, die ich mit dem Märchen von Hans im Glück vielleicht als den »Wetzstein der Kritik« bezeichnen könnte.

Der andere Strang besteht darin, daß ich durch die persönliche Bekanntschaft mit dem Kultur- und Religionssoziologen Günter Dux festgestellt habe, daß meine Einwände, die ich ihm gegenüber formuliert

[15] Christentum und Moderne, in: ZThK 87 (1990), S. 124–144.

hatte,[16] doch nicht triftig sind, sich vielmehr als zirkulär erweisen. Ich
habe Dux vorgeworfen, einem regressus in infinitum bei der Konstitution von Subjektivität aufzusitzen, habe dabei aber schon insgeheim
von einer Theorie des Absoluten Gebrauch gemacht. Auf diesen Fehler
hat mich Dux im persönlichen Gespräch aufmerksam gemacht. Und
von daher habe ich die empirische Triftigkeit dieser religionskritischen
Position ganz neu kennengelernt. Und beides zusammen, die Erschütte-
rung der Begründbarkeit einer Theorie des Absoluten im Hegelschen
Sinne auf der einen Seite und die Einsicht, daß die Einwände der radikal-genetischen Religionskritik nicht mit Argumenten zu widerlegen
sind, hat mich dazu veranlaßt, den spekulativen Begründungszusammenhang einer Theorie des Absoluten insgesamt zu distanzieren. Das
impliziert natürlich zugleich auch eine radikale Umorientierung der
Systematischen Theologie für mich selber.

Ich gehe inzwischen in den Arbeiten der letzten Jahre von dem
Grundgedanken der Revolutionierung des Gottesgedankens aus. Das
Christentum steht und fällt für mich mit diesem Grundgedanken: Die
Revolutionierung des Gottesgedankens richtet sich sowohl gegen die
Verknüpfung des alttestamentlich-frühjüdischen Gottesverständnisses
mit dem christlich-neutestamentlichen, als auch gegen einen Haupto-
pos der philosophischen Tradition, nämlich gegen den Grundgedanken
des absolut selbständigen allmächtigen Gottes. Von diesem Grundgedanken der Tradition habe ich immer wieder zu zeigen versucht, daß er
zum Scheitern verurteilt sei, weil die gängige Theologie schlicht die
Frage gar nicht aufwirft, gar nicht adäquat stellt, wie sich ein solcher
selbständiger allmächtiger Gott in seiner Allmächtigkeit offenbaren, erweisen könne.[17] Diesen Nachweis kann man nicht durch eine tautologi-
sche Beschwörung erreichen, Macht sei Macht (oder wie auch immer).
Eine selbständige, selbstbestimmte Macht kann sich nur an ihrem Gegenteil erweisen, das aber nicht im Sinne eines asymmetrischen Verhältnisses, daß sich allmächtige Selbständigkeit an der Stelle von Ohnmacht darstelle. An der Stelle der Ohnmacht kann keine Macht erwiesen

[16] Vgl. die Auseinandersetzung in: Was ist Religion? S. 199–203. Eine Modifikation dieses Standpunkts findet sich jetzt in dem Aufsatz: Kritik und Krise der Religion. Überlegungen
zu Günter Dux' historisch-genetischer Theorie der Religion, in: F. Wagner/ M. Murrmann-
Kahl (Hg.), Ende der Religion – Religion ohne Ende? Zur Theorie der »Geistesgeschichte«
von Günter Dux, Wien 1996, S. 17–123, 285–293.
[17] Vgl. nur den Aufsatz: Die christliche Revolutionierung des Gottesgedankens als Ende
und Aufhebung menschlicher Opfer, in: R. Schenk (Hg.), Zur Theorie des Opfers. Ein interdisziplinäres Gespräch (Collegium Philosophicum 1), Stuttgart-Bad Cannstatt 1995, S. 251–285.

werden, sondern Macht kann sich selber nur an einer Instanz der Gegenmacht behaupten. Und genau dieses Verhältnis wird ja schon auf den ersten Seiten unserer Bibel, also der hebräischen Bibel oder des Alten Testaments demonstriert. Der alttestamentliche Gott wird uns als ein herrschaftliches Subjekt vor Augen geführt, das entsprechende Verbote und Gebote erläßt. Aber siehe da! Die menschlichen Subjekte sind selbständig genug, um ihnen zuwider zu handeln. Und das ist der durchgehende Widerstreit, der nach meinem Dafürhalten auf dem Boden des alttestamentlichen Schrifttums gar nicht gelöst werden kann. Es werden dann die apokalyptischen und gnostischen Ab- und Auswege beschritten. Nach meiner Interpretation besteht die modern erschließbare Bedeutung des Christentums – denn nur eine solche gegenwärtige Bedeutung ist uns überhaupt zugänglich – darin, auf diese prinzipiell unlösbare Aporie des Gottesgedankens eine Antwort zu geben. Und diese Aporie ist ja durch die Wort-Gottes-Theologie des Zwanzigsten Jahrhunderts, natürlich namentlich der Barthschen Gestalt und der seiner Schüler und Enkel, noch einmal auf die Spitze getrieben worden, weil es dort eben um nichts anderes zu tun sei als um die unbedingte Herrschaft Gottes. Aber Herrschaft kann nicht durch Gehorsam erwiesen werden, sondern nur durch Gegenherrschaft. Wenn das aber so ist, haben wir es sozusagen mit einer Patt-Situation im Verhältnis von Gott und Mensch zu tun. Und aus dieser Patt-Situation gibt es nur einen zweifachen Ausgang: entweder durch Lösung über Gewalt. Dann bleibt aber eine Seite als Besiegter und die andere Seite als Sieger auf der Strecke. Oder über die Verständigung durch Einsicht: Man zieht aus dieser Patt-Situation die Konsequenz, sich reziprok wechselseitig anzuerkennen. Das bedeutet, daß jedes Selbstsein personaler oder sozialer Art das jeweilige personale oder soziale Anderssein akzeptiert. In der Konsequenz heißt das dann allerdings – und darin liegt eben die Revolutionierung des Gottesgedankens – daß der traditionelle Gottesgedanke der absoluten Herrschaft Gottes ersetzt wird durch die Logik personal-sozialer Anerkennungsverhältnisse. Diese tritt an die Stelle des Gottesgedankens. Damit eskamotiere ich nicht den Gottesgedanken als solchen, gehe aber davon aus, daß weder die Philosophie noch die Theologie über Mittel verfügen, um den Gottesgedanken auf allgemein gültige Weise begründen zu können. Das ist gefallen. Was bleibt, ist die Rede religiös motivierter Individuen in ihrem Gottesbewußtsein.

In meinem eigenen Denken geschieht damit sozusagen auch eine gewisse Rehabilitation Friedrich Schleiermachers, dem ich ja früher vom Begründungszusammenhang her distanziert gegenüber gestanden

habe. Solcherart wird die spezifische Verfaßtheit des modernen religiösen Bewußtseins eingeholt. Denn die Rede von Gott ist nur in der Form
des Gottesglaubens, der Gottesvorstellung möglich. Es handelt sich dabei um eine sehr radikale Einsicht, der wir uns stellen müssen: Zunächst
haben wir es bei ›Gott‹ ja nur mit einem Wort der Sprache zu tun, und die
Theologie kann eigentlich gar nicht sagen, worauf sich dieser sprach-
liche Ausdruck ›Gott‹ denn nun beziehe. Was ist die Referenz dieses
Ausdrucks? Da müssen wir sagen: Es sind die bewußtseinsimmanenten
Vorstellungs- und Erlebnisweisen der Individuen, die sich aber dem
Außeneindruck entziehen. Das bleibt sozusagen in der Privatsphäre, in
den ›black boxes‹ der Individuen uns verborgen und entzogen. Wir können darüber zwar in sprachlicher Kommunikation etwas mitteilen, müssen dann allerdings sagen, daß wir diesen sprachlichen Ausdruck ›Gott‹
mittels anderer sprachlicher Ausdrücke metaphorischer, bildhafter,
symbolischer Art wiederum beschreiben, ohne aber auf einen real existierenden Referenten transzendenter oder immanenter Art verweisen
zu können. Das ist die eine Implikation. Aber selbstverständlich haben
wir es mit wie auch immer gelebter Religion zu tun, die empirisch beschrieben werden kann, in der Gestalt der religiösen Bewußtseine mit
ihrem je unterschiedlichen Gottesglauben, Gottesbewußtsein, mit ihren
Gottesvorstellungen, ihrem Gotteserleben oder wie man das immer bezeichnen mag.

Diese Überlegungen haben mich schließlich in den letzten Jahren
dazu geführt, daß ich in meiner eigenen Theologie überdies so etwas
wie eine empirisch-historische Wende vollzogen habe. Sowohl in meinen Lehrveranstaltungen wie auch in vielen Publikationen habe ich
mich sehr viel stärker als früher auch der empirisch-historischen Beschreibung von gelebter Religion zugewandt. Dies schließt nun doch
sehr pointierte Konsequenzen ein, was unser gesamtes Theologiestudium und die Verfaßtheit der evangelisch-theologischen Fakultäten betrifft.[18] Weil die theologischen Fakultäten durch die neuevangelische
Wendetheologie des Wortes Gottes nach wie vor stark dominiert sind,
werden die zukünftigen Vikare und Vikarinnen, Pfarrer und Pfarrerinnen im Grunde genommen völlig unzureichend für die volkskirchliche
religiöse Situation vorbereitet. Denn das Theologiestudium steht unter
dem Gesichtspunkt einer starken Vergangenheits- und Textlastigkeit,

---

[18] Vgl. zum folgenden die beiden Aufsätze: Christsein als Beruf. Lehrer der Religion in
der Moderne. In: Ch. Friesl (Hg.), Christsein als Beruf. Neue Perspektiven für theologische
Karrieren, Innsbruck/Wien 1996, S. 208–226. – Religionsvergessene Theologie, in: Amt und
Gemeinde 48 (1997), S. 170–179.

das heißt, es dominiert die biblisch-dogmatische Sachdimension. Da sind die einzelnen Vikare und Vikarinnen, Pfarrer und Pfarrerinnen Fachleute. Auf der anderen Seite aber müssen sie auch Spezialisten für mündliche Kommunikation sein. Im Pfarramt wird die meiste Zeit für die Zuwendung zu Individuen und zu Interaktionsgruppen verwendet, die Vorbereitungszeit für den Gottesdienst qua Wortverkündigung und Sakramentsverwaltung spielt demgegenüber rein quantitativ eine verschwindende Rolle. Pfarrer und Pfarrerinnen müssen zwar dauernd neue Texte im Hinblick auf die Gegenwart produzieren. Es handelt sich aber um Texte, in denen die biblisch-dogmatische Sachdimension allenfalls ein Moment darstellt. Denn es kommt gerade darauf an, die Individuen eben an den schon früher beschriebenen Schnittpunkten ihrer individuellen Differenz von Personalität und Sozialität anzusprechen. Auf dieses Geschäft aber bereitet das Theologiestudium viel zu wenig vor, weil an den evangelisch-theologischen Fakultäten weder Religionstheorie noch Religionsempirie in einem zureichenden Maße betrieben werden. Im Interesse der Kirchen und der evangelisch-theologischen Fakultäten selber scheint es mir deshalb dringend erforderlich zu sein, daß die Fakultäten von sich aus dazu übergehen, hier Reformen einzuleiten. (Ich bin eher skeptisch, wenn ich an meine Erfahrung mit dem deutschen Fakultätentag für evangelisch-theologische Fakultäten denke: Das ist ein schwer beweglicher Tanker). Ich selber würde dafür plädieren, hier so etwas wie zwei Abteilungen vorzusehen. Einerseits ist es ganz selbstverständlich, daß die evangelisch-theologischen Fakultäten nach wie vor für das – protestantische – Christentum zuständig sind. Insofern bedarf es selbstverständlich einer christentumsgeschichtlichen Abteilung, die allerdings gegenüber dem bisherigen Betrieb insofern umzuorganisieren wäre, als die exegetischen Disziplinen sehr viel konsequenter in die historische Theologie insgesamt einzuordnen wären; diese stünde neben einer wie immer zu beschreibenden, eher religionsphilosophisch ausgerichteten Systematischen Theologie und einer Praktischen Theologie, die weniger für Probleme der kirchlichen Paxis zuständig wäre, sondern hauptsächlich für die Reflexion im Vorfeld dieser Praxis. Diese christentumsgeschichtliche Abteilung wäre durch eine zweite, religionstheoretisch-religionswissenschaftliche Abteilung zu ergänzen, in der die entscheidenden außertheologischen religionswissenschaftlichen Disziplinen der Religionssoziologie, der Religionspsychologie, der Religionsphilosophie und natürlich der Religionswissenschaften, d.h. die Beschäftigung mit außerchristlichen Religionen, ihren Platz hätten. Dies würde natürlich eine völlige Umorganisation auch der akademischen Karrieren, im Sinne etwa von neuen Habilitationsfächern, erforderlich machen, indem jeweils ein christentumsgeschichtliches und ein religionstheoretisches Fach kombiniert werden könnten. (Meinetwegen wäre man dann Spezialist für die Alte Kirche und zugleich Religionssoziologe.) Ich weiß, daß es sich hier insgesamt um Probleme handelt, die gar nicht von den evangelisch-theologischen Fakultäten alleine gelöst werden können. Im Interesse gerade der volkskirchlichen Praxis jedoch scheinen mir erste Schritte in diese Richtung dringend erforderlich zu sein. Aber nicht nur das: Solange sie an staatlichen Universitäten sind – und das scheint mir selbstverständlich ein kolossaler Vorteil im deutschsprachigen Raum zu sein –, sollten die Evangelisch-Theologischen Fakultäten daran denken, daß sie nicht nur eine kirchenbezogene Aufgabe zu erfüllen haben, sondern auch eine Aufgabe, die mit der Wahrnehmung der sozialen und individuellen Funktionen von Religion überhaupt zu tun hat. Und insofern müßte man hier auch nachdenken über neue Berufsrollen, die von seiten der Evangelisch-Theologischen Fakultäten nach dieser Reform neu aufgebaut werden könnten.

Aus dieser in aller Kürze skizzierten Zuwendung zur empirischen Verfaßtheit der volkskirchlich organisierten Religion wird ja schon deutlich, daß meine theologischen Interessen nach wie vor der Gestaltung und Realisierung gelebter Religion der Individuen gelten, und das heißt natürlich: eine gelebte Religion, wie sie zugleich kirchlich vermittelt ist. Dem versuche ich einerseits auch dadurch Nachdruck zu verleihen, daß ich selber in Wien in meiner Kirchengemeinde dem Presbyterium angehöre. Andererseits will ich nicht verhehlen, daß ich mit der protestantisch-kirchlichen Situation in Österreich auch meine Schwierigkeiten habe. Ich bin aus bestimmten kirchlichen Gremien, wie der Synode oder der Gemischten Kommission zwischen katholischer und evangelischer Kirche auf höchster Ebene auch freiwillig ausgeschieden, weil ich mich mit der Art des österreichischen Protestantismus sehr schwer tue, der durch eigene Traditionen biblizistischer, pietistischer, evangelikaler, lutherisch-konservativer Art in vielen Fällen stark geprägt ist. Andererseits bin ich auch durch bestimmte personelle Konstellationen aus kirchlichen Gremien eher hinausgedrängt worden, sodaß zwar mein guter Wille da ist, in diesen Bereichen tätig zu werden. Aber mein guter Wille wird von kirchlicher Seite vielleicht auch – so sehe ich das – zu wenig herausgefordert. Das bedeutet andererseits selbstverständlich nicht, daß ich meine Aktivitäten als akademischer Lehrer nicht voll und ganz im Interesse zukünftiger Lehrer und Lehrerinnen der

Religion einsetze. Und auch in meiner Lehre versuche ich deutlich zu machen, zu welchem Zweck diese wissenschaftlich theologische Beschäftigung gut sei und wozu sie diene: eben der volkskirchlich organisierten Praxis von Religion in ihrer Vieldimensionalität.

Um diese Überlegungen – vielleicht auch im Sinn einer Zusammenfassung – abzuschließen, kann ich noch einmal betonen, daß meine theologische Existenz, wenn man das so sagen will, in der Tat durch eine enge Verknüpfung meiner individuellen Lebensführung und meiner wissenschaftlich theologischen Selbst- und Weltauffassung geprägt ist. Vielleicht ist es ja aus dem Bericht deutlich geworden, daß ich mich nicht gescheut habe, auch noch im fortgeschrittenen Alter sehr tiefgreifende Veränderungen geistiger Art vorzunehmen. Trotz dieser Umbrüche, Brüche und Änderungen, durch die ich hindurchgegangen bin – und dabei würde ich auch sagen: als menschliche Individuen sind wir eigentlich nichts anderes als gelebte Fragmente und Brüche –, ist aber auch so etwas wie Kontinuität sichtbar zu machen. Der frühere, spekulativ gewichtete Begründungszusammenhang ist mir weggebrochen, aber es hat sich auch etwas durchgehalten: nämlich diese doch letzten Endes sozialethisch motivierte Zielsetzung des Christentums. In der Tat scheint mir die Quintessenz des Christentums in dem richtig verstandenen Doppelgebot der Liebe zu bestehen, das ich allerdings primär im Sinne des sozialen Freiheitsverhältnisses auslegen würde, weil der Begriff der Liebe einerseits durch Sexualität, durch Intimität und entsprechende Nahoptikverhältnisse besetzt und andererseits durch Trivialisierung gekennzeichnet ist. Diese Zielsetzung für die individuelle Lebensführung der einzelnen am Schnittpunkt von Personalität und Sozialität hat sich trotz der Veränderung des Begründungszusammenhangs durchgehalten.

CH: Lieber Herr Wagner, haben Sie herzlichen Dank für dieses Gespräch.

Vorschläge zur Lektüre[19]:

1. Was ist Religion? Studien zu ihrem Begriff und Thema in Geschichte und Gegenwart, Gütersloh, 1986, [2]1991.

2. Christentum und Moderne, in: ZThK 87 (1990), S. 124–144 (= Religion und Gottesgedanke, S. 247–268).

---

[19] Eine die Jahre 1967–1993 umfassende Bibliographie von Falk Wagner findet sich bei M. Berger/M. Geist/ I. Tschank (Hg.), Gott und die Moderne. Theologisches Denken im Anschluß an Falk Wagner, Wien 1994, S. 199–211.

Oswald Bayer

Gott ist, wie wir *glauben,* der Autor einer jeden Lebensgeschichte. So bin auch ich nicht dazu verdammt, ein auktoriales Ich zu fingieren, das mein Leben und meine theologische Arbeit mit souveränem Über- und Durchblick als ein geschlossenes Ganzes definieren, betrachten und darstellen könnte. Daher erzähle ich nur einige Situationen und Szenen und rede von Menschen und Büchern, durch die mir gegeben wurde, was ich bin.

I. Täbinger Gemeinde und Tübinger Stift

1972 bis 1974 war ich Pfarrer einer Dorfgemeinde: in Täbingen, vor der Schwäbischen Alb. Als ich nach Bochum an die Ruhr-Universität berufen wurde, sagte Willi Seemann, der Kirchenpfleger: »Meinen Sie, Herr Pfarrer, daß die zwei Jährle Sie ein Leben lang tragen können?«

Sie tragen. Wenn ich bei der Ausarbeitung der Vorlesungen ins Schwimmen geriet, las ich eine meiner Täbinger Predigten und kam wieder auf festen Boden. Die elementaren Erfahrungen in der Gemeinde, durch die ich in die Tiefe und Breite der Widerfahrnisse menschlichen Lebens hineingenommen wurde – Geburt, Feste, Krankheit und Sterben –, bleiben mein Antäusgeheimnis; dessen innerste Mitte ist der Gottesdienst.

Die Gemeinde ist mit der Universität insofern fest verbunden, als die primäre Strittigkeit unseres Lebens – »Ich bin der Herr dein Gott, du sollst keine anderen Götter neben mir haben« – der wahre Boden der sekundären Strittigkeit akademischer Auseinandersetzungen ist.[1] Was der Glaube im Namen Jesu zu sagen und zu denken hat, läßt sich daher

---

[1] Theologie (HST 1), Gütersloh 1994, S. 528–531.

nicht in einem abgeschirmten Binnenraum bestimmen, sondern nur im sich Einlassen auf das, was den christlichen Glauben in Frage stellt.

Die kontroverse Ursituation, in der sich mein Verständnis der Theologie als »Konfliktwissenschaft«[2] bildete, ist für mich die Zeit der Studentenbewegung, als ich, von 1968 bis 1971, Repetent am Evangelischen Stift in Tübingen war. Ich lebte und arbeitete zusammen mit Theologiestudierenden, die sich von der Theologie kaum etwas versprachen, umsomehr aber vom Marxismus, der freilich eher im Reizwort beschworen wurde als in genauer Kenntnis der Texte gegenwärtig war. Der Vortrag über »Marcuses Kritik an Luthers Freiheitsbegriff«[3] wollte die theologisch-philosophische Kontroverse um »Freiheit« – für mich ein »kritischer Vermittlungsbegriff«[4] – bewußt machen und zu einem Grenzgang bewegen – in der Hoffnung, einen Zugang zur Sache der Theologie offen zu halten.

Wissenschaftliche Theologie scheint vielen nicht an der Front, sondern in der Etappe zu geschehen. Diese ist jedoch auf ihre Art auch Front. Nicht nur der Gottesdienst ist der Ernstfall der Theologie, sondern die Theologie selbst ist ihr eigener Ernstfall, sofern es ihr Beruf ist, »Geister zu unterscheiden« (1Kor 12,10). Was ist dabei das Kriterium?

II. Promissio

Meine Aufmerksamkeit richtet sich im Entscheidenden auf die »Promissio«: das Gabe- und Zusagewort, mit dem Gott die Welt schafft: mich samt allen Kreaturen ins Leben ruft und mir samt allen Gläubigen in der Taufe sowie im Abendmahl neu und endgültig Gemeinschaft zusagt und gibt, die verkehrte Welt wieder zu sich kehrend und damit zurechtbringend. In dieser Konzentration und Weite ist die allein durch das Wort, allein durch die Gnade, allein durch Christus, allein durch den Glauben geschehende Rechtfertigung des Gottlosen (Röm 4,5) wahrzunehmen. Das Positivum der Promissio macht die Theologie zur positiven – keineswegs positivistischen – Wissenschaft.

---

[2] AaO durchgehend, besonders S. 115–117.505–511. Dazu die Diskussion: NZSTh 38, 1996, Heft 3. Das Konzept der »Konfliktwissenschaft« ist in allen Publikationen bestimmend, bekundet sich aber ausdrücklich in den beiden Titeln »Umstrittene Freiheit. Theologisch-philosophische Kontroversen«, (UTB 1092) Tübingen 1981, und »Leibliches Wort. Reformation und Neuzeit im Konflikt«, Tübingen 1992.

[3] Leibliches Wort, S. 151–175; vorgetragen am 27. Oktober 1969.

[4] Freiheit als Antwort. Zur theologischen Ethik, Tübingen 1995, S. 9f.

Theologie war für mich von Anfang an Theologie des Wortes Gottes. Schon als Schüler wurde ich wesentlich durch die Dialektische Theologie bestimmt, wie sie mir im Nagolder Gymnasium durch meinen Religionslehrer Walter Schlenker vermittelt wurde, der uns vor dem Abitur zwei Jahre lang in Karl Barths »Kirchliche Dogmatik« einführte. Als 16jähriger hörte ich Vorträge über Kierkegaard von Hermann Diem; hinzu kam die Lektüre von Pascal. Barth war die große Autorität, der Kirchenkampf gab die Orientierung; von der Unvereinbarkeit der Theologie Barths mit der Luthers[5] ahnte ich damals noch nichts.

1957 begegnete mir durch sein Tagebuch »Unter dem Schatten deiner Flügel« Jochen Klepper und brannte mir die Frage ein: Wenn das entscheidende Wort schon gesprochen, das eine Buch schon geschrieben ist – was ist dann unser Reden und Schreiben? »Darf man überhaupt schreiben, da doch Gott schon geschrieben hat? Wohl und Wehe allen, deren Leben dem Bücherschreiben gehört! Ihr Maß war bestimmt, ihr Ziel war gesetzt, ehe sie zu schreiben begannen …«[6]

Von der Dialektischen Theologie Barths wie Bultmanns[7] übernahm ich zunächst deren antipsychologische Einstellung: religiöses Erlebnis, Kirchenjahr, Frömmigkeit, alles Emotionale war mir damals verdächtig; »Religion« erschien mir als Inbegriff des Heidentums und der Gottlosigkeit. Die Theologie sah ich puristisch auf das »reine« Wort reduziert. Durch Ernst Bizers Luther-Interpretation lernte ich dann, einen abstrakten Wortbegriff zu überwinden; ich fand zu einem sakramentalen Verständnis des Predigtwortes: »Deine Sünden sind dir vergeben« oder: »Fürchte dich nicht«. Ein solches Wort tut, was es sagt; es gibt Freiheit.

Wenn schon das verbum audibile tut, was es sagt – wozu dann noch ein verbum visibile, das Abendmahl? Diese Frage suchte ich mit einer Luther-Arbeit zu beantworten, die ich 1962 im Anschluß an ein von Ernst Bizer geleitetes Seminar über Luthers Abendmahlslehre verfaßte. Daraus erwuchsen sowohl die 1967 abgeschlossene Dissertation wie die 1969 eingereichte Habilitationsschrift – zusammen publiziert unter dem Titel »Promissio. Geschichte der reformatorischen Wende in Luthers Theologie« (1971, [2]1989). Es geht dabei um die Frage, was genau

---

[5] Vgl. Theologie, S. 310–388: Diese kritische Darstellung der Theologie Barths ist das – vorläufige – Ergebnis einer Jahrzehnte dauernden Auseinandersetzung, mit der ich es mir nicht leicht machte.

[6] Ein damals, im Mai 1957, geschriebener Text: »Gotteswort und Dichterwort. Jochen Kleppers Dichtung in, mit und unter dem Worte Gottes« ist in den Artikel »Leidend loben. Zum 50. Todestag Jochen Kleppers« (EvKomm 1992, S. 744 f.) eingegangen.

[7] Vgl. die kritische Würdigung Bultmanns in: Theologie, S. 475–484.

»reformatorisch« an der Theologie Luthers ist[8] und damit um die Bestimmung des Orientierungspunktes im ökumenischen Gespräch.

Es hat lange gedauert, bis ich wagte, den Promissio-Begriff als Schlüsselbegriff auch für die Schöpfungslehre geltend zu machen und Gottes schöpferisches Handeln als »Anrede« wahrzunehmen. Meine Wort-Gottes-Theologie war zunächst eindimensional; Schöpfungslehre, Ethik, auch die Wissenschaftstheorie entdeckte ich erst in der Folgezeit als notwendige und lohnende Forschungsaufgaben.

Luthers Promissio-Verständnis ist zur Wurzel und Matrix meiner gesamten systematisch-theologischen Arbeit geworden[9]; sie bewährt sich mir immer mehr als tragfähiger theologischer Boden. So hat meine erste wissenschaftstheoretische Skizze[10], die dann in das ausführliche Handbuch »Theologie« einging, ihre Mitte im Begriff der Promissio – wie auch der Dogmatikgrundriß »Aus Glauben leben«. Über Rechtfertigung und Heiligung« (1984, [2]1990) und nicht zuletzt die vierbändige metakritische Auseinandersetzung mit der Neuzeit. Diese Tetralogie[11] repräsentiert mein systematisch-theologisches Denken wohl am umfassendsten. Die kürzeste und am leichtesten verständliche Einführung gibt »Aus Glauben leben«.

Alle dogmatischen Sätze haben für mich im Geschehen der Promissio ihr Kriterium. Der Bezug auf diesen Sitz im Leben macht sie zu dem, was sie sind. Sah Schleiermacher dogmatische Sätze durch ihren Bezug auf das unmittelbare religiöse Selbstbewußtsein bestimmt, so ist nach meinem Urteil statt dieses Bezuges der auf das als Zuspruch und Zusage verstandene Evangelium wahrzunehmen, das vom Gesetz unterschieden ist.

---

[8] Vgl. die Fixierung der Fragestellung in: Die reformatorische Wende in Luthers Theologie, in: ZThK 66 (1969), S. 115–150.

[9] Vgl. den Aufweis von: Trygve Wyller, Glaube und autonome Welt. Diskussion eines Grundproblems der neueren systematischen Theologie mit Blick auf Dietrich Bonhoeffer, Oswald Bayer und K. E. Løgstrup, Berlin/New York 1998, S. 90–145. Vgl. weiter: Disputationskunst und Seelsorge. Mein Weg in der Schule Luthers, in: Kirche in der Schule Luthers. FS für Joachim Heubach, hg. von Bengt Hägglund und Gerhard Müller, Erlangen 1995, S. 117–129.

[10] Was ist das: Theologie? Eine Skizze, Stuttgart 1973.

[11] Schöpfung als Anrede. Zu einer Hermeneutik der Schöpfung, Tübingen (1986) [2]1990; Autorität und Kritik. Zu Hermeneutik und Wissenschaftstheorie. Tübingen 1991 (Dazu das Interview »Der Text bringt sich selbst zu Gehör«, mitgeteilt in: Neuer Geist in alten Buchstaben, Neuendettelsau 1994, S. 64–76); Leibliches Wort. Reformation und Neuzeit im Konflikt, Tübingen 1992; Freiheit als Antwort. Zur theologischen Ethik, Tübingen 1995. Als Summarien können die jeweiligen Einführungen gelesen werden. Eine kritische Rezension bietet: Dietrich Korsch, Das rettende Wort. Zu Gestalt und Entwicklung der Theologie Oswald Bayers, in: ThR 60 (1995), S. 192–203.

III. Herkunft und Handwerk

Von der Mutter wie vom in Calw beheimateten Vater her stamme ich aus Handwerkerfamilien. Am 30. September 1939 wurde ich in Nagold geboren und dort am 1. Oktober getauft. Am 27. Juni 1941 fiel mein Vater, 25 Jahre alt, in Litauen. Die Buchbinderei des Vaters meiner Mutter in Altensteig im evangelischen Nord-Schwarzwald war der Ort, an dem ich aufwuchs. Der Großvater wurde mir zum Inbegriff stiller, hingebungsvoller Arbeit – ebenso wie meine Mutter, die aus Geldmangel weben lernte und von morgens bis abends am Handwebstuhl saß. Die handwerkliche Solidität, die zu Hause bestimmend war, hat mich geprägt und verbindet mich mit meinem ein Jahr jüngeren Bruder, der Buchbindermeister geworden ist.

Mit der kargen, aber klaren Frömmigkeit des Großvaters, der bei Tisch aus Starks Andachtsbuch las, verband sich die andere tiefe Prägung: durch die kirchliche Jugendarbeit. Vor allem durch sie erreichte mich die Bibel als das Buch schlechthin. Sein Autor sprach mich so an, daß ich zuversichtlich wurde. 1955 war ich Jungenschaftsdelegierter bei der Hundertjahrfeier des CVJM in Paris. Verbunden mit dem Glauben erfuhr ich durch den CVJM – besonders in der Person des Publizisten Gerhard Stoll, damals in Wuppertal – eine geistige, kulturelle und lebenspraktische Horizonterweiterung, die für mich entscheidend wurde. Auch die durch Wanderungen, europaweite Rad- und Faltbootfahrten sowie Zeltlager genährte Naturbegeisterung hat sich nicht verloren; Räume zum Aufatmen sind mir heute die Bretagne, das Engadin und Norwegen. Große Freude machte mir das Malen.

Da mir ein bildungsoffenes Christentum begegnet war, nahm ich die wissenschaftliche Theologie an der Universität – 1959 bis 1964 im Tübinger Stift, in Bonn und, mit einem Stipendium der Studienstiftung, an der Waldenserfakultät in Rom – als faszinierende Möglichkeit wahr, das Nachdenken über den Glauben methodisch zu vertiefen. Ja, mein Glaube selbst erfuhr eine Vertiefung. So hat sich beispielsweise durch die wissenschaftliche Analyse von Luthers Rogatepredigt von 1520[12] mein eigenes Beten verändert.

In der Bultmann-Schule, die damals die akademische Szene beherrschte, und in ihrem Umkreis lernte ich das Handwerk: den Umgang mit den historisch-kritischen Methoden[13]. Sie stehen für das Ethos der

---

[12] Vgl. Promissio, S. 319–337 (Promissio und Gebet). Die »Erhörte Klage« (Leibliches Wort, S. 334–348) greift darauf zurück.

[13] Vgl. Was ist das: Theologie?, S. 103–116; zur Frage nach der Notwendigkeit und Gren-

Philologie; als Theologe bin ich Philologe, Liebhaber des Wortes[14]. Nach Max Webers »Wissenschaft als Beruf« gilt: Wer »nicht die Fähigkeit besitzt, sich einmal sozusagen Scheuklappen anzuziehen und sich hineinzusteigern in die Vorstellung, daß das Schicksal seiner Seele davon abhängt: ob er diese, gerade diese Konjektur an dieser Stelle dieser Handschrift richtig macht, der bleibe der Wissenschaft nur ja fern.«

Kritische Philologie und Historie sind das Ferment meiner theologischen Arbeit geworden und geblieben; ohne philologische und historische Kleinarbeit hätte ich keine systematisch relevanten Einsichten gewonnen. Die entsprechende Grundlagenforschung hat den größten Teil meiner Zeit und Kraft in Anspruch genommen.[15]

Wiewohl von Anfang an im Umgang mit fremdem Denken an der Frage nach der Wahrheit leidenschaftlich interessiert – neben Pascal und Kierkegaard war dabei Lessing schon in der Schulzeit der Katalysator, mein erstes Universitätssemester setzte ich ganz für eine Platon-Arbeit ein –, hatte ich nicht von vornherein die Absicht, Systematiker zu werden. In der kirchengeschichtlichen Doktorarbeit zeigte sich dann aber ein so starkes systematisches Interesse, daß mir die Bonner Fakultät riet, mich in Systematischer Theologie zu habilitieren; dies geschah 1970 mit dem zweiten Teil der »Promissio«.

Nach dem württembergischen Vikariat in Sternenfels und Neckarsulm (1964/65) und einem Philosophie-Semester bei Gadamer und Picht in Heidelberg wurde ich in Tübingen Assistent für Neues Testament (1965 bis 1968) – bei Friedrich Lang, der mir fachlich wie menschlich viel bedeutet – und lehrte dann im Stift als Repetent Altes und Neues Testament, Kirchengeschichte, Dogmatik und Philosophie. Die Divergenzen der Arbeitsweisen und Intentionen der verschiedenen Disziplinen setzten mir so zu, daß die enzyklopädische Frage nach der Einheit der Theologie unausweichlich wurde; ihr ging ich, von Bonn nach Tübingen umhabilitiert, mit meiner ersten Vorlesung »Was ist Theologie?« (Wintersemester 1971/72) nach. Seitdem ist die Wissenschaftstheorie eines meiner Hauptarbeitsgebiete.

---

ze der historisch-kritischen Methode in der Theologie. Zutreffender ist, im Plural – von Methoden – zu reden.

[14] Vgl. Aufmerksam aufs Wort. Freundesgabe für Oswald Bayer zum 50. Geburtstag, hg. v. Theo Dieter, Thomas Reinhuber, Edgar Thaidigsmann, Bernd Weißenborn, Tübingen 1989.

[15] Neben meinen Arbeiten zur Lutherforschung sind besonders zu nennen: Kreuz und Kritik. Johann Georg Hamanns Letztes Blatt. Text und Interpretation (zusammen mit Christian Knudsen), Tübingen 1983; Johann Georg Hamann. Londoner Schriften. Historisch-kritische Neuedition (zusammen mit Bernd Weißenborn), München 1993, und die unten Anm. 25 genannten Hamann-Arbeiten.

IV. Respondeo, etsi mutabor

Wie die Vorworte meiner Bücher erkennen lassen, ist die Gestalt meiner Theologie, wie sie geworden ist, ohne meine Frau, die Germanistik und Theologie studiert hatte und Gymnasiallehrerin war, nicht zu denken. 1961 haben wir uns verlobt, 1966 geheiratet. Meine Frau gab mir Zeit und Freiheit und nahm an meiner wissenschaftlichen Arbeit kritisch und ermutigend teil. In ihrer ruhigen Stärke setzte sie sich für »pädagogische Barmherzigkeit« ein und suchte mich zu einem leichter lesbaren, essayistischen Stil zu verlocken. So ist beispielsweise »Nachfolge-Ethos und Haustafel-Ethos«[16] auf ihren Rat hin unverändert geblieben, obwohl ich den Text noch weiter ausarbeiten wollte.

Ihr Tod am 21. Januar 1993 ist der tiefste Schnitt in mein Leben. – Tiefer aber ist die Dankbarkeit für die intensive Gemeinschaft, die uns gegeben wurde.

Communico, ergo sum. Das gilt für mich in außerordentlichem Maße bis heute im Umgang mit unseren Kindern Bettina (geboren 1968) und Joachim (geboren 1970), die mich zunehmend auch auf theologischem Gebiet fordern, wie in der gemeinsamen Arbeit mit meinen Assistenten und mit befreundeten Kollegen. Nichts ist so produktiv wie das Gespräch – nicht zuletzt das Streitgespräch; ja, es ist nur recht, selbst vom Feind zu lernen (fas est, et ab hoste doceri). Seit meinem ersten Semester, als ich sie auf einem Plakat der Evangelischen Studentengemeinde sah, begleitet mich Rosenstock-Huessys Devise: Respondeo, etsi mutabor; ich antworte, auch wenn ich mich dabei ändern muß.

V. Arbeitsfelder

Seit 1979 bin ich Professor für Systematische Theologie an der Eberhard-Karls-Universität Tübingen, bis 1995 das Institut für Christliche Gesellschaftslehre leitend – in der Ethik mit Arbeitsschwerpunkten auf den Grundproblemen wie Gesetz und Evangelium sowie Institutionenlehre, hauptsächlich aber auf materialethischen Themen wie Ehe und Familie, Politik, Wirtschaft und spezielles Berufsethos (Polizei). Ethischen Fragen galt auch meine außeruniversitäre Arbeit, vor allem die Mitarbeit in der EKD-Kammer für Ehe und Familie (1985 bis 1997).[17]

---

[16] Freiheit als Antwort, S. 147–163.
[17] Vgl. Gottes Gabe und persönliche Verantwortung. Zur ethischen Orientierung für das

1978 bis 1982 war ich Vorsitzender des theologischen Ausschusses der EKU zur Gottesfrage[18]; seit 1986 gebe ich die »Neue Zeitschrift für Systematische Theologie und Religionsphilosophie« heraus und bin seit 1997 Vorsitzender des Kuratoriums der Luther-Akademie Ratzeburg – damit zusammenhängend in kontinuierlichem Gespräch mit Kollegen der nordischen Länder. Wichtig für meine Arbeit ist auch die Teilnahme am Forum der internationalen Lutherforschungskongresse und Hamann-Kolloquien sowie der Austausch mit anglikanischen Theologen in dem Forschungsprojekt »Worship and Ethics«[19].

VI. Ethik der Gabe

Die Frage nach der Gestalt der Ethik fesselt mich weiterhin. Gegenüber der präskriptiven Überhitzung seit Kant und dem entsprechenden Aktualismus liegt mir am Aufweis der Bedeutung des Vorethischen für das Ethische, am Vorrang der Gabe vor der Aufgabe. Die Sprache, die die Welt wahrnehmen läßt, ist *vor* dem Ethos. Deshalb gehen Ästhetik, verstanden als Reflexion der Weltwahrnehmung im umfassendsten Sinne, und Poetik der Ethik voran; zunächst sind Grundbewegungen wie Staunen und Ehrfurcht, Dank, Güte und Barmherzigkeit im Zusammenhang konkreter Sprach- und Lebensformen vor allem des Gottesdienstes zu bedenken.

Dies ist die These von »Freiheit als Antwort«, dem letzten Band der Tetralogie, der, nachdem die andern Bände jeweils auch schon die Ethik behandelt hatten, sich ganz auf sie konzentriert[20]. Im Kontext der Tetralogie werden die schöpfungstheologischen, hermeneutischen und wissenschaftstheoretischen Implikate der erarbeiteten metakritischen Ethik expliziert; zugleich wird ihr theologie- und philosophiegeschichtlicher Ort in der neuzeitlichen Umformungskrise des Christentums deutlich.

Zusammenleben in Ehe und Familie. Eine Stellungnahme der Kammer der EKD für Ehe und Familie, Gütersloh 1998.
[18] Das Ergebnis unserer Arbeit: Gott – Herausforderung der Kirche. Votum eines Ausschusses der Evangelischen Kirche der Union, Neukirchen 1982.
[19] Die Dokumentation der bisherigen Arbeit: Worship and Ethics. Lutherans and Anglicans in Dialogue, ed. by Oswald Bayer and Alan Suggate, Berlin/New York 1996.
[20] Eine verständnisvolle Darstellung und Würdigung nicht nur dieses Buches, sondern der Gesamtkonzeption meiner Ethik bieten Bernd Wannenwetsch (in: ZEE 39 [1995], S. 231–235) und Tryve Wyller (s.o. Anm. 9).

Einer eingehenderen Erkundung bedarf der Begriff der »Weltlich-
keit«, zu dessen Entwicklung ich mich ins Gespräch mit Ernst Steinbach, meinem Tübinger Vorgänger, und mit Dietrich Bonhoeffer bege-
ben habe[21], sowie der Begriff dessen, was Luther »primus usus legis«
nannte; dazu ist die Frage Trygve Wyllers[22] nach der Weltgegenwart
Gottes außerhalb des Glaubensaktes weiter zu bedenken[23].

VII. Im Gespräch mit Hamann

Zum Standbein Luther kam das Spielbein Hamann, der Luthers Theologie im Zusammenhang der Aufklärung – wo nötig, im Widerspruch zu
ihr – zur Geltung brachte. Da Hamann kein allgemein anerkannter Gesprächspartner für Theologen war, bedeutete es kein kleines Risiko,
sich auf ihn einzulassen. Das erste, was mich neugierig machte, war der
Anfang der »Aesthetica in nuce«, der mir während der Schulzeit in einem Lesebuch begegnete und den ich in seiner Fremdheit nicht vergessen konnte. Später stieß ich bei der Arbeit an meiner Dissertation in Erwin Metzkes Aufsatzband »Coincidentia oppositorum« (1961) nicht
nur auf die Lutherstudie »Sakrament und Metaphysik«, sondern auch
auf »Kant und Hamann« und »Hamann und das Geheimnis des Wortes«.
Heinrich Bornkamms »Luther im Spiegel der deutschen Geistesgeschichte« verstärkte durch seine Hamann-Texte das Interesse, das geweckt war. Als ich ins Pfarramt nach Tübingen ging, lieh ich mir aus
dem Tübinger Stift die erste Gesamtausgabe der Werke Hamanns von
Friedrich Roth aus. Die Gastvorlesung[24] an der Ruhr-Universität Bochum, die den Ausschlag für meine Berufung (1973) auf einen Lehrstuhl für Systematische Theologie mit Schwerpunkt Ethik gab, zitiert

---

[21] Leibliches Wort, S. 243–286.

[22] S.o. Anm. 9.

[23] Am 12. 11. 1989 schrieb ich an Martin Schloemann: »Lange hat es gedauert – sehr
lange. Aber nun beginne ich, von den ›Berührungsängsten gegenüber dem primus usus legis‹
(Martin Schloemann, Rezension von: Oswald Bayer, Zugesagte Freiheit. Zur Grundlegung
theologischer Ethik; in: ZEE 26, 1982, S. 350–353, hier 352) frei zu werden, um mich als
systematischer Theologe ›auf die Weltanwesenheit Gottes außerhalb des Glaubensvorgangs‹
(aaO., S. 353) so zu beziehen, daß dabei nicht nur die Extremerfahrungen des tötenden Gesetzes, sondern die positiven Wirkungen der lex in den Blick kommen, mit der diese alte, vergehende Welt auf ihre Zukunft hin erhalten wird. Diese lex ist nicht das Evangelium; es ist aber
auch nicht das tötende Gesetz. Tertium datur: eben die lex im usus politicus.« Vgl. Freiheit als
Antwort, S. 246 Anm. 79; 113.228–230.296.299. 302, besonders aber 89–93.

[24] Theologische Ethik als Freiheitsethik (vorgetragen am 23.10.1972), in: Freiheit als
Antwort, S. 97–115.

schon Hamanns »Metakritik über den Purismum der Vernunft« – einen religionsphilosophisch höchst bedeutsamen Text, mit dem ich mich nun seit Jahrzehnten eingehend beschäftige. Einen Kommentar dazu, von dem Teilstücke[25] schon ausgearbeitet sind, hoffe ich in den nächsten Jahren veröffentlichen zu können.

Hamann, der »Kreuzesphilologe«[26], ist zu einem meiner wichtigsten Gesprächspartner geworden, weil ich bei ihm Entscheidendes für die Ausarbeitung einer theologischen – und aus theologischen Gründen auch religionsphilosophisch zu verantwortenden – Metakritik der Neuzeit lerne: für die mir spätestens seit der Studentenbewegung unabweisbar gewordene Aufgabe, die konfliktreiche Verschränkung biblisch-reformatorischer Theologie mit neuzeitlichem Denken so wahrzunehmen, daß die Differenzen nicht verharmlost und überspielt, aber auch nicht so stilisiert werden, daß Reformation und Neuzeit beziehungslos auseinanderbrechen.

Zudem ist die Hamannforschung für mich seit dem I. Internationalen Hamann-Kolloquium, das 1976 in Lüneburg stattfand, zum Medium eines kontinuierlichen Austausches mit Germanisten und Philosophen geworden; die beglückenden Erfahrungen in dieser community of researchers möchte ich nicht missen.

In einem studium generale, das ich im Sommersemester 1987 an der Universität Tübingen hielt – Teilnehmer waren vor allem Germanisten, Philosophen und Theologen – schossen die vielen Fäden meines Gesprächs mit Hamann zu einem Text zusammen, der zeigt, daß der Königsberger Sokrates, weitgespannte Themen aufgreifend, Zusammenhänge herstellt und keineswegs, wie oft angenommen, nur Aphoristiker ist. Das aus diesen Vorlesungen erwachsene Buch »Zeitgenosse im Widerspruch. Johann Georg Hamann als radikaler Aufklärer« (1988) ist meine irreguläre Dogmatik; sie spannt den thematischen Bogen von der Schöpfungslehre bis zur Eschatologie.

---

[25] Die Geschichten der Vernunft sind die Kritik ihrer Reinheit. Hamanns Weg zur Metakritik Kants (Acta des 4. Internationalen Hamann-Kolloquiums in Marburg 1985, hg. von Bernhard Gajek), Bern 1987, S. 9–87; Metakritik in nuce. Hamanns Antwort auf Kants »Kritik der reinen Vernunft«, in: NZSTh 32 (1988), S. 305–314; Hamanns Metakritik im ersten Entwurf, in: Kant-Studien 81 (1990), S. 435–453; Kants Geschichte der reinen Vernunft in einer Parodie. Hamanns Metakritik im zweiten Entwurf, in: Kant-Studien 83 (1992), S. 1–20; Laut und Buchstabe – Raum und Zeit. Hamanns Metakritik der transzendentalen Ästhetik Kants (Religione, Parola, Scrittura [Biblioteca dell' ›Archivio di Filosofia‹ 8], hg. v. Marco M. Olivetti), Padova 1992, S. 449–457.
[26] Vgl. Kreuz und Kritik; Leibliches Wort, S. 105–124 (»Kreuzesphilologie«).

VIII. Achsenzeit

Die Zeit zwischen 1781, dem Todesjahr Lessings und Erscheinungs-
jahr der »Kritik der reinen Vernunft« Kants, und dem »Kommunistischen Manifest« (1848) ist eine der Achsenzeiten, die unser Denken bis
heute bestimmen. Deshalb habe ich mich – außer mit Descartes und
Nietzsche – vor allem mit den Denkern jener Zeit eingehend beschäftigt, unter ihnen besonders mit Kant, Hegel, Schleiermacher, Feuerbach, Marx und Kierkegaard. Sie sind gleichsam rochers de bronze,
Felsen im Fluß. Erst im Blick auf solche Orientierungsmarken stellt
sich eine Kommunikation her. Besonders im Zusammenhang der 68er
Jahre ist mir aufgegangen, daß scheinbar neue Fragen nur alte – wie die
der Linkshegelianer – wiederholen, ohne jedoch deren Klarheit und
Schärfe wieder zu erreichen. So gilt es, in der Suche nach repräsentati-
ven Gesprächspartnern von den Schmiedchen wegzukommen und zurück zum Schmied zu gehen – zu Kant, Hegel und Schleiermacher.
Dabei beuge ich mich nicht wie Emanuel Hirsch unter das »Schicksal«
der Neuzeit, sondern nehme die Freiheit in Anspruch, gegen dessen
Stachel zu löcken und den neuzeitlichen Umformungen des Christentums, in denen das Ethische, Theoretische und Existentielle jeweils
verabsolutiert, von der Promissio losgelöst ist[27], metakritisch zu begegnen.

IX. Leibliches Wort

Das Wahrheitskriterium der notwendigen Metakritik sehe ich im »leib-
lichen Wort«, von dem der entscheidende Artikel des Augsburger Bekenntnisses (CA V) in polemischer Wendung gegen den Spiritualismus
redet. In diesem Wort geht es um die Leiblichkeit Gottes selbst. Der
Neuzeit ist solche Leiblichkeit fremd, da sie den Leib zum Körper ver-
äußerlicht und die Seele zur denkenden Subjektivität verinnerlicht. Alles Begegnende, auch Gott, wird von ihrem transzendentalen Denken
nur im selbstproduzierten Bild wahrgenommen und vom Verlangen
nach Identität beherrscht. Dieser neuzeitlichen Subjektivität und ihrem
Narzißmus gilt es weder kritiklos zu entsprechen noch abstrakt zu wi-
dersprechen[28]. In der Wahrnehmung des Konflikts zwischen Reforma-

---

[27] Zur entsprechenden Dreiertypologie, mit der sich die Situation begreifen läßt, in der
sich die Theologie seit 200 Jahren bewegt: Theologie, S. 453–487.
[28] Vgl. Leibliches Wort und: Der neuzeitliche Narziß, in: EvKomm 26 (1993), S. 158–162.

tion und Neuzeit möchte ich vielmehr die Theologie metakritisch artikulieren und dabei die Übertragung der Promissio in die Schöpfungslehre auch religionsphilosophisch fruchtbar machen[29].

Bezogen auf die Promissio hat die Systematische Theologie eine
Fülle von innerhalb wie außerhalb des christlichen Gottesdienstes anzu-
treffenden Lebens- und Sprachformen zu bedenken, die ihre je eigene
Gestalt haben – wie vor allem Lob und Klage. Da die Formen des allgemeinen und besonderen Gottesdienstes, auf die sich theologische Wissenschaft konstitutiv bezieht[30], nicht zuletzt »poetisch« genannt werden
können – wobei sich mit dieser literaturwissenschaftlichen Bezeichnung innerste Bezüge auf Gott den »Poeten«[31] und »Autor« verbinden –, ist es sinnvoll, von »poetologischer Theologie« zu sprechen.
Durch sie wird das leibliche Wort näher charakterisiert.

X. System als Hindernis der Wahrheit?[32]

Die Kritik am Systemdenken, die meiner Poetologischen Theologie
impliziert ist, wird gelegentlich als Übereinstimmung mit postmodernen Perspektiven verstanden. Doch geht es ihr um jene alte Skepsis gegen metaphysische Rundung, wie sie schon der Prediger Salomo ver-
tritt. Zwar können wir nicht anders, als nach einem Ganzen, nach Einheit, nach Anfang und Ende zu fragen; das metaphysische Bedürfnis ist
uns unausrottbar eingepflanzt: »Auch die Ewigkeit hat Gott ihnen ins
Herz gegeben« (Koh 3,11a). Doch kann und darf die Antwort auf die
metaphysische Frage nicht ungebrochen gegeben werden. Denn wir leben im Glauben, noch nicht im Schauen (2Kor 5,7). Deshalb fährt der
Prediger fort: »...nur daß der Mensch das Werk, das Gott von Anfang
bis Ende tut, nicht ergründen kann.« Die metaphysische Frage bleibt bis
zum Tod unausweichlich, die passende Antwort jedoch ist uns versagt.
Christen haben eine solche Antwort denn auch nie gegeben, wenn sie,
wie Luther in »De servo arbitrio«, bei ihrer Sache blieben – bei solchen
Texten wie dem Kohelet- und Hiobbuch sowie den Klagepsalmen.

[29] Vgl. Religionsphilosophie zwischen Ethik und Ontologie als Sprachphilosophie, in:
Philosophie de la religion entre éthique et ontologie [Bibliotheca dell' ›Archivio di Filosofia‹
14], hg. v. Marco M. Olivetti, Padova 1996, S. 387–401).
[30] Theologie, S. 395–407.
[31] Die Bekenntnisschriften der evangelisch-lutherischen Kirche (³1956), S. 26,25 (Nizä-
nisches Glaubensbekenntnis).
[32] Vgl. Gegen System und Struktur. Die theologische Aktualität Johann Georg Hamanns,
in: Autorität und Kritik, S. 169–180.

Der bezeichnete Bruch zwischen der metaphysischen Frage nach der Einheit und der Unmöglichkeit, sie unmittelbar – ohne einen Weg, den oratione, meditatione und tentatione zu gehen Zeit braucht – zu beantworten, betrifft nicht etwa einen Einzelaspekt der Systematischen Theologie; er betrifft vielmehr ihren Gesamtcharakter. Wer die Spannung zwischen der schrecklichen Verborgenheit Gottes und seinem tröstenden Offenbarsein von höherer Warte aus auflöst, prinzipialisiert ungeduldig die erst im Eschaton unangefochtene Wahrheit, daß Gottes Wesen die Liebe ist. Solange wir unterwegs sind, läßt sich diese Spannung nicht lösen.

Das Theodizeeproblem – dieser Abgrund des Denkens – muß nicht gesucht werden, sondern ist unausweichlich gegeben. Ich suche nicht die Leerstellen und Löcher mit der Laterne, sondern falle hinein und sehe, daß auch andere hineinfallen. Was mich wundert ist, daß manche diese Löcher entweder gar nicht bemerken oder sie rasch zustopfen. Sonst könnte etwa Schleiermachers Theologie mit ihrem quantifizierenden Sündenbegriff, ihrem Unverständnis gegenüber der Klage und Bitte, ihrer Ausscheidung des Zornes Gottes und ebenso seiner Barmherzigkeit samt der Verkennung der Härte des Wortes vom Kreuz nicht eine solche Resonanz finden, wie sie gegenwärtig wieder zu bemerken ist. Die Vermittlung wird – nicht nur von Schleiermacher – zu schnell gesucht; der Anspruch auf Totalität geht über die auf dem Weg liegenden Widerstände hinweg.

Doch ist die Welt nicht in sich stimmig, sondern klingt »wie gesprungene Glocken« (Büchner, Woyzeck). Die Wahrnehmung dieser Nicht-Stimmigkeit brachte mich in eine Nähe zur Kritischen Theorie, die mir durch Edgar Thaidigsmann erschlossen wurde. Doch widerspreche ich, wenn Adorno und Horkheimer aus der Erfahrung der Dissonanzen wiederum eine Metaphysik machen, wenn auch, in der Tradition Schopenhauers, eine negative – wie sie sich in der Umkehrung von Hegels Satz »Das Wahre ist das Ganze« zeigt: »Das Ganze ist das Unwahre« (Adorno, Minima moralia). Übernähme die Theologie diesen Satz, dann verleugnete sie den Glauben an Gott den Schöpfer.

Wer sich vom Willen zum System nicht bannen läßt, muß sich auf die »rechte Teilung des Wortes der Wahrheit« (2Tim 2,15) verstehen. Solche »Orthotomie« hat vor allem die Unterscheidung von Buchstabe und Geist[33] und von Gesetz und Evangelium zu treffen. Theologie ist die Kunst des Unterscheidens.

---

[33]   Vgl. Neuer Geist in alten Buchstaben.

XI. Die Theologizität der Theologie

Was theologische Wissenschaft zur Theologie macht, habe ich in meiner ersten – schon erwähnten – Vorlesung »Was ist Theologie?«[34] als Bezug auf das Geschehen von Gesetz und Evangelium bestimmt, im Theologiebuch als Bezug auf den Gottesdienst; es handelt sich dabei um dasselbe. Indem dieser Bezug als konstitutiv festgehalten wird, läßt sich nicht mehr ein ideeller Gehalt von seiner Sprachgestalt unterscheiden, wie es paradigmatisch Hegel mit der Spekulation seiner Religionsphilosophie tut. Dieser Bezug läßt sich andererseits aber auch nicht im Rückgang auf ein unmittelbares religiöses Selbstbewußtsein hintergehen wie in Schleiermachers oder Feuerbachs Hermeneutik; mit einer solchen Hermeneutik des Rückgangs würde die Theologie zu einer Glaubenswissenschaft, die das Wort vom Glauben abhängig machte.[35] Wer jedoch Theologie nicht zur Psychologie oder Ideenwissenschaft werden lassen will, kann sie nur – etwa im Anschluß an den späten Wittgenstein – als Wissenschaft der konkreten Sprach- und Lebensformen fassen, in denen Gott sinnlich und leiblich widerfährt[36]. Theologie ist Grammatik zur Sprache der Heiligen Schrift[37]. Das Resultat der Theologie sind dann nicht theologische Sätze, sondern ist das Klarwerden von Sätzen der Verkündigung in ihrem bestimmten Sitz im Leben.

XII. In via

Theologie als Wissenschaft ist eine Zwischenbestimmung und kein Endzweck. Es sind ihr die biblischen Texte gegeben, die nicht nur stumm zu lesen sind, sondern die im Gottesdienst laut werden. In ihnen bringt sich der Mensch gewordene Gott durch seinen Geist zu Gehör und legt mich, indem er meine Lebensgeschichte schreibt, aus. »Beachte, daß die Kraft der Schrift die ist: Sie wird nicht in den gewandelt, der sie studiert, sondern sie verwandelt den, der sie liebt, in sich und ihre Kräfte hinein.«[38]

---

[34] Die personale Fassung der Frage halte ich heute für angemessener: Wer ist Theologe? (Rechtfertigung und Erfahrung. Für Gerhard Sauter zum 60. Geburtstag, hg. v. M. Beintker, E. Maurer, H. Stoevesandt, H.G. Ulrich, Gütersloh 1995, S. 208–213).

[35] Vgl. Wortlehre oder Glaubenslehre? Zur Konstitution theologischer Systematik im Streit zwischen Schleiermacher und Luther, in: Autorität und Kritik, S. 156–168.

[36] Zur entsprechenden vita passiva: Theologie, S. 42–49.418–426.

[37] Theologie, S. 124. 486.

[38] WA 3, 397,9–11 (zu Psalm 68,14).

Diese Verwandlung braucht Zeit; sie geschieht nicht in einem einzigen Augenblick. Die Texte, die man dem propositionalen Gehalt nach zu kennen meint, wollen immer wieder buchstabiert und in neuer Situation erfahren – durchaus auch erlitten – werden. Daher gilt es, im endlichen und dahineilenden Leben sich dennoch Zeit zu lassen und zu warten. Theologie ist eine unerschöpfliche Erfahrungswissenschaft, die nicht ausgelernt werden kann – lebenslang.

Eilert Herms

Äußere Lebensdaten besagen wenig, umreißen aber den geschichtlichen Kontext unseres Lebens. So schicke ich sie voran. Von 1940 bis 1962 habe ich in meiner Heimatstadt Oldenburg gelebt, im elterlichen Pfarrhaus als Ältester von sechs Geschwistern. 1960 legte ich am Alten Gymnasium das Abitur ab. Den anschließenden Wehrdienst – wegen des Baus der Mauer überraschend auf zwei Jahre verlängert – leistete ich ebenfalls in Oldenburg. Es folgten zwei Studienjahre im geteilten Berlin, zwei in Tübingen, ein halbes in Mainz und dann dreieinhalb in Göttingen, davon anderthalb vor dem ersten Examen im Frühjahr 1968 und zwei weitere danach bis zur Fertigstellung der Dissertation. In Göttingen habe ich im Sommer 1969 auch geheiratet. Seit dem Frühjahr 1970 lebten wir wieder in Oldenburg, ich absolvierte dort mein Vikariat. Nach dem zweiten Examen und der Ordination im Herbst 1971 zogen wir nach Kiel, wo ich bis 1979 an der theologischen Fakultät eine Assistenten- bzw. Privatdozentenstelle innehatte. Zwei Kinder waren schon in Oldenburg geboren, zwei kamen in Kiel noch dazu. Zum Sommersemester 1979 folgte ich einem Ruf auf einen Lehrstuhl für Systematische Theologie in München. Anfang 1980 siedelte auch die Familie nach Bayern über, an den Südrand des Isartals zwischen Freising und Landshut. Dort wohnen wir noch heute. 1985 übernahm ich einen Lehrstuhl in Mainz und 1995 meinen jetzigen Lehrstuhl in Tübingen.

Dramatische Kriegserlebnisse sind mir erspart geblieben. Die einzige deutlich erinnerte Szene betrifft das Kriegsende. Vom Erkerfenster des Hauses meiner Großeltern aus beobachtete ich Ende April 1945 den Einmarsch britischer Truppen in Oldenburg nach der kampflosen Einnahme der Stadt. Mitten am hellen Aprilvormittag wurden die Straßen leer und die Stadt still wie sonst nur am Heiligen Abend, einige Minuten gespannten Wartens, dann sah man auf beiden Bürgersteigen die Engländer, in Schützenlinie sichernd, die Straße heraufziehen. Ein fast lautloser Vorgang, spannend, aber undramatisch und ohne Zwischenfälle.

Das Erlebnis wurde jedoch schnell zum Kristallisationspunkt des Bewußtseins, daß sich der Rahmen einer Lebenswelt von Grund auf verändert hatte, die selber noch für Jahre in hergebrachter Ordnung weiterlief. Bis zum Sommer 1944 hatte mich meine Mutter auf Reisen nach Berlin, Danzig, Hinterpommern und Schlesien zum Besuch von Verwandten und meines Vaters an seinen Standorten mitgenommen. Derartiges ging nun nicht mehr. Die ostdeutschen Verwandten sah ich Ende 1945 als Flüchtlinge in Oldenburg wieder, meinen Vater erst 1948 nach Rückkehr aus der Gefangenschaft. All dies bewies, daß die Welt von Grund auf anders war als früher, obwohl der Alltag das Gegenteil zu erleben gab. Er verlief über Jahre hin weiter in regionaler Selbstgenügsamkeit nach den althergebrachten Tages-, Wochen- und Jahresrhythmen einer handwerklich-bäuerlichen Arbeitswelt und des kirchlichen Festkalenders. Es war, als hätte man ein altes Bild wegen irreparabler Beschädigung des alten Rahmens in einen neuen gefaßt. Bis zum Beginn der 60er Jahre war zu erleben und bedenken, *daß* dieser Rahmen das Bild selbst kontinuierlich veränderte und *warum*; vor allem aber: *warum* der Rahmen selbst ein anderer geworden war und werden mußte.

Anleitung dazu bot eine Schulzeit, die ich als faszinierend und denkbar ergiebig in Erinnerung habe. Bildungserlebnisse erster Güte boten besonders der Geschichts-, der Literatur-, der Kunst- und der Sprachunterricht. Fritz Kraul unterrichtete Deutsch und Geschichte. Literatur wurde als Ausdruck spezifischer Lebensanschauungen durchsichtig, die geschichtlichen Bedingungen – äußeren und inneren – des Zusammenlebens korrespondieren, welche ihrerseits wiederum beeinflußt sind von jeweils herrschenden weltanschaulich-ethischen Traditionen. Wie kommen in solchem Kräftespiel Verantwortung und Schuld zu stehen? Jedenfalls schied aus, den Nationalsozialismus als unbegreiflichen Zwischenfall oder Schlag eines blinden Schicksals zu deuten. Ein besonderes Ziel des Deutschunterrichts war die Sensibilisierung für die Unerträglichkeit von Klischees und jeder Idylle, die von den wahren Bedingungen des Lebens ablenkt. Anleitung zur Gewinnung eigener Maßstäbe war auch der Kunstunterricht Adolf Niesmanns. Farben-, Formen- und Sinnenmensch durch und durch, lag für ihn die Bedeutung jedes künstlerischen Gebildes in seinem Charakter als sinnliches Ereignis. Das galt auch für Architektur. Unvergeßlich die »Unterrichtsgänge«, auf denen uns die wohlproportionierte Bescheidenheit der wenigen

Baudenkmäler ackerbürgerlicher Kultur, die Gediegenheit der reichhaltigen klassizistischen Bausubstanz und der Glanz bestimmter Villenviertel der Gründerzeit, der auch durch ihren – nur für die Ironie erträglichen – Protzgestus nicht überdeckt werden konnte, offenbart wurde. Aber auch die Willkürlichkeit jüngster Eingriffe in das unversehrt über den Krieg gekommene Stadtbild, zum Beispiel des Herausbrechens des Marstalls aus dem geschlossenen Ensemble der klassizistischen Schloßfreiheit zugunsten eines gläsernen Hallenbades: »Wer stellt seine Badewanne ins Wohnzimmer!«. Griechisch erteilte Manfred Fuhrmann[1], nach dem Ende seiner Karriere als Berufsoffizier Gräzist mit teils bitterem, teils augenzwinkerndem Sarkasmus – ersterer für die Zeitläufe, letzterer für die schwächeren Leistungen der Jungmannschaft –, der ihn jedoch nicht an dem Hinweis hinderte, daß nicht nur zu Zeiten Homers Männer weinen und weinen dürfen.

Diese Welt war von christlicher Tradition durchzogen und gerahmt. Zuhause waren Lied, Bibellese, Morgen-, Tisch- und Abendgebet, die Ausrichtung des Sonntags auf den Gottesdienst und die Einordnung der Jahreszeiten in den christlichen Festkalender Formen von selbstverständlicher Unaufdringlichkeit. Auch für Stadt und Land Oldenburg, obwohl traditionell »unkirchlich«, war dieser Rahmen selbstverständlich. So auch im Leben der Schule: Aulaandacht am Montagmorgen, Schulgottesdienste zum Erntedank- und Reformationsfest, und daher der Religionsunterricht nicht Ausdruck des befremdlichen Öffentlichkeitsanspruchs einer privaten Weltanschauung, sondern Gelegenheit zur Besinnung auf das, was noch offiziell als allgemeiner Rahmen des öffentlichen Lebens galt.

Geordnete Verhältnisse. Für mich jedoch je länger je mehr eine Quelle der Beunruhigung. Freilich auf vertrackte Weise. Persönlich hatte ich mit ihnen nicht das geringste Problem, aber *andere* – viele – schienen welche zu haben. Mein Konflikt war diese offenkundige Spannung zwischen meinem Verhältnis zum Christentum und dem meiner Umwelt. Ich sah, für eine Vielzahl, vielleicht schon die Mehrzahl, von Zeitgenossen schien die Abstandnahme von der christlichen Tradition und ihre Vergleichgültigung »vernünftig« zu sein. Aber für mich war diese innere Entfremdung von der christlichen Tradition, die ich in meiner Umgebung bemerkte, nur ein brutum factum, die weite Verbreitung eines faktischen Befindens. So »vernünftig« für viele Zeitgenossen das Abstandhalten zur christlichen Tradition schien, so »vernünftig« schien es

---

[1] Nicht identisch mit dem bekannten Althistoriker gleichen Namens.

mir, sich einzulassen auf den reichen und schönen Freiraum ihrer Symbole und Riten, ihrer Festkultur und ihrer Deutungsangebote für das Leben. Mir schien, wer nur die Grundaussage über Gott als Schöpfer richtig versteht, kann keine Schwierigkeiten haben, das überlieferte Christentum, wie es in Liedgut, Schrifttexten, Liturgie, Festordnung und Kasualpraxis für sich selber spricht, als Horizont zu lieben, in dem die Fülle des Lebens mit allen Spannungen und Widersprüchen erlebt und verstanden werden kann als ursprünglich zielgerichtete Einheit. Zugleich war jedoch nicht zu übersehen: Für viele und mir wichtige Zeitgenossen war diese Welt christlicher Formen, äußerlich noch in überlieferter Geltung stehend, innerlich weit weg. Unter Umständen hielten sie sie sogar für falsch und gefährlich, für die systematische Behinderung eines unverstellten Realitätskontaktes, zu Recht dem Untergang geweiht und abbruchreif. Worauf sich ein solches Urteil stützte, war mir unklar (jedenfalls nicht auf das Christentum, das ich kannte), dennoch war es verbreitet. Ob man diese Fremdheit vielleicht durch einen interpretierenden und auslegenden Umgang mit der christlichen Tradition beseitigen konnte, der aufdeckt, daß und wie in ihren Formeln und Gebräuchen Lebenserfahrung so verarbeitet, bezeugt und zu bedenken gegeben ist, daß das Sicheinlassen auf all dies zur Quelle eines uneingeschränkten Realismus werden kann? Aber – das mußte ich mir eingestehen – ein solcher freier Umgang mit der Tradition war zwar mir persönlich vertraut, aber nicht verbreitet. Natürlich gab es gelegentlich schlechten Schulunterricht und gute Predigten – aber so viel exzellente Bildungserlebnisse mir die Schule vermittelte, so viel falsch und albern wirkendes Zeug mußte von Kanzeln angehört werden. Schließlich: Der Griff in die häuslichen Bücherregale bescherte faszinierende Lektüre, solange es sich um klassische und schöne Literatur handelte, jedoch Unverständnis und gähnende Langeweile bei jedem theologischen Buch. Hier schien nichts zu verstehen und nichts zu profitieren. Trotzdem blieb es dabei: Der Beginn des Gottesdienstes mit dem Choral »Tut mir auf die schöne Pforte, führt in Gottes Haus mich ein«, das Mitsprechen des Glaubensbekenntnisses, die Feier der Feste konnte es an bewegender und stärkender Kraft mit einer Don-Giovanni-Aufführung aufnehmen. Das war nicht »Glaubensstärke«, sondern etwas Schlichteres: Jeder Mensch braucht zum Leben ein Verständnis des Ineinanders einer herkömmlichen Weltdeutung und der selbsterlebten Gegenwart. In meinem Fall war die herkömmliche Weltdeutung die christliche. Und aufgrund des freien eigenständigen Gebrauchs, den ich von der christlichen Überlieferung zu machen gelernt hatte, war für mich das Ineinander zwischen ihr und meinem Gegenwartserleben von Grund auf befriedigend. Eben das aber galt nicht mehr allgemein, sondern stand in merkwürdiger, aufklärungsbedürftiger Spannung zum Erleben vieler Zeitgenossen. Dadurch wurde ich nicht in »Glaubenszweifel« gestürzt, wohl aber vor die Frage gestellt: Wie steht es um die Tauglichkeit der christlichen Tradition – in ihrer evangelischen Gestalt – als Verstehenshorizont für das Gegenwartserleben im Vergleich mit anderen weltanschaulichen Traditionen? Diese Frage entschied über die Wahl meiner Studienfächer: Germanistik und Theologie.

Jedoch schon nach der Zwischenprüfung in Germanistik, anläßlich des Wechsels nach Tübingen, konzentrierte ich mich ganz auf die Theologie. Ein Beweggrund war der starke Eindruck, den ich von der schlichten Sicherheit und Leistungskraft der historisch-kritischen Methode gewonnen hatte, der die theologische Erforschung des geschichtlichen Christentums folgte. Im germanistischen Unterrichtsbetrieb erlebte ich demgegenüber einen gewissen Originalitäts- und Geniekult. Bisher hatte ich die Pflege eines Charismatikertums mit zugehörigem Autoritäts- und Überlegenheitsgestus, mit Adorantenkreisen und Neigung zum Herabblicken auf Andersdenkende vor allem als unerfreuliche Seite des kirchlichen Lebens kennengelernt. Offenbar handelte es sich aber um eine allgemein menschliche Schwäche, auch in säkularen Zirkeln anzutreffen. Dem zog ich das keine besondere charismatische Begabung – und nicht einmal das Zeigen eines charismatischen Gestus –, sondern bloß methodisches Können fordernde Studium des Christentums in seinen geschichtlichen Kontexten vor.

Bis in die letzten Semester überwog diese Attraktivität historischer Studien, obwohl mir bewußt geworden war, daß sie von problematischen Voraussetzungen leben und ihre Erkenntnisleistung begrenzt ist. Schon in Berlin hatten mir Vorlesungen Dieter Henrichs über die Entstehungsgeschichte der Kantischen Ethik sowie über die Begründung der geisteswissenschaftlichen Methode von Dilthey bis Rickert einen Eindruck von den systematischen Grundproblemen der Hermeneutik vermittelt und von der Abhängigkeit jedes Verstehens empirischer Gegebenheiten von einem Vorverständnis der Wirklichkeit, dessen Wahrheitsstatus grundsätzlich indemonstrabel bleibt, ohne deshalb irrelevant oder verzichtbar zu werden. Im Verlauf einer von W. Müller-Lauter angeregten Nietzsche- und Heideggerlektüre war auch der Gedanke am Horizont aufgetaucht, daß aufgrund der »wissenschaftlichen« Unausweisbarkeit jedes Verständnisses der Gesamtwirklichkeit – nicht nur jedes religiösen, sondern auch jedes philosophischen – vielleicht der

Nihilismus das allgemeine Schicksal des Geistes sei. Die »nihilisti-
sche« Infragestellung hätte mir von daher den gesamten Wissenschafts-
betrieb verleiden können. Dazu kam es jedoch nicht. Vielmehr erlebte
ich diese philosophische Propädeutik nur als Klärung der Grundlagen
des historisch-kritischen Studiums geschichtlicher Phänomene, hier:
der Zeugnisse des in der Geschichte real existierenden Christentums.
Dem widmete ich mich weiterhin mit aller Kraft.

Das geschah wohl vor allem deshalb, weil mir der Gegenstandsbezug dieser Erkenntnisbemühung zwar durch die hermeneutische
Grundproblematik belastet, aber doch – und zwar eben einschließlich
dieser gut durchdachten Grundproblematik – so klar war, daß aufgrund
dessen immerhin methodische Grundsätze entwickelt und gepflegt werden konnten, die an den Anforderungen der klar definierten Sache ausgerichtet waren und zu Ergebnissen führten, deren Ansehen sich aus
ihrem nachvollziehbaren Sachbezug und nicht aus dem gesellschaftlichen Ansehen derer ergibt, die sie vertreten.

Ganz anders lagen die Dinge freilich in der Systematischen Theologie. Hier konnte ich weithin immer noch nicht verstehen, wovon überhaupt die Rede war. Mir blieb unklar, ob sich diese theologische Rede
überhaupt in einem vergleichbar klaren Gegenstandsbezug bewegt wie
die der historischen Theologie, und wenn ja, in welchem. Texte Systematischer Theologie und kirchlicher Lehre waren mir zunächst nur als
historische Zeugnisse von geschichtlich gegebenen Meinungen verständlich, deren eigene Gegenstandsrelation – und damit Wahrheitsfähigkeit – mir unklar blieb, aber glücklicherweise in der historischen
Arbeit ja auch nicht zu diskutieren und zu entscheiden war.

In dieser Einstellung besuchte ich im Sommersemster 1966 in Mainz
das kirchengeschichtliche (!) Seminar von Martin Schmidt über
Schleiermachers Reden. Ich übernahm das Referat zur Zweiten Rede
»Über das Wesen der Religion«. Jetzt fiel der Groschen. Erstmals gelang es mir, einen systematisch-theologischen Text zu *verstehen*: Ich
hatte endlich das Gefühl, daß mir die Sache vor Augen tritt, von der er
redet. Das Beispiel Schleiermachers war schon deshalb anziehend, weil
es zeigte, daß man nicht erst heute, sondern schon am Ende des 18. Jh.s
am Gegenstandsbezug und darum auch an der Wahrheit der überkom-
menen dogmatischen Formeln irrewerden konnte. Aber vor allem
leuchtete mir dann eben Schleiermachers Lösung just dieses Grundproblems aller Theologie ein, seine Antwort auf die Frage nach dem Gegenstand aller religiösen und theologischen Rede, einschließlich der Rede
von »Gott«. Dieser Gegenstand ist: die menschliche Freiheit in der Not-

wendigkeit, unter der sie als Freiheit existiert, also die menschliche Freiheit in ihrem absolut unhintergehbaren *Vor*gegebensein für sie selber – und deshalb in der Beziehung auf ihren tranzendenten Ursprung, die für ihre Wirklichkeit konstitutiv ist. Dies alles wurde mir durch den Satz deutlich, dessen Konsequenzen es wert waren, vorwärts und rückwärts durchdekliniert zu werden: »Die Religion atmet da, wo die Freiheit selbst schon wieder Natur geworden ist, jenseits des Spiels seiner besonderen Kräfte und seiner Personalität faßt sie den Menschen, und sieht ihn aus dem Gesichtspunkte, wo er das sein muß, was er ist (nämlich je eine individuelle freie Person: Einfügung E. H.), er wolle oder wolle nicht«[2]. Davon reden alle Religionen. Sie alle tragen ein je spezifisches Verständnis dieses Befundes vor. So auch die *christliche* Rede von Gott. Sie bringt die spezifisch *christliche* Sicht dieses Sachverhaltes zur Sprache, wie sie sich aus der Begegnung mit dem Lebenszeugnis des Christus Jesus ergibt.

Damit war endlich eine an präsenten Lebensphänomenen nachvollziehbare Antwort auf die Frage gefunden, was Sache der Theologie – und der kirchlichen Verkündigung – ist, welche Bedeutung die Verständigung über diese Sache für das menschliche Zusammenleben besitzt und wann kirchliches Reden sachgemäß und lebensdienlich ist.

Die Verfolgung solcher dringenden eigenen Erkenntnisinteressen ließ eine Anteilnahme an der anrollenden Studentenbewegung[3] nur in zweiter Linie aufkommen. Äußerlich trug dazu bei, daß ich jeweils etwa ein Semester vor dem örtlichen Beginn der Revolte an einen andern Studienort wechselte, von dem sich dann herausstellte, daß er von ihr noch unberührt war. Erst im Examenssemester holte mich die Bewegung in Göttingen ein.

Ihre Sachanliegen fand ich verständlich und an ihrer marxistisch inspirierten Gesellschaftskritik vieles plausibel, nicht zuletzt die Kritik an einem kirchlichen Betrieb, der sich im Hantieren mit »Leerformeln« (also Aussagen mit unklarem oder ohne jeden Gegenstandsbezug) erschöpft und wegen dieses Fehlens einer eigenen Sache, ihres Schwergewichts und ihrer Orientierungskraft, zum Spielball aller Winde des Zeitgeistes wird und zum Handlanger herrschender Interessen und Kreise (zu ihrem »Zeremonienmeister«). Vor allem aber empfand ich das Recht und die Notwendigkeit der kritischen Besinnung auf die jüngste

---

[2] Originalausgabe S. 51.
[3] In Berlin wurde sie in meinem letzten dortigen Semester durch den Streit um die Zulässigkeit einer vom heutigen Berliner Oberbürgermeister E. Diepgen gegründeten Studentenverbindung an der FU ausgelöst.

deutsche Vergangenheit und ihre Gründe. Danach bestand ein dringendes Bedürfnis. Hermann Lübbe hat richtig festgestellt, der rasante Wiederaufstieg der Bundesrepublik in den beiden ersten Nachkriegsjahrzehnten verdanke sich nicht zuletzt der Tatsache, daß die Frage nach der Mitverantwortung für die Katastrophe Deutschlands im Detail weitgehend ungestellt blieb[4]. Die Aufforderung, bürgerliche Tüchtigkeit erneut unter Beweis zu stellen, trat in den Vorder-, zurückliegendes Versagen verschwand im Hintergrund. Die daraus resultierenden Verhältnisse der 50er Jahre sind in Zeitzeugnissen wie Hermann Koeppens Roman »Tauben im Gras« oder in dem Film »Wir Kellerkinder« treffend festgehalten. Demgegenüber war das hartnäckige Fragen nach den Wurzeln des Nationalsozialismus, der Anfälligkeit für ihn und der Anteilhabe an ihm befreiend. Die bewaffnete Grenze durch Deutschland und durch Berlin – während meiner Berliner Semester im Alltag allgegenwärtig – gab Geschichte und ihre Resultate nicht als das organische Resultat eines Zusammenspiels anonymer Kräfte mit höherer, weltgeschichtlicher Rationalität oder als blindes Fatum zu erleben, sondern als das Resultat von menschlichen Entscheidungen, machtvoll ins Werk gesetzt und durchgehalten als Antwort auf eine ebenso gewollte und machtvoll unternommene Aggression, die nicht nur faktisch gescheitert war, sondern sich im Rückblick auch in ihren Motiven als durch und durch unmenschlich enthüllt hatte. Das antihumane und perverse System des Nationalsozialismus mußte als Schuld von Deutschen zur Sprache gebracht und verstanden werden; und das hieß jedenfalls auch als das Versagen der deutschen Eliten. Daran kann auch die Geschichte des Widerstands keinen Zweifel wecken. Auf solch eine genaue Nachfrage drang die 68er Bewegung. Das ist ihr bleibendes Verdienst.

Die *Art* der in ihr vorherrschenden und durch sie etablierten Auseinandersetzung mit dem Nationalsozialismus empfand und empfinde ich freilich als enggeführt und deshalb auch bedenklich. Erstens erschien mir der Ursachenforschung die erforderliche historische Tiefenschärfe zu fehlen. Schon in den Berliner Semestern weckte die Lektüre von Fontanes »Wanderungen durch die Mark Brandenburg«, die die realen Besuche aller Orte des Berliner Umlands mit geschichtlichem Namen ersetzen mußte, den Verdacht, daß das einschlägige Elitenversagen möglicherweise viel weiter ins 19. und 18. Jahrhundert zurückreichen könnte, als sich die zeitgenössische Begeisterung für das Zeitalter der

---

[4] Hermann Lübbe, Der Nationalsozialismus im deutschen Nachkriegsbewußtsein, in: HZ 236 (1983), S. 579–595.

hellen Vernunft träumen ließ. Ein zentraler Topos war etwa: Weil die Revolution von 1848 gescheitert ist, ging Deutschland den Weg in den obrigkeitsstaatlichen Totalitarismus. Aber *warum* war diese Revolution gescheitert? Und war sie im ganzen gescheitert oder nur in bestimmten Hinsichten? Ich dachte, die Verstehensbemühungen, die nach dem Ausmünden der *gesamten* neuzeitlichen Geschichte Deutschlands in den Nationalsozialismus und in den Zusammenbruch von 1945 als das nicht vom Himmel gefallene Ende dieser Geschichte in Wahrheit erforderlich sind, müßten sich gründlicher vollziehen, mehr in die historische Tiefe und ins Detail der Lebenswelt gehen. Zweitens tendierte die vorherrschende Sicht des Nationalsozialismus dazu, seinen *exemplarischen* Charakter zu verdunkeln. Natürlich besitzt der Nationalsozialismus als geschichtliches Phänomen – wie alle geschichtlichen Phänomene – letztlich individuelle *Einzigartigkeit*. So pervers wie der Nationalsozialismus selber ist jeder Versuch, seine Greuel durch Hinweis auf andere Greuel in der Geschichte zu relativieren oder gar zu entschuldigen. Aber die zu beobachtende Neigung, den Nationalsozialismus als *die* eine und allbefassende Manifestation des Bösen in der Geschichte zu betrachten, mit deren Ausrottung und Verhinderung das Böse in der Geschichte schlechthin ausgerottet und verhindert ist, oder umgekehrt: die Wachsamkeit gegenüber der Lebendigkeit des Bösen in der Geschichte mit der Wachsamkeit gegenüber dem Faschismus gleichzusetzen, schien mir unrealistisch und gefährlich zu sein. Es muß mit der Möglichkeit gerechnet werden, daß die Unterwerfung der Ordnung des Zusammenlebens unter bösartige antihumane Prinzipien und deren Exekution mit unwiderstehlicher technischer Perfektion und Durchschlagskraft, wie sie hier geschichtliche Wirklichkeit geworden war, auch zu andern Zeiten und an andern Orten Wirklichkeit werden kann. Das ist eine geschichtliche Möglichkeit, die in Zukunft immer und überall droht. Die »sittlich bewegte Welt« der Geschichte (Droysen) hat es eben an sich, ständig vom Absturz in die Unsittlichkeit bedroht zu sein. Die sozialethische Aufgabe, gegenüber dieser Neigung zur Bösartigkeit, die im menschlichen Zusammenleben allgegenwärtig ist, wachsam und widerstandsbereit zu sein, schließt zwar antifaschistische Wachsamkeit und Widerstandsbereitschaft ein, darf aber nicht mit ihr gleichgesetzt und auf sie eingeschränkt werden. Eine solche exemplarische Betrachtung des Nationalsozialismus verharmlost ihn nicht. Vielmehr erfaßt erst sie die uns durch diese geschichtliche Katastrophe erteilte Lehre radikal. Eine derartige Perspektive fehlte in den damaligen Auseinandersetzungen, konnte sich auch zwanzig Jahre später im sogenannten Historikerstreit[5] nicht klar artikulieren und ist bis heute keine Selbstverständlichkeit des öffentlichen Bewußtseins, weder in Deutschland noch irgendwo sonst in der westlichen Welt.

Mir ist seitdem immer deutlicher geworden, daß der Katastrophe Deutschlands nur eine sozial- und ethosgeschichtliche Tiefenforschung gerecht wird, welche die Entwicklungen der äußeren Formen und inneren Prinzipien des Zusammenlebens in derjenigen Langfristigkeit in den Blick faßt, die für das Werden gesellschaftlicher Gesamtzustände konstitutiv ist, und die dabei nach den Entscheidungen und Weichenstellungen fragt, die auf diese langfristige Entwicklung kumulativ Einfluß nehmen; also eine sozialgeschichtliche Forschung in sozialethischer Einstellung, die sich präzis von der Frage nach den konkreten Leistungen und dem Versagen gesellschaftlicher Eliten umtreiben läßt.

Das in kirchengeschichtlicher Einstellung begonnene Schleiermacherstudium hatte zum Durchbruch systematisch-theologischer Interessen geführt. Die traten während der Göttinger Semester zunächst in philosophischem Gewande auf. In den Seminaren H.-J. Birkners, in der religionsphilosophischen Sozietät W. Trillhaas' und in den privaten Seminarsitzungen, die E. Hirsch in seiner Wohnung am Hainholzweg abhielt, konnten diese philosophischen Interessen als nicht nur legitimer, sondern grundlegender und unverzichtbarer Teil systematisch-theologischer Arbeit ernstgenommen und gepflegt werden. Die Positionen Kants, Fichtes, Schleiermachers, Hegels wurden als die exemplarischen und maßgeblichen Versuche interpretiert, die Hauptthemen des in der kirchlichen Lehre überlieferten christlichen Wirklichkeitsverständnisses im geklärten Bezug auf die Sache selbst – eben die aus der Transzendenz her konstituierte Freiheit der menschlichen Person, ihre Bildungsbedürftigkeit und die wesentlichen Stadien ihrer Bildungsgeschichte – in der Disziplin des Denkens zu entfalten. Daß die von Barth begonnene Neoorthodoxie im Wesentlichen nichts anderes als die Quelle eines innerkirchlichen Konformitätsdrucks sei, der den eigenen freien, »unbefangenen« Umgang mit der Sache des Glaubens fast unmöglich mache, galt im engeren Zirkel der in diesen Lehrveranstaltungen versammelten Kommilitoninnen und Kommilitonen als ausgemacht. Auch ich selbst habe erst viel später verstanden, inwiefern Barths offenbarungstheologischer Ansatz vielleicht doch einen wichtigen Beitrag zur Lösung der Hauptfrage meines Studiums,

---

[5] Vgl. dazu E. Herms, Schuld in der Geschichte. Zum »Historikerstreit«, in: ders., Gesellschaft gestalten, Tübingen 1991, S. 1–24.

der Frage nach dem Gegenstandsbezug von Aussagen des Glaubens und der Theologie, leistet.

Aus diesen Jahren stammt die Freundschaft mit Reiner Preul. Wir wohnten im selben Haus auf derselben Etage und waren mit ähnlichen Themen beschäftigt, er mit dem Abschluß seiner Dissertation über das Freiheitsverständnis des frühen Fichte, ich mit den Systemversuchen des jungen Schleiermacher. Die Texte unserer Helden waren für uns der Leitfaden zu einer theologischen Arbeit, deren Sache die ursprüngliche Verfassung des Menschseins, seine Geschöpflichkeit und die Bedingungen seines Reifens im Kontext der christlichen Tradition sind. Das Interesse daran verbindet uns bis heute.

Hirschs Privatissima und Trillhaas' Sozietät blieben der lehrreiche Kontext der Arbeit an meiner Dissertation. Ihr Thema hatte ich mit H.-J. Birkner noch kurz vor seinem Weggang nach Kiel verabredet: »Die Kantrezeption des jungen Schleiermacher«. Es zeigte sich schnell, daß dies Thema nur im Gesamtzusammenhang der Bildungsgeschichte des jungen Schleiermacher behandelt werden konnte; ferner, daß die Pointe seiner Kant*rezeption* eine überbietende Kant*kritik* war. Diese betraf einen Punkt, der in Kants Transzendentalphilosophie – aber genau so auch für mich bei meinem ersten Schleiermacherstudium – offengeblieben war: Wie ist eigentlich das, was Gegenstand und Thema aller philosophischen und religiösen Rede ist: die Verfassung des endlichen Subjekts (der endlichen Person), selbst so als ein irgendwie »realer« Sachverhalt für uns und unseresgleichen *gegeben*, so *für uns »da«*, daß es ein erkennbarer Sachverhalt ist, über den wahrheitsfähige Ausssagen gemacht werden können? Die auf diese Frage schon vom jungen Schleiermacher – in Verarbeitung von Anregungen F. H. Jacobis – gegebene Antwort war der Hinweis auf das unmittelbare, in der Einheit von Selbst- und Weltgefühl manifeste Realitätsgefühl, das »unmittelbare Selbstbewußtsein«, die unmittelbare Erschlossenheit des Seins der menschlichen Person für sie selbst. Ich entwickelte diese »ursprüngliche Einsicht« Schleiermachers aus ihren Entstehungsbedingungen und in Gegenüberstellung zu den zeitgenössischen Positionen Kants, Fichtes und Schellings. Die Arbeit erschien 1974 – drei Jahre nach dem Rigorosum – unter dem Titel »Herkunft, Entfaltung und erste Gestalt des Systems der Wissenschaften bei Schleiermacher«. Nach der erheblichen Verbesserung der Quellenlage durch die Kritische Gesamtausgabe konnte die These des Buches präzisiert, sie mußte aber nicht verworfen werden. – Mir selbst war durch diese Arbeit ein weiteres Element von verbindlicher systematisch-theologischer Einsicht zuteil geworden: Es ist ihr unmittelbares Selbstgefühl, in welchem Menschen sich selbst als leibhafte, innerweltliche Personen erschlossen und präsent sind, einschließlich ihrer Geschöpflichkeit und damit auch ihres Gottesbezuges. Folglich muß aller sachbezogene religiöse Diskurs ein Diskurs über das Selbstgefühl der Menschen sein, über ihr Selbsterleben, und über dessen konkreten Gehalt. Dieser Gehalt ist: die Notwendigkeit der Freiheit und damit ihr Bezogensein auf ihren Ursprung jenseits ihrer eigenen Existenz und Wirkung.

Das war hilfreich für das Verständnis und den Umgang mit den praktischen Aufgaben, vor die ich mich im Vikariat gestellt sah. Ich hatte mich darauf nur notgedrungen – in Kiel war gerade keine Assistentenstelle frei – und widerstrebend eingelassen. Gleichwohl führten die Erfahrungen dieser Zeit zu einer weitreichenden Einsicht: Nur eine systematisch-theologische Erkenntnis der Wirklichkeit christlicher Religiosität (Frömmigkeit) in ihren konstitutiven (wesentlichen) Zügen schafft Klarheit über die Sache, um die es im Pfarramt geht. Ohne diese Klarheit ist weder ein angemessenes Verständnis noch ein angemessener Umgang mit den hier anstehenden Aufgaben möglich. Freilich gilt dann auch umgekehrt: Systematisch-theologisches Wissen, das nicht diese orientierungskräftige Klarheit über die Sache der pastoralen Praxis mitsichbringt, ist Formelkram, der zu nichts taugt.

Auf diese Weise hatten im Laufe der Zeit Romane, Theater und Gedichte, die exegetische Beschäftigung mit dem biblischen Glaubenszeugnis, die Lektüre der Grundtexte reformatorischer Theologie, Schleiermacher und die Klassiker des deutschen Idealismus, persönliches Erleben und der starke Eindruck von der religiösen Erlebnisfähigkeit und -sehnsucht, die in der Gemeinde lebendig sind, zur Etablierung eines grundlegenden Verständnisses dessen geführt, worum es im geschichtlichen Christentum zuerst und zuletzt geht: um die Bildung der Innenseite des menschlichen Lebens, die das eigentliche Entscheidungszentrum des leibhaften Zusammenlebens der Menschen ist. Ihre Verfassung entscheidet darüber, ob den Menschen ein selbständiges Leben und Zusammenleben »von innen heraus« und »aus einem Guß« möglich ist. Sie ist alles andere als der private Herrgottswinkel der Seele oder eine für das praktische Leben gleichgültige Ecke des Gemüts.

Das schloß Widerspruch und Zustimmung zur theologischen Debatte der frühen 70er Jahre ein:

Widerspruch gegen eine Haltung, die in einem ersten Schritt einseitig das extra nos des Handelns Gottes betont und die menschliche Innerlichkeit und ihre Bildungsgeschichte zu einer für das Christentum irrelevanten Angelegenheit erklärt, um dann im zweiten Schritt zum politischen Kampf für eine gerechte soziale Welt aufzurufen – zwar nicht im Namen von politischen Weltverbesserungsprogrammen, sondern im Namen der Sozialkritik der alttestamentlichen Propheten und im Namen der Reichsgottespredigt Jesu, aber mit der praktischen Konsequenz, bestimmte »konkrete« Weltverbesserungsprogramme zu empfehlen, die auch sonst im politischen Spektrum vertreten werden. Daran störte mich nicht das politische Engagement. Im Gegenteil. Störend und gefährlich schien mir aber das hier waltende abstrakte, hinter großen Einsichten der Tradition zurückbleibende Verständnis der Bedingungen des Menschseins und des menschlichen Zusammenlebens. Über die Qualität des menschlichen Lebens und Zusammenlebens kann nicht entschieden werden vorbei an der Frage nach der Verfassung der menschlichen Innerlichkeit, des menschlichen Herzens, und nicht vorbei an der Frage nach den sozialen Bedingungen des Reifens eben dieser Innerlichkeit, also nicht vorbei an der Frage nach der Bildungskräftigkeit der Verhältnisse. Darunter ist nicht der Ausstoß an Schul- und Hochschulabsolventen mit den jeweils gefragten technischen Qualifikationen zu verstehen[6]. Bildungskraft der Verhältnisse, wie sie hier gemeint ist, bemißt sich vielmehr nach den Chancen, die die Ordnung des Zusammenlebens allen Beteiligten bietet, zu einem umfassenden eigenen Erleben und Verstehen ihrer selbst zu gelangen, zu einer konkreten eigenen Gewißheit über die Bestimmung des Menschen und zur verantwortlichen Selbständigkeit eines Lebens, das durch eine solche eigene Gewißheit inspiriert und ausgerichtet ist. Hieran mangelt es. Das ist die Quelle innerer Verrohung in der Gesellschaft. Und sie fließt seit so langer Zeit, daß sie nicht von heute auf morgen zu stopfen ist.

Die Zustimmung galt der umsichgreifenden Bereitschaft, die realen psychischen und sozialen Bedingungen des Menschseins auch als Themen der Theologie ernst zu nehmen, also der sogenannten »empirischen Wende« der Theologie. Diese Zustimmung war jedoch selbst kritisch: Die Erweiterung des Themenspektrums durfte m. E. nicht auf die Praktische Theologie beschränkt bleiben, sondern mußte vor allem von der Systematischen Theologie vollzogen werden. Und die Themen und Theorieangebote von Psychologie und Soziologie kommen nicht als

---

[6] Diese enggeführte Betrachtungsweise schien mir durch die wirkungsvolle Schrift G. Pichts »Die deutsche Bildungskatastophe«, 1964, nicht überwunden, sondern eher befördert zu werden.

Ersatz für das angeblich irrelevant gewordene und lückenhafte Theorie-
erbe der Theologie in Betracht. Vielmehr können sie nur als Anregung
studiert werden, den umfassenden thematischen Reichtum der christlichen Lehr- und Theorietradition wiederzuentdecken und sie im Hören
auf einschlägige Gesprächsbeiträge praxisrelevant fortzuentwickeln.

Die Kieler Fakultät der 70er Jahre bot dafür ideale Bedingungen, vor
allem durch zwei herausragende akademische Lehrer mit jeweils ihrem
Schülerkreis: H.-J. Birkner und J. Scharfenberg.

Ersterer hielt die thematische Weite und die theoretischen Standards
nicht irgendeiner partikularen theologischen Position präsent, sondern
der Tradition Systematischer Theologie evangelischer Provenienz in
ihrer geschichtlichen Weite. In diesem Horizont wurden die Neuer-
scheinungen aus dem Bereich der Humanwissenschaften, besonders der
Soziologie, gelesen, diskutiert, beurteilt und kritisch angeeignet. Und in
ihm konnte ich auch meine eigenen systematisch-theologischen Interessen in Auseinandersetzung mit lehrreichen Exempeln der theolo-
gisch-philosophischen Tradition des Protestantismus weiterverfolgen.
Ich wählte dafür William James. In seinem Titel »The Will to Believe«
meinte ich eine Verwandtschaft mit Nietzsches Metaphysikkritik zu
erkennen, in seinem Titel »Pragmatismus« einen Anklang an die in
Mode gekommene Sprachspieltheorie. Ich nahm im Titel »Radical
Empiricism« einen Bezug zur Thematik der »empirischen Wende«
wahr und hörte aus seinen psychologischen und religionspsychologi-
schen Titeln eine Relevanz für deren (pastoral)psychologische Fokus-
sierung heraus. Hier begegneten mir alle Themen der damaligen theologischen Debatte in einem Bündel. Es bot sich die Chance nachzuweisen,
daß sie alle schon 100 Jahre alt waren und eine systematische Einheit
bildeten, ohne durch ihr Alter an Gegenwarts- und ohne durch ihren systematischen Zusammenhang an Erfahrungsnähe und Praxisrelevanz
einzubüßen. Auch ließ sich zeigen, daß das Ganze durch einen zentralen
systematischen Denkfehler belastet ist: Die Innenseite des Personseins
wird gedanklich und praktisch wie ein Tatbestand seiner Außenseite
behandelt. Das Allgemeinwerden dieses Denkfehlers bedeutet nichts
weniger als eine Fehlprogrammierung der Gesamtkultur. Kurzum, im
Gewande einer theoriegeschichtlichen Studie konnte deutlich gemacht
werden: Die dominierenden Meinungen und Irrmeinungen des Zeitgeistes (hier: des westlichen Zeitgeistes) bauen sich auf und entfalten ihre
Wirkungen in geographischen und zeitlichen Dimensionen, die die Ein-
fluß- und Gestaltungsmöglichkeiten einzelner Generationen überstei-
gen und ihnen entzogen sind – ohne daß damit die Verantwortung ein-

zelner Theoretiker für die Entwicklung des Zeitgeistes Null würde, im Gegenteil, siehe James.

J. Scharfenberg lehrte und praktizierte das Modell einer pastoralen Praxis, die ihren professionellen Charakter dadurch erhält, daß sie sich an einem theoretisch ausgearbeiteten Verständnis ihrer eigenen Handlungssituation orientiert und es so dem pastoralen Praktiker erlaubt, die erwartbaren Konsequenzen seiner jeweils möglichen Maßnahmen realistisch einzuschätzen und dementsprechend zu wählen. In diesem Modell pastoraler Kompetenz fand ich das Ideal, das sich mir im Vikariat gebildet hatte, mit einem Mal realisiert. Hier begegnete die in der Studentenbewegung beschworene Theorie/Praxis-Einheit nicht als akademisches Diskussionsthema oder Reformpostulat, sondern als Realität. Die Faszination war groß. Sie wuchs während der eigenen pastoralpsychologischen Zusatzausbildung[7]. Freilich, auch ihre Fruchtbarkeit verdankte sich einer schnell deutlich werdenden Spannung. Die Erfahrungen der Analyse der eigenen Person, der eigenen Beratungspraxis und der von Scharfenberg geleiteten Fallbesprechungsgruppen führten nämlich zu einer hartnäckigen Frage: Wie muß eigentlich das theoretische Orientierungswissen beschaffen sein, das der dadurch geleiteten pastoralen Praxis ihre innere Rationalität, Kunstgemäßheit und Verantwortlichkeit sichert?

Zunächst gelangte ich – durch Besinnung auf die eigene Praxis und durch Analyse des Theorieparadigmas und der Kunstlehre Sigmund Freuds – zu einer formalen Antwort: Erforderlich und stets zugleich wirksam sind drei Arten von Einsichten: *Erstens* werden fundamentalanthropologische Annahmen mit universalem Gültigkeitsanspruch benötigt über die ursprüngliche Konstitution, Verfassung und Bestimmung des Menschen als leibhafter Person, Annahmen, die als solche nicht aus Erfahrung gewonnen werden, sondern diese nur leiten können. *Zweitens* benötigt man Überzeugungen über Regelmäßigkeiten des Geschehens, die nicht universal, sondern nur für die besondere Klasse von Situationen gelten, zu der auch die Seelsorgesituationen gehören. *Drittens* müssen jeweils die individuellen Besonderheiten der aktuellen Seelsorge- bzw. Beratungssituation wahrgenommen werden. Scharfenberg und die pastoralpsychologischen Mitazubis waren der Meinung, die Annahmen der beiden ersten Ebenen (universal gültige Annahmen über die Verfassung des Personseins und empirisches Regelwissen)

---

[7] Seit 1984 gehöre ich der Deutschen Gesellschaft für Pastoralpsychologie, Sektion Tiefenpsychologie, an.

sind gültig vorgegeben, nämlich durch die Persontheorie (»Metapsy-
chologie«) und die klinischen Regelerkenntnisse Freuds selber bzw.
seiner maßgeblichen Schüler (dafür galten: A. Freud, H. Hartmann, D.
W. Winnicott, H. Argelander, H. Kohut, O. F. Kernberg), das dritte Element (Interpretation der Einzelsituation) kann nicht vorgegeben, sondern muß jeweils vom Praktiker selbst geleistet werden. Letzteres
leuchtete mir ein, nicht aber die Einschätzung der beiden ersten Theo-
rieelemente als vorgegeben. Vielmehr bewies mir die Praxis Freuds und
seiner maßgeblichen Schüler selber, daß auch diese beiden Theorie-
ebenen erst zum Zwecke und im Vollzug der seelsorgerlichen Praxis ei-
genverantwortlich zu bilden und umzubilden sind. Die Klassiker zeigen: Die empirischen Regelannahmen sind im Fluß, sie kommen erst
durch Interpretation der klinischen Erfahrungen zustande, und für diese
Interpretation legten die Klassiker selbst jeweils ein Leitverständnis des
Menschseins zugrunde, das sie nicht aus der klinischen Praxis nahmen,
sondern aus allgemeinen Bildungstraditionen und das sie daher nur
aufgaben bzw. korrigierten, wenn seine Interpretationsfähigkeit an
Grenzen stieß, exemplarischer Fall: der Übergang zur Ich-Psychologie.
Jedenfalls bilden Klinik und Theoriebildung eine lebendige Einheit.
Warum sollte das in der pastoralen Seelsorge anders sein? Warum sollte
sich die Seelsorgepraxis von Theologen nicht im Lichte derjenigen
kategorialen Einsichten bewegen, die im Welt- und Menschenverständ-
nis christlicher Tradition stecken, und in diesem Leithorizont ihre eigene Regelbildung entwickeln – selbstverständlich unter sorgfältigem
Hören auch auf das, was aus den Erfahrungen der ärztlichen Seelsorge
berichtet wird? Bis heute bin ich überzeugt, daß dem sachlich gar nichts
im Wege steht. Nur alteingeschliffene Denkkonventionen hindern die
pastorale Seelsorge daran, sich auf eigene Füße zu stellen. Solche Pseu-
doselbstverständlichkeiten lauten etwa: Nur die theologische Theorietradition ist einer kritischen Überprüfung durch die Humanwissenschaften bedürftig, nicht aber diese auch einer Überprüfung durch jene;
oder: Weil aus »Offenbarung« stammend, gibt das Wirklichkeitsverständnis des »Glaubens«, das »Dogma«, keinen praxisrelevanten Auf-
schluß über die Grundverfassung des menschlichen Personseins, oder:
Die ärztliche Praxis ist die einzige Quelle für öffentlich gültiges Wissen
über die Verfassung des Personseins etc. Die Herrschaft solcher Denkkonventionen ist nicht schon überwunden, wenn sie als solche durch-
schaut ist – vor allem nicht ihre öffentliche Herrschaft.

Aus solchen Überlegungen ergab sich die Überzeugung, daß Theologie insgesamt (im Zusammenspiel aller ihrer Fächer) eine die professio-

nelle Kompetenz pastoraler Praxis fundierende handlungsleitende Theoriebildung zu erbringen habe. Skizzenhaft umrissen wurde diese Perspektive in der kleinen Schrift »Theologie – eine Erfahrungswissenschaft«. Aufsätze, die dieselbe Perspektive entwickeln, liegen vor in dem Sammelband »Theorie für die Praxis«.

Damit war aber auch klar, *daß* gerade die Systematische Theologie, *und zwar als Dogmatik*, einen grundlegenden Beitrag zur theologischen Theoriebildung und pastoralen Handlungsorientierung zu leisten hat und *welchen*: nämlich das kategoriale Wirklichkeitsverständnis des christlichen Glaubens so detailliert zu entfalten, daß es als Leitkategorialität für die Interpretation aller Phänomene der geschichtlichen Erfahrungswelt fungieren kann. Das aber heißt, das unstrittige Zentrum der evangelischen Lehrtradition – die Rechtfertigungslehre – muß auf das in ihm enthaltene Welt- und Personverständnis hin bedacht und entfaltet werden. So entstand der Plan zu dem Buch »Rechtfertigung – das Wirklichkeitsverständnis des christlichen Glaubens«. Darüber gelang eine so schnelle und gründliche Verständigung mit meinem Kollegen und Freund W. Härle, daß wir uns von Kapitel zu Kapitel alternierend die Autorschaft teilen konnten. Ebenso verfuhren wir bei der Konzeption und Anfertigung einer Sammelrezension über »Dogmatik nach 1945«, die uns reich belehrt, aber nicht nur Freunde beschert hat. Die Richtigkeit der These, daß ein gemeinsames Grundverständnis von Dogmatik *praxis*relevant ist, hat sich in unserem Falle daran bewiesen, daß wir bis heute verläßlich zusammenarbeiten.

Der Umzug 1980 war ein tiefer Einschnitt. Die Kieler Beziehungen ließen sich nicht fortführen – mit vier Kindern im Grundschulalter ist man unbeweglich – und neue in Niederbayern aufzunehmen war schon wegen der »Sprachbarriere« schwierig. Die Kollegen wohnten verstreut im Münchner Umland, nur vereinzelt ergaben sich persönliche Kontakte, mit Christof Bäumler, Jörg Jeremias, Ulrich Köpf und Reinhard Schwarz. Gisela und Horst Renz trugen erheblich zu unserem Heimischwerden in Bayern bei. Unerwarteten Einfluß auf das Lebensgefühl und die berufliche Weiterentwicklung gewannen die Erfahrungen des Lebens in der Diaspora. Erst wenn man nach einem erträglichen oder gar fruchtbaren Gottesdienst suchen muß, lernt man ihn recht schätzen. Dank weiß die Familie Reinhard v. Loewenich samt seiner Frau, Ernst Gunnlaug Burggaller (†) und Dieter Knoch. Als Pfarrer und Spiritual des Dorfes amtierte der greise Jesuit Franz Schwemmer, frei genug, um sich als »Bischof von Buch« zu bezeichnen und auch Evangelischen die Kommunion zu gewähren, strenggläubig genug, um nach

der Katastrophe des Zubodenfallens von Hostien hilfsbereit herzuei-
lenden Laien zuzuzischen: »Nicht anfassen!«. Die Omnipräsenz von
christlichen Symbolen in der Landschaft, des christlichen Brauchtums
und des unverkürzten Gottesdienstes im Kirchenjahr weckten in mir
bald den Gedanken: »Und dazu nun die richtige Theologie« – verstehe:
die Luthersche.

Es entsprach also nicht nur der Tradition meines Lehrstuhls (Vorgänger war Jörg Baur) und der Konstellation an der Fakultät, sondern
auch einem persönlichen Interesse, daß ich in München einen Luther-
Schwerpunkt bildete. Auf den Spuren Otto Scheels und mit Hilfe der
ersten 11 Bände der Weimarana versuchte ich, ein präzises Bild von
der inneren Werdegeschichte der Theologie Luthers zu gewinnen –
schon nach kürzester Zeit davon überzeugt, daß dieser Prozeß ebenso
kohärent wie vielschichtig verlief und jedenfalls nicht auf die Frage
nach der Datierung des Turmerlebnisses eingeschränkt werden darf.
Vor allem faszinierte mich die methodische Grundstruktur von Luthers theologischer Arbeit: Sein Ausgangspunkt war die Bereitschaft,
eine zur Anwendungsreife in der Seelsorge vorangetriebene überlieferte Theorie über den heilsamen Sakramentsgebrauch wörtlich ernst
zu nehmen. Dann mußte er eine Differenz zwischen dieser Theorie
und seiner eigenen Erfahrung feststellen. Zunächst versuchte er, auch
die eigenen negativen Erfahrung nach der überlieferten und in auto-
ritativem Ansehen stehenden Theorie zu verstehen. Dieser Versuch
scheiterte. Nun beschritt er den umgekehrten Weg: Er baute die Theorie um und näherte sie der Erfahrung an. Die Ergebnisse dieses Verfah-
rens wurden dann validiert durch die Entdeckung, daß sie mit der Sicht
der maßgeblichen Tradition, mit der Schrift und mit den maßgeblichen
Vätern, besonders Augustin, übereinstimmten. Von da an konnte sich
Luther nun darauf konzentrieren, das Zentrum dieses Neuansatzes der
Gnadenlehre systematisch auszuarbeiten. Die Einsicht war zu entfalten, daß die Gnade wirksam ist als Stiftung einer Gewißheit über den
ursprünglichen und endgültigen Gnadenwillen des Schöpfers, die den
Personkern, das Herz, verwandelt. Pointe: Alle innerlich bindende
Autorität gründet exklusiv in einer aus *geschenkter* Einsicht stammenden *geschenkten* Gewißheit mit unverwechselbarem Inhalt; dadurch
kommt Freiheit zustande, eine Stärkung des Ichs gegenüber allen Bin-
dungsansprüchen des Überichs, das heißt gegenüber allen Anerken-
nungs- und Beugungsansprüchen von Personen aufgrund ihres Amtes,
ihrer sozialen Stellung oder ihrer »wissenschaftlichen Leistung«. Er-
staunt nahm ich wahr, wie tief im katholischen Bayern noch heute der

soziale Zusammenhalt auf dem gegenteiligen Mechanismus beruht, eben auf Anerkennungsansprüchen, die für gesellschaftliche Positionen erhoben werden, und auf der Bereitschaft, sie zu erfüllen, einer Bereitschaft, die ihrerseits durch informelle Sanktionen für Abweichungen am Leben erhalten wird. Aber ich bemerkte ebenso, wie routiniert derselbe Mechanismus auch in der evangelischen Öffentlichkeit funktionieren kann; überhaupt: welch gründliche Tendenz zum »Katholizismus« in diesem Sinne in allem Bürgertum, in jeder »guten Gesellschaft« steckt. Ich verstand – und spürte Anflüge von Sympathie. Aber die fielen nicht eindeutig genug aus, um »herzlich« erwidert werden zu können.

Jedenfalls, nachdem ich zunächst durch Schleiermacher die Phänomene menschlicher Freiheit und durch die Pastoralpsychologie etwas von der Dynamik ihrer Entwicklung zu Gesicht bekommen hatte, stand ich nun vor dem innersten Kern reformatorischer Einsicht in den dynamischen Grund aller Freiheit: das unverfügbare, geistgewirkte Erleben von Wahrheit, und zwar just der »Wahrheit des Evangeliums«, also desjenigen Daseinsverständnisses, für das Jesus durch sein Leben, einschließlich seines Ganges ans Kreuz (Mt 26,42; Lk 22,42), und dann die österliche Auferweckungsbotschaft (Lk 24,34) Zeugnis geben. Die ursprüngliche Einsicht der Reformation besagt: Der *Grund aller Freiheit* ist *Gewißheit. Dynamisch, wirksam* ist diese Gewißheit, weil sie nichts Erdachtes ist, sondern *geschenkte* Gewißheit. Und *befreiend* wirkt sie, weil sie als geschenkte zugleich eine *inhaltlich bestimmte* Gewißheit ist, die kraft dieser inhaltlichen Bestimmtheit unseren Freiheitsgebrauch orientiert: eben die Gewißheit, daß der alles Geschehen aus sich heraussetzende Schöpferwille Liebeswille ist und als solcher nicht nur überhaupt Gemeinschaftswille, sondern just Versöhnungs- und Vollendungswille. Diese von Anfang an gewollte Versöhnung und Vollendung unserer Gemeinschaft mit ihm realisiert der Schöpfer, indem er unser Herz seinem Willen, dem Gesetz, versöhnt (vgl. WA I 227, 33f.); und dies dadurch, daß er unser Herz durch den Geist hell macht, so daß es sehen kann: des Schöpfers eigene Herrlichkeit auf dem Antlitz des Gekreuzigten (2 Kor 4,6). Luthers Auftreten in den Jahren 1517–1521 kann nur als Ausdruck des *Vertrauens und Gehorsams aus dieser geschenkten Gewißheit* verstanden werden. Das Begründetsein von Freiheit – offenkundig auch politisch relevanter Freiheit – in geschenkter, bindender, inhaltlich bestimmter und darum orientierungskräftiger eigener Gewißheit über den ursprünglichen Gotteswillen und damit auch das ursprüngliche Ziel des eigenen Lebens und des Lebens aller Menschen – das ist die Grundeinsicht der Reformation. Um *dieses* Leben *von innen heraus* geht es beim Evangelischsein auch heute[8].

Diese Einsichten aus dem damaligen Lutherstudium sind in die kleine Schrift über »Luthers Auslegung des Dritten Artikels« eingeflossen. Sie entstand als Diskussionsgrundlage für eines der ersten Graduiertenkollegs, das der »Theologische Arbeitskreis Pfullingen« – aus älteren informellen Studientagen zwischen W. Härle, R. Preul, M. Marquardt und mir erwachsen – jährlich veranstaltet; damals – 1986 – in Neuendettelsau.

Freilich hatte auch dieses Verständnis der ursprünglichen Einsicht der Reformation und ihrer Gegenwartsbedeutung zwei Konsequenzen, zu denen in der aktuellen theologischen Auseinandersetzung zu stehen, es bald Anlaß gab:

Die erste Konsequenz betrifft das Verhältnis zwischen reformatorischer Grundeinsicht und neuzeitlicher Bildung. Ich sah, daß diese zentrale reformatorische Theorie der Konstitution von Freiheit konkreter und genauer ist als die aus der neuzeitlichen Philosophie stammenden Freiheitstheorien, die in der zeitgenössischen Bildungswelt gängig sind, – insbesondere konkreter und genauer als die Kantische. Dann aber mußte eine Auffassung über das Verhältnis zwischen Reformation und Neuzeit verabschiedet werden, die mir erstmals bei E. Hirsch begegnet war, darüber hinaus aber in der evangelischen Nachkriegstheologie weithin vertreten wurde. Sie besagt: In der neuzeitlichen Bildung sind alle Wahrheitsmomente der Reformation aufgehoben, durch sie kommen sie zur Geltung; wer der Wahrheit der Reformation ansichtig werden will, muß sie daher in den Horizont dieser neuzeitlichen Bildung einordnen und diesen Horizont zum Maßstab ihrer Interpretation machen; er muß also einen Interpretations- und Umformungsgestus fortsetzen, der im Protestantismus erstmals von der Neologie vollzogen wurde. Die Stärke dieser Position besteht darin, daß sie mit dem Faktum ernst macht: Jeder kann sich überhaupt nur aus seiner Gegenwartsperspektive heraus auf ältere Theoriepositionen beziehen, er kann sie nur in seiner Gegenwart und unter ihren Bedingungen verstehen. Auch mein

---

[8] Der aus der lutherischen Reichsstadt Frankfurt stammende Lutheraner J. W.v. Goethe hat in seinem Schauspiel »Iphigenie auf Tauris« ebenfalls den Entwurf eines Lebens ganz von innen heraus vorgelegt, nämlich eines Lebens ganz aus der durch persönliche Rettungserfahrung gestifteten Herzensgewißheit heraus, daß der Wille der Götter nicht blutrünstig ist, sondern Lebens- und Wahrheitswille (vgl. v. 542ff., 1717f., 1780–1936). Es wäre der Mühe wert, dieses – in das Gewand der griechischen Sage gehüllte – Verständnis von der effektiven Überwindung der Macht der Verblendung und der Gewalttat mit der reformatorischen Sicht vom Wirksamwerden der Gnade in der Menschheit zu vergleichen.

eigener Bildungsgang bewies ja dieses Faktum schlagend. Wie hätte ich
je auf den Gedanken kommen können, das zu leugnen. Aber an zwei
Punkten schien mir diese Sicht nicht zuzutreffen. Erstens in der Annahme, daß die die Gegenwart bestimmende neuzeitliche Bildungswelt in
ihrem Verlauf und Ergebnis ein einheitliches Gebilde darstellt, das im
Singular angesprochen werden kann und muß; im Gegenteil, die neuzeitliche Bildungswelt ist in Verlauf und Ergebnis pluralistisch (auch
wenn just das einzusehen gerade der deutschen Öffentlichkeit nicht nur
bis in den Nationalsozialismus hinein, sondern darüber hinaus bis heute
in Ost *und* West unendlich schwerzufallen scheint). Und zweitens ist die
Prägekraft keiner dieser Traditionen auf die Gegenwart so total und de-
terminierend, daß man nicht in Distanz gehen könnte zu jeder von ihnen, um selbst nach ihrer Wahrheit zu fragen, eben im eigenen Blick auf
die von ihnen allen gemeinten und jedermann an seinem eigenen Dasein
zugänglichen Daseins- und Freiheitsphänomene selbst – dabei unter
Umständen angestiftet zu kritischen Fragen an gegenwärtig dominie-
rende Freiheitsinterpretationen durch ältere Sichtweisen, etwa die des
Neuen Testaments oder eben der Reformation. Einer solchen Anstiftung
war ich erlegen, mit dem Resultat, daß mir die reformatorische Theorie
über die konkrete Konstitution von Freiheit mehr einleuchtete als jede
mir bis dahin bekannte neuere. Konsequenz: Es muß nicht die reformatorische Einsicht im Lichte der neuzeitlichen Bildungswelt interpretiert
und ggf. umgeformt werden, sondern umgekehrt, die neuzeitliche Bildungswelt und ihre vielfältigen Positionen müssen im Lichte der reformatorischen Einsicht verstanden und u.U. kritisiert werden.

Die zweite Konsequenz betrifft das ökumenische Gespräch: 1980
wurde die Münchner Fakultät gebeten, zu dem Dokument »Das Herrenmahl« aus dem internationalen Dialog zwischen Päpstlichem Einheits-
sekretariat und Lutherischem Weltbund Stellung zu nehmen. Ich konnte
mich nicht davon überzeugen, daß dieses Dialogergebnis die Grundanliegen der lutherischen Lehre wahrt. So sah ich mich in der Fakultät zum
Widerspruch genötigt[9]. 1983 erschien die Schrift »Einigung der Kirchen – reale Möglichkeit« von Karl Rahner und Heinrich Fries, die ein
Gesamtkonzept der Vereinigung der evangelischen Kirchen mit der römisch-katholischen entwickelte, das ebenfalls eine klare Übergehung
der Grundeinsichten reformatorischer Theologie und auch der für sie
charakteristischen ökumenischen Perspektive einschloß. In einer klei-

---

[9] Vgl. E. Herms, Überlegungen zum Dokument »Das Herrenmahl«, in: ZThK 78 (1981),
S. 345–366.

nen Monographie – »Einheit der Christen in der Gemeinschaft der Kirchen« (1984) – versuchte ich zu zeigen, daß dieser Plan von einem Umgang mit kirchlicher Lehre lebt, der weder die Grundanliegen der reformatorischen Theologie noch die der römisch-katholischen Seite völlig klar beim Namen nennt und ihren Sachgegensätzen nicht scharf und realistisch ins Auge blickt. Mir wurde klar, daß diese Gegensätze das Verständnis von Offenbarung betreffen, also die Antwort auf die Frage »Wie wird der Glaube zu seinem Gegenstand gebracht?«. Nur der Dialog über den diesbezüglichen Grunddissens in der kirchlichen Lehre und über die Frage, wie angesichts seiner gleichwohl das Zusammenleben der Kirchen verbessert werden könne, eröffnet die Perspektive für eine *realistische Ökumene*. In der Folgediskussion versuchte ich in Vorträgen – gesammelt in dem Band »Von der Glaubenseinheit zur Kirchengemeinschaft« (1989) – ein Doppeltes zu zeigen: *erstens*, daß es in der angedeuteten prinzipientheologischen Frage einen Grundgegensatz gibt, der nicht in einer dritten Position aufgelöst werden kann; *zweitens*, daß deshalb für die Zukunft der protestantisch-römischen Ökumene nur zwei realistische Wege bestehen: *Entweder* erkennen beide Seiten diesen Gegensatz, respektieren ihn und führen Gespräche, die darauf zielen, daß jede Seite in ihrer *eigenen* Lehrtradition *eigene* Motive entdeckt, die zu einer erweiterten Anerkennung der anderen Seite verpflichten. Dies ist der Weg einer Ökumene der gegenseitigen Anerkennung aus jeweils konfessionsspezifischen Motiven. Er setzt die Einsicht voraus, daß die kirchliche Lehre und der in ihr bezeugte Grund und Gegenstand des Glaubens (die Selbstvergegenwärtigung des Schöpfers im Christus Jesus durch den Heiligen Geist) nicht identisch sind; er macht die Lehre nicht zum Fundament der Kirchengemeinschaft, sondern nur zum Medium ihrer geordneten Erklärung; und er wahrt die durch diesen Grund und Gegenstand des Glaubens selbst ermöglichte Fülle irreduzibel differenter Lehrtraditionen. Das ist der wahrhaft katholische Weg der Ökumene. *Oder* es wird von der Voraussetzung aus prozediert, daß Lehre nicht nur das Medium, sondern auch der Grund der Kirchengemeinschaft ist (was man nur behaupten kann, wenn der Grund und Gegenstand des Glaubens mit der vom apostolischen Amt vorgelegten Lehre zusammenfällt) und hält deshalb nach einer hinreichend einheitlichen Lehre als Grund der Kirchengemeinschaft Ausschau. Das aber kann nur so ausgehen, daß entweder beide Lehrtraditionen in ein Drittes aufgelöst werden oder daß die Grundanliegen der einen Seite den Rahmen bilden, in den dann die Einsichten der andern Seite aufgenommen werden – soweit sie passen –, womit sie ipso facto um ihren eigenen Grundsinn gebracht sind. Man kann zeigen, daß der bisherige Dialog Päpstlicher Einheitsrat/LWB nach dem zuletzt genannten Muster läuft, und zwar so, daß in den Rahmen römisch-katholischer Grundanliegen die passenden Stücke evangelisch-lutherischer Lehre aufgenommen werden, verbunden mit der Behauptung, daß damit alle berechtigten Anliegen Lutherscher Theologie gewahrt und nur diejenigen abgestoßen seien, die ohnehin bloß Mißverständnisse der wahren katholischen Lehre gewesen seien. Mir ist inzwischen klar geworden, daß dieser zuletzt genannte Weg sich bestens mit jener gerade diskutierten These einer Interpretations- und Umformungsbedürftigkeit der tradierten kirchlichen Lehre im Lichte der neuzeitlichen Bildungswelt verträgt. Ich sehe jedoch, daß diese Umformungsforderung unbegründet ist, daß vielmehr die *wahren* Sacheinsichten einer Lehrtradition *kraft eben dieses ihres Wahrseins* gültig bleiben. Ferner halte ich alle denkbaren Resultate des Wegs einer Ökumene, die Kirchengemeinschaft auf Lehre *begründen* will, für unvereinbar mit dem in der Reformation wiederentdeckten evangelischen Verständnis von Grund und Gegenstand des Glaubens. Folglich ist der erste Weg einer Ökumene der Konfessionen und der gegenseitigen Anerkennung jeweils aus Motiven der eigenen Konfession heraus der einzige, dem als Resultat die wahrhaft katholische Ökumene verheißen ist.

Je deutlicher ich diese Sicht der Dinge seit 1984 ausgesprochen habe, desto konsequenter wurde ich als ökumenische Unperson behandelt. Die Vermutungen über rein persönliche Motive meines Beitrags – zuerst von römisch-katholischer Seite geäußert, dann aber auch von evangelischer – waren im ersten Moment eine unangenehme Überraschung. Nach und nach aber entdeckte ich die Vorzüge einer Position, in der man ohne Sorge um Kommissionsposten unverblümt zur Sache reden und die Wirksamkeit dieses Geschäfts geduldig abwarten kann, wenn man es so betreibt, daß Verleumdungen in sich zusammenfallen und die Ausklammerung der Person nur dazu führt, daß die Sache um so klarer herauskommt.

Diese Erfahrungen hatten übrigens noch einen wichtigen Nebeneffekt. Durch sie wurde mein Verständnis von kompetentem Handeln einen Schritt weitergebracht: Ich konnte »nichts machen«, trotzdem war nicht irrelevant, was ich tat. Und ich merkte: Das gilt nicht nur für die Beteiligung an einer geschichtlichen Bewegung, sondern auch für unser Handeln im Alltag. Wir haben uns auf die *möglichen* Folgen unseres Tuns zu besinnen und angesichts ihrer verantwortlich zu wählen, obwohl wir die *wirklichen* nicht in der Hand haben.

Das war eine erfahrungsinduzierte Konkretisierung meines Theorie/
Praxis-Verständnisses. Theoretisch vorbedacht fand ich sie nicht nur in
Schleiermachers Ethik – »Mein Thun ist frei, nicht so mein Wirken in
der Welt, das folget ewigen Gesetzen«[10] –, sondern ebenso in den aus
der schottischen Aufklärung stammenden anthropologischen und kos-
mologischen Fundamenten der Gesellschafts- und Wirtschaftstheorie
F. A. v. Hayeks: Die Verhältnisse des menschlichen Zusammenlebens
sind Folge menschlichen Handelns, aber nicht menschlichen Entwurfs[11]. Anlaß für die Beschäftigung mit diesem Autor war meine Mitgliedschaft im neugegründeten Ausschuß für Wirtschaftsethik des »Ver-
eins für Socialpolitik«. Diese Mitgliedschaft hatte sich ihrerseits als
eine Konsequenz der Kolloquienreihe »Theologische Aspekte der Wirtschaftsethik« ergeben, die gemeinsam von der Wissenschaftlichen Gesellschaft für Theologie e.V. bzw. ihrer Fachgruppe Systematische
Theologie, deren Vorsitzender ich 1984 geworden war, und der Evangelischen Akademie Loccum unter dem Direktorat von Hans May in den
Jahren 1986 bis 1989 veranstaltet wurde.

Diese neuen Engagements standen vor dem Hintergrund der Einsicht, daß der gegebene Theorierahmen für die zusammenhängende
Behandlung aller mich seit Oldenburg und Kiel beschäftigenden Fragen
des christlichen Lebens und Handelns die Ethik ist. In ihrem Horizont
sind alle Fragen des Handelns und Lebens aus christlicher Überzeugung
im Zusammenhang zu bedenken, nicht nur die Fragen der persönlichen
Lebensführung, der Individualethik, sondern auch alle Fragen der verantwortlichen Mitwirkung an den Ordnungen des Zusammenlebens,
also auch alle Themen der Sozialethik. Mir war klar geworden, das Handeln im Pfarramt, die verantwortliche Pflege der kirchlichen Institutio-
nenwelt, ist nur ein Sektor dieses Ganzen. Alle Bereiche des öffentlichen Lebens gehören dazu, über die Institutionen der Weltanschauungs-
kommunikation in Kirchen bzw. Weltanschauungsgemeinschaften und
die öffentlichen Bildungsinstitutionen hinaus auch Politik, Wirtschaft
und Wissenschaft. Sie alle werden durch menschliches Interagieren gestaltet, für das in jedem Fall die Motivierung und Orientierung durch
irgendein inhaltlich bestimmtes Daseinsverständnis unvermeidbar ist.
Folglich können sie allesamt ebenso gut wie durch das Wirklichkeitsverständnis einer nichtchristlichen Religion oder durch das Wirklich-

---

[10] Monologen 17.
[11] Vgl. ders., Die Ergebnisse menschlichen Handelns, aber nicht menschlichen Entwurfs,
in: ders., Freiburger Studien, 1969, S. 97–107.

keitsverständnis irgendeiner philosophischen oder »wissenschaftlichen« Weltanschauung auch durch das christliche Daseinsverständnis inspiriert und geleitet sein. Diesen Fall thematisiert und durchdenkt die christliche Ethik. Sie läuft damit auf eine perspektivische, nämlich christliche Theorie des Pluralismus koexistenter Kulturen (Ethosgestalten) hinaus. Ihren Platz in der wissenschaftlichen Öffentlichkeit behauptet sie im Bewußtsein und durch Aufweis des *exemplarischen* Charakters der Gebundenheit an das Wirklichkeitsverständnis der christlichen Tradition. Denn ein weltanschauungs- bzw. religions*freies* Interagieren und Zusammenleben (Ethos) ist unmöglich; und ebenso unmöglich ist eine theoretische Durchdringung dieser Phänomene, eine Ethik, die nicht an eine perspektivische Leitbegrifflichkeit gebunden und auf sie relativ wäre. Das ist die Konsequenz der radikalen Geschichtlichkeit des menschlichen Verstehens und Lebens.

Vor diesem Hintergrund mußten die alten Überlegungen zur praxisorientierenden Funktion des christlichen Wirklichkeitsverständnisses weiterentwickelt werden. Das bezog sich besonders auf die Anthropologie. Sie mußte so konkretisiert werden, daß sie wirklich die *Sozialnatur* des Menschen erfaßt und die ursprüngliche conditio humana, wie der Glaube sie versteht, als den Horizont beschreibt, in dem alle Möglichkeiten des menschlichen Zusammenlebens ursprünglich angelegt sind und unter bestimmten Bedingungen zu geschichtlicher Ausprägung gelangen. Das ist die elementare Voraussetzung für ein spezifisch christliches Verständnis des menschlichen Zusammenlebens in Geschichte und Gesellschaft. Erst wenn ein solches klar erarbeitet ist, kann es in eine kooperationsorientierte Verständigung mit anderen Verständnissen des menschlichen Zusammenlebens treten, die an andere kategoriale Perspektiven gebunden sind. Erst im Horizont eines solchen spezifisch christlichen Verständnisses des Zusammenlebens gewinnt auch der praktische Vollzug des christlichen Lebens seinen konkreten und umfassenden Charakter. Und ebenso ist erst im Horizont eines christlichen Verständnisses des Zusammenlebens eine eigenständige und unverwechselbare christliche Mitgestaltung des realen Zusammenlebens aller möglich; auf allen Ebenen, der des Alltags und der Öffentlichkeit, und in allen Lebensbereichen, nicht nur in der Kirche, sondern auch in Politik, Wirtschaft, Wissenschaft, Kultur und im allgemeinen Bildungswesen.

Auch das Klarwerden dieser Sachverhalte hatte Konsequenzen, die alsbald zu ziehen waren. Zunächst wurde Kritik an gewissen, zu einer Art von »Selbstverständlichkeit« avancierten Engführungen des zeitgenössischen Ethikverständnisses außerhalb und innerhalb der evangelischer Theologie erforderlich. Widersprochen werden mußte allen Spielarten der Behauptung eines weltanschauungs- bzw. religions*freien* Bereichs des öffentlichen Lebens, einschließlich der Wissenschaft. Widersprochen werden mußte dem Vertrauen in die Selbstevidenz des Humanen.

Erst langsam und im Nachhinein wurde mir klar, wie wichtig, aber auch wie schwierig dieser Widerspruch gerade in Deutschland ist. Hier hatte ja eine ganze Generation junger Intellektueller – die von Schelsky so genannte »skeptische Generation« der Geburtsjahrgänge von Ende der 20er bis Anfang der 30er Jahre, die noch unter nationalsozialistischen Bedingungen sozialisiert, dann aber durch die im jungen Erwachsenenalter erlebte Katastrophe Deutschlands enttäuscht worden war und nun alle Hoffnung auf eine radikal weltanschauungsfreie Gestaltung des Zusammenlebens setzte – über mehrere Jahrzehnte hin dem Ideal einer bloß durch Verfahren geregelten und daher vermeintlich frei von allen inhaltlichen Festlegungen, ihnen gegenüber »neutral«, funktionierenden Ordnung des Zusammenlebens in allen Bereichen der Gesellschaft Einfluß verschafft. Demgegenüber war es nötig, allerdings zunächst auch fast unmöglich, einer anderen Einsicht Beachtung zu verschaffen: Der Weg zu einem humanen Zusammenleben führt nicht über die Formalisierung des Menschenverständnisses und nicht über die alleinige Anerkennung der Ansprüche einer *formal-prozeduralen* Vernunft auf öffentliche Geltung bei gleichzeitiger Abdrängung aller *inhaltlichen* Lebensorientierungen weltanschaulich/religiöser Art in den Bereich des öffentlich Bedeutungslosen und des so (miß)verstandenen Privaten. Im Gegenteil, alles liegt an der Anerkennung der radikalen – *ja gerade durch die nationalsozialistische Katastrophe bewiesenen* – Öffentlichkeitsbedeutung all dieser unter den Menschen lebendigen *inhaltlichen* Lebensorientierungen. Schon über die Möglichkeiten der Entwicklung des Gemeinswesens entscheiden diese *inhaltlichen* Überzeugungsbestände. Die Institutionen ihrer öffentliche Tradierung und der offenen Verständigung zwischen ihnen sind öffentlichkeitsrelevant.

Andererseits aber hatte es ein solcher Versuch, das christliche Daseinsverständnis als kategorialen Horizont für das Verstehen von Geschichte und Gesellschaft insgesamt zu entfalten, nicht nötig, sich als Novität darzustellen. Er durfte es gar nicht. Denn er griff ja nur Perspektiven und Themenbestände wieder auf, die zum ursprünglichen Gehalt des christlichen Wirklichkeitsverständnisses und deshalb auch zum klassischen – und von der Sache her unverzichtbaren – Bestand der

Theologie gehören. Man erinnere sich dazu nur an die einschlägigen Großleistungen Schleiermachers, Calvins, Luthers, Thomas oder Augustins.

Die Anfänge meines Interesses an einer zusammenhängenden ethischen Theoriebildung gingen bereits in die Münchner Zeit zurück. Schon hier hatte ich begonnen, Ethik zu lesen, und schon hier waren Kontakte zu außerkirchlichen bzw. außertheologischen Erfahrungsbereichen, etwa der Wirtschaftswissenschaft oder dem organisierten Sport, geknüpft worden. Diese Ansätze baute ich in den Mainzer Jahren aus. Mehrere Jahre arbeitete ich im Wissenchaftlichen Beirat des Deutschen Sportbundes mit (die in diesem Zusammenhang entstandenen Arbeiten liegen vor in dem Aufsatzband »Sport als Thema der Theologie und Partner der Kirche«, 1989). Die Mitgliedschaft in der interministeriellen Kommission für Fragen der Bioethik des Landes Rheinland-Pfalz konfrontierte mich mit den aktuellen Herausforderungen der Medizin- und Bioethik. Wirtschaftspolitische Kontroversen, wie sie im Arbeitskreis Kirche/Wirtschaft-Südhessen verhandelt wurden, forderten das wirtschaftsethische Urteil heraus, das gleichzeitig auf theoretischer Ebene durch Zusammenarbeit mit dem ökonomischen Kollegen Hermann Sautter – bis zu seinem Weggang nach Göttingen im nahen Frankfurt lehrend – weiterentwickelt werden konnte. Einzelstudien dieser Zeit konnten in den Aufsatzbänden »Erfahrbare Kirche« (1989) und »Gesellschaft gestalten« (1990) gesammelt werden, die das in diesen Kontexten entstandene Verständnis evangelischer Sozialethik hervortreten lassen.

In all diesen Arbeiten ging es mir darum, die sich im Gefolge der sog. »empirischen Wende« der Thelogie einstellende Versuchung zu vermeiden, verstehens- und handlungsleitende Kategorien einfach aus den außertheologischen Disziplinen und ihren dominierenden Schulen in die Theologie zu *importieren* und hier Leitfunktion gewinnen zu lassen. Vielmehr ist die Hinwendung zu Themen und Herausforderungen der Erfahrungswirklichkeit im Horizont des christlichen Wirklichkeitsverständnisses und seiner Kategorien zu vollziehen. Das aber setzt eine systematisch-theologische Entfaltung dieses Wirklichkeitsverständnisses voraus, die so konkret und detailliert sein muß, daß sie das Verständnis, die Beurteilung und den Umgang mit den empirischen Herausforderungen tatsächlich anleiten kann. Nun fällt diese Aufgabe, das christliche Wirklichkeitsverständnis aus den schlechthin unverwechselbaren Bedingungen seines Zustandekommens heraus in seiner inhaltlichen Entwicklungs- und Konkretisierungsfähigkeit darzustellen, der Dogmatik zu. Und somit zeigt sich: Die Entwicklung einer christlichen Ethik, die die Aufgabe einer perspektivischen Theorie des von einem perspektivischen Wirklichkeitsverständnis motivierten und orientierten Lebenszusammenhangs exemplarisch lösen will, kann nur gelingen im Horizont von Dogmatik. Auf diese Verwurzelung des christlichen Lebens und seiner Theorie im Wirklichkeitsverständnis des Glaubens und dessen Enstehungs- und Entwicklungsbedingungen weisen die Arbeiten des Bandes »Offenbarung und Glaube« hin (1992).

Dieser Titel deutet eine wichtige Pointe der unter ihm versammelten Arbeiten an. Seit dem Studium war ich immer wieder auf die Frage gestoßen, wie eigentlich der Gegenstandsbezug und das Wahrheitsbewußtsein zustande kommen und beschaffen sind, aufgrund deren Menschen generell – und exemplarisch eben Christen – als Personen leben und handeln können. Mir schien schließlich das Eingeständnis unvermeidbar, daß diese Gegenstandsbeziehung und diese Gewißheit letztlich von Erschließungsvorgängen (»Ahaerlebnissen«) leben, die unsere Existenz passiv bestimmen. Als solche wollen sie von uns zwar aktiv rezipiert und anerkannt sein. Sie können aber nicht von uns hervorgebracht und gestaltet werden. Der Zug radikaler Unverfügbarkeit, den die theologische Tradition immer für die Entstehung des Wahrheitsbewußtseins des Glaubens in Anspruch genommen hatte, darf also keineswegs *nur* für das Zustandekommen dieser christlichen Gewißheit über Ursprung und Bestimmung des Daseins in Anspruch genommen werden – dann fiele dieses nämlich aus dem Rahmen dessen heraus, was unter Menschen uneingeschränkt kommuniziert werden kann –, sondern er ist bei der Etablierung *jeder* inhaltlich bestimmten kommunizierbaren Gewißheit über die ursprüngliche Verfassung und Bestimmung unseres Daseins mit im Spiele[12]. Diese Einsicht ermöglichte es mir nun auch, den Sinn und das Recht des betonten Einsatzes der dogmatischen Arbeit beim Offenbarungsgeschehen zu erkennen, wie er exemplarisch von Karl Barth gewählt und zum Kriterium aller theologischen Sachlichkeit ausgerufen worden war. Freilich muß dabei stets beachtet werden, daß der Einsatz der dogmatischen Entfaltung des christlichen Wirklichkeitsverständnisses mit *diesem* Thema *exemplarischen* Charakter hat. Auch die Entfaltung *jedes anderen* Wirklichkeitsverständnisses muß eine äquivalente Antwort auf die Frage nach dem Ursprung ihres Gewißseins geben. Sie muß einen Hinweis auf das sie

---

[12] »Gewißheit« über inhaltsleere, rein logische (mathematische) Wahrheiten liefert auch jeder Computer.

begründende Erschließungsgeschehen (die sie begründende »Offenbarung«) enthalten.

Alles in allem zeichnete sich somit eine Gestalt Systematischer Theologie ab, die Ethik im Horizont von Dogmatik betreibt, und zwar im Horizont einer Dogmatik, die sich ihren Gegenstand – die in der geschenkten Gewißheit des Glaubens begründeten Phänomene der christlichen Existenz – durch Offenbarung vorgegeben weiß. Das mußte auf viele *hyperorthodox* wirken. Aber die Pointe dieser Position ist gar nicht, ein Leben in der unanfechtbaren Gewißheit aus Offenbarung dem normalen Leben in den angeblich bloß »relativen« Gewißheiten aus bloßer Vernunft entgegenzusetzen. Die Pointe ist vielmehr die Anerkennung eines radikalen Pluralismus der Lebensverständnisse und Lebensformen: Es gibt überhaupt keine Vernunft, die nicht auf dem Boden von unverfügbaren geschichtlichen Erschließungsvorgängen, also von Offenbarung, leben würde. Jeder in einer solchen Daseinsgewißheit wurzelnde Handlungszusammenhang umfaßt alle Ebenen und Bereiche des Zusammenlebens. In geschichtlichen Situationen, die nicht aufgrund besonderer Umstände homogen gehalten sind, koexistieren stets eine prinzipiell unübersehbar große Zahl von verschiedenen Gesamtlebensgestalten, von denen jede innerlich durch eine aus Erschließungsereignissen stammende inhaltlich gefüllte perspektivische Daseinsgewißheit geprägt wird. Die Friedlichkeit dieser Situation kann auf Dauer nicht durch Homogenisierungsanstrengungen erreicht werden. Erforderlich ist vielmehr *erstens* das offene Eingeständnis der Koexistenz verschiedener Gesamtlebensgestalten oder »Kulturen« mit je eigener weltanschaulicher bzw. religiöser Binnenausrichtung in einunderselben Gesellschaft. Und angesichts dessen dann *zweitens* die Bereitschaft, im Dialog die zwischen diesen differenten Positionen bestehenden gegenseitigen Anerkennungsmöglichkeiten zu erkunden und ihnen dann in friedlichem Zusammenleben Gestalt zu geben.

Meine ökumenische und meine sozialethische Vision laufen also auf dasselbe hinaus. Kein Wunder, denn sie bewegen sich in einunderselben Perspektive. Beide stehen im Horizont einer Fassung des christlichen Wirklichkeitsverständnisses, das sich seiner Fundierung in Erschließungsvorgängen bewußt ist, die unter unverwechselbaren – der Pflege fähigen und bedürftigen – geschichtlichen Bedingungen stehen, aber dennoch unverfügbar sind, also Pflegepflichten begründen, ohne machbar zu sein.

Zu den gesellschaftlichen Herausforderungen, die mir während des Mainzer Jahrzehnts Anlaß für die schrittweise Entwicklung dieser systemtatisch-theologischen Perspektive gegeben haben, kamen kirchliche. Das war neben der Zusammenarbeit mit den drei Landeskirchen, mit denen die Mainzer Fakultät verbunden ist, mit der pfälzischen, der südhessischen und der rheinischen, vor allem die Arbeit in der Gemischten Kommission für die Reform des Theologiestudiums. 1988 konnten wir »Grundsätze für die Ausbildung und Fortbildung von Pfarrerinnen und Pfarrern der Gliedkirchen der EKD« vorlegen, die die Ausbildung und Fortbildung von Pfarrerinnen und Pfarrern als einen lebenslangen Bildungsprozeß beschreiben, der auf das Ziel der theologischen Kompetenz – verstanden als »die Fähigkeit, im Lichte der angeeigneten kirchlichen Lehre die gegebene Situation des Amtes zu begreifen, ihre gegenwärtigen Aufgaben (Probleme) zu erkennen, sowie Lösungen zu entwerfen und durchzuführen«[13] – ausgerichtet ist und sein Fundament durch die erste Phase der Ausbildung, das Studium der wissenschaftlichen Theologie, erhält. Es konnte nicht anders sein, als daß dieser Vorschlag zunächst heftig umstritten war. Alles in allem hat er aber einen Verständigungsprozeß innerhalb der akademischen Theologie über die gemeinsame kirchliche und gesellschaftliche Bildungsverantwortung ausgelöst, dessen deutlichstes Ergebnis die breite Rezeption wesentlicher Momente der Schleiermacherschen Konzeption von Theologie als einer positiven, nämlich dem kirchlichen Berufsfeld verpflichteten Wissenschaft ist. Es ist richtig gesehen und m. E. fälschlich kritisiert worden, daß die Theologie damit ihr gesellschaftliches Schicksal, also auch ihre Stellung in der Universität, an das Schicksal der Kirchen bindet. Dieses Schicksal ist durchaus unsicher. Aber ich sehe nicht, wie eine wissenschaftliche Beschäftigung mit dem Christentum ohne diese Gebundenheit an ihre kirchliche Aufgabe und damit auch an die Normen der christlichen Tradition auf Dauer überhaupt ihre Verankerung in dieser Tradition wahren und die Mutation zu einer Religionswissenschaft vermeiden kann, die nicht mehr die wissenschaftliche Selbstreflexion des Christentums pflegt, sondern Außenansichten des Christentums entwickelt. Ebenso überzeugt bin ich, daß umgekehrt auch das kirchlich verfaßte Christentum seinem geschichtlichen Auftrag zur Mitgestaltung aller Lebensverhältnisse nur gerecht werden kann, wenn es sich die wissenschaftliche (also auch unter der rechtlich gesicherten Wissenschaftsfreiheit arbeitende) Theologie als ein wesentliches Element im Gesamtgefüge seiner *eigenen* In-

---

[13] W. Hassiepen/E. Herms (Hg.), Grundlagen der theologischen Ausbildung und Fortbildung im Gespräch, Stuttgart 1993, S. 20.

stitutionenwelt erhält. Vielleicht muß ehrlich eingestanden werden, daß am Ende des 20. Jh.s das Bewußtsein der Angewiesenheit auf den christlichen und kirchlichen Lebenszusammenhang in der evangelischen wissenschaftlichen Theologie lebendiger ist als umgekehrt das Bewußtsein der Angewiesenheit auf wissenschaftliche Theologie in den evangelischen Kirchen.

Die Anregungen für die angedeuteten systematisch-theologischen Perspektiven sind mir also zum guten Teil aus Kirche und Gesellschaft zugeflossen. Ausgearbeitet werden konnten sie jedoch nur dort, wo das Herz akademischer Theologie schlägt: in der Lehre. Sie besitzt für mich drei Schwerpunkte. Einerseits hat sie die Studierenden mit dem Gesamtzusammenhang der christlichen Lehre und mit den klassischen Beiträgen zu ihrer Darstellung, mit deren Ansatz und Pointen, vertraut zu machen. Andererseits ist zugleich an den offenen Grundfragen christlicher Lehre zu arbeiten im kritischen Gespräch mit der Philosophie und den außertheologischen Wissenschaften. Beides muß dann drittens in einer eigenen Verantwortung und Darstellung des Gesamtzusammenhangs christlicher Lehre zusammenfließen. Im Rückblick zeigt sich, daß sich für mich eine ziemlich feste Zuordnung dieser drei Aufgaben zu drei Lehrveranstaltungstypen ergeben hat. Die Bearbeitung fundamentaltheologischer Fragen in Auseinandersetzung mit dem säkularen Denken fiel schwerpunktmäßig ins Oberseminar. Hier stand in München die Lektüre und Diskussion von Grundlagentexten zur Erkenntnistheorie im Zentrum, in Mainz von Grundlagentexten zur Sozialphilosophie. In den letzten Mainzer und ersten Tübinger Semestern ging es um Beiträge der Lebensphilosophie und Phänomenologie zur Ontologie des leibhaften Personseins. Das ergab sich z. T. aus den Interessen der Studierenden, aber auch aus der zunehmenden Festigung meiner eigenen Überzeugung, daß eine Theologie, die mit dem Vorgegebensein aller ihrer Gegenstände durch Offenbarung ernst macht, nur als Phänomenologie betrieben werden kann. Hauptseminare habe ich nur in wenigen Fällen einzelnen Themen der christliche Lehre gewidmet. Meistens ging es vielmehr um die Erfassung von Ansatz und Ertrag maßgeblicher Gesamtentwürfe Systematischer Theologie: Augustin, Thomas, Luther, Calvin, Schleiermacher, W. Herrmann, Karl Barth, Rudolf Bultmann.

Seit den Mainzer Jahren sind auch Themen aus dem Bereich Ethik regelmäßig behandelt worden. Lehrreiche Höhepunkte waren dabei für mich die gemeinsamen Seminare mit Arno Anzenbacher, dem Sozialethiker der römisch-katholischen Schwesterfakultät in Mainz. Die Themen reichten von Thomas über Kant, Hegel, Schleiermacher, Singer, Fragen der Technikethik bis hin zur Vorstufe des Sozialworts der Kirchen von 1997. Ein bedauerlicher Abstieg? Eher ein Hinweis darauf, daß Ethik nur fruchtbar sein kann, wenn sie bereit ist, sich die Finger schmutzig zu machen.

Auch die Vorlesung habe ich gelegentlich – nämlich im Falle Luthers und Schleiermachers – zur Vergegenwärtigung maßgeblicher Lehrpositionen benutzt oder zur Darstellung von Grundlinien der geschichtlichen Entwicklung christlicher Lehre. Überwiegend habe ich hier jedoch versucht, den Gesamtzusammenhang der Lehre aus der Reflexion auf ihrem einheitlichen Gegenstand heraus zu entwickeln: aus der Reflexion auf die christliche Lebens- oder Daseinsgewißheit, die in einer bildungsgeschichtlich vermittelten Erschließung der Wahrheit des urchristlichen Offenbarungszeugnisses (des Evangeliums) wurzelt. Unter den denkbar günstigen Tübinger Arbeitsbedingungen kann ich diese Versuche hoffentlich zu literarisch fester Gestalt bringen.

Rückblickend sehe ich, daß mich die Grundfrage nach dem Verhältnis zwischen christlicher und säkularer Kultur nie losgelassen hat. Der wichtigste Fortschritt im Verständnis dieser Spannung ist die Einsicht in den durch und durch pluralistischen Charakter der gesellschaftlichen Umwelt des Christentums. Der gegenteilige Eindruck einer Einheitlichkeit der Umwelt des Christentums wird vor allem durch den Anspruch der Wissenschaften auf die Vertretung einer einheitlichen Wahrheit erzeugt und durch die faktische Bereitschaft der maßgeblichen Kreise der Öffentlichkeit, diesen Anspruch anzuerkennen – u.U. in offener Konsequenz bis hin zur Verkündung und Anerkennung einer »wissenschaftlichen Weltanschauung«[14]. Aber Erfahrungswissenschaft ist – das hat mir der Fall James und die spätere Beschäftigung mit der Wissenschaftskritik E. Husserls klar gemacht – in allen ihren wirklichen und möglichen Formen eine Gestalt menschlicher Praxis, nicht nur die Human- sondern ebenso die Naturwissenschaften. Auch diese Praxis ist wie jede mögliche Gestalt menschlicher Praxis auf ein kategoriales Gesamtverständnis des Seienden angewiesen, das über das Wirkliche hinaus auf

---

[14] Anfänge dessen reichen in Deutschland bis in die Zeit des zweiten Kaiserreichs zurück und erlebten ihre Blüte in den verschiedenen Spielarten einer »wissenschaftlichen Weltanschauung«, die den Nationalsozialismus inspirierten und den real existierenden Sozialismus. Das Phänomen ist bekanntlich gar nicht spezifisch deutsch. Es blühte und blüht in der gesamten westlichen Welt: in Frankreich in Gestalt der »positiven Philosophie« A. Comtes, in England in der »synthetischen Philosophie« H. Spencers, in Amerika in Gestalt des Jamesschen Empirizismus und Pragmatismus und der durch ihn inspirierten naturwissenschaftlichen Psychologie und Pädagogik.

Mögliches vorgreift und damit allererst das Wirkliche als Instantiierung des Möglichen zu sehen, also zu verstehen und zu erwarten erlaubt. Ein solches Vorverständnis des Seins ermöglicht Erfahrungswissenschaft, aber stammt nicht aus ihr. Vielmehr stammt es jeweils aus einer Besinnung von Personen auf die ursprüngliche Konstitution, Verfassung und Bestimmung des personalen Daseins. Und es tritt daher auch nicht im Singular auf, sondern in einer unübersehbaren Mannigfaltigkeit von unterschiedlichen, perspektivisch gebrochenen Seinsverständnissen, die alle im sozialgeschichtlichen und biographischen Wandel stehen. Wo immer ein solches Seinsverständnis herrscht und kommuniziert wird, prägt es die Gesamtinteraktion, das Ethos, der betreffenden Personen in allen ihren Lebensbereichen ohne Ausnahme; niemand gibt sein Seins- und Lebensverständnis an der Arbeitsstelle ab. Für das Christentum heißt das: Es lebt nicht – wie es mir zunächst erschien – im Gegenüber zur säkularen neuzeitlichen Kultur als einer in sich geschlossenen Einheit, sondern es lebt eingebettet in eine unübersehbare Vielzahl von Kulturen, die sämtlich jeweils in der tatsächlichen Herrschaft eines besonderen Daseinsverständnisses (Weltanschauung) wurzeln, sich in allen ausdifferenzierten Bereichen des gesellschaftlichen Lebens auswirken und in ihnen um die Vorherrschaft ringen, ohne daß in Wahrheit irgendwo ein »neutraler« Raum besteht. Aus dieser Einsicht ergeben sich bestimmte Aufgaben. Als erstes die Aufgabe, diesen realen Pluralismus der Weltanschauungen und Lebensweisen gegen Verschleierungstendenzen aufzudecken und seine Anerkennung zu befördern. Gleichzeitig die Aufgabe, Möglichkeiten der Verständigung und des Zusammenlebens zwischen diesen differenten Kulturen zu suchen und zu pflegen. Dabei zeigt sich dann auch: Für die geschichtliche Existenz und Wirkung des Christentums in diesem pluralistischen Kontext ist die Pflege der erfahrbaren Formen seiner Überlieferung – zentral die Pflege seiner Kultusinstitutionen – unverzichtbar. Sie müssen als ein Institutionengefüge erlebbar sein, das durch seine Übersichtlichkeit und Zuverlässigkeit sowie durch seine Erlebnis- und Bildungskräftigkeit anziehend wirkt. Diese Grundaufgabe von Kirchenleitung heute kann nicht ohne die systematisch-theologische Entfaltung des christlichen Wirklichkeitsverständnisses und seiner handlungsleitenden Potentiale gelöst werden. Indem systematisch-theologische Arbeit in dieser Weise den Kirchen zugute kommt, dient sie der Gesamtgesellschaft.

Im Laufe der Jahre ist ein Kreis von Freunden und Schülern entstanden. Mit ihnen, den Studierenden, den Kollegen und meiner Familie feierte ich im Dezember 1990 ein schönes Geburtstagsfest. Die Erinnerung daran ist eine bleibende Kraftquelle. Jetzt, Anfang 1998, mitten in den – nicht nur betrüblichen, sondern wohl auch notwendigen und auf Dauer fruchtbaren – Auseinandersetzungen um die »Gemeinsame Erklärung zur Rechtfertigungslehre«, wünsche ich mir für meine weitere Arbeit das Lebendigbleiben der Gewißheit, die mich erstmals durch mein ökumenisches Engagement erreicht hat: Du kannst nichts machen. Dennoch ist, was Du tust, nicht irrelevant.

WILFRIED HÄRLE

Auf dem Weg zu einer lebensweltlichen Hermeneutik
des christlichen Glaubens

Lebendige Theologie[1] braucht den Austausch: mit ihren Quellen, ihrer Geschichte und ihrem lebensweltlichen Kontext. Zu letzterem zählt einerseits der kirchlich-religiöse Kontext, den die gelebte (kirchliche und außerkirchliche, christliche und außerchristliche) Frömmigkeit darstellt; andererseits der wissenschaftlich-gesellschaftliche Kontext, der durch die universitas literarum sowie durch die wirtschaftlichen und politischen Institutionen repräsentiert wird. Von diesem Beziehungsgeflecht kann in einer solchen Skizze nur Weniges *sichtbar* werden. Deswegen ist es mir wichtig, schon am Beginn auf diese Zusammenhänge hinzuweisen, die auch dort mitzudenken sind, wo sie nicht ausdrücklich angesprochen werden.

I. Biographischer Kontext

Dem Wunsch der Herausgeber folgend stelle ich einige Hinweise auf meinen biographischen Kontext voran. Möglicherweise wird von daher an manchen Punkten die theologische Position verständlicher, zu der ich auf diesem Lebensweg gekommen bin.

Geboren wurde ich mitten im Zweiten Weltkrieg am 6. September 1941 in Heilbronn als drittes von insgesamt sechs Kindern und wuchs in einer methodistischen Pastorenfamilie in Hof und Nürnberg auf. Was

---

[1] Sei es als spontanes Nachdenken einzelner Menschen, sei es als methodisch reflektierte Wissenschaft.

ich dieser Herkunft verdanke, ist vor allem die Vertrautheit mit Bibel, Gesangbuch und Gemeinde. In der Frömmigkeit, die meine Kindheit und Jugend prägte, spielten Schuld und Vergebung, Bekehrung und Heiligung, vor allem aber die Wiederkunft Christi zum Gericht eine entscheidende, meist bedrückende Rolle. Befreiend habe ich den christlichen Glauben meiner Erinnerung nach erstmals mit etwa 16 Jahren erlebt, als mir bewußt wurde, daß »Rechtfertigung« bedeutet: so, wie ich bin, von Gott angenommen zu sein.

Durch mehrjährige Praxiserfahrung in kirchlicher Kinder-, Jugend- und Gemeindearbeit schien ich für den Pastorenberuf geradezu prädestiniert zu sein. Dagegen kam auch die zwischenzeitliche Absicht, Mathematik und Physik zu studieren, nicht an. Ich ging jedoch nicht – wie es üblich gewesen wäre – auf das methodistische Seminar in Frankfurt a. M., sondern begann nach dem Abitur (am Melanchthongymnasium in Nürnberg) im Wintersmester 1961/62 mit dem Theologiestudium in Heidelberg, wohin ich im 5. Semester noch einmal zurückkehrte. Hier faszinierten mich vor allem die Exegeten und Kirchenhistoriker: Gerhard von Rad, Claus Westermann und Rolf Knierim, Karl Georg Kuhn, Günther und Heinrich Bornkamm sowie Hans von Campenhausen. Zu den Heidelberger Systematikern, Edmund Schlink und Peter Brunner, fand ich leider keinen Zugang, später allerdings zu Albrecht Peters.

Nach zwei Semestern wechselte ich aus familiären Gründen nach Erlangen. Dort kam mir anfangs alles eng und stickig vor, bis ich in Walther von Loewenich, Wilfried Joest und Eberhard Wölfel theologische Lehrer fand, die mich ansprachen und prägten. Gleichzeitig fing ich an, mich intensiv mit Philosophie (vor allem bei Wilhelm Kamlah und Paul Lorenzen, in Heidelberg dann auch bei Karl Löwith und Jürgen Habermas) und mit Religionswissenschaft (vor allem bei Hans Joachim Schoeps) zu beschäftigen. Die wichtigste Erfahrung in meinem Studium war ein Seminar von Joest über Paul Tillichs »Systematische Theologie«. Damit begegnete ich einer Theologie, die ich – ähnlich wie die Theologie Schleiermachers, Luthers und Meister Eckharts – als befreiend, wahrhaftig und existentiell tragfähig empfand. Sie hat mich weit über mein Studium hinaus geprägt und mir die Verarbeitung meiner religiösen Herkunft ermöglicht.

Im Frühjahr 1966 legte ich in Erlangen das Fakultätsexamen ab, übernahm eine Assistentenstelle bei von Loewenich und begann mit der Ausarbeitung einer Dissertation über das Verhältnis von Karl Barths Dialektischer Theologie zur Theologie Martin Luthers. Noch im selben Jahr wechselte ich als Assistent zu Wölfel in die Systematische Theologie über und ging mit ihm nach Bochum. Dort wurde ich 1969 mit der Arbeit über den frühen Barth und Luther zum Dr. theol. promoviert und konnte von da an selbständige Lehrveranstaltungen abhalten, was ich bis heute mit Lust tue.

Die Beschäftigung mit Karl Barth, nun mit der Ontologie in seiner »Kirchlichen Dogmatik«, setzte sich in den folgenden Jahren fort, zunächst in Bochum, dann ab 1971 aufgrund des erneuten Wechsels mit Wölfel nach Kiel an der dortigen Fakultät, die mich im Februar 1973 mit meiner Barth-Arbeit »Sein und Gnade« habilitierte und mir die Venia legendi für das Fach Systematische Theologie verlieh. Während der Kieler Zeit erteilte ich mehrere Jahre lang nebenamtlich Religionsunterricht an einem Gymnasium, um die Arbeitsbedingungen der jungen Menschen, die ich mit auszubilden hatte und habe, nicht aus den Augen zu verlieren. Dasselbe habe ich im Blick auf das Pfarramt u. a. dadurch versucht, daß ich mehrere Jahre lang Kindergottesdienst sowie Konfirmandenunterricht gehalten habe und seit vier Jahrzehnten regelmäßig und gerne predige.

In dem Prozeß der Verarbeitung meiner christlichen Sozialisation, habe ich mich vorübergehend so weit vom traditionellen Inhalt des christlichen Glaubens entfernt, daß ich »Gott« nur noch als eine »konkrete Utopie« denken konnte, die *wir* durch unser soziales und politisches Engagement zu verwirklichen hätten. Das hat mir (verständlicherweise) in der Evangelisch-methodistischen Kirche, in der ich 1969 zum Pastor ordiniert worden war, ein Lehrbeanstandungsverfahren eingetragen, das allerdings nach einjähriger Dauer eingestellt wurde. Rückblickend muß ich sagen, daß ich in diesem Verfahren verständige und beeindruckende Gesprächspartner fand, die mir auf behutsame Weise wieder einen Anschluß an die Quellen des christlichen Glaubens ermöglicht haben. 1977 vollzog ich den Wechsel von der Evangelisch-methodistischen Kirche zur Nordelbischen Evangelisch-Lutherischen Kirche und wurde damit auch äußerlich, was ich innerlich schon war: Lutheraner.

In die Bewerbung um eine Pfarrstelle in der Nordelbischen Kirche hinein kam noch im selben Jahr die Berufung auf eine Dozentur für Philosophie an der Theologischen Fakultät der Universität Groningen, Niederlande. Daraus ergab sich nicht nur das Projekt, zunächst aus Verpflichtung, dann aus Neigung ein Lehrbuch der »Systematischen Philosophie« für Studierende der Theologie zu schreiben, sondern in dieser Zeit entstand auch die Freundschaft zu dem frühverstorbenen Hubertus G. Hubbeling, einem kultivierten Weltbürger und beeindruckenden

Menschen, dem ich in dem 1987 erschienenen »Theologenlexikon« wenigstens ein kleines Denkmal setzen konnte.

Schon während des Wechsels von Kiel nach Groningen erreichte mich die Einladung zu einer – schließlich erfolgreichen – Probevorlesung in Marburg für die Nachfolge von Hans Grass. So stand bereits 1978 der Abschied aus den Niederlanden und zusammen mit meiner Frau und unseren Kindern (eine Tochter und zwei Söhne) der Übergang nach Marburg an, wo ich von 1978–1995 Systematische Theologie und Geschichte der Theologie lehren sollte. In dieser Marburger Zeit scharte sich allmählich um mich ein Kreis anregender Doktoranden und Habilitanden, die mir – gegen Widerstreben – den faszinierenden amerikanischen Philosophen Charles Sanders Peirce (1839–1914) nahebrachten, dem ich eine Fülle von Infragestellungen meines bisherigen theologischen Denkens verdanke.

In die Marburger Zeit fallen (mindestens) zwei weitere Ereignisse, die sich für meine theologische Arbeit als prägend erweisen sollten: zunächst (zusammen mit Eilert Herms, Manfred Marquardt und Reiner Preul) die Gründung des Theologischen Arbeitskreises Pfullingen[2], aus dem ein Theologisches Graduiertenkolleg sowie ein Postdoktoranden-Kolleg hervorging, die allesamt nicht nur äußerst erfolgreich »laufen«, sondern denen ich ebenfalls eine Fülle von neuen Perspektiven verdanke; sodann die Einbindung in kirchenleitende Verantwortung. Dies geschah zunächst durch Berufung in die Landessynode der Evangelischen Kirche von Kurhessen-Waldeck, in den Rat der EKKW sowie schließlich als Landeskirchenrat im Nebenamt in dieser Kirche. Außerdem wurde ich in die Lutherische Generalsynode und in den Theologischen Ausschuß der VELKD, in die EKD-Synode und in die Kammer für öffentliche Verantwortung der EKD berufen. 1994 wurde mir der Vorsitz in dem Ad-hoc-Ausschuß der EKD zum Thema »Homosexualität und Kirche« übertragen. Dessen Ergebnis (»Mit Spannungen leben«) wurde vom Rat der EKD angenommen und veröffentlicht.

In die Kieler und Marburger Zeit fallen zwei wichtige menschliche Begegnungen, die auch mein theologisches Denken nachhaltig prägten und prägen: die Freundschaft mit Eilert Herms und mit Sigrid Glockzin-Bever. Dabei liegt das, was ich beiden theologisch verdanke, weit aus-

---

[2] Zu ihm stießen im Laufe der Jahre die Systematiker Michael Beintker, Ingolf U. Dalferth, Hermann Deuser, Bernd Hildebrandt, Christine J. Janowski, Günter Meckenstock, Hartmut Rosenau, Christoph Schwöbel, Walter Sparn, Eberhard Stock, Konrad Stock, Joachim Track und Michael Welker sowie – als Vertreter anderer Disziplinen – Thomas Krüger, Dieter Lührmann und Christoph Markschies, die mir alle zu wichtigen Gesprächspartnern wurden.

einander, führt aber in meinem Denken einen ebenso spannungsvollen wie fruchtbaren Dialog miteinander. An beiden konnte ich lernen, daß Theologie nur soviel wert ist, wie sie in der Lage ist, dem Leben zu dienen, d. h.,

— Formeln, die zu Phrasen geworden sind, zu (ver)meiden,
— lebendige Traditionen aufzunehmen und weiterzuentwickeln,
— das an der Sache orientierte kritische Denken zu pflegen,
— sich durch Erfahrung(en) in Frage stellen zu lassen,
— neue Perspektiven einzunehmen (oder jedenfalls wahrzunehmen) und
— der Botschaft von Gott als Liebe Raum zu geben.

Überraschend erreichte mich 1995, als eben meine »Dogmatik«[3] erschienen war, der Ruf auf eine Professur für Systematische Theologie mit dem Schwerpunkt Ethik an der Universität Heidelberg, den ich nach einigem Zögern annahm. Damit verbindet sich (nach einigen einschlägigen Vorübungen) nun die Herausforderung, Grundfragen des christlichen Glaubens in *ethischer* Hinsicht im Kontext der gegenwärtigen Lebenswelt theologisch zu durchdenken.

II. Die Funktion(en) der Lebenswelt für die Theologie

Unter »Lebenswelt« verstehe ich nicht einfach »die Welt«, sondern die Welt, in der wir jeweils leben und die in ihrer ganzen Vielfalt und Fragmentiertheit[4] unserer (Selbst-) Erfahrung zugänglich ist und unser Lebensgefühl bestimmt. Lebenswelt ist die Welt, die uns umgibt und an der wir teilhaben. Ihre perspektivische Wahrnehmung wird mitbestimmt vom jeweiligen Lebensalter, Beruf, Bildungs- und Informationsstand. In *qualitativer* Hinsicht hängt die Lebenswelt vor allem

---

[3] Ich hatte ursprünglich vor, der von den Herausgebern erbetenen Präsentation meiner »zentralen, theologischen Grundgedanken« die Form einer knappen Zusammenfassung der Hauptlinien dieser 1995 erschienenen Dogmatik zu geben. Aber diese komprimierte Form bewirkte einen solchen Verlust an Lebendigkeit, daß ich es vorziehe, statt dessen anhand thematischer Gesichtspunkte auf einige *Charakteristika* meines theologischen Denkansatzes (wie er auch in der Dogmatik zur Geltung kommt) hinzuweisen.

[4] Die Erkenntnis dieser Fragmentiertheit wird in den letzten Jahren häufig so aufgenommen, daß der Singular »Lebenswelt« bewußt vermieden und durch die konsequente Rede von »Lebenswelten« ersetzt wird. Ich ziehe diese Konsequenz bewußt nicht, weil dadurch eine wesentliche Leistung des Lebenswelt-Begriffs verlorenzugehen droht, nämlich ihr Konstituiertsein durch die *einheitliche* Perspektive des Subjekts *in der Vielfalt* seiner Rollen, Lebensbezüge und – sei es denn – Lebenswelten.

von der *Intensität* ab, mit der ein Mensch sich auf das Beziehungsgeflecht des Lebens einläßt. Aber wie groß auch immer der Radius und wie weit der Horizont ist – er ist jedenfalls *begrenzt*, und diese begrenzte Lebenswelt wird von uns *perspektivisch* wahrgenommen von dem Ort aus, an dem wir leben und von der Situation aus, in der wir uns befinden.

Nimmt man diese Begrenztheit und Perspektivität ernst, dann kann kein Mensch den Anspruch erheben, alle derzeit existierenden Lebenswelten in ihrer Bedeutung für die Theologie im Blick zu haben und zur Geltung zu bringen. Wir treiben Theologie an unserem Ort und aus unserer Perspektive. Und auch wenn wir uns bemühen, z.B. durch Literatur, Filme und Gespräche uns ein Bild über die Situation anderer Lebenswelten zu machen, erfolgt doch auch diese Wahrnehmung aus der Perspektive *unserer* Lebenswelt, und das ist die mitteleuropäische sei es Wohlstands-, Informations-, Erlebnis-, Risiko- oder Multioptionsgesellschaft, wie sie von Soziologen in den letzten Jahren gedeutet und von allen, die an ihr teilhaben, in unterschiedlicher Weise wahrgenommen wird.

Diese je gegenwärtige und je unsrige Lebenswelt hat nun für die Theologie verschiedene *mögliche* Funktionen:

a) Man kann die Lebenswelt als *Thema* oder *Gegenstand* der Theologie verstehen und zur Geltung bringen. Das ließe sich wie folgt begründen: Zur christlichen Theologie gehört jedenfalls eine Deutung der Welt aus der Sicht des christlichen Glaubens, denn christliche Theologie *ist* immer auch eine bestimmte Weltdeutung. Fragt man nun, wie wir Welt *konkret erleben*, dann muß man sagen: *als* die jeweilige Lebenswelt. Von daher erscheint es als legitim und vielleicht sogar wegen der damit gegebenen Konkretheit als naheliegend, die theologische Weltdeutung zu reduzieren auf eine Deutung der jeweiligen *Lebenswelt*. Für die *Predigttätigkeit* ist das auch tatsächlich angemessen. Aber die Theologie erlitte nun doch schwere Einbußen, wenn ihre Weltdeutung auf den Bereich der erfahrungsmäßig zugänglichen Lebenswelt eingeschränkt würde. Die Einsicht des Schöpfungsglaubens, »daß mich Gott geschaffen hat *samt allen Kreaturen*« ist ebensowenig verzichtbar wie die Erkenntnis der *Allgemeinheit* der Sünde sowie – vor allem – der *Universalität* des göttlichen Heils- und Vollendungswillens. All dies könnte aber kaum noch zur Sprache kommen, wenn Welt *nur als Lebenswelt* in den Blick gefaßt würde.

Zwar bleibt die *Perspektivität*, in der solche allgemeinen theologischen Aussagen gemacht werden, unaufhebbar, aber der *Geltungsra-*

dius für diese Aussagen darf gerade nicht mit dem der jeweiligen Lebenswelt zusammenfallen. Es würde daher zu unvertretbaren *Reduktionen* führen, wenn nicht die Welt, sondern nur die *Lebenswelt* als *Gegenstand* der Theologie verstanden und zur Geltung gebracht würde.

b) Man kann die Lebenswelt auch als *Adressatin* der christlichen Botschaft in den Blick nehmen, wie das in unserem Jahrhundert besonders Paul Tillich[5] getan hat. Bei diesem Ansatz legt es sich nahe, die jeweilige Lebenswelt auf die in ihr liegenden oder zum Ausdruck kommenden *Fragen* oder *Probleme* hin zu analysieren, um darauf bezogen die christliche Botschaft als Antwort zu formulieren. Auch hier ist der Gewinn evident: Wenn eine solche Analyse gelingt, dann bekommt die christliche Theologie damit einen »Anknüpfungspunkt«[6] in der Lebenswelt, der zumindest die Chance bietet, gehört und verstanden zu werden. Und das ist ja schon viel – wie uns heute immer mehr bewußt wird.

Aber diese Funktionsbestimmung ist in gewisser Hinsicht *abstrakt* und darum defizitär. In ihr kommt nämlich weder zur Geltung, daß unsere Lebenswelt eine bereits vom christlichen Glauben *mitbestimmte* und *mitgeprägte* Wirklichkeit ist, noch daß der *Glaube* eine immer schon von der jeweiligen Lebenswelt *mitbestimmte* und *mitgeprägte* Wirklichkeit ist. Diese Abstraktion suggeriert ein Gegenüber zweier weitgehend selbständiger Größen (z.B. zweier Pole einer Ellipse), zwischen denen eine Korrelation erst *hergestellt* werden muß. Aber das entspräche *nur dann* der Wirklichkeit der jeweiligen Lebenswelt, wenn in ihr überhaupt *keine* Elemente des christlichen Glaubens vorkämen, und es entspricht gar nicht der Wirklichkeit des christlichen Glaubens, der *immer* schon durch die jeweilige Lebenswelt mitgeprägt ist. Deshalb muß auch dieses Adressaten-Modell überschritten werden. Es ist unzureichend.

c) Man kann die Lebenswelt schließlich als den *Kontext* oder den *Ort* des christlichen Glaubens betrachten. Und dieses Modell erscheint mir als das angemessenste und leistungsfähigste. Dabei hat der Begriff »Kontext« jedoch eine Mehrdeutigkeit, die zunächst als unerheblich erscheint, im Blick auf unsere Fragestellung aber von größtem Gewicht ist. »Kontext« kann einerseits die *Umgebung* eines Textes (oder eines anderen Gegenstandes) bezeichnen, in die er *hineingehört* und *von der aus* er zu verstehen ist. »Kontext« kann andererseits den *Gesamtzusam-*

---

[5] Siehe besonders seine Systematische Theologie, Bd. I, (engl. 1951, dt. 1956) ND d. 8. Aufl. 1987 unter dem Stichwort »Situation«.

[6] Siehe dazu aber die folgende Anmerkung.

menhang bezeichnen, zu dem ein Text (oder ein anderer Gegenstand) *hinzugehört* und *aus dem heraus* er zu verstehen ist. Der Unterschied zwischen beiden Begriffsbestimmungen erscheint minimal, aber an diesem Unterschied hängt Entscheidendes: nämlich die Beantwortung der Frage, ob der Text selbst zum Kontext gehört, also ein *Teil* von ihm ist, oder ob er von ihm zu *trennen* ist, weil er nur *in ihn* hineingehört, vom Kontext also *umgeben* wird. Ohne Bild gesprochen: Gehört der christliche Glaube zur Lebenswelt, ist er also *ein Teil* von ihr, oder ist er von ihr zu trennen, weil er nur *in sie* hineingehört?

Ich habe mich für die erste Deutung entschieden, weil nur sie die Abstraktion und das Defizitäre des Adressatenmodells überwindet und damit ernst macht, daß es christlichen Glauben nur *als Element* einer Lebenswelt gibt, ja nicht anders geben *kann*, und daß er deshalb von ihr zwar begrifflich zu unterscheiden, aber nicht zu trennen ist. Dieser Gedanke klingt schlicht und ist es auch. Bei dem Versuch, ihn ernst zu nehmen, zeigt sich jedoch schnell, wie schwer es fällt, sich zu lösen von der Vorstellung des Gegenübers zweier zunächst voneinander unabhängiger Größen, die erst zueinander in Beziehung gesetzt werden müssen. Umso wichtiger ist es m. E., diese Einsicht bei allem kirchlichen und theologischen Reden ernstzunehmen und ihr Rechnung zu tragen[7].

III. Die Aufgabe der Theologie

Christliche Theologie ist kein Selbstzweck. Sie ist eine Funktion des christlichen Glaubens[8]. Das besagt Mehreres:

---

[7] Demzufolge ist z.B. die Frage, *ob* es für die christliche Botschaft einen Anknüpfungspunkt in der Lebenswelt geben könne oder dürfe, hinfällig, weil immer schon *positiv* beantwortet. Relevant ist dann nur noch die Frage, ob es in den vor-, außer- oder nachchristlichen *Weltanschauungen und Religionen* unserer Lebenswelt Anknüpfungspunkte für die christliche Botschaft geben könne und dürfe.

[8] Zur Vereinfachung des Textes spreche ich im Folgenden in der Regel nur von »Theologie« und von »Glauben«, wo »christliche Theologie« und »christlicher Glaube« gemeint sind. Ausnahmen von dieser Regel werde ich dort machen, wo die – durchgängig vorausgesetzte – *Unterscheidung* der christlichen Theologie von anderer (z.B. jüdischer, islamischer, philosophischer) Theologie oder des christlichen Glaubens von anderem Glauben ausdrücklich bewußtgemacht werden soll. »Glaube« bezeichnet dabei einerseits ein *Geschehen,* nämlich das Glauben von Menschen, andererseits einen *Inhalt,* nämlich das, woran Menschen glauben. Beides läßt sich unterscheiden, gehört aber untrennbar zusammen. Wenn im folgenden Text ohne weiteren Zusatz vom »Glauben« die Rede ist, dann ist die Einheit von Geschehen und Inhalt gemeint.

- Es gibt Theologie nur, weil und solange es Glauben gibt.
- Der Glaube ist der Gegenstand der Theologie.
- Der Glaube braucht Theologie, um nicht unkritisch zu werden.
- Die Reflexion des Glaubens ist die Aufgabe der Theologie.

Mit der Formulierung »Reflexion des Glaubens« ist ein komplexer Sachverhalt bezeichnet, der mindestens zwei deutlich unterscheidbare Tätigkeiten umfaßt: einerseits die *Rekonstruktion* dessen, was uns als *Inhalt des christlichen Glaubens* vorgegeben ist, seit Menschen an Jesus als den Christus bzw. Kyrios glauben; andererseits die *Explikation*[9] dessen, was sich so rekonstruieren läßt. Dabei wird in der Explikation dieses Vorgegebene im Blick auf seinen Wahrheitsgehalt und damit auf seine Gültigkeit und Tragfähigkeit hin reflektiert.

Diese Unterscheidung zwischen Rekonstruktion und Explikation ist vor allem deshalb wichtig, weil mit ihrer Hilfe *eher*[10] vermieden werden kann, daß wir uns aufgrund unserer Interessen oder Bedürfnisse das zurechtlegen, was wir als *christlichen* Glauben bezeichnen wollen. Wo dies geschieht, da büßt der christliche Glaube einen erheblichen Teil seiner Orientierungskraft ein, die gerade darin besteht, daß Menschen durch die Begegnung mit der christlichen Botschaft ermöglicht und zugemutet wird, sich auf etwas nicht schon Vertrautes oder Selbstverständliches, sondern auf etwas *Fremdes* einzulassen. Diese Bedeutung der Begegnung mit Fremdem wird eingeschränkt oder geht verloren, wenn die Rekonstruktionsaufgabe nicht von der Explikationsaufgabe unterschieden wird.

Man muß sich freilich bewußt machen, daß diese Unterscheidung zwar *theoretisch* relativ leicht gemacht werden kann, indem man die Frage: Was *ist* christlicher Glaube? nicht gleichsetzt oder verwechselt mit der Frage: Inwiefern ist der christliche Glaube *wahr und tragfähig*? Aber

---

[9] Ich halte es für mindestens erwägenswert, ob man nicht noch von einer dritten Aufgabe sprechen müßte: der *Applikation*, d. h. der Vermittlung und Aneignung, bei der es um die Relevanz des christlichen Glaubens für die (Menschen der) gegenwärtige(n) Lebenswelt geht. Dabei wäre es ein vielleicht naheliegendes, aber gleichwohl grundlegendes Mißverständnis, wenn man diese dritte Aufgabe als die der Praktischen Theologie verstünde. Zwar gibt es zweifellos eine gewisse Affinität zwischen beidem, aber weder darf die Praktische Theologie auf die Applikation reduziert (und von der Rekonstruktion und Explikation ausgeschlossen) werden, noch dürfen die anderen theologischen Disziplinen von der applikativen Aufgabe entlastet werden. Daß sie sich davon teilweise entlastet *fühlen*, macht m. E. eines der Hauptprobleme der derzeitigen Universitätstheologie (in Lehre und Forschung) aus.

[10] Auch *mit* dieser Unterscheidung besteht immer noch die Gefahr, daß die Überlieferung verfälscht wird. *Ohne* diese Unterscheidung kann diese Gefahr aber nicht einmal mehr benannt werden.

im praktischen Vollzug theologischen Nachdenkens verbinden und vermischen sich beide Fragestellungen immer wieder – und zwar nicht nur aufgrund mangelnder methodischer Klarheit, sondern auch aus sachlichen Gründen. Denn wer die Frage nach dem *Wesen* des christlichen Glaubens stellt, hat dabei immer schon irgendeine Überzeugung oder Vermutung darüber, ob dieser Glaube wahr oder falsch ist. Deshalb ist es gar nicht zu vermeiden, daß die Wahrheitsfrage auf die Bestimmung der Identität des christlichen Glaubens Einfluß bekommt. Ferner ist zu bedenken, daß das Wesen des christlichen Glaubens keine statische oder abgeschlossene, sondern eine *geschichtliche* Größe ist, in die grundsätzlich jede neue Interpretation und Explikation dieses Wesens mit eingeht, weil sie *selbst auch eine seiner Erscheinungsformen ist.*

Trotz dieser Einschränkungen ist es jedoch wichtig, sich die genannten *Gefahren,* die bei der Vermischung entstehen können, bewußt zu machen, um sie soweit wie möglich zu vermeiden. Das geschieht erfahrungsgemäß am sichersten dadurch, daß in die jeweilige theologische Arbeit eine *Vielzahl* von Perspektiven, Standpunkten und Auffassungen einbezogen wird. Diese unterliegen zwar alle derselben Gefahr, aber in jeweils unterschiedlicher Weise. Und deswegen läßt sich im Horizont interdisziplinärer und interfakultativer Kooperation die Gefahr der willkürlichen Veränderung des christlichen Glaubens eher vermeiden.

Dabei ist die *interdisziplinäre* Zusammenarbeit *innerhalb der Theologie* vor allem im Blick auf die *Rekonstruktion* des Wesens des christlichen Glaubens unerläßlich; denn in sie muß sowohl die Interpretation der Ursprünge und der geschichtlichen Überlieferung als auch die Analyse der gegenwärtig gelebten Frömmigkeit (im Kontext allgemeiner Religiosität) eingehen. Die *Explikation* des Wahrheitsgehaltes des christlichen Glaubens ist hingegen primär auf den Dialog mit anderen *Wissenschaften, Weltanschauungen und Religionen* angewiesen.

Der Schwerpunkt der Aufgabenstellung der *Systematischen* Theologie liegt dabei auf der *Explikation des Wahrheitsgehaltes* – insbesondere im Horizont der kritischen Anfragen, wie sie innerhalb und außerhalb der Kirchen formuliert werden. Aber die Systematische Theologie kann sich nicht auf diese explikative Aufgabe *beschränken* und sich von der Rekonstruktion (und Applikation) sowie von der Verhältnisbestimmung zwischen diesen verschiedenen Aufgaben der Theologie (Theologische Enzyklopädie) dispensieren.

IV. Gott und Welt in Beziehung

In Jesus Christus zeigt sich Gott in einem neuen Licht: als der Gott, der sich seiner bedrohten Welt in Liebe zuwendet und annimmt. Von daher wird aber auch die Welt (einschließlich des Menschen) anders wahrgenommen, nämlich als die zur Liebe bestimmte Welt. Diese Beziehung Gottes zur Welt ist die Mitte des christlichen Glaubens und der christlichen Theologie. Damit bekommt der Begriff »*Beziehung*« für die Theologie zentrale Bedeutung, und dies sogar auf zweifache Weise: einerseits in Anwendung auf Gott und Welt; andereseits in der Zusammenordnung von Gott und Jesus Christus. Daß es sich beide Male um Beziehungen handelt, heißt jedoch nicht, daß es sich beide Male um gleiche oder gleichartige Beziehungen handle.[11] Beide Beziehungen weisen jedoch wichtige gemeinsame Elemente und Probleme auf. Um dieses Gemeinsame zu bedenken und – soweit wie möglich – zu klären, verwende ich den Ausdruck »kategoriale Differenz«.

Bevor ich erläutere, was ich unter einer kategorialen Differenz verstehe und welche Relevanz solche kategorialen Differenzen in der Theologie besitzen, will ich kurz darstellen, wodurch mir die Bedeutung kategorialer Differenzen bewußt geworden ist. Insbesondere dort, wo es um die Verhältnisbestimmung Gott – Mensch geht, also z.B. in der Vorsehungslehre, in der Christologie und in der Soteriologie, stößt man in der Literatur immer wieder darauf, daß Gott und Mensch als *vergleichbare, gleichartige* und darum auch *miteinander konkurrierende* Größen gedacht werden.[12] Von da aus stellen sich Fragen wie die drei folgenden:

– Gibt es einen *eigenständigen und eigenverantwortlichen* Handlungsspielraum des Menschen neben oder unter einem *allmächtigen* Gott? Oder lenkt Gott auch das Handeln des Menschen zum *Bösen*? Ist Gott also auch der Urheber der Sünde?
– Wie verhalten sich das sola gratia und das sola fide der reformatorischen Rechtfertigungslehre zueinander? Wie soll es möglich sein, daß *allein* die Gnade *Gottes* und zugleich *allein* der Glaube des *Menschen* die Bedingung der Rechtfertigung ist?

---

[11] Schon die altkirchliche Theologie hat die Auffassung vertreten, Welt und Mensch seien Geschöpfe Gottes, der in Jesus Christus Mensch gewordene Logos sei dagegen *nicht* geschaffen, sondern von Gott »gezeugt« bzw. »geboren« und deshalb Gottes »Sohn«.

[12] Das entscheidet sich übrigens m. E. *nicht* daran, wie eine Theologie zur Lehre von der analogia entis steht, sondern an der scheinbar ganz anderen Frage, was sie über die *Personalität* Gottes und des Menschen sagt und welchen Status sie diesen Aussagen gibt

— Wie kann gedacht (und gelehrt) werden, daß Jesus Christus zugleich wahrer *Gott* und wahrer *Mensch* ist, wo doch Gott Eigenschaften zuzusprechen sind, die dem Menschen keinesfalls zukommen (wie z.B. Allmacht, Allwissenheit, Allgegenwart und Ewigkeit)?

Alle diese Fragen gehören ins *Zentrum* der christlichen Theologie. Und ohne daß man behaupten könnte, sie seien miteinander identisch, haben sie doch eine Gemeinsamkeit: Sie entstehen dadurch, daß Gott und Mensch als miteinander *konkurrierende* Größen verstanden werden, so daß, je mehr man der einen *zuspricht,* man der anderen desto mehr *absprechen* muß. Und das führt teilweise zu höchst problematischen Konsequenzen: z.B. vor die Alternative, entweder die Allmacht Gottes zu bestreiten, oder Gott als Urheber der Sünde zu bezeichnen – was nach Luther[13] die größte Sünde ist.

Wenn solche fundamentalen Aporien auftauchen (sei es in der Theologie oder in einer anderen Wissenschaft[14]), dann ist es in der Regel weiterführend, wenn man sich die bisher selbstverständlich (und deshalb oft unbewußt) angenommenen *Prämissen* des Denkens und Argumentierens bewußt macht und auf ihre Tragfähigkeit hin überprüft.[15] In der Theologie erscheint mir die mit der Rede von Gott als »*einer Person*« verbundene Annahme der Vergleichbarkeit oder Gleichartigkeit von Gott und Mensch als eine solche problematische Prämisse.

Nun bietet die Philosophie spätestens seit Kant ein denkerisches Modell, das auch für die Verhältnisbestimmung Gott – Mensch als geeignet erscheint und von dem in der evangelischen und katholischen Theologie der letzten zwei Jahrhunderte immer wieder Gebrauch gemacht wurde: die *transzendentale Unterscheidung* und Zusammenordnung zwischen Gott bzw. Gottes Wirken als *Bedingung der Möglichkeit* welthafter Wirklichkeit und dem, was durch diese Bedingung *ermöglicht* ist, z.B. dem Menschen und seinen Handlungsmöglichkeiten. Von dieser Denkfigur habe ich in der Vergangenheit auch selbst immer wieder reichlich Gebrauch gemacht, und ich halte sie bis heute weder für unangemessen noch für entbehrlich. Aber sie ist als solche nicht in der Lage, das vorhin angesprochene Problem einer angemessenen Verhält-

---

[13] WA 42,134,8f.: »Hic ultimus gradus peccati est Deum afficere contumelia et tribuere ei, quod sit autor peccati«.

[14] Ich denke dabei z.B. an die in der Physik konkurrierenden Korpuskel- und Wellen-Theorien im Blick auf das Licht.

[15] In der Physik erwies sich die Prämisse, das Verhalten der Elementarteilchen sei von unseren Messungen unabhängig, möglicherweise als eine solche irreführende Annahme. Ich komme darauf gleich noch einmal zurück.

nisbestimmung von göttlichem Wirken und menschlichem Handeln ganz befriedigend zu lösen. Sie ist zwar insoweit leistungsfähig, als sie Gott und Mensch klar zu unterscheiden und auch Gottes Wirken als *Ermöglichung* menschlichen Seins und Handelns zu denken erlaubt, aber sie gerät an ihre Grenzen, wenn es um die Bestimmung des Verhältnisses zwischen Gott und Mensch geht. Die transzendentale Verhältnisbestimmung unterscheidet zwar zu Recht zwischen Bedingendem und Bedingtem, aber sie bleibt unzulänglich, wenn dieser Unterschied nicht zugleich als *kategorialer* Unterschied verstanden wird. Was damit gemeint ist, soll nun kurz erläutert werden.

Bedauerlicherweise gibt es in der Philosophie kaum mehr als Andeutungen über das, was mit Begriffen wie »kategorialer Unterschied« oder »kategoriale Differenz« gemeint sein könnte[16]. Ich versuche deswegen, das mit diesen Begriffen Gemeinte zu präzisieren durch den Vergleich mit quantitativen und qualitativen Differenzen. Danach sind *quantitative* Differenzen solche, die sich zeigen, wenn man zwei oder mehrere Phänomene unter der Leitfrage nach »mehr oder weniger« miteinander vergleicht. *Qualitative* Differenzen sind dagegen solche, die sich zeigen anhand der Frage, ob zwei oder mehr Phänomene identische Merkmale haben und darum einer gemeinsamen Art bzw. Gattung angehören oder nicht. Quantitative Differenzen beziehen sich also auf »mehr oder weniger«, qualitative auf »so oder anders«. In beiden Fällen hat das »oder« *ausschließende* Bedeutung (im Sinne eines »entweder/oder«), und besagt deshalb zugleich (und das ist in unserem Zusammenhang das Entscheidende), daß das so Unterschiedene *nicht in ein und demselben Phänomen vereinigt sein kann.* Quantitative und qualitative Differenzen orientieren sich also an dem, was eine gemeinsame begriffliche Basis besitzt, aber in der Realität getrennt (d.h. je für sich) vorkommt oder jedenfalls getrennt werden *kann.*

Es gibt jedoch Differenzen, für die dies *nicht* gilt und die weder als quantitative noch als qualitative Differenzen angemessen beschrieben werden können. Das kann man sich relativ leicht deutlich machen anhand der Frage: Welche Art der Differenz besteht zwischen quantitativen und qualitativen Aussagen? Um eine quantitative Differenz kann es sich jedenfalls nicht handeln. Dagegen scheint es sich um eine qualitative Differenz zu handeln, nämlich um ein »so oder anders«. Aber bei genauerem Zusehen zeigt sich, daß es sich jedenfalls um eine ganz an-

---

[16] Zu den wenigen Ausnahmen gehören die knappen Andeutungen von D. Koch und K. Bort im Vorwort zur Festschrift für Klaus Hartmann, die den Titel trägt: »Kategorie und Kategorialität«, Würzburg 1990, S. 8

dere Art des »so oder anders« handelt als bei den üblichen qualitativen Differenzen. Man hat es gewissermaßen mit einer »verschärften« oder »potenzierten« qualitativen Differenz zu tun, weil hier die gemeinsame (grund-)begriffliche, also kategoriale Basis fehlt, auf der qualitative Unterscheidungen – um sinnvoll zu sein – aufruhen. Vergleicht man Sachverhalte, die keiner gemeinsamen Kategorie angehören, miteinander, so haben wir es mit einer *kategorialen Unterscheidung* zu tun, durch die eine *kategoriale Differenz* sichtbar gemacht wird.[17]

Eine gewisse Schwierigkeit bei der Definition kategorialer Differenzen besteht jedoch darin, daß es keine allgemein anerkannte Kategorienlehre gibt. Zwar sind seit Aristoteles zahlreiche Listen von Kategorien aufgestellt worden, aber weder über ihren Umfang noch über ihren Inhalt besteht in der Philosophie Konsens. Dadurch erhält auch der Begriff »kategoriale Differenz« eine gewisse Unschärfe. In unserem Zusammenhang ist das aber insofern unerheblich, als es hier um eine Differenz geht, die zwischen den verschiedenen Kategorienlehren nicht strittig ist: die Differenz zwischen einem (individuell) *Existierenden* einerseits und einer *Beziehung* andererseits. Zwischen einem Individuum und einer Beziehung besteht jedenfalls das Verhältnis einer kategorialen Differenz, und d.h. sowohl: Beide Größen lassen sich nicht auf einer gemeinsamen (grund-)begrifflichen Basis miteinander vergleichen, als auch: Beide Größen können in ein und demselben Sachverhalt ungetrennt (aber unterscheidbar) miteinander verbunden sein. So besteht z. B. zwischen einer liebenden Person und der Liebe eine kategoriale Differenz und dennoch – bzw. gerade deshalb – ist beides in der Realität untrennbar (aber unterscheidbar) miteinander verbunden.

Von daher drängt es sich auf, die Wirklichkeit (des dreieinigen) Gottes in kategorialer Hinsicht *nicht* als *eine* Person oder als ein *Ensemble* von drei Personen zu denken, sondern als das *Beziehungsgeschehen* der Liebe. Um dabei aber Gott nicht mit den innerweltlichen Verwirklichungsformen von Liebe gleichzusetzen, sondern als deren Ermöglichungsgrund zu denken, ist es wichtig, die kategoriale Differenz zugleich als eine *transzendentale* zu erfassen. Die kategoriale Differenz tritt also nicht *an die Stelle* der transzendentalen. Sie soll diese nicht

---

[17] Manche Kalauer oder Witze basieren auf der Gleichsetzung oder Verwechslung quantitativer, qualitativer und kategorialer Differenzen. So lebt z. B. der Kalauer: ›Nachts ist es kälter als draußen‹ davon, daß die kategoriale Differenz zwischen »nachts« (als Zeitbestimmung) und »draußen« (als Ortsbestimmung) wie eine quantitative Differenz (»kälter«) behandelt wird.

ersetzen, wohl aber präzisieren und von bestimmten Schwächen befreien. Und ebenso gilt das Umgekehrte.

Verwendet man diese Denkfigur der transzendental-kategorialen Differenz[18] für die Bestimmung des Verhältnisses Gott – Mensch bzw. göttliches Wirken und menschliches Handeln im allgemeinen, so läßt sich die grundlegende Unterscheidung zwischen Gott und Mensch festhalten *und* deren untrennbare Verbundenheit denken. Im Blick auf die Verhältnisbestimmung Gott – Jesus Christus im besonderen wird der Erkenntnisgewinn deutlich, wenn man das vere Deus – vere homo von daher denken kann als die untrennbare *Einheit* der zu *unterscheidenden* Wirklichkeiten von *Gottes Liebe* und *wahrem Menschsein*. Jesus Christus wird dabei verstanden als der im Zentrum seines Personseins von der göttlichen Liebe durchdrungene und bestimmte Mensch. Er ist Gottes Liebe in menschlicher Person und *insofern* wahrer Gott und wahrer Mensch.

V. Rezeptiver und produktiver Erkenntnisaspekt

Das Problem, wie inhaltliche Glaubens*erkenntnis* überhaupt möglich ist, beschränkt sich nicht auf einige Teilthemen der Theologie (etwa auf die Gotteslehre und die Eschatologie). Auch im Blick auf die Schöpfungs- und Sündenlehre, im Blick auf Soteriologie und Ekklesiologie stellt sich die Frage nach der Erkenntnismöglichkeit; denn es geht nicht (nur) darum, ob und wie wir die Welt, den Menschen, das Böse, gelingendes Leben oder eine kirchliche Gemeinschaft erkennen können, sondern um die Frage, wie wir die Welt *als* Gottes Schöpfung erkennen können, den Menschen *als* Gottes Ebenbild, das Böse *als* Sünde, das gelingende Leben *als* Heil, die Kirche *als* Gemeinschaft der Heiligen.

Die dabei vorausgesetzte erkenntnistheoretische Grundfigur »etwas als etwas erkennen« ist in der Philosophie längst bekannt und oft durchdacht worden. Und spätestens seit Kant weiß man auch, daß Erkenntnis ein synthetischer, d. h. ein synthetisierender Prozeß ist, der nur dadurch zustande kommt, daß die sinnliche Wahrnehmung (die ihrerseits in den Anschauungsformen von Raum und Zeit gegeben ist) durch Begriffe

---

[18] Ich will damit aber *nicht* den Eindruck erwecken, als stünde dieses Konzept im Zusammenhang mit dem Programm einer kategorialen Transzendentalphilosophie, wie es z.B. von Klaus Hartmann (Die ontologische Option, Berlin/New York 1976, S. 1–30), D. Wandschneider (Raum, Zeit, Relativität, Frankfurt/Main 1982) oder Vittorio Hösle (Hegels System, Hamburg 1987) vertreten wird.

geformt und gefaßt wird, die die Vernunft zum Erkenntnisprozeß beisteuert. Aber wir sehen heute deutlicher, daß daraus *weder* ein erkenntnistheoretischer Idealismus abgeleitet werden muß, *noch* der produktive Anteil des Erkenntnissubjekts auf diese begriffliche Fassung und
Formung der sinnlichen Wahrnehmung beschränkt werden kann, sondern daß der Erkenntnisakt die Wahrnehmung, und insofern das Wahrgenommene selbst, sofern es Erkenntnisgegenstand ist, *mit*beeinflußt
und -bestimmt. Das ist unübersehbar geworden im Zusammenhang mit
der Entdeckung der Quantenmechanik und der Heisenberg'schen Unbestimmtheitsrelation. Es zeigt sich nämlich nun, daß sich Elementarteilchen (z.B. Photonen) je nach unserer Beobachtungsanordnung anders
verhalten: als Teilchen, wenn wir sie als Teilchen messen, als Welle,
wenn wir sie unbeobachtet Interferenzmuster ausbilden lassen – und
diese beiden Ergebnisse sind miteinander *unvereinbar.*

Daß die Fragestellung und das Erkenntnisinteresse das beeinflußt
(und insofern verändert), was erkannt werden soll, ist aber auch aus anderen Zusammenhängen bekannt. Ein besonders eindrückliches Beispiel ist die Demoskopie. Durch die Art der Fragestellung werden die
Antworten, wird also das Ergebnis mitbestimmt. Dabei wäre es jedoch
m. E. falsch, anzunehmen, auf diesem Weg würden *nur* Meinungen produziert oder manipuliert. Sie werden *auch* rezipiert, aber beides geht
ineinander über und beeinflußt sich *gegenseitig.*

Ich habe eine Zeitlang angenommen, es gebe drei verschiedene
Gruppen von Erkenntnisakten: solche, in denen *nur* rezipiert wird (z.B.
die Beobachtung von Experimenten), andere, in denen *nur* produziert
wird (z.B. die self-fulfilling prophecy), und solche, in denen sich beides
miteinander *verbindet.* Inzwischen bin ich jedoch zu dem Ergebnis gekommen, daß diese Aufteilung in die Irre führt. Vielmehr ist es m. E. so,
daß *jeder* Erkenntnisakt produktive und rezeptive *Aspekte oder Elemente* enthält – wobei von Fall zu Fall unterschiedlich das eine oder das
andere in den Vordergrund treten kann, aber vorhanden ist immer *beides.*

Diese These läßt sich nun gut vermitteln mit der vorhin genannten
Strukturformel »etwas als etwas« erkennen, wobei das erste »etwas«
schwerpunktmäßig für das rezeptive Element steht, das zweite »(als) etwas« hingegen schwerpunktmäßig für das produktive Element. In diesem zweiten Element liegt das kreative und innovative Moment des Er-

[19] So z.B. WA 2, 249, 7 und WA 8, 8, 18.
[20] Z.B. WA 56, 70, 9 und 272,17; WA 57, 165, 12; WA 2, 497, 13 u.o.

kenntnisaktes. Dieses kreative Moment kommt – logisch gesprochen – zustande durch die Bildung einer Abduktion bzw. einer Hypothese.

Die theologische Leistungsfähigkeit dieses zweischichtigen Erkenntnismodells läßt sich an zahlreichen Aussagezusammenhängen verdeutlichen. Ich wähle hier als Beispiele Luthers bekannte Formulierungen: »Wie du glaubst, so hast du«[19] und »simul iustus et peccator«[20] – wobei Luther in beiden Fällen entscheidende Hinweise zum Verstehen gegeben hat.

Im Blick auf den ersten Gedanken, demzufolge der Glaube »ein Schöpfer der Gottheit«[21] ist, fügt Luther an: »nicht in der Person (Gottes), sondern in uns«[22]. Aber mit dieser wichtigen Präzisierung gilt dann tatsächlich, daß der Glaube das für einen Menschen zur Gottheit *macht*, woran er sein Herz hängt[23] und was er dann als seinen Gott (oder Abgott) *hat*.

Beim »simul« macht Luther den Zusatz: iustus in spe bzw. coram Deo (d. h. in produktiver Hinsicht), peccator dagegen in re bzw. in seipso (d.h. in rezeptiver Hinsicht).[24] Hier deutet sich an, daß der produktive Aspekt sich auf die Kategorie der *Möglichkeit*, der rezeptive dagegen auf die der *Faktizität* bezieht. Versteht man das »simul iustus et peccator« von daher, dann kann man sagen: Weil der Glaube mit den Augen der Liebe auf das menschliche Leben schaut (oder jedenfalls zu schauen versucht), nimmt er die Verheißung wahr, die von der Liebe Gottes her für jedes noch so verfahrene oder verfehlte menschliche Leben gilt. So werden die heilsamen Möglichkeiten *aufgedeckt*, ja so werden diese heilsamen Möglichkeiten *schöpferisch hervorgerufen*, ohne die nur das faktische Elend und die verzweifelten oder hybriden Versuche menschlicher Selbsterlösung sichtbar wären.

Damit dies freilich *gelingen* kann, ist es nötig, daß uns in unserer Lebenswelt die sprachlichen Mittel zuwachsen, mit deren Hilfe diese heilsame Möglichkeit aufgedeckt, gezeigt und wahrgenommen werden kann. Und eben dies ist eine Leistung der *Metapher*, die – von einem vertrauten in einen fremden Kontext übertragen – etwas Neues sehen läßt, es in einem anderen Licht zeigt und damit eine bislang nicht wahr-

---

[21] »Fides est creatrix divinitatis…« (WA 40 I, 360, 5).

[22] »…non in persona, sed in nobis« (ebd.).

[23] In Anspielung auf die bekannte Formulierung aus dem Großen Katechismus (BSLK 560, 22ff.).

[24] So z.B. WA 56, 272, 17ff. Luther spricht dabei selbst von »unterschiedlicher Hinsicht« (»diverso respectu« [so z.B. WA 39 I, 492, 20; 521, 4; 564, 6]). Die Adjektive »produktiv« und »rezeptiv« kommen jedoch m. W. in diesem Zusammenhang bei Luther nicht vor.

genommene Dimension erschließt. Wenn die Figur der transzendental-
kategorialen Differenz dem Verhältnis Gott – Mensch angemessen ist,
dann ergibt sich auch daraus eine Begründung dafür, daß *alles inhaltliche* (also nicht bloß methodische) Reden der Theologie *metaphorischen*
Charakter hat.[25] Nimmt man nämlich ernst, daß zwischen Gott und
Mensch nicht nur eine kategoriale, sondern auch eine transzendentale
Differenz besteht, dann wird verständlich, daß die Begriffe, mit denen
wir unsere menschliche Erfahrungswirklichkeit beschreiben, nur metaphorisch auf Gott angewandt werden können, d. h. so, daß sie damit in
einen neuen Horizont gestellt werden, in dem sie – wortwörtlich verstanden – falsch werden, aber zugleich – im übertragenen Sinne verstanden – die Wahrheit des Menschseins vor Gott aufdecken.

Die Kennzeichnung metaphorischer Aussagen als »uneigentliche
Rede« ist mißverständlich und irreführend. »Uneigentlich« ist die Me-
tapher nur gemessen am wörtlichen oder buchstäblichen Verständnis.
Dieses bleibt aber oftmals an der *Oberfläche* eines Geschehens, einer
Sache oder einer Person hängen. Wenn Metaphern diese Oberfläche der
Wirklichkeit durchdringen und etwas von ihrer Tiefe zu sehen geben,
dann sagen sie damit möglicherweise das »Eigentlichste« aus, was über
Gott und Mensch gesagt werden kann.

VI. Künftige Aufgaben

Unser übliches theologisches Reden setzt an vielen Stellen ein *Ver-
trautsein mit christlicher Überlieferung und traditioneller Sprache* voraus, das sich immer weniger von selbst versteht. Nun könnte man sagen,
es sei auch nicht die Aufgabe der wissenschaftlichen Theologie, die Inhalte des christlichen Glaubens so mit den religiösen Fragen und mit
den Alltagserfahrungen der Menschen zu vermitteln, daß es zu dem erhofften Verstehen und vielleicht sogar zum Einverständnis kommt.
Aber wessen Aufgabe ist dies dann? Die der Pfarrer und Lehrerinnen?
Und wer befähigt sie zur Erfüllung dieser Aufgabe? Ich bin mit vielen
der Auffassung, daß nicht nur die Menschen, die in Kirche und Schule
beruflich tätig sind, sondern auch diejenigen, die wissenschaftliche
Theologie treiben, vor der für sie neuen Herausforderung stehen, christliche Theologie, kirchliche Arbeit und schulischen Religionsunterricht

---

[25] Daraus folgt aber m. E. nicht, daß die *Wahrheit* theologischer Aussagen zu einer metaphorischen Wahrheit wird.

unter den Bedingungen eines enormen Traditionsabbruchs und Relevanzverlusts und einer dadurch ausgelösten sprachlichen Rat- und Hilflosigkeit ersten Ranges zu betreiben.

Wenn die Bedingungen der Lebenswelt für den christlichen Glauben ernstgenommen werden und die Größe der damit in unserer Lebenswelt gestellten Aufgaben wahrgenommen wird, dann kann diese Vermittlungsleistung jedenfalls nicht den Predigerseminaren oder gar den (angehenden) Amtsträgern in Schule und Kirche allein zugeschoben werden. Eine wichtige Möglichkeit für die Aufnahme dieser Fragen sehe ich in einer *theologischen* Ethik, die sich den sozialen und individuellen Orientierungsproblemen in unserer Lebenswelt stellt und *an ihnen* die Bedeutung des christlichen Glaubens aufzuzeigen versucht. Ein anderer Weg könnte darin bestehen, die traditionelle Dogmatik in eine Disziplin zu überführen, in der (ohne Preisgabe der wesentlichen Inhalte) die Begriffe und Denkformen der kirchlich-theologischen Überlieferung so übersetzt werden, daß sie für Menschen, die außerhalb dieser Tradition leben, (wieder) anschlußfähig werden. Für eine solche Disziplin haben wir noch gar keinen Namen. Alte Begriffe wie »Apologetik« oder »Eristik« passen dafür nicht mehr richtig, weil es sich um eine Aufgabe unter grundlegend veränderten Bedingungen handelt. Vielleicht könnte man sie als »lebensweltliche Hermeneutik des christlichen Glaubens« bezeichnen. Ganz neu ist diese Aufgabe freilich nicht; denn sie stellte sich in ähnlicher Form jedenfalls am *Beginn* der Geschichte des Christentums. Damals wurde sie relativ gut gelöst. Es ist eine noch offene Frage, ob man das im Rückblick auf unsere Theologie in unserer Lebenswelt auch einmal wird sagen können.

Literatur (in Auswahl):

Sein und Gnade. Die Ontologie in Karl Barths Kirchlicher Dogmatik, Berlin/New York 1975.

Die Frage nach Gott (Fernstudienlehrgang für evangelische Religionslehrer), Tübingen 1978.

Rechtfertigung. Das Wirklichkeitsverständnis des christlichen Glaubens (zus. mit E. Herms), Göttingen 1980.

Systematische Philosophie. Eine Einführung für Theologiestudenten, München (1982) 1987[2].

Deutschsprachige protestantische Dogmatik seit 1945 (zus. mit E. Herms), in: VF 27/1982, H. 2, S. 2–100 und 28/1983, H. 1, S. 1–87.

Lehrfreiheit und Lehrbeanstandung (zus. mit H. Leipold) 2 Bände, Gütersloh 1985.

Ausstieg aus der Kernenergie? Einstieg in die Verantwortung! Neukirchen-Vluyn 1986.

Theologenlexikon (Hg. zus. mit H. Wagner), München (1987) 1994[2].

Art. »Kirche VII. Dogmatisch« in: TRE 18/1989, S. 277–317.

Die Rede von der Liebe und vom Zorn Gottes, in: ZThK.B 8/1990, S. 50–69.

Zum Beispiel Golfkrieg. Der Dienst der Kirche in Krisensituationen in unserer säkularen Gesellschaft, Hannover (1991) 1992[2].

Der Glaube als Gottes- und/oder Menschenwerk in der Theologie Martin Luthers, in: MJTh IV/1992, S. 37–77.

Dogmatik, Berlin/New York (1995) 1998[2].

»Ehrfurcht vor dem Leben«. Darstellung, Analyse und Kritik eines ethischen Programms, in: MJTh IX/1997, S. 53–81.

Rezensionen zur Dogmatik (in Auswahl)

K. Steckel, in: ThFPr 21/1995, Nr. 2, S. 120–123.

D. Lange, in: ThLZ 121/1996, Nr. 7/8, Sp. 725–728.

R. Schäfer, Evangelische Dogmatik, in: ThR 62/1997, S. 421–449 (bes. S. 422–425).

WALTER SPARN

»Die Abentheuer des Simplicius Simplicissimus«?, »The Pilgrim's Progress«? »Dichtung und Wahrheit«? Nicht obligate Bescheidenheit, sondern die Sorge, selbstgesetzten Maßstäben nicht gerecht zu werden.

Eine zeitlang habe ich mich mit den einstigen und den gegenwärtigen Bedingungen dafür beschäftigt, eine Lebensgeschichte zu erzählen, die eines anderen Menschen und, noch viel schwieriger, die eigene Lebensgeschichte vor deren irdischem Ende. Ist dort schon die Grenze zwischen Wahrheit und Lüge von einer breiten Zone der Rücksicht überlagert (hoffentlich einer liebevollen Rücksicht), so ist es hier vollends unmöglich, das Ungleichmaß und die Ungleichartigkeit von subjektiver Sicht und objektiven Tatbeständen aufzulösen. Wenn es sich um eine Selbst-Darstellung handeln soll, ist dies auch gar nicht wünschbar – aber eben dies muß zum Ausdruck kommen. Ich habe behauptet, daß die Pflichten, aber auch die Möglichkeiten einer christlichen Lebenserzählung weder realisiert würden durch die ›bürgerliche‹ Autobiographie mit ihrer kunstvollen Epik der Persönlichkeit (»werde, der du bist«), noch auch durch die ›antibürgerliche‹ Autobiographie der krassen Expression der psychischen Beschädigungen (»spuck's aus«). Beide sind am falschen Ort zu bescheiden, beide sind zur Unzeit zu anspruchsvoll. Wie man dagegen die das komplexe Verhältnis von »Ich« und »Selbst« weder verdrängt noch aufzulösen versucht, sondern nach Zeit und Gelegenheit im Namen Gottes annimmt, das will ich hier nicht ausführen – schon um die Zahl möglicher Leser[1] nicht zu verringern.

---

[1] Wer schreibt meine Lebensgeschichte? Biographie, Autobiographie, Hagiographie und ihre Entstehungszusammenhänge. Gütersloh 1990; Autobiographische Kompetenz. Welchen christlichen Sinn hat lebensgeschichtliches Erzählen heute? In: Marburger Jahrbuch Theologie III (1990), S. 54–67.

Überdies, ist jetzt Zeit und Gelegenheit für eine Selbstdarstellung? Selbstredend klage auch ich über Mangel an Zeit; der heutige Faschingsdienstag erinnert mich an den Ernst, aber auch an die Lächerlichkeit einer solchen Klage. Die Fastenzeit wird mir Gelegenheit geben, über Torheiten zu lächeln, die auch in meine Autobiographie einfließen werden, über Ambitionen der Wichtigkeit, die unter Theologen so verbreitet sind (deren menschlich-allzumenschliche Seite wir mit dem inflationären und suggestiven Gebrauch von »Grundentscheidung«, »Grundwahrheiten« usw., natürlich stets »unverzichtbar«, »unüberbietbar«, »radikal« usw. überspielen). Nein, ich meine den lebensgeschichtlichen Zeitpunkt: Jetzt schon ein Rückblick aufs ›Ganze‹? Gegen den Anschein der Schnelligkeit, gar der Hektik bin ich ein notorischer Spätentwickler, und dies nicht nur im Kopf. Erst jetzt lebe ich in einer dauerhaften Ehe, die mit drei Kindern zwischen dreizehn und acht Jahren gesegnet worden ist; erst jetzt befinde ich mich in der Lebenszeit, das die alten Nekrologen mit dem schönen Zeit-Wort *floruit* kennzeichneten. Ob ich auch in meiner »theologischen Existenz« blühe, ist eine andere, noch weniger von meiner Selbsteinschätzung abhängende Frage. Auch das Dutzend Bücher und die fünf Dutzend Aufsätze oder Artikel, die ich bibliographisch auflisten kann, verbürgen es nicht – natürlich stellen sie mich nicht im Verhältnis eins zu eins dar, schon gar nicht mich »selbst«. Dasselbe gilt von den Daten, die auf ein solches *floret* hinweisen könnten.

I.

Ich habe den Lehrstuhl Systematische Theologie I an der Universität Erlangen inne, neben Hans G. Ulrich (Ethik) und Alasdair Heron (Reformierte Theologie), zuständig für Dogmatik (zumal in ihrer lutherischen Tradition) und Fundamentaltheologie (mit Apologetik und Religionsphilosophie) in den Pfarramts- und den Lehramtsstudiengängen. Wenn ich hier etwas als *florens* empfinde, dann die hier lebendige Kommunikation, genauer: die Überlagerung dreier Kommunikationskontexte. Der eine davon ist die *Lehre*, der Umgang mit Studierenden im Geben und Nehmen, von Grundkursen für Anfänger bis zum Doktorandenkolloquium und der Betreuung von Villigst-Stipendiaten. Gut ist, daß ich es auch mit Studierenden für Grund- und Hauptschule in Nürnberg und mit Studierenden der katholischen Theologie in Bamberg zu tun habe. Trotzdem kann ich nicht behaupten, meine Lehre stehe in voller Blüte – die gegenwärtige Revision des Lehrangebots und der Studienberatung ist viel zu halbherzig. Ein didaktischer Lichtblick ist da der »Theologische Arbeitskreis Pfullingen«, der jährlich ein Graduiertenkolleg veranstaltet und dafür das »Marburger Jahrbuch Theologie« herausgibt. Seit zehn Jahren bedeutet dies zugleich, und das ist ein wichtiger Ausschnitt eines weiteren Kommunikationskontextes, der *Forschung*, die regelmäßige Diskussion mit Kollegen wie Wilfried Härle, Eilert Herms, Günter Meckenstock, Christoph Schwöbel, Konrad Stock, Joachim Track, Michael Welker, aber auch mit dem Praktischen Theologen Reiner Preul, mit dem Kirchengeschichtler Christoph Markschies und dem Neutestamentler Michael Wolter. Mit einigen von ihnen sowie mit ausländischen Systematikern verbindet mich auch die Herausgabe der »Neuen Zeitschrift für Systematische Theologie und Religionsphilosophie«.

Den Austausch mit Kolleg(inn)en anderer Disziplinen pflegt auch die Wissenschaftliche Gesellschaft für Theologie, wo ich zur Zeit Vorsitzender der Fachgruppe Systematische Theologie bin und das Thema »Frömmigkeit« zur Diskussion stelle. Aber auch hier möchte ich nicht schon von einer Blüte sprechen, denn ›die‹ evangelische Theologie zerfällt allmählich in drei parallele Theologien, die jeweils die beiden anderen, mehr oder weniger absichtlich und mehr oder weniger gekonnt, in sich selber mitführen. Und so schnell wird keine theologische Wissenschaftstheorie hieraus, d.h. aus der Historischen, der Systematischen und der Praktischen Theologie, eine homogene Disziplin zimmern: Als eine und ganze existiert ›die‹ Theologie einstweilen in Gestalt der Kommunikation von Theolog(inn)en – soweit sie halt gelingt. Noch eindeutiger so verhält es sich hinsichtlich der Kommunikation zwischen den Theolog(inn)en und anderen Wissenschaften. Die Reputation der Theologie im Haus der Wissenschaften (ein fast zu ruhiger Ausdruck in wissenschaftspolitisch turbulenten Zeiten) ist längst nicht mehr fraglose Voraussetzung, sondern ist bestenfalls das Ergebnis gemeinsamer Arbeit. Das erlebe ich als Gutachter der Deutschen Forschungsgemeinschaft, erfahre ich aber auch in der Forschungsarbeit selbst, in interdisziplinären Projekten oder Arbeitskreisen sowie in historischen und sozialwissenschaftlichen Forschungsgesellschaften, deren Aktivitäten über Drittmittel im wissenschaftlichen Wettbewerb beschafft werden müssen.

Mein dritter, auf seine Weise nächster Kommunikationskontext sind die evangelischen *Kirchen*. Gewiß empfinde ich meine Mitarbeit bei den Examina hier in Bayern und in Hessen-Nassau als gedeihlich, als ›Echo‹

überaus wichtig. Die Wahrnehmung meiner kirchlichen Rechte und Pflichten als Gemeindeglied und als ordinierter Pfarrer ist mir selbstverständlich; auch in Gestalt von Predigthilfen und Lesepredigten (dem Vernehmen nach hat dies den Ausschlag für meine Berufung nach Erlangen gegeben!). Schon um meiner ›Bodenhaftung‹ willen engagiere ich mich in der Erwachsenen- und in der Pfarrer- und Lehrerfortbildung, im Rahmen der Pfarrkapitel, mit dem Angebot eines »Theologischen Tages«, in der »Gymnasialpädagogischen Materialstelle« oder im RU-Fachverband in Bayern. Seit einigen Jahren bin ich Mitglied der VELKD-Generalsynode, jetzt auch der Synode der bayerischen Landeskirche und ihres Grundfragenausschusses; ferner gehöre ich zu Arbeitsgruppen des Lutherischen Weltbundes und der Leuenberger Kirchengemeinschaft. Das alles hat viele schöne Seiten (so habe ich kirchliche Unterstützung auch für Forschungsprojekte erfahren) und lehrreiche Folgen – lehrreich allerdings auch im Blick darauf, daß es im Verhältnis zwischen den Kirchenleitungen und der Universitätstheologie nicht mehr zum besten steht, von »blühen« zu schweigen. Die oktroyierte Einführung einer problematischen Zwischenprüfung, die überraschende Unsicherheit in der ekklesiologisch zentralen Frage der Ordinationspraxis und jüngst die scharfe, von Mißverständnisses nur so wimmelnde Debatte um die »Gemeinsame Erklärung zur Rechtfertigungslehre«, solche Vorgänge lassen vermuten, daß die überlieferte Arbeitsteilung zwischen Kirchenleitungen und theologischen Fakultäten sich strukturell verändert hat. Die Synoden zeigen, trotz (oder wegen?!) ihrer Theologen-Mitglieder, eine gewisse Geringschätzung, ja auch Abneigung gegen das, was ihnen als Gedankenspiele im Elfenbeinturm erscheint. Und die Kirchenämter haben, bis hinauf zur ökumenischen Ebene, eigene Agenturen von Theologie eingerichtet, die auch dann, wenn sie keine schlechtere Theologie treiben, doch einen anderen Typus von Theologie darstellen. Meiner einsozialisierten Neigung widerstrebend: zu erwarten stehen eher Konflikte als Harmonierituale.

In meinem Blickwinkel zeichnen sich Verschiebungen der institutionellen Situation der evangelischen Theologie ab, die sicherlich, doch in schwer überschaubaren Weise mit den gesellschaftlichen und zumal religiös tiefgreifenden Transformationsprozessen der Gegenwart verflochten sind. Allerdings fällt die Frage, unter welchen Bedingungen die Theologie weiterhin von der *scientific community* akzeptiert (und von den Parlamenten alimentiert) und weiterhin von der *communio sanctorum* in Gestalt sichtbarer Kirchen gewünscht (und in der Öffentlichkeit von ihnen akkreditiert) wird, auf mich selbst in der lebensgeschichtlichen Frage zurück, wie gut ich im Kopf und im Herzen, nach Bildung und nach Frömmigkeit, dafür vorbereitet bin.

II.

Geboren Ende 1941, bin ich ein Kind sehr gemischter Verhältnisse, die anzunehmen ich erst lernen mußte. Schon die Ehe meiner Eltern verdankt sich der Expansion des »Dritten Reichs« nach Österreich. Meine Mutter ist katholisch aufgewachsen, und man entschied sich für eine evangelische Trauung nur deshalb, weil die Mutter meines Vaters, eine schwäbische Pietistin, die junge Frau aus dem »Elend« (Ausland) sonst nicht geschätzt hätte; auch ihren eigenen Mann, aus einer katholischen Familie des Schwarzwaldes kommend, hatte sie per Heirat evangelisch gemacht. Meine Vettern, sofern sie nicht, wie Eltern und Bruder, Juweliere oder Textilkaufleute sind, begegnen mir als katholische Steyler Missionare; ich bin also ganz zufällig evangelischer Christ. Angesichts solcher Kontingenz ist mir der Glaube an die *providentia Dei specialis* gleichsam natürlich. Dieser Glaube bezieht sich aber auch darauf, daß sich in meiner religiösen Erziehung die inhaltlich vage, aber affektiv starke Frömmigkeit meiner Mutter und der durchaus sprachfähige biblische Pietismus verbanden, der das schwäbische Dorf prägte, in dem ich aufwuchs; die Liebenzeller Puritanismen suchten mich nur vorübergehend heim. Dagegen lehrte mich die altpietistische »Stund« am Sonntagnachmittag vor dem Füttern des Viehs, wie sich tiefe Ehrfurcht vor der Bibel mit großem Freimut ihrer Auslegung in der *analogia fidei* verband: Daß Jesus bei der Hochzeit von Kana die Leute betrunken gemacht habe, um ein Wunder zu tun, ja »dees isch net sei' bescht's Schtückle g'wää«.

Vom Kindergottesdienst ist mir das geblieben, was die Praktische Theologie inzwischen wieder an ihm schätzt – Bilder, Szenen; vom Konfirmandenunterricht, wo ich den Brenz'schen Katechismus auswendiglernte, weiß ich umgekehrt gar nichts mehr, außer daß unser Pfarrer, ein ehemaliger Offizier, uns mit scharfer Gangart traktierte und, wie die Kirchen der 50er Jahre überhaupt, die Aufgabe der Sozialdisziplinierung überaus ernst nahm. Noch diesseits solcher ideologiekritischer Weisheit war mir seinerzeit vor allem unsympathisch, daß bei der Kirchenrenovierung die bunten Glasfenster auf dem Müll landeten und daß der Vorplatz der Kirche, vordem mit Sandsteinplatten belegt und von zwei schönen Kastanienbäumen sowie gelegentlich von dem holzhackenden Nachbarn bevölkert, umgestaltet wurde – Waschbeton, Gartenzaun, Rasenmäher …

Der Religionslehrer im Progymnasium Vaihingen/Enz, eine aufrechter BKler, wie ich hinterher erfuhr, stand stets mit der Senfkornbibel vor uns, sah uns aber irgendwie nicht – vielleicht weil wir so ordentlich gekämmt waren und fast immer stillsaßen. Mit seinen Vorgängern als Stadtpfarrer, Johann Valentin Andreä oder Philipp Hiller (auch im EG noch mehrfach vertreten), machte er uns nicht bekannt. Alles änderte sich, als ich in die »Evangelisch-theologischen Seminare« *Maulbronn* und *Blaubeuren* eintrat, nach bestandenem Landexamen. Meine Eltern hatten auch ein finanzielles Motiv, ich, voller Begeisterungsfähigkeit, bekam in diesem musisch-altsprachlichen Gymnasium: Bildung. Latein wurde *ktema eis aei*, auch Griechisch, das mir wegen seiner Musikalität noch besser gefiel. Schon vor dem Abitur war das Hebraicum möglich (bei dem berüchtigt strengen, durch Kaffee und Zigarren aber besänftigten Walter Elliger, den ich dann in Tübingen hörte), aber trotz der Auffrischungen für die Examina habe ich heute leider meine Schwierigkeiten. Die hagiographische Erblast dieser Bildungsanstalten (Kepler, Hölderlin, Mörike, Hesse usw.) ist uns nicht aufgedrängt worden; unsere (persönlich durchaus überzeugenden) Lehrer machten uns aber nur mit dem Glanz, nicht auch mit dem Elend der deutschen Bildung und ihrer »Mandarine« bekannt. Der Unterricht in deutscher Literatur beklagte vor allem den »Verlust der Mitte«; der in Geschichte reproduzierte das deutsche Selbstbild der ersten Jahrhunderthälfte und vermied es tunlichst, vom Unsäglichen zu sprechen. Erst viel später, im Zusammenhang der konziliaren Friedensbemühungen, habe ich mit meinem Vater (dem die friedlose Gewalt des Jahrhunderts Bildungswege versperrte) über seine Lebensgeschichte im deutschen Verhängnis sprechen können. Doch der Instrumental- und Chorunterricht – aufregende Aufführungen geistlicher und weltlicher Musik in herrlichen Räumen; C-Prüfung. Freilich galt schon Mozart fast als frivol (nicht dagegen die Vertonungen Weinheber'scher Landlyrik); erst der Lehrer-Kantor in Blaubeuren ließ mich, auf einer (bald wegrenovierten) romantischen Orgel, Liszt spielen.

Die Klassenarbeiten wurden außerhalb der Unterrichtszeit an jedem Freitagnachmittag absolviert, ohne Aufsicht; das trug zu einer Verinnerlichung moralischer Normen bei, die uns noch als Achtzehnjährige fraglos um zehn Uhr ins Haus zurückkehren ließ. Hätte mir nicht schon meine Mutter das Opponieren verleidet (»der Klügere gibt nach, der Esel fällt in'n Bach«), dann hätte ich es gewiß hier als unnötig und kleinlich abgelegt. Andere Aspekte dieser Verinnerlichung mag ich freilich nicht missen: die unverkrampfte Verknüpfung von *eruditio* und *pietas*. Längst bevor ich den Namen Schleiermachers hörte, erlebte ich das Christentum als »Bildungsreligion«. Dazu gehörte auch das tägliche Leben im Kreuzgang des Klosters mit seinen Maßwerkfenstern (auch das gelegentliche nächtliche Fahrradfahren in ihm), die abendliche Komplet im Chorgestühl, das Rauschen des dreischaligen Brunnens, die Schönheit der Madonnen (zumal die im Blaubeurer Hochaltar), sogar die dämonischen Fratzen der Wasserspeier – all das hat mir ein ästhetisches Organ eingepflanzt, das mir allerdings bald den Ethizismus der evangelischen Theologie nach Ritschl verdächtig machte als Flucht aus der Zweideutigkeit menschlichen Lebens und Glaubens. Jenen Erlebnissen gegenüber richtete der eher mäßige Kunstunterricht nicht viel aus; auch das Häßliche, der Mißton lösen mir seither weniger ängstliches Befremden aus als vielmehr eine gewisse Neugierde aufs Differente und Exorbitante im »Garten des Menschlichen«. Das allzu Spielerische daran hat mir schon mein Praxisjahr zwischen Abitur und Studium korrigiert, wo ich in einer Diakonischen Anstalt mit Schwerstbehinderten gearbeitet habe.

Warum also das Studium der Theologie? Das *Tübinger Stift* nahm mir die Frage ein gutes Stück weit ab: Das Stipendium natürlich, aufgebessert durch Klavierstunden oder Chorleitung, die Musik im Stift, die persönlich dichte Atmosphäre (auch in der braven Stiftsverbindung »Normannia«), die Herren Repetenten am Hohen Tisch (auch spätere Freunde wie Jörg Baur oder Martin Brecht saßen dort); vor allem das attraktive Erfahrungsuniversum »Wissenschaft«. Die Theologie erschloß und krönte diesen (untechnisch als Bildung gesehenen) Kosmos wie von selbst, und die künftige Berufspraxis als Pfarrer machte keinem vor der Zeit schon Sorgen, weder institutionell noch theologisch. Daß man man als Theologe von Gott sprechen soll, dies aber nicht kann, vielmehr beides wissen und so Gott die Ehre geben soll – dieses Paradox Karl Barths lernten wir als fertige theologische Wahrheit kennen. Im übrigen gab es eine Art *studium generale* in Gestalt von »Stiftsloci«, gehalten z.B. von Klaus Scholder oder Martin Honecker. Kants »Kritik der reinen Vernunft« oder Heideggers »Sein und Zeit«, und zwar Seite für Seite.

Unter den Philosophen hat mich neben Otto F. Bollnow vor allem Walter Schulz beeindruckt mit seinen glasklaren Interpretationen Descartes', des Idealismus und Kierkegaards; auch deshalb, weil er ganz unaufgeregt die veränderte Aufgabe der »Philosophie in der veränderten Welt« vor Augen führte, wie sein Hauptwerk (1972) dann besagte. Ganz anders der nach dem Mauerbau 1961 in Tübingen gebliebene Ernst Bloch – schon die Ankündigung »Ontologie des Noch-nicht-Seins« faszinierte uns, zu schweigen von seiner chassidischen Fabulierkunst, die auch so etwas wie Märchen oder den Film nicht aussparte. Was es mit dem »Geist der Utopie« auch noch auf sich hatte, verstand ich erst später, als ich mich mit der Umformung der älteren Apokalyptik in den neuzeitlichen Chiliasmus des Fortschritts beschäftigte. Viel hörte ich auch bei Walter Jens, der meinen »bürgerlichen« Literaturkanon erheblich erweiterte; den an Lessings republikanischer Rhetorik geschulten Kritiker habe ich auch erst später, vor allem als Verteidiger der Bibelübersetzung Luthers kennengelernt.

Im theologischen Fachstudium beschäftigte mich gründlichst die exegetische Kleinarbeit Ernst Käsemanns. In dem damals lärmenden Kampf pro und contra »Entmythologisierung« bewahrte sie mich davor, diese Alternative für den Kern des bibelhermeneutischen Problems zu halten. Später hatte ich Gelegenheit nicht nur zu geschichtstheologischen Korrekturen, sondern auch dazu, die tatsächliche Rezeption des antiken Mythos im Christentum an den Figuren von Herkules, Simson und Christus ein Stück weit zu verfolgen[2]; in meiner Antrittsvorlesung in Bayreuth 1986 habe ich versucht, das evangelische Motiv Bultmanns stark zu machen gegen die von ihm approbierte »moderne« Weltanschauung und zumal gegen seinen ganz unzureichenden Mythosbegriff, der die historisch-kritische Methode und die existentiale Interpretation des historischen Dokuments »Bibel« isoliert gegenüber ihrem (irreduzibel gleichursprünglichen) religiösen Gebrauch als Heilige Schrift und ihrem Gebrauch als dogmatischer Norm. In die Reformationsgeschichte und in Luthers Theologie eingeführt wurde ich durch Hanns Rückert und Heinz Liebing, mit der »Disputatio de homine«. Die Rechtfertigungslehre als Formulierung des Glaubens, daß allein der auf Jesus Christus sich verlassende Glaube das Erste Gebot erfüllt, nämlich zwischen Gottes Werk und menschlichen Aufgaben unterscheidet und so »Gott Gott sein läßt« – die Rechtfertigungslehre also nicht nur als einzelner, sondern als der die gesamte Theologie »regierende« Artikel hat mich seither stets beschäftigt, bis hin zum aktuellen Streit. Aber gerade dieser zeigt, daß eben über die »kriteriologische« Funktion der Recht-

---

[2] Hercules Christianus. In: Walther Killy (Hg.): Mythographie in der frühen Neuzeit. Wiesbaden 1984, 73–108; Inquisition oder Prophetie? Über den Umgang mit Geschichte, in: Evangelische Theologie 44 (1984), S. 440–463.

fertigugnslehre auch unter evangelischen Theologen sehr verschiedene Vorstellungen bestehen.

Auf die reformatorische Theologie konzentrierte sich auch das auswärtige Studium. Es führte mich und zwei weitere Stiftler, außergewöhnlich für uns (die Stiftler rauchten entweder gebogene oder aber gerade Pfeifen, gingen also entweder nach Marburg oder aber nach Basel), im WS 1963/4 nach Erlangen. Wilhelm Maurer, Walther von Loewenich und Paul Althaus traktierten Luthers Theologie; den letzteren erlebte ich, wie von Jörg Baur versprochen, ebenso freundlich wie distanziert, in einem Seminar über »Uroffenbarung«. Auch Wilfried Joests Dogmatik-Vorlesung war von der intensiven Beschäftigung mit Luthers Anthropologie geprägt; die »Ontologie der Person« erschien bald danach (1968). Die eigentümliche Verbindung von Liberalität und Prinzipienfestigkeit, für die alle diese Namen stehen, kennzeichnete uns die »Erlanger Theologie« besser als die gängige, abstrakte Typisierung; sie ist ein Grund, weshalb ich auch jetzt gerne in Erlangen bin. Seinerzeit las ich nicht nur Althaus' »Theologie Luthers«, sondern auch die Werke Luthers in der Clemen'schen Ausgabe, und darum bin ich froh bis heute. Es folgte ein (mit mehr Freizeitaktivitäten belegtes) Sommersemester in Bonn, wo mich weniger Jürgen Moltmann beeindruckt hat (vielleicht nur weil sein Seminar über »Theologie der Arbeit« so überfüllt war), auch nicht so recht Gerhard Gloege in einem Seminar über die Rechtfertigungslehre; er war von eben deren Debakel in der Vollversammlung des LWB in Helsinki 1963 sichtlich angeschlagen. Anders der bedächtige Ernst Bizer – noch einmal Theologiegeschichte um die Rechtfertigungslehre herum, pointiert als *promissio*-Theologie, und dies im Gegenüber zur genau analysierten tridentinischen Lehre. Unvergeßlich auch die von Bizer miserabel angestimmte, aber unverdrossen gemeinsam gesungene Choralstrophe… Im Rahmen des Austausches zwischen dem Tübinger Stift und dem New College verbrachte ich einen verlängerten Winter in Edinburgh. Schade, daß ich nicht sonderlich tief in diese andere Bildungwelt, aber auch andere Kirchlichkeit eingewandert bin; allerdings vertrat T.F. Torrance seinerseits barthianische Theologie. Doch haben mir die hier geschlossenen Freundschaften, vor allem mit George Newlands, sowie die erstmalige Bekanntschaft mit überseeischen Theolog(inn)en das spätere ökumenische Engagement selbstverständlich gemacht.

Nach Tübingen zurückgekehrt, absolvierte ich Praktische Theologie bei Werner Jetter und bei Hans Rössler, hörte aber auch Ekklesiologie bei Hans Küng. Die strukturelle Asymmetrie zwischen römischer Kirchenlehre und reformatorischer Rechtfertigungslehre (in der auch

»Lehre« Verschiedenes meint und nicht hermeneutisch assimiliert werden kann) ist mir trotzdem klar geworden, wenn auch ein wenig später. Klaus Scholder las »Kirchenkampf«, und ich hörte Hermann Diem und Gerhard Ebeling, schon als Systematiker; und ihm verdanke ich weitgehend, was ich an hermeneutischer Reflexivität gelernt habe (Hans-Georg Gadamer habe ich erst später erlebt). Trotz persönlicher Ausstrahlung hat mich Ebelings Hermeneutik-Konzept nicht auf Dauer eingenommen. So sehr es mir geholfen hat, den eigentlichen (mir selbstverständlichen) Sitz im Leben des christlichen Glaubens, das Gebet, besser als solchen zu verstehen, als »Erfahrung mit der Erfahrung« und »Erfahrung gegen alle Erfahrung« zugleich, so deutlich empfand ich doch seine ekklesiologische Schwäche. Auch seine späteren Zürcher Doktorandentreffen haben mich nicht davon überzeugt, daß diese Hermeneutik sich weit genug vom Platonismus ihrer idealistischen Wurzeln gelöst hat und die (sich immer erneut aufspannende) Differenz der einzeln zukommenden Erfahrung zur »Grundsituation«, der Sprachhandlung vom Textverstehen, der Phämonene in der Zeit zum Gewissen vor Gott (und so auch die Differenz der Historie zur Dogmatik) hinreichend zuläßt. Es gehört, das meine ich jedenfalls, zur *providentia Dei generalis*, daß geschichtsmetaphysische Vereinheitlichungen und hermeneutische Verschmelzungen kraft der Vielfalt, der Fülle und auch kraft der Widersprüchlichkeit des Geschichtlichen immer wieder beschämt werden. Als ein theologisch angemessenes Konzept erschien mir daher erst die ›postmoderne‹, d.h. die rhetorisch, soziologisch und psychologisch bescheidenere Hermeneutik, etwa eines Paul Ricoeur. Mit Kollegen aus Deutschland, Frankreich, Italien, Niederlande und Polen habe ich 1994 in Halle/Saale einen Kongreß mit Theologen beider Konfessionen, Philosophen, Soziologen und Literaturwissenschaftlern veranstaltet, der mich dieser phänomenologischen Verschiebung der hermeneutischen Aufgabe vergewissert hat[3].

Nach dem Ersten Kirchlichen Examen (1968, das zweite folgte 1975) wurde ich *Vikar* in Nürtingen, einem Landstädtchen, das einst Hölderlin beherbergt hatte, das auch jetzt weniger von poetischen Ambitionen geprägt war als von einer noch stabilen Mischung kirchlicher Frömmigkeit und ökonomischer Rationalität. Das Lehrvikariat, an dessen Anfang die Ordination stand, wurde gerade erst zaghaft eingeführt, und mein im Kirchenkampf bewährter Mentor meinte, nur im kalten

---

[3] Bericht in: ThLZ 120 (1995), Sp. 741–745; Han J. Adriaanse u.a. (Hgg.): Vertrautheit und Fremdheit. Über den Stand der Hermeneutik in Europa. Köln/Wien 1998 (im Druck).

Wasser lerne man schwimmen. Seine pastorale Kompetenz war beacht-
lich (vielleicht hat mein Vorgänger, der jetzige Berliner Bischof Wolfgang Huber, da mehr von ihm gelernt als ich); aber auf die neue, besonders in der Schule und in der Jugendarbeit sich abzeichnende, emanzi-
patorisch gestimmte Situation mußte ich mich, mit meinem Nachfolger
(ich war inzwischen »der Herr Stadtvikar«), ziemlich dilettantisch ein-
stellen. Mit diesem, Rüdiger Schloz, jetzt Leiter des Planungsstab der
EKD, arbeitete ich auch später zusammen, z.B. bei der Studie über die
Studentengemeinden und bei der Kirchenmitgliedschafts-Untersu-
chung »Fremde Heimat Kirche« (1992/1997). Vom Kirchendienst wurde ich beurlaubt, zunächst als Stipendiat der Studienstiftung des Deutschen Volkes (wir Tübinger Studienstiftler organisierten in dieser Zeit
ein sechswöchige Reise in die UdSSR – ein starkes Erlebnis in den Zeiten des Kalten Krieges!), dann als Assistent bei Jörg Baur, als dieser an
die neu gegründete Fakultät in München berufen wurde.

III.

Die fast neun in *München* verbrachten Jahre kann ich als den ersten von
drei Umwegen meines theologischen Bildungsganges bezeichnen –
Umweg im besten Sinn des Wortes: des einzig ›geraden‹ Weges lebendiger Erfahrung und fruchtbarer Einsichten. Denn hier in München
lernte ich nicht nur den Katholizismus in seinen bajuwarischen Versio-
nen zwischen Fronleichnamsprozession und Biergarten kennen, sondern auch gründlicher seine Theologie. In der nach München verlegten
Hochschule der Jesuiten (Karl Rahner und andere Schüler Romano
Guardinis) begriff ich die Vorgänge des Zweiten Vaticanums und die
Bedeutung der existenzphilosophischen oder transzendentalistischen
Korrektur der thomistischen Neuscholastik hierfür, begriff aber auch
die strukturelle Differenz der römisch-katholischen Auffassung von
Glauben und Wissen zur reformatorischen, die so etwas wie ›evangelische Philosophie‹ nicht braucht und nicht erlaubt. Eine Studienreise mit
dem Prediger- und Studienseminar Pullach nach Rom und in die Gregoriana unterfütterte dies mit dem ökumenisch versöhnlichen Bewußtsein
der Verschiedenheit evangelischen Christentums von der römisch-katholischen Kirchlichkeit. Umso besser konnten Freundschaften mit ihren Philosophen-Theologen gedeihen, die mir nicht nur die mehrmalige
Teilnahme an den Enrico-Castelli-Kolloquien in Rom vermittelten,
sondern mich auch in einen Arbeitskreis für Phänomenologie brachten,

an dem französische und italienische Religionsphilosophen beteiligt waren; in dessen Rahmen ich auch den Protestanten Paul Ricoeur und den Rabbiner Emmanuel Lévinas kennengelernt habe. Ein fünfjähriger Arbeitsgang über »Alltag und Transzendenz« hat auch publizistischen Niederschlag gefunden[4].

In München nahm ich auch am Doktorandenseminar von Trutz Rendtorff teil, zusammen mit Falk Wagner, Friedrich W. Graf und Klaus Tanner. Diesem Seminar verdanke ich die kritische Relektüre Karl Barths, noch mehr eine gründliche Kenntnis der liberalen Theologie, speziell Ernst Troeltsch'. Mit der Begrenztheit der Selbststilisierung der Dialektischen Theologie als eines völligen Bruchs mit dem »Kulturprotestantismus« hatte ich mich im Rahmen eines Bayreuther Forschungsprojektes noch einmal herumzuschlagen. Rendtorffs eigenes, neuprotestantisches Konzept einer »Ethischen Theologie« leuchtete mir insofern ein, als es die Herausforderung zu religiöser Orientierung im Kontext der Praxis der Lebensführung unter den Bedingungen der Moderne situierte. Daß wir jedoch überhaupt ins »ethische Zeitalter des Christentums eingetreten« seien, wie dies Konzept mit Wolfgang Trillhaas (einem alten Erlanger) unterstellt, erschien mir je länger je mehr als eine Art optischer Täuschung: Die (neu)religiöse Entwicklung der jüngsten Zeit, zumal in ihren theosophischen und esoterischen Strängen, erfordert wiederum und erst recht die dogmatische Orientierung im »Glauben« diesseits der »Werke«. Ich bin nicht ganz sicher, aber vielleicht darf man im Blick auf diesen Lernprozeß sogar, mit einem aufklärerischen Begriff, von der »Perfektibilität« des christlichen Bekenntnisses sprechen[5].

Für diese so weit auseinanderliegenden Münchner Aktivitäten, auch solche der Studienreform im 68er-Kontext, ließ mich Jörg Baur an hinreichend langer Leine; ihm assistierte ich nun in Seminaren mit dogmatischen, ethisch-politischen und religionsphilosophischen Themen. Wichtige Arbeitsfelder waren Platons »Politeia«, Nietzsches Christentumskritik, Thomas von Aquins Naturrechtslehre, der religiöse Naturalismus der »Deutschen Christen«, vor allem aber »De servo arbitrio« und die späten Disputationen Luthers sowie die daraus entwickelte Anthropologie der Konkordienformel von 1577. Meine *Dissertation* befaßte sich ebenfalls mit der alten lutherischen Theologie, und zwar mit den logischen und

---

[4] Bernhard Casper, Walter Sparn (Hgg.): Alltag und Transzendenz. Studien zur religiösen Erfahrung in der gegenwärtigen Gesellschaft, Freiburg 1992.

[5] Evangelium und Norm. In: Evangelische Theologie 40 (1980), S. 494–516; Perfektibilität. Protestantische Identität »nach der Aufklärung«. In: Wolfgang E. Müller u.a. (Hgg.), Theologie und Aufklärung. FS Gottfried Hornig. Würzburg 1992. S. 339–357.

ontologischen Denkmitteln, mit denen sie die reformatorische Frömmigkeit zum Ausdruck zu bringen suchte, zumal in der Abendmahlslehre, in der Christologie, aber auch in der Gottes- und Prädestinationslehre. Mit Mühe wurde ich zum letztmöglichen Termin 1974 fertig. Jörg Baur, sekundiert von Carl Heinz Ratschow und Wolfhart Pannenberg, verzieh mir die fast tausend Seiten und schlug mir überdies für die auf vernünftige Maße reduzierte, auch inhaltlich präzisierte Druckfassung einen hinreichend anspruchsvollen Titel vor[6]. Die frühneuzeitliche Theologie und die ihr zugeordnete Philosophie »zwischen Reformation und Aufklärung« beschäftigen mich immer wieder, z.B. in Artikeln des EKL, der RGG, auch in der Fron für die TRE[7]. Fast zehn Jahre Quellenarbeit hat eine Darstellung der Schulphilosophie (Rhetorik, Logik, Ethik, Physik, Metaphysik) an den Universitäten der lutherischen Territorien des Reiches im 17. Jahrhundert beansprucht, die nun im Bd. V des Handbuchs der Philosophie (»Ueberweg«) erscheinen wird.

Jörg Baur führte mich nach der Promotion in den Herausgeberkreis des »Handbuchs Systematische Theologie« ein, dessen Form – ein an den Loci durchgeführter Vergleich zwischen der Dogmatik des 16. und der des 20. Jahrhunderts (Luther, Melanchthon, Calvin; Barth, Althaus bzw. Elert, Tillich) nebst Skizze der aktuellen Problemlage – jetzt festgelegt wurde. In diesem Kreis habe ich neben Friedrich Beißer, Martin Schloemann oder dem großen Lutherkenner Albrecht Peters auch erstmals ostdeutsche Kollegen und deren besondere Situation kennengelernt, Ulrich Kühn und Martin Seils; Christoph Link gehörte ihm zeitweise an, und mit Oswald Bayer kam ein weiterer Tübinger Stiftler hinzu. Dieser Kreis trifft sich noch immer zu Palmarum auf dem Schwanberg, bei der »Communität Casteller Ring«; alle bisher erschienenen Bände des HST sind dort streitbar aber fair diskutiert worden. Sein Klima verdankt er nicht zuletzt seinem Nestor, dem jetzt hochbetagten Carl Heinz Ratschow. In ihm begegnete mir einer der bedeutenden Theologen des Jahrhunderts, philosophisch und religionswissenschaftlich gebildet, vor allem ganz unabhängig von den Idolen der Zeit. Auch wenn manche seiner Unternehmungen scheiterten (die Textsammlung zur lutherischen Orthodoxie – anders die NZSTh oder die TRE oder eben das HST), so haben sich doch seine theologischen Intentionen als richtig und zukunftsträchtig erwiesen. Insbesondere verdanke ich ihm die Ab-

---

[6] Wiederkehr der Metaphysik. Die ontologische Frage in der lutherischen Theologie des frühen 17. Jahrhunderts, Stuttgart 1976.

[7] Art. Jesus Christus, V. In: TRE 17 (1988), S. 1–16; Art. Mensch, VII. In: TRE 22 (1993), S. 510–529.

lösung vom Tabu, das die Dialektische Theologie und ihre Folgegestalten über den Religionsbegriff und über alle Wahrnehmung der nichtchristlichen Religionen und erst recht der christlichen Frömmigkeit verhängt hatten. Der Streit zwischen Karl Barth und Emil Brunner über den »Anknüpfungspunkt« und über die »natürliche Theologie« (oder »Ur-Offenbarung«) erscheint mit seither nicht ganz unnötig, aber in wichtigen Aspekten künstlich und irreführend plaziert gewesen zu sein. Denn nicht obwohl, sondern weil wir niemals mit »Offenbarung« vor einer *tabula rasa* beginnen, sondern uns stets wiederum in einer religiösen Gemengelage vorfinden, und Religionen einschließlich christlicher Religiosität vielschichtige und zutiefst zweideutige Phänomene sind, müssen sie die Dogmatik konstitutiv interessieren: Der dritte, religionsanalytische Umweg meiner theologischen Vita.

Aber zunächst stand die Arbeit an der *Habilitation* an. Neben Baur war es auch hier Ratschow, dessen Schätzung der neuzeitlich-christlichen Philosophie Leibniz' mir mein Thema nahelegte. Zunächst zielte ich auf eine historische und systematische Kritik des existenztheologischen Begriffs »Geschichtlichkeit« und auf die Darstellung des zeitlich-diachronen Charakters gerade christlich-religiöser Erfahrung; allmählich fokussierte sich es sich auf das Theodizeeproblem. In den 70er Jahren war es keineswegs schon modisch; in der beginnenden Thematisierung des menschlichen Leidens unter dem drückenden Schatten von »Auschwitz« galt es seit Adornos Verdikt für ausgemacht, daß so etwas wie »Theodizee« ein Zynismus sei. Ich versuchte einerseits nachzuweisen, daß das Projekt »Theodizee« ein historisch begrenztes (und als solches gescheitertes) Unternehmen einer von religiöser Praxis sich emanzipierenden, aber christliche Voraussetzungen beanspruchenden Vernunft sei (einer Vernunft also, die das Kreuz nicht als »Torheit«, sondern wiederum als »Weisheit« voraussetzt); andererseits, daß das Theodizeeproblem sich insofern immer neu stellt, als es gerade unter christlichem Vorzeichen keine präskriptive Theorie aller möglichen Erfahrungen geben kann, daß somit kontingente Erfahrungen des Glücks aber auch eben des Leidens in »Widerstand und Ergebung« stets neu bearbeitet werden müssen. Mein Versuch blieb in der Masse des Stoffes fast stecken; von der Habilitationsarbeit (1982) wurden nur Teile publiziert, auf die Initiative von Gerhard Sauter hin schon vorweg in einem Studienbuch, dann in Aufsätzen zum Theodizeeproblem und (weniger geglückt) zum Stichwort »Leiden«[8].

---

[8] Leiden – Erfahrung und Denken. Materialien zum Theodizeeproblem, München 1980;

IV.

Eine Analyse der Auseinandersetzung der lutherischen Orthodoxie mit Baruch Spinoza war der Auslöser für meinen zweiten, weiter in die historischen Wissenschaften führenden Umweg. 1978 war ich mit Baur nach Göttingen gewechselt, wo ich wieder gute Freunde gewann, Wilhelm Gräb und Dietrich Korsch. Aber noch vor Beendigung meiner Habilitationsarbeit wechselte ich an die *Herzog August Bibliothek* in Wolfenbüttel; von 1980 bis 1986 war ich (zuerst stellvertretender) Leiter des Forschungsbereiches dieser Institution der frühneuzeitlichen Kulturgeschichte. Schon von den einmaligen Beständen dieser Bibliothek her bedeutete das im besonderen Maße die Aufmerksamkeit auf theologie- und frömmigkeitsgeschichtliche Forschungsthemen, erweiterte meinen historischen Horizont aber auch um die Blickwinkel der Philosophie-, der Wissenschafts- und der Literaturgeschichte sowie der Rechts-, der Bildungs- der Musik-, der Technik- oder einfach der Alltagsgeschichte. Die Symposien und Kolloquien, deren Vorbereitung in Zusammenarbeit mit auswärtigen Wissenschaftler(inne)n verschiedenster Disziplinen mir oblag, sowie die vielen Gespräche mit den jeweils anwesenden Stipendiaten, teils ganz junge Anfänger, teils weltberühmte Greise, haben mir wirksam jenen Provinzialismus korrigiert, der sich auf die Geschichte des theologischen Denkens beschränkt (und dieses Konstrukt auch noch für den Inbegriff der Realität der Geschichte des Christentums hält). Korrigiert wurde auch mein mitgebrachter Germanozentrismus, denn nicht wenige der Kolleg(inn)en kamen aus dem Ausland, übrigens schon damals (das offiziell Mögliche unterlaufend) aus dem europäischen Osten. Über die Comenius-Forschung knüpfte ich besonders intensive Kontakte in Prag (wo ich öfter in der philosophischen und der hussitisch-theologischen Fakultät zu Gast bin). Besonders bewegend: die Bekanntschaft noch mancher jüdischer Gelehrter, die trotz erzwungenen Exils im Bibelsaal mitarbeiteten, etwa Gershom Scholem.

Die Wolfenbütteler Zeit hat mir viele wissenschaftliche Kontakte vermittelt, aufgrund derer ich auch später noch zu Gastvorlesungen nach England, Irland und in die USA, sogar ins ganz unprotestantische Italien eingeladen worden bin. Sie hat mich auch die Reformation als religiösen Aufbruch und als (mehrfach ausgeprägte) Gestalt von Fröm-

---

Mit dem Bösen leben. Zur Aktualität des Theodizeeproblems, in: NZSTh 32 (1990), S. 207–225; Art. Leiden, IV. In: TRE 20 (1991), S. 688–707.

migkeit und Kirche in ihren geschichtlichen Zusammenhängen sehen
gelehrt (seither datiert meine Mitarbeit im Archiv für Reformationsgeschichte). Viele allenfalls bequeme, aber nur bei Abtrennung der
Denk«geschichte« von der Historiographie haltbaren Vorurteile über
die altprotestantischen Theologien (und ihre, je nach Bedarf, »scholastischen« oder »mystischen« Schäden), über das landesherrliche Kir-
chenregiment, die Gegensätze zwischen Lutheranern, Reformierten
und Katholiken oder die zwischen Orthodoxie und Spiritualismus oder
Pietismus, sie haben sich aufgelöst in einer differenzierteren Sicht der
Prozesse der »Konfessionalisierung«, des Zusammenhangs der religiösen Entwicklungen mit den politischen, sozialen, ökonomischen und
kulturellen Formationen der »*Frühen Neuzeit*«. Das ist alles andere als
antiquarisch, da die Beurteilung der neuzeitlichen Entwicklung der
christlichen Theologie nicht zuletzt an der angemessenen Beurteilung
ihrer frühneuzeitlichen Gestalt hängt – »klassisch« ist sie aber nicht nur
wegen ihrer schulmäßigen Durchgeklärtheit, sondern auch kraft ihrer
Rolle für die Bildung reicher Kulturen. Die altprotestantische Theologie als allenfalls korrekt, aber hoffnungslos tot zu isolieren, wie das
unter Theologen immer noch geschieht, löst im »Internationalen Ba-
rock-Arbeitskreis« (in dem ich einen Kongreß über Frömmigkeit im
Barockzeitalter mitveranstaltet habe) erstauntes Stirnrunzeln aus –
selbst zur barocken Geselligkeit gehört Theologie[9]. Die kirchenge-
schichtlich kaum beachtete Frage nach der Bedeutung des (neuen) Stan-
des der evangelischen Pfarrer habe ich, zusammen mit einer kundigen
Historikerin, in einem von der Werner-Reimers-Stiftung finanzierten
Projekt aufgegriffen[10].

Noch krasser fungiert als ideologisches Versatzstück der Theologie
der historische Vorgang »*Aufklärung*«. Die Beschäftigung mit den vielfältigen geschichtlichen Entwicklungen, die unter diesem Begriff meist
eher verdrängt als wahrgenommen werden, ist ein weiterer Gewinn der
Wolfenbütteler Zeit. Die Alternative, ob diese Epoche der endgültige
Abfall von guter Theologie (K. Barth) oder ein notwendiger Abschied
vom Mittelalter (E. Troeltsch) und eine folgerichtige Umformung des
christlichen Denkens sei (E. Hirsch), beunruhigt mich seither nur inso-

---

[9] Christ-löbliche Fröhlichkeit. Naturrechtliche und theologische Legitimationen der
Geselligkeit, in: Wolfgang Adam (Hg.), Geselligkeit und Gesellschaft im Barockzeitalter,
Wiesbaden 1997, S. 71–92.
[10] Leider konnte nur die zweite Hälfte der Ergebnisse veröffentlicht werden, Luise
Schorn-Schütte, Walter Sparn (Hgg.): Evangelische Pfarrer. Zur sozialen und politischen Rolle einer bürgerlichen Gruppe in der deutschen Gesellschaft des 18.-20. Jahrhunderts, Stuttgart
1997.

fern noch, als es immer noch Theologen gibt, die ihr Mütchen am »Projekt Aufklärung« kühlen und sich mit der geliehenen »Dialektik der Aufklärung« schmücken, ohne das »Jahrhundert der Aufklärung« auch nur von ferne gesehen zu haben[11]. Die Bedeutung von G. W. Leibniz und G. E. Lessing, »Aufklärer« par excellence und Bibliothekare dortselbst, ist völlig unstrittig, aber sie sind theologisch nicht zu vereinnahmen; so ist die Beschäftigung mit ihnen etwas anspruchsvoller. Leibniz' Denken im Kräftefeld von überliefertem Christentum und neuzeitlicher Philosophie, aber auch von Theorie und politischer, sogar kirchenpolitischer Praxis, ist ein interessantes Modell für die Erfassung schwieriger Orientierungsprobleme; da halte ich es mit zeitgenössischen Philosophen, auch mit klugen Theologen wie Adolf Schlatter und C.H. Ratschow. Auch die Beschäftigung mit Lessing, diesem »Liebhaber der Theologie« und Kritiker der aufklärerischen »Neologie«, bleibt mir so wichtig, als »Nathan der Weise« eine Anfrage an die Fähigkeit der Theologie bleibt, religiöse Entschiedenheit mit ideologischer und sozialer Toleranz zu verknüpfen. (Ich hoffe, es gelingt mir noch, den Verlagsvertrag über eine Edition von Lessings »geistlichen Schriften« zu erfüllen.) Eine Folge der besonderen Wissenschaftlichkeit der Herzog August Bibliothek und der Mitarbeit in der Deutschen Gesellschaft zur Erforschung des 18. Jahrhunderts war es aber auch, weniger berühmte Figuren neu zu betrachten oder überhaupt wieder zu entdecken. So habe ich, im Verbund mit sog. Profanhistorikern, Forschungen zu J. M. Goeze (er war es wert, Lessings Gegner zu sein), zu Chr. A. Heumann, J. F. Budde, J. F. Reimmann oder zum Ansbacher J. P. Uz betrieben[12]. Ein für mich geradezu kathartischer Beitrag zur Geschichte der »Seele« im 18. Jahrhundert (für die »Cambridge History of Philosophy«) ist fast fertig; noch längere Zeit wird mich die Edition von Quellen des 17. (J. K. Dannhauer, J. Thomasius) und des 18. Jahrhunderts (J. F. Budde, J. J. Spalding, J. A. Eberhard) beschäftigen, die aus Mitteln der Fritz Thyssen Stiftung finanziert wird.

So wichtig und lustvoll all dies war und ist – noch wichtiger ist mir dieses Wolfenbütteler Erbteil: die neue Beschäftigung mit Martin Luther und speziell seiner *Bibelübersetzung*. Paul Raabe, jener der Theolo-

---

[11] Vernünftiges Christentum. Über die geschichtliche Aufgabe der theologischen Aufklärung im 18. Jahrhundert, in: Rudolf Vierhaus (Hg.), Wissenschaften im Zeitalter der Aufklärung. Göttingen 1985, S. 18–57.
[12] Johann Peter Uz und das Ansbachische Gesangbuch von 1781, in: Ernst Rohmer, Theodor Verweyen (Hgg.), Dichter und Bürger in der Provinz. Johann Peter Uz und die Aufklärung in Ansbach, Tübingen 1998, S. 157–188.

gie überaus freundlich gesonnene Direktor der Bibliothek, wußte, daß Wissenschaft auch von ihrer öffentlichen Selbstmitteilung und kulturellen Selbstdarstellung lebt. Das Lutherjahr 1983 brachte daher neben wissenschaftlichen Kolloquien auch populäre Veranstaltungen und Ausstellungen zur regionalen Reformation, von denen ich eine mit aufbaute. Die erneute Lektüre der Werke Luthers (den ich jetzt recht als Beter kennenlernte) setzte mich instand, den Insel-Almanach dieses Jahres zu edieren (das Vorwort wurde, wie meine Frau bestätigen kann, im Neujahrssturm und Neujahrslicht auf Sylt beendet)[13]. Die wichtigste Erfahrung aber verdanke ich Walther Killy, dem »resident fellow« der Bibliothek. Er war neben W. Jens Initiator der erneuten Revision der (1975 mißratenen) Lutherschen Übersetzung des Neuen Testaments und, als auch theologisch versierter Germanist, Mitglied der Gruppe, in der die neuerliche Textgestaltung zuerst diskutiert wurde. Er schlug mich für diese Gruppe vor, und von 1982–1984 hatte ich Gelegenheit zu bemerken, daß ich mich weder im Neuen Testament noch auch in meiner deutschen Muttersprache wirklich auskannte. So anstrengend die mehrwöchigen Sitzungen dieser Gruppe waren, so unschätzbar die geistlichen Erfahrungen, die sie mir schenkten. Den Zusammenhang von christlichem Glauben und sinnlich-körperlicher Sprache habe ich erst hier wirklich begriffen und erfühlt. Gerne würde ich die fortlaufende Revision einer Bibelübersetzung fürs Studium verpflichtend machen. Oder ist sie es schon?! Daß beim Bewerbungsvortrag in Erlangen allerlei Wichtiges von mir vorgestellt wurde, aber nicht diese Bibelarbeit, schmerzt mich noch heute. Denn wenn ich etwas zuwege gebracht habe, von dem hoffe, daß Off 14,13 zutrifft, dann sie.

V.

Der dritte Umweg meines theologischen Bildungsganges begann 1985, als ich auf den Lehrstuhl Evangelische Theologie I an der Kulturwissenschaftlichen Fakultät der jungen Universität *Bayreuth* berufen wurde. Er bedeutete zum einen die Umstellung der theologischen Lehre auf das »nichtvertiefte« Studium für Grund- Haupt- und Realschulen (nach einiger Zeit gelang auch die Einrichtung des gymnasialen Studiengangs)

[13] Beides Frankfurt a.M. 1983; beim nächsten Jubiläum glaubte ich, den nunmehr gesamtdeutsch vermarkteten Helden in Gestalt einen ironischen Traums darstellen zu sollen: Lutherische Monatshefte 5/1996, S. 32–34; 6/1996, S. 20–22; 7/1996, S. 21–23.

sowie für das allgemeinbildende Erziehungswissenschaftliche Grund-
studium. Elementarisierung, nun schiere Notwendigkeit: Ein theologisches Thema konnte nicht am Leitfaden seiner bisherigen Theoriege-
schichte weitergesponnen, sondern mußte an seinem jetzigen lebensweltlichen Ort identifiziert und als Moment religionspädagogischer
Praxis plausibel gemacht werden, um schließlich auch mit den Möglichkeiten und Warnungen der theologischen Tradition verbunden werden zu können. Ein christologisches Seminar fand nicht nur im Semi-
narraum, sondern auch in Kirchen statt, vor ihren Emporenmalereien
und ikonographischen Programmen an Kanzel oder Altar, am West-
eingang oder in der Apsis; sogar im Kino: Ist dieser Jesusfilm dem
Christusglauben gemäß oder nicht, und warum? Die bloße Repetition
von normativen Postulaten wäre hier bloß abgeglitten (oder hätte umgekehrt zur Immunisierung gegen eine unliebsame oder ängstigende Umwelt gedient). Dogmatische Orientierung, die diese Namen verdient, ist
Orientierung im gegenwärtigen (meist übervollen) Erfahrungsraum,
ein Prozeß, in dem die Postulate der Tradition erst wirklich, d.h. orien-
tierend, Normen werden.

Weil sich diese Einsicht schnell und gebieterisch einstellte, mußte
ich mich auch entschließen, diese Umwelt in ihren religiös bedeutsamen Aspekten nicht bloß vage, sondern möglichst genau wahrzunehmen. Für eine Art religions- und kultursoziologisches Drittstudium waren die Voraussetzungen und die dortigen Kollegen ideal. Außerdem
mußte ich die Aktivitäten meines Vorgängers in der intellektuellen Diakonie an »säkularen« Zeitgenossen unterlegen mit methodisch diszipli-
nierten Analysen der vermuteten Säkularität. An frühere Studien zur
»Zivilreligion« anknüpfend, setzte ich mich nach der Wende 1989 kritisch sowohl mit der Annahme linearer Säkularisierung, aber mit der
bloßen Alternative von Religion und Staat auseinander[14]. Das Ergebnis
der konzeptuellen Überlegungen, von Kollegen wie Trutz Rendtorff,
Karl-Fritz Daiber oder Joachim Matthes wissenschaftlich, von der
bayerischen Landeskirche und der Fritz Thyssen Stiftung finanziell unterstützt, war ein Institut zur Erforschung gegenwärtiger Religiosität
und weltanschaulicher Strömungen innerhalb und außerhalb der Kirche. An seinen analytischen Fragestellungen waren Theologen, Soziologen, Ethnologen und Religionswissenschaftler beteiligt, leider keine
Psychologen (während die Soziologie ihre Abneigung gegen das Thema

---

[14] Wieviel Religion braucht der deutsche Staat? Politisches Christentum zwischen Reaktion und Revolution, Gütersloh 1992 (der Titel stammt nicht von mir).

»Religion« in diesen Jahren als ideologisch durchschaute, mußte ich von der sonst geschätzten Kollegin, einem Pfarrerskind, hören: »Religion, das gibt es in der Psychologie nicht«). In den »Thurnauer Kolloquien« begannen wir mit der autobiographischen Thematik und gingen dann, nachdem eine zusätzliche Professur zu Problemen religiöser Sozialisation eingerichtet werden konnte, auf die Volker Drehsen (jetzt Praktischer Theologe in Tübingen) berufen wurde, über zur Erforschung der aktuellen Phänomene von Fundamentalismus einerseits, Synkretismus andererseits[15]. Die Arbeit hat nach meinem Weggang von Bayreuth keinen Abbruch erlitten, das Institut ist vielmehr inzwischen auch in aller Form etabliert und verfügt sogar über zwei vom Land und von der Kirche finanzierte Habilitandenstellen; zur offiziellen Eröffnung durfte ich den Festvortrag halten über »Religion verstehen«.

Diese Forschungsarbeit brachte Kontakte zu sozialwissenschaftlichen und vergleichbaren kirchlichen Institutionen ein, zum Pastoralsoziologischen Institut Hannover, erneut zum Planungsstab der EKD sowie zur »Zentralstelle für Weltanschauungsfragen« der EKD in Stuttgart, deren wissenschaftlichem Kuratorium ich einige Jahre lang angehörte. Diese EZW hieß einst, bevor das NS-Regime sie abschaffte, »Apologetische Centrale«: Das Interesse an der Wahrnehmung der religiösen und weltanschaulichen Situation, in der die apologetische Aufgabe der Theologie sich heutzutage vorfindet, veranlaßten mich, zusammen mit kulturwissenschaftlichen Kolleg(inn)en, eine Forschergruppe zur Bearbeitung der Frage aufzubauen, wie der *Wandel von Weltanschauungen* als kulturell wirksamer Orientierungen überhaupt erkennbar und beschreibbar sei. Wenn ein solcher Wandel nicht mehr nur innerhalb religiöser Praxis sich abspielt und (in seinen kirchlich anerkannten Formen) theologisch reflektiert wird, ist das eine methodisch schwierige Frage, die durch geschichtstheoretische Großtheorien eher überspielt als wahrgenommen wird; das gilt auch bei denen von H. Blumenberg, G. Dux oder P. Bourdieu. Die Gruppe unternahm daher einen Kreuzvergleich zwischen dem Übergang vom Mittelalter zur Neuzeit und der Krise der Moderne um 1900 einerseits, zwischen fiktionalen Texten (Romane, Theater) und soziologischen, philosophischen und theologischen Sachtexten andererseits; so sollten die (immer schon gedeuteten) mentalen Wandlungsprozesse wenigstens ein Stück weit von diesen (immer partikularen und spezifischen) Deutungen unterschieden werden können. Das Projekt, das bis

---

[15] Volker Drehsen, Walter Sparn (Hgg.), Im Schmelztiegel der Religionen. Konturen des modernen Synkretismus, Gütersloh 1996.

zu zwanzig Personen umfaßte und aus dem über ein Dutzend Dissertationen und mehrere Publikationen hervorgingen, wurde vier Jahre lang von der DFG finanziert. Leider habe ich, der letzte Sprecher der Gruppe nach dem Germanisten Werner Röcke und dem Philosophen Wilhelm Vossenkuhl, keine Gesamtdarstellung beibringen können.

Das theologische Teilprojekt, das nach meinen Wechsel nach Erlangen noch zwei weitere Jahre gefördert wurde, befaßte sich mit der Transformationskrise der evangelischen Theologie um 1900, der Zeit der Durchsetzung der historisch-kritischen Methode und Hermeneutik, der Überlegungen zur Umwandlung der (ihrer akademischen Führungsrolle verlustig gehenden) theologischen in religionswissenschaftliche Fakultäten, des Aufkommens alternativer Orientierungsdisziplinen wie Soziologie und Psychologie; dies im Kontext einer nervösen »Kulturkrise«, die, der heutigen Situation nicht ganz unähnlich, geprägt war durch Entkirchlichung einerseits und durch neue, ›nachchristliche‹ Religiosität andererseits, durch naturwissenschaftlich-technischen Fortschritt einerseits und durch den Zusammenbruch des klassisch-modernen Weltbilds der Physik andererseits.

Die Forschungen konzentrierten sich auf drei Themenbereiche: die neuen praktischen, v.a. religionspädagogischen Konzepte; die Entstehung der Anthroposophie zwischen Christentum und buddhistischer Theosophie; der Zusammenbruch der bisherigen »Beweisapologetik« im »Weltanschauungskampf« zwischen ›christlichem‹ Theismus und materialistischem Atheismus; der Übergang der Apologetik zur ideologiekritischen Unterscheidung von naturwissenschaftlichem »Weltbild« und existentiell orientierender, indirekt oder direkt religiöser »Weltanschauung«: Karl Heims »Weltbild der Zukunft« 1904; der Keplerbund 1907ff gegenüber dem freidenkerischen Monistenbund einerseits, der akademischen Apologetik andererseits (im Rahmen der Gesellschaft für Wissenschaftsgeschichte hatte ich schon in Bayreuth einen Kongreß zum Erfahrungsbegriff in den Naturwissenschaften und der Physikotheologie organisiert). Ein Teil der Ergebnisse ist veröffentlicht[16], speziell zur Apologetik liegt die Abschlußarbeit noch vor mir. Mit Aussicht auf dauerhaften Bestand hat sich inzwischen eine Fragestellung verselbständigt: das Aufkommen der *Religionspsychologie* um 1900, ihre breite Rezeption und ihr Scheitern sowohl innerhalb als auch außerhalb der (deutschsprachi-

16 Religiöse Aufklärung. Krise und Transformation der christlichen Apologetik im »Weltanschauungskampf« der Moderne, in: Karl-Heim-Jahrbuch 5 (1992), S. 77–105.155–164; Volker Drehsen, Walter Sparn (Hgg.), Vom Weltbildwandel zur Weltanschauungsanalyse. Krisenwahrnehmung und Krisenbewältigung um 1900, Berlin 1996.

gen) Theologie. Diese Thematik ist angesichts der religionspädagogischen und therapeutischen Beanspruchung von Psychologie auch eine
aktuelle: Was muß methodisch und theoretisch getan werden, damit die
psychologische Bearbeitung von »Religion« auch in der kulturwissenschaftlichen Außenperspektive wieder so in Gang kommt wie etwa in
Schweden, in den Niederlanden oder in den USA selbstverständlich? Inzwischen haben bereits zwei (wiederum von der DFG finanzierte) Kolloquien stattgefunden mit Teilnehmern aus jenen Ländern und mit deutschen Psycholog(inn)en nicht nur der qualitativen, sondern auch der
quantitativen Methodik. Ich hoffe, daß meine Mitarbeiter PD Dr. Henning und PD Dr. Nestler dieses Unternehmen selbstständig fortführen[17].

VI.

Das zuletzt Berichtete spielt bereits in *Erlangen*, wo ich seit dem 1. Oktober 1994 den Lehrstuhl Systematische Theologie I innehabe, als
Nachfolger von F. Mildenberger, W. Künneth, W. Elert, bis zurück zur
R. Frank und J. K. Hofmann. Dieses Erbe verpflichtet, aber belastet
mich nicht. Mit meinem nächsten Vorgänger verbindet mich nicht nur
die schwäbische Herkunft, sondern auch die Liebe zum Gesangbuch.
Denn ich bin sicher, daß ein Choral, sagen wir von Paul Gerhardt, auch
für die theologische Kontinuität evangelischen Christentums letztend-
lich wichtiger ist, als viele richtige dogmatische Argumente (das
Abendgebet mit meinen Kindern gewiß auch). Jene rationalen Diskurse
tragen unter den gegeben religiös-kulturellen Bedingungen gewiß, aber
doch nur mittelbar zum Reiche Gottes bei. Eine wirklich gute, nämlich
in einer Welt vieler religiöser und quasi-religiöser Optionen christlich
orientierende Dogmatik ist erst diejenige, die weiß und an sich selbst
vollzieht, daß ihr *genus dicendi* seine Zeit und seinen Ort hat, die sich
auch zu unterbrechen vermag und dem Dogmatiker erlaubt, in Psalmen
Gott zu loben oder in Klageliedern mit ihm zu hadern oder ein Werke
der Barmherzigkeit zu tun (einer Dogmatik merkt man an, wenn ihr Verfasser die Liturgie äußerlich nennt oder die Diakonie ganz vergißt) –
kurz, eine Dogmatik, die an sich selber zuläßt, daß in ihrer Bibelauslegung die Bibel ihn selbst, den Dogmatiker, auszulegen beginnt.

---

[17] Christian Henning, Erich Nestler, Walter Sparn (Hgg.), Religion und Religiosität zwischen Theologie und Psychologie (Einblicke. Beiträge zur Religionspsychologie, Bd. 1),
Frankfurt 1998.

Mit der Erlanger Erfahrungstheologie verbindet mich mithin negativ die Überzeugung, daß alle Versuche, die Wahrheit des christlichen Glaubens aus einem archimedischen Punkt *ex ante* begründen zu wollen (weil Erfahrung doch immer die *Anfechtung* der Undeutlichkeit und der Widersprüchlichkeit mit sich bringt), sich gegen ihre Absicht kehren. Es macht dabei keinen wesentlichen Unterschied, ob man diesen archimedischen Punkt »metaphysisch« oder »offenbarungstheologisch« für die Systemkonstruktion in Anspruch nimmt; auch wenn »Offenbarung« zum zeittranszendenten Prinzip vis-à-vis »natürlicher Theologie« wird, hat man sich bereits herausgezogen aus der wirklichen Offenbarungsgeschichte, die ein Heute, ein Gestern und ein noch nicht eingetretenes Morgen hat. Die Unterscheidung zwischen Gottes Wort und Menschenworten und -taten ist gewiß eine durch religiöse Erfahrung bewährte Annahme der dogmatischen Arbeit, aber diese Unterscheidung ist keine axiomatische, sondern eine intentionale: Sie muß jederzeit erneut aufgespannt werden, in gegebenen geschichtlichen Situationen – eben darin besteht ihre orientierende Bedeutung und Notwendigkeit[18].

Mit der Erlanger Erfahrungstheologie verbindet mich daher positiv die Überzeugung, daß nicht nur die Ethik, sondern auch die Dogmatik ohne die Wahrnehmung der tatsächlich gelebten *Frömmigkeit* vergeblich ist und überflüssig wird. Ohne analytische Kompetenz keine normative Kompetenz! Die Ausscheidung von »Frömmigkeit« und »Religion« aus den seriösen Themen, wie sie im Zuge der Rezeption der neuzeitlichen Religionskritik in der Theologie des 20. Jahrhunderts erfolgreich gefordert wurde, hatte gewiß richtige Motive, etwa das der Differenz zwischen christlichem Glauben und Weltanschauung oder das der theologischen Kritik der angeblichen Normativität faktischer Religiosität. Die falsche Problemlösung wird aber nicht dadurch vermieden, daß man das Problem für gegenstandslos erklärt – es wandert dann halt aus in andere theologische Disziplinen oder in eine am Wohlfühle-Erfolg sich messende »Spiritualiät«. Ein Umgang mit dem Problem, der nicht in die Alternative zwischen der Trennung von Theologie und Frömmigkeit oder aber ihrer Identifikation fällt, muß sich damit abfinden, daß es dafür keine von vornherein feststehende, der Praxis nur noch überzustülpende Lösung gibt. Nötig ist vielmehr die immer neue Unterscheidung in der Gemengelage von Wort Gottes und menschlichen Erfahrungen; eine Gemengelage, in der wir uns jedesmal wieder vorfinden, weil

---

[18] Mit meinem einschlägigen Artikel »Natürliche Theologie« in: TRE 24 (1994), S. 85–98, bin ich allerdings nicht zufrieden.

das Wort Gottes im Leben wirksam ist zusammen mit anderen, aber auch im Kampf gegen andere Kräfte und Mächte: weil die Unterscheidung Gottes von den Götzen noch im Gange ist. Anders gesagt: *Gegenwart* ist die primäre theologische Zeit.

Dementsprechend muß die theologische Binnenperspektive auf den christlichen Glauben im Dialog mit den kulturwissenschaftlichen Außenperspektiven auf religiöse Praxis immer neu Norm und Realität sowohl verknüpfen als auch unterscheiden. Keineswegs neutral, sind jene Außenperspektiven ihrerseits kulturell und religiös oder weltanschaulich prädisponiert, so daß es sich auch um einen Austausch handeln muß; wie umgekehrt die Theologie in sich selber die Unterscheidung von Innen und Außen aufspannt und als Überschneidungsfeld von Wissenschaft und Frömmigkeit auf Dauer gestellt hat[19]. Es kommt dabei viel weniger auf den theologischen »Ansatz« an (eine modernistische, an metaphysischer Systematizität orientierte Figur), sondern auf den theologischen *Habitus*, wie der bis ins 18. Jahrhundert vorrangige »konkrete« Theologiebegriff besagt. Als »praktisches Können« wird Theologie in Kommunikation erworben und in Kommunikation ausgeübt: Wo nicht in ›betender‹ und nicht in ›gehender‹ Theologie wurzelnd, wird die beste ›sitzende‹ Theologie nichtig.

Die Frage, was die richtige Theologie sei, ist demnach sinnvoll nur im Gefolge der Frage, wie man ein guter Theologe und eine gute Theologin wird. Das impliziert zwar nicht die Forderung einer *theologia regenitorum*, wohl aber die, daß man im frommen Zusammenhang einer der sichtbar verfaßten Traditions-, Kultus- und Praxisgemeinschaften lebe, die an der Kirche Jesu Christi teilhaben. Die Teilhabe an einer Kirche, die man (nicht bloß: trotz allem) liebt, bewahrt einen vor der fundamentalistischen Flucht nach rückwärts und der synkretistischen Flucht nach vorwärts, sie erlaubt überdies die heiter-ironische Distanzierung von der jetzt grassierenden Beschwörung christlicher »Identität«[20].

»Nun ist die Postmoderne in das gute alte Erlangen eingezogen«, schrieb mir Jörg Baur, als ich ihm meine Antrittsvorlesung am 12. Juli 1995 ankündigte. Ihr Titel konnte diesen Eindruck erwecken: »Wenn Engel, dann solche! Über das theologische Interesse an ›metaphysischen Fledermäusen‹«[21]. Nun, das Thema »Engel« ist nicht gewichtiger

---

[19] Programmatisch: Von innen, von außen, in: NZSTh 38 (1996), S. 247–268.

[20] Sancta simplicitas. Über die Sorge um christliche Identität in Zeiten der Ironie, in: Jürgen Roloff u.a. (Hgg.), Einfach von Gott reden. FS Friedrich Mildenberger, Stuttgart 1994, S. 98–110.

[21] Vorläufig veröffentlicht im Materialdienst der EZW Stuttgart, 12/1995, S. 353–363.

postmodern oder esoterisch als es biblisch ist und fast zweitausend Jahre lang gemeinchristlich wichtig war; es eignet sich gut zur Justierung einer Theologie, die eine allzu vorbehaltslose Verbindung mit der Moderne eingegangen war, die jetzt aber Gelegenheit hat, an der ›postmodernen‹ Selbstkritik der Moderne, an der »Ent-täuschung« ihrer Gläubigkeiten mitzuwirken[22]. Sie vermag dies aus ihrer reicheren, genaueren Erinnerung langfristiger kultureller Prozesse und aus besserer Kenntnis dessen, was dabei Religion war und heute ist – und um Gottes und der Menschen willen sein sollte. Dieser mein Optimismus verdankt sich wohl den beschriebenen Umwegen meines theologischen Bildungsganges (ich weiß, manche Systematiker halten Historie für entbehrlich und Empirie für schädlich), aber gerade deshalb: EG 329!

So finde ich, daß es keine Allotria sind, neben der alltäglichen Arbeit eine Ringvorlesung über Melanchthon (zusammen Hans-Christof Brennecke) zu organisieren; oder Gelder für eine Gastvorlesungsreihe »Von außen gesehen« einzuwerben, in der philosophische und katholisch-theologische Kollegen aus dem Ausland ihre Sicht der gegenwärtigen Aufgabe der deutschen evangelischen Theologie beschreiben; oder für die Sozietät der Erlanger Kolleginnen und Kollegen, die ich um unserer kommunikativen und generalistischen Kompetenz willen angeregt habe, auch eine Suppe zu kochen und schwäbischen Wein beizusteuern. Quod felix faustumque sit!

Unbehaftbare Nachbemerkung: So Gottes *providentia specialissima* will und ich »blühe«, dürfen Interessierte von mir noch erwarten: den Band »Sünde« im HST; eine »Dogmatik« in pneumatologischer Mehrperspektivität[23] (wenn der Verlag das nötige Lay-out akzeptiert); eine Ansicht der Kultur evangelischen Christentums (natürlich nur Fragmente). Aber vielleicht habe ich das Wichtigste in Sachen *floret* schon gesagt, als ich zu Beginn meiner Erlanger Tätigkeit die Interview-Schlußfrage nach dem Wichtigsten so beantwortet habe: »Mehr Gottvertrauen!«

---

[22] Erschöpfte Moderne? Eine aufklärerische Enttäuschung, in: Friedrich Hermanni u.a. (Hgg.), Philosophische Orientierung (FS Willi Oelmüller), München 1995, S. 41–61.
[23] Ein erster, im TAP-Graduiertenkolleg seiner Unvollkommenheit überführter Hinweis: »Die Religion aber ist Leben«, in: Marburger Jahrbuch Theologie IX (1997), S. 15–39.

PD Dr. theol. Christian Henning (geb. 1959) studierte Evangelische Theologie, Musikwissenschaft und Philosophie an den Universitäten München, Erlangen und Wien. Er war wissenschaftlicher Assistent an den Universitäten Bayreuth und Erlangen. Nach seiner Habilitation über »Die Lehre vom Heiligen Geist und seiner Person in der deutschsprachigen Theologie des 20. Jahrhunderts« lehrt er derzeit Systematische Theologie an der Theologischen Fakultät der Friedrich-Alexander-Universität Erlangen. Forschungsschwerpunkte: Pneumatologie, Anthropologie, Religionspsychologie.

Veröffentlichungen: Der Faden der Ariadne. Eine theologische Studie zu Adorno, Frankfurt a.M. 1993; zusammen mit E. Nestler, Religion und Religiosität zwischen Theologie und Psychologie. Bad Boller Beiträge zur Religionspsychologie, Frankfurt a.M. 1998.

Herr Dr. theol. Karsten Lehmkühler (geb. 1963) studierte Evangelische Theologie in Basel, Erlangen und Straßburg. Von 1991–1998 war er wissenschaftlicher Assistent am Institut für Systematische Theologie in Erlangen. Seit Herbst 1998 ist er Dozent für Dogmatik und Ethik an der Evangelisch-Theologischen Fakultät Straßburg. Forschungsschwerpunkte: Fundamentaltheologie, Soteriologie.

Veröffentlichungen: Kultus und Theologie. Dogmatik und Exegese in der religionsgeschichtlichen Schule (FSÖTh 76), Göttingen 1996; Die Bedeutung des Kultus für das Christentum der Moderne. Eine Diskussion zwischen Wilhelm Bousset und Ernst Troeltsch, in: Die »Religionsgeschichtliche Schule«. Facetten eines theologischen Umbruchs, hg. v. Gerd Lüdemann (Studien und Texte zur Religionsgeschichtlichen Schule 1), Frankfurt/Main 1996, 207–224; In der Wahrheit bleiben. Dogma – Schriftauslegung – Kirche. Festschrift für Reinhard Slenczka zum 65. Geburtstag, hg. v. Manfred Seitz und Karsten Lehmkühler, Göttingen 1996.

Religion in Geschichte und Gegenwart

4., völlig neu bearbeitete Auflage
Herausgegeben von Hans Dieter Betz, Don S. Browning,
Bernd Janowski und Eberhard Jüngel
Band I: A-B

Die 4. Auflage der *Religion in Geschichte und Gegenwart* erscheint in einer vollständigen Neubearbeitung ab November 1998. Pro Jahr werden von den insgesamt 8 Bänden ein bis zwei Bände erscheinen. Ein Registerband wird das Werk abschließen. Hier die wichtigsten Argumente für die RGG[4]:

1. Religion im Überblick – Die RGG[4] bietet in lexikalischer Form einen fundierten Überblick über Religion und Religionen, wie sie gelebt und gedacht wurden und werden.

2. Geographische und konfessionelle Weite – Die RGG[4] zeigt Religion in geographischer und konfessioneller Weite: 27 Fachberater haben Stichwörter und Autoren vorgeschlagen; für den ersten Band haben über 1.000 Autoren aus 41 Ländern geschrieben.

3. Vielfältig aber nicht beliebig – Die RGG[4] führt die Tradition der ersten drei Auflagen fort: aus der Mitte des evangelischen Glaubens ist weit mehr als die Theologie im Blick, nach deren Kriterien wird aber gewichtet.

4. Stand der Forschung zur Jahrtausendwende – Die RGG[4] bietet den neuesten Forschungsstand, dargestellt von ausgewiesenen Kennern der jeweiligen Materie. Das zügige Erscheinen wird gewährleisten, daß sie auch bei Veröffentlichung des letzten Bandes aktuell ist.

5. Vielseitiger Zugang – Die RGG[4] erschließt die Themen in Form von biographischen Artikeln, Länder-, Orts-, Begriffs- und Ereignisartikeln sowie Artikeln über Gruppierungen und Institutionen. Definitionsartikel und Querverweise erleichtern die schnelle Information.

6. Eine ganze Bibliothek – Die RGG[4] ist durch die Artikelvielfalt und die detailgenaue Darstellung ein Nachschlagewerk und zugleich eine Lehr- und Repetitionsbibliothek.

7. Lesbar und beständig – Die RGG[4] ist trotz der gebotenen Fülle handlich: Sie bringt mit einem ausgesucht lesbaren Schriftbild ein Maximum an Information auf eine Seite.

Subskriptionsprospekt vom Verlag.

Mohr Siebeck

http://www.mohr.de

Wolf Krötke
Die Kirche im Umbruch der Gesellschaft

Theologische Orientierungen im Übergang vom ‚real existierenden Sozialismus' zur demokratischen, pluralistischen Gesellschaft

Welche Veränderungen haben sich für die Struktur und Stellung der Kirche in der DDR während der Zeit des Umbruchs ergeben? Wolf Krötke analysiert die Situation von Kirche und Gesellschaft in der DDR während dieser Zeit und sucht nach Möglichkeiten, der gegenwärtigen ‚theologischen Sprachlosigkeit' zu begegnen.
1994. XII, 285 Seiten. Broschur und Leinen.

Dietz Lange
Erfahrung und Glaubwürdigkeit des Glaubens

„Die Schrift schreitet weite Bereiche des Erfahrungsbegriffes aus: Nach einer Begriffsgeschichte, in der die Antike und das Mittelalter spärlich, die Neuzeit mit ihrer empiristischen Tradition reichlich zu Wort kommt, werden Elemente der Erfahrung in ihrer räumlich-zeitlichen und geistigen Dimension erschlossen; eine Art Typologie der Erfahrungsbegriffe –

aktive/passive, eigene/allgemeine, innere/äußere Erfahrung – schließt sich an. Der Einheitspunkt aller Erfahrung wird sodann in der Seins- und Gewissenserfahrung gesichtet, ohne daß doch die Antinomie aller Erfahrung damit ausgeschieden würde. Erst am Schluß rückt die Gotteserfahrung als Grund aller Erfahrung in den Blick; in ihr läßt sich die für das Menschsein konstitutive Anfechtung überwinden. Das Buch stellt einen wertvollen Beitrag zur Analyse des Erfahrungsbegriffs dar..."
Neue Zürcher Zeitung, 8.9. 1984, Nr. 39
1984. XIV, 111 Seiten.
(Hermeneutische Untersuchungen zur Theologie 18). Broschur.

Dietz Lange
Kreuz-Wege
Briefgefechte über das Christentum

In diesem fingierten Briefwechsel zwischen einem Atheisten und einem Gläubigen muß sich das Christentum ganz fundamentalen Anfragen stellen, die auf konkrete Lebensprobleme zielen. Trotz bleibender sachlicher Differenzen kommen sich die beiden Kontrahenten im Laufe der Korrespondenz zumindest menschlich näher.
1997. 121 Seiten. Gebunden.

Mohr Siebeck
http://www.mohr.de

Eberhard Jüngel

Das Evangelium von der Rechtfertigung des Gottlosen als Zentrum des christlichen Glaubens

Ein theologische Studie in ökumenischer Absicht

Der Disput über die Rechtfertigung wird seit längerem zwischen den christlichen Konfessionen geführt. Eberhard Jüngel führt ihn auf seinen theologischen Kern zurück.
1998. XV, 244 Seiten. Fadengeheftete Broschur.

Gott als Geheimnis der Welt

Zur Begründung der Theologie des Gekreuzigten im Streit zwischen Theismus und Atheismus

Das Buch enthält historische, systematische und exegetische Untersuchungen zur Möglichkeit christlicher Theologie zwischen Theismus und Atheismus.
6. Auflage 1992. XVIII, 564 Seiten. Broschur und Leinen.

Gottes Sein ist im Werden

Verantwortliche Rede vom Sein Gottes bei Karl Barth. Eine Paraphrase

In einem Anhang zur 3. Auflage seiner Barth-Paraphrase setzt sich der Tübinger Ordinarius mit seinen Kritikern und mit der Grundtendenz der politischen Barth-Interpretation auseinander. Er ruft das *sapere aude* auch für den Bereich theologischer Ethik in Erinnerung: Habe Mut, Dich Deines eigenen Verstandes beim Denken *und* beim Handeln zu bedienen.
4. Auflage 1986. VIII, 140 Seiten. Fadengeheftete Broschur.

Paulus und Jesus

Eine Untersuchung zur Präzisierung der Frage nach dem Ursprung der Christologie

„Weil es hier um das Ganze der Theologie geht, darum wird hier - abgesehen von historischen Bezug - Aktuellstes verhandelt. Das und die Art und Weise, wie Jüngel die Fragen angeht, erklärt hinlänglich die eindrückliche Druckgeschichte."
H. Riniker in *Kirchenblatt für die reformierte Schweiz* 136 (1980), Heft 18
6. Auflage 1986. XI, 319 Seiten. (Hermeneutische Untersuchungen zur Theologie 2). Broschur.

Mohr Siebeck

http://www.mohr.de

Eilert Herms

Erfahrbare Kirche
Beiträge zur Ekklesiologie

Anforderungen an die Kirche als
soziales Gebilde in einer erfahrbaren Gestalt – Beiträge zur
Kybernetik der evangelischen
Kirche.
1990. XVII, 258 Seiten. Broschur
und Leinen.

Gesellschaft gestalten
Beiträge zur Sozialethik

Der christliche Glaube ist die
Lebensform, in der alle Entscheidungen an der christlichen Überzeugung von Ursprung, Natur
und Bestimmung des Daseins
ausgerichtet werden. Daher gilt:
Der christliche Glaube gestaltet
Gesellschaft.
1991. XXXI, 408 Seiten. Broschur
und Leinen.

Kirche für die Welt
Lage und Aufgabe der evangeli-
schen Kirchen im vereinigten
Deutschland

Wie wird sich das Verhältnis zwischen Kirche und Gesellschaft
im vereinigten Deutschland entwickeln? Welche Herausforderungen und Konsequenzen ergeben sich daraus für die Kirche?
1995. XXIV, 506 Seiten. Broschur
und Leinen.

Luthers Auslegung des Dritten Artikels

Durch eine genaue Auslegung
wird nachgewiesen, daß dieser
Text das systematische Kernstück
von Luther's Katechismen bildet.
Damit wird das sachliche Zentrum der reformatorischen Theologie im Ganzen angesprochen.
1987. XII, 128 Seiten.
Fadengeheftete Broschur.

Offenbarung und Glaube
Zur Bildung des christlichen
Lebens

Die gesellschaftsgestaltende
Praxis des christlichen Glaubens
hat ihr motivierendes und orien-
tierendes Fundament in der
christlichen Lebensgewißheit.
Eilert Herms geht es um das
Zustandekommen und den Inhalt
dieser Lebensgewißheit.
1992. XXVIII, 542 Seiten.
Broschur und Leinen.

Mohr Siebeck
http://www.mohr.de

Oswald Bayer

Autorität und Kritik
Zur Hermeneutik und Wissenschaftstheorie

Die klassische Frage nach der Autorität der biblischen Texte und nach dem Wissenschaftscharakter der Theologie wird im interdisziplinären Gespräch besonders mit Philosophie und Literaturwissenschaft neu beantwortet.
1991. X, 225 Seiten.
Fadengeheftete Broschur.

Freiheit als Antwort
Zur theologischen Ethik

‚Freiheit' und ‚Verantwortung' als Grundkategorien für einen ethischen Blick auf die Lebensbereiche Ehe, Familie, Gesellschaft, Staat.
1995. XV, 351 Seiten.
Fadengeheftete Broschur.

Leibliches Wort
Reformation und Neuzeit im Konflikt

Die konfliktreiche Verschränkung reformatorischer Theologie mit neuzeitlichem Denken ist das Thema dieses in langer Forschungsarbeit gewachsenen Buches. Oswald Bayer bestimmt dabei Ort und Aufgabe lutherischer Theologie in der Gegenwart.
1992. XII, 372 Seiten.
Fadengeheftete Broschur.

Schöpfung als Anrede
Zu einer Hermeneutik der Schöpfung

Der Verfasser legt eine methodisch neue Grundlegung einer Schöpfungslehre vor. Mit der Verschränkung von Gottes freier Anrede und seiner weltimmanenten Gegenwart zerbricht die Alternative, entweder eine Schöpfung ohne Schöpfer oder einen Schöpfer ohne Schöpfung zu denken. Das Buch zeigt in zehn sich ergänzenden Variationen, daß eine Schöpfungslehre von einer Sündenlehre ebensowenig absehen kann wie von einer Eschatologie.
2. Auflage 1990. X, 200 Seiten.
Fadengeheftete Broschur.

Mohr Siebeck
http://www.mohr.de

Jörg Baur

Einig in Sachen Rechtfertigung?

Zur Prüfung des Rechtfertigungs-
kapitels der Studie des Ökumenischen Arbeitskreises evangelischer
und katholischer Theologen: „Lehrverurteilungen – kirchentrennend?"

Setzt die Studie „Lehrverurteilungen
- kirchentrennend?", wie sie selbst
sagt, einen Meilenstein im ökumenischen Verständigungsprozeß? Der
Autor kommt zu einem kritischen
und ernüchternden Urteil.
1989. IX, 110 Seiten. Fadengeheftete
Broschur.

Luther und seine klassischen Erben

Theologische Aufsätze und
Forschungen

Jörg Baur setzt die lutherische Theologie in Beziehung zum neuzeitlichen
Weltverständnis und will in dieser
strittigen Begegnung ein latent ge-
wordenes theologisches Potential
erneut und produktiv zur Geltung
bringen.
1993. 398 Seiten. Broschur und
Leinen.

Das reformatorische Christentum in der Krise

Überlegungen zur christlichen
Identität an der Schwelle zum 21.
Jahrhundert

Jörg Baur setzt sich mit der ‚Krise
der Neuzeit' auseinander. Er tut dies
auf der Basis eines aus der Theologie
Luthers gewonnenen Begriffes der
Identität. Er stellt damit die Auseinandersetzung um die Identität der
Kirchen auf eine neue Grundlage
und bietet ein differenziertes Instrumentarium zur theologischen Analyse
der gegenwärtigen geistigen und kulturellen Situation, in der die Kirchen
wirken.
1997. VII, 70 Seiten. Fadengeheftete
Broschur.

Ulrich Kühn und Otto Hermann Pesch Rechtfertigung im Disput

Eine freundliche Antwort an
Jörg Baur

Das zentrale Kapitel ‚Rechtfertigung'
in einer Studie des Ökumenischen
Arbeitskreises evangelischer und
katholischer Theologen wurde von
Jörg Baur scharf kritisiert. Hier ist
nun die Fortsetzung des Disputs.
1991. VII, 116 Seiten. Fadengeheftete
Broschur.

Mohr Siebeck

http://www.mohr.de

UTB
FÜR WISSEN SCHAFT

Auswahl Fachbereich
Theologie/Religionswissenschaft

1336 Joest, Dogmatik Bd. 1
Die Wirklichkeit Gottes
(Vandenhoeck&Ruprecht).
4. Aufl. 1995.
DM 28,80, öS 210,--, sfr 26,50

1400 Grane,
Die Confessio Augustana
(Vandenhoeck&Ruprecht).
5. Aufl. 1996.
DM 22,80, öS 166,--, sfr 21,00

1413 Joest,
Dogmatik Bd. 2
Der Weg Gottes mit dem
Menschen
(Vandenhoeck&Ruprecht). 4. Aufl.
1996.
DM 32,80, öS 239,--, sfr 30,50

1641 v. Harnack,
Dogmengeschichte
(Mohr Siebeck). 1991.
DM 34,80, öS 254,--, sfr 32,50

1865 Leinsle, Einführung in
die scholastische Theologie
(F. Schöningh). 1995.
DM 32,80, öS 239,--, sfr 30,50

1873 Hahn,
Christologische Hoheitstitel
(Vandenhoeck&Ruprecht).
5. Aufl. 1995.
DM 39,80, öS 291,--, sfr 37,00

Kirchengeschichte

905 Moeller, Geschichte des
Christentums in Grundzügen
(Vandenhoeck&Ruprecht).
6. Aufl. 1996.
DM 34,80, öS 254,--, sfr 32,50

1046 Mühlenberg, Epochen
der Kirchengeschichte
(Quelle & Meyer). 2. Aufl. 1991.
DM 32,80, öS 239,--, sfr 30,50

1796 Sommer/Klahr,
Kirchengeschichtl. Repetitorium
(Vandenhoeck&Ruprecht).
2. Aufl. 1997.
DM 22,80, öS 166,--, sfr 21,00

1811/1812 Troeltsch, Die Sozial-
lehren der christlichen Kirchen u.
Gruppen 1/2
(Mohr Siebeck). 1994. Bd. 1/2
DM 29,80, öS 218,--, sfr 27,50
DM 36,80, öS 269,--, sfr 34,00

1857 Markschies,
Arbeitsbuch Kirchengeschichte
(Mohr Siebeck). 1995.
DM 19,80, öS 145,--, sfr 19,00

1919 Bihlmeyer/Tüchle,
Kirchengeschichte Bd 1-3
(Schöningh). 1996. 3 Bände zus.
DM 88,--, öS 642,--, sfr 80,00

1976 Schatz, Allg. Konzilien -
Brennpunkte d. Kirchengeschichte
(F. Schöningh). 1997.
DM 32,80, öS 239,--, sfr 30,50

Religionswissenschaft

708 Fohrer,
Geschichte Israels
(Quelle & Meyer). 6. Aufl. 1995.
DM 34,80, öS 254,--, sfr 32,50

885 Fohrer,
Glaube und Leben im Judentum
(Quelle & Meyer). 3. Aufl. 1991.
DM 26,80, öS 196,--, sfr 25,00